Werner Maser · Zwischen Kaiserreich und NS-Regime

Werner Maser

Zwischen Kaiserreich und NS-Regime

Die erste deutsche Republik 1918 bis 1933

1992

BOUVIER VERLAG · BONN BERLIN

Die Deutsche Bibliothek – CIP-Einheitsaufnahme

Maser, Werner:
Zwischen Kaiserreich und NS-Regime:
die erste deutsche Republik 1918 – 1933 /
von Werner Maser. – Bonn; Berlin: Bouvier 1992
ISBN 3-412-02354-4

 Satz: Computersatz Bonn, Druck und Einband: Druckerei Plump KG, Rheinbreitbach.
Umschlaggestaltung: Arifé Aksoy.

Meiner Frau in Dankbarkeit gewidmet

Inhalt

II. Teil: Gescheiterte Illusionen

Vorwort

Wann immer sich auch nur einander ähnelnde Konstellationen und Ereignisse in der Geschichte wiederholen, werden für die Gegenwart Parallelen und Analogien konstruiert. Kaum jemals haben sich derartige Konfrontationen jedoch als so lehrhaft erwiesen, wie dies im Zusammenhang mit der ersten deutschen Republik der Fall ist. Als die Westdeutschen beispielsweise in der ersten Hälfte der fünfziger Jahre das Problem der Wiederbewaffnung bewegte, erwies sich die Reichswehr der Weimarer Zeit als eines der „interessantesten" Themen der jüngeren deutschen Geschichte. Die seit dem Beginn der sechziger Jahre begonnene systematische Erforschung des Nationalsozialismus und des Dritten Reiches ließ manche Historiker – parallel zu anderen Anstößen – fragen, ob die Weimarer Republik so etwas wie eine „Schleuse zur deutschen Diktatur" gewesen sei, was letztlich ihre Forschungsziele bestimmte. Mitte der sechziger Jahren, zur Zeit der Notstandsdebatten in der Bundesrepublik Deutschland, traten die außerordentlichen Rechte der – nach der Reichsverfassung von 1919 vom Volk unmittelbar und direkt zu wählenden – Reichspräsidenten der ersten deutschen Republik in den Vordergrund der Diskussionen, wobei weder Friedrich Ebert noch sein Nachfolger Paul von Hindenburg, denen vor allem die Bewahrung der staatlichen Einheit der Nation zu verdanken war, fair und proportionsgerecht dargestellt wurden. Der Bewegung der außerparlamentarischen Opposition und der Studentenrevolten Ende der sechziger Jahre folgten Darstellungen, die sich vor allem mit den revolutionären Anfängen der Weimarer Republik befaßten. Die wirtschaftlichen Krisen wiederum initiierten Untersuchungen, die sich primär sowohl mit den demokratischen Institutionen als auch mit den von Hindenburg gegen Ende der Weimarer Republik eingesetzten Präsidialkabinetten auseinandersetzten. Dabei erschien Hindenburg, der „Ersatzkaiser", der einen großen Teil der Nation mit dem parlamentarisch demokratischen Staat von Weimar ausgesöhnt und die Einheit des Reiches souverän symbolisiert hatte, als eine für die erste deutsche Republik „nützliche" Integrationsgestalt, die im Prisma bestimmter Interpreten allerdings den Eindruck suggerierte, daß die Deutschen mit ihrer Forderung nach Wiedervereinigung nur so etwas wie eine „Lebenslüge" artikulierten.

In den siebziger Jahren avancierten nicht zuletzt als Folge der – zu Beginn der sechziger Jahre einsetzenden – Freigabe der über den Zweiten Weltkrieg hinaus geretteten amtlichen Aktenbestände seitens der USA, Großbritanniens und Frankreichs, der Versailler Vertrag, die Reparationen, der Themenkreis der Weimarer Außenpolitik und der Nationalsozialismus zu Forschungsbereichen, die zahlreiche Historiker anzogen.

Der Zusammenbruch des SED-Regimes, die Wiedervereinigung mit ihren Problemen und Konsequenzen und die davon beeinflußte Suche nach einem neuen gesamtdeutschen Selbstverständnis suggerierten das Bedürfnis, sich der Geschichte der Weimarer Republik unter dem Aspekt der Erhaltung der staatlichen Einheit Deutschlands von 1918 bis 1933 emotionslos, pragmatisch und ohne Besserwisserei Nachgeborener anzunehmen.

Zwar existieren Tausende Publikationen über die Weimarer Republik (1977 waren es bereits rund 4 500 Titel), doch nach wie vor erscheint exemplarisch für den veröffentlichten Forschungsstand, den Historiker wie Karl Dietrich Bracher, Manfred Funke, Hans-Adolf Jacobsen, Eberhard Kolb, Hans Mommsen, Gerhard Schulz, Hagen Schulze, Hans-Peter Schwarz und Michael Stürmer gravierend geprägt haben, was Hagen Schulze 1982 in seinem Buch „Weimar. Deutschland 1917–1933" schrieb. „Die Antwort" auf die Frage, woran die Republik scheiterte, resümierte er, „ist nicht mit letzter wissenschaftlicher Präzision zu geben . . ."

Das Diktum, das die Forschung über die Weimarer Republik bestimmt, nämlich die Frage, woran die Republik gescheitert ist, hat Jahrzehnte überdauert.

Vieles ist nicht nur neu zu bewerten, sondern auch immer noch offen. Selbst durchgehende und vollständige Darstellungen über die Geschichte der politischen Parteien fehlen.

Nicht tatsächlich erforscht, sondern auf ein Prokrustesbett gezwungen und schablonisiert verhunzt, wurde die Geschichte von 1918 bis 1933 von kommunistischen Chronisten und Autoren. Mit Selektions-Methoden wurden aus der historischen Gesamtwirklichkeit Einzelfakten ausgeklammert, absolut gesetzt und zu einem Geschichtsbild stilisiert, das mit der Geschichte, wie sie wirklich gewesen ist, nur sehr wenig gemein hat.

Nach der Wiedervereinigung mit ihren Problemen und Konsequenzen steht die Geschichtsforschung vor der Aufgabe, die Historie der Weimarer Republik als gesamtdeutsche Geschichte darzustellen, allen Deutschen die Möglichkeit zu eröffnen, sich mit jenem Teil der Geschichte Deutschlands zu identifizieren und ein in mancher Hinsicht neues Selbstverständnis zu entwickeln. Durch die Wiedervereinigung wurden Aspekte und Kriterien freigelegt, die bis dahin außerhalb des Gesichtskreises nicht nur vieler Historiker, sondern auch handelnder Politiker lagen. Zu ihnen gehörte nicht zuletzt die Antwort auf die bis 1990 kaum gestellte Frage, welchen Anteil die beiden Reichspräsidenten als Träger des Staatsgedankens an der Erhaltung der zur Zeit der Weimarer Republik nicht nur einmal gefährdeten Reichseinheit hatten – und wie entscheidend ihre historische Rolle bei der Bewahrung der Kontinuität der deutschen Geschichte gewesen ist. Dieses Buch soll nicht nur diese Fragen proportionsgerecht beantworten.

Werner Maser
Speyer und Halle, den 3. Oktober 1991

Teil I
Aufbruch zur parlamentarischen Demokratie

„Mit allen meinen Kräften und mit voller Hingabe werde ich mich bemühen, mein Amt gerecht und unparteilich zu führen, niemand zuliebe und niemand zuleide. Ich gelobe, daß ich die Verfassung der Deutschen Republik getreulich achten und schützen werde. Ich will und werde als der Beauftragte des ganzen deutschen Volkes handeln, nicht als Vormann einer einzigen Partei"

(Friedrich Ebert)

„Majestät, es gibt keine treuen Truppen mehr"

„Schwarz auf weiß will ich die Meldung aller kommandierenden Generale haben, daß das Heer nicht mehr hinter seinem Obersten Kriegsherrn steht", forderte Kaiser Wilhelm II. am Vormittag des 9. November 1918 in seinem Hauptquartier in Spa unweit von Lüttich. Der Kaiser war irritiert. Vorwurfsvoll fragte er den von ihm kurz zuvor jovial schulterklopfend als „braven Schwab" bezeichneten Generalquartiermeister Wilhelm Groener, der ihm gerade erst schweren Herzens erklärt hatte, daß das Heer nicht mehr hinter dem Kaiser stehe, ob die Truppe ihm, Wilhelm II., denn „nicht den Fahneneid geschworen" habe. Die Bürde der dynastischen Tradition wie einen nicht verletzbaren Schild vor sich herschiebend, sträubte der knapp 60-jährige sich, die Zeichen der Zeit als Realität zu akzeptieren. Jetzt, als die von ihm repräsentierte Monarchie unverkennbar am Ende war, berief er sich auf Friedrich den Großen und wollte, obwohl sein linker Arm verkrüppelt war, notfalls auch selbst mit der Waffe in der Hand kämpfen, bis er „totgeschlagen" werden würde. Und jetzt war er schließlich sogar auch „gern" bereit, wie er sagte, mit dem Sozialdemokraten Friedrich Ebert zusammenzuarbeiten, wenn nur der Name der von ihm so gehaßten Sozialdemokratischen Partei geändert werden würde. Daß Ebert die Revolution „wie die Sünde" haßte, wußte er dabei noch gar nicht. Aber ihm war bekannt, daß Hindenburg und Groener den sozialdemokratischen Politiker als Garanten gegen extrem linke Einflüsse schätzten, und er ahnte, daß die Revolution in der Luft lag. Daß die kriegsmüde Heimat den Krieg – und die mit ihm verbundenen negativen Konsequenzen – auch endlich beendet sehen wollte, konnte er ebensowenig noch länger überhören wie Hindenburg, der im November 1919 vor einem parlamentarischen Ausschuß die Behauptung bestätigte, daß die Front von hinten „erdolcht worden" sei.

Die Entscheidung, den Krieg unmittelbar zu beenden, weil er

militärisch verloren war, fiel in Spa. Hindenburg erklärte dem Kaiser: „Das Heer hält nicht mehr, die Truppen stehen nicht mehr zu seiner Majestät. Es gibt keine treuen Truppen mehr. Wollte Gott, Euere Majestät, es stünde anders." Das Offizierskorps entzog dem Souverän „von Gottes Gnaden" augenblicklich das Machtinstrument, auf das er sich immer noch blind verlassen zu können meinte. Die Truppenbefehlshaber, von der Obersten Heeresleitung befragt, erklärten offen, daß das Heer nicht mehr bereit wäre, dem Kaiser zu gehorchen. Nur sie seien jetzt noch in der Lage, die Truppe diszipliniert in die Heimat zurückzuführen. Angesichts dieses Sachverhalts hielten die Militärs in Spa nach einem Bündnispartner Ausschau, der nach ihrer Auffassung honorig, unbelastet und politisch zukunftsträchtig genug erschiene, die Armee intakt über die Revolution zu retten und den Bürgerkrieg zu verhindern. Rosa Luxemburg und Karl Liebknecht, deren Blicke hoffnungsfroh auf Rußland gerichtet waren, kamen dafür zwangsläufig nicht in Frage. Und chancenlos mußten in diesen Tagen auch die Exponenten der restaurativen gesellschaftlichen Gruppierungen sein, die sich dem gefährdeten Offizierskorps aus familiären ideologischen Beweggründen verbunden fühlten. Es blieb für Hindenburg und Groener nur noch der von ihnen besonders geschätzte Sozialdemokrat Friedrich Ebert, der zusammen mit Hindenburg und Ludendorff auch dafür gesorgt hatte, daß Lenin im April 1917 aus der Schweiz wieder nach Rußland hatte zurückkehren können.

Am Nachmittag des 7. November 1918 hatte die Sozialdemokratische Partei, die richtungsweisenden Forderungen des amerikanischen Präsidenten Woodrow Wilson vom 8., 14. und 23. Oktober und 5. November 1918 aufgreifend, daß der Kaiser zurücktreten müsse, ihre renommierten Reichstagsabgeordneten Friedrich Ebert und Philipp Scheidemann beauftragt, sich unmittelbar an Prinz Max von Baden, den Kanzler und Vetter des Kaisers, zu wenden und ihm mit der ultimativen Forderung ihrer Partei zu konfrontieren: Rücktritt des Monarchen und des Kronprinzen spätestens am 8. November.

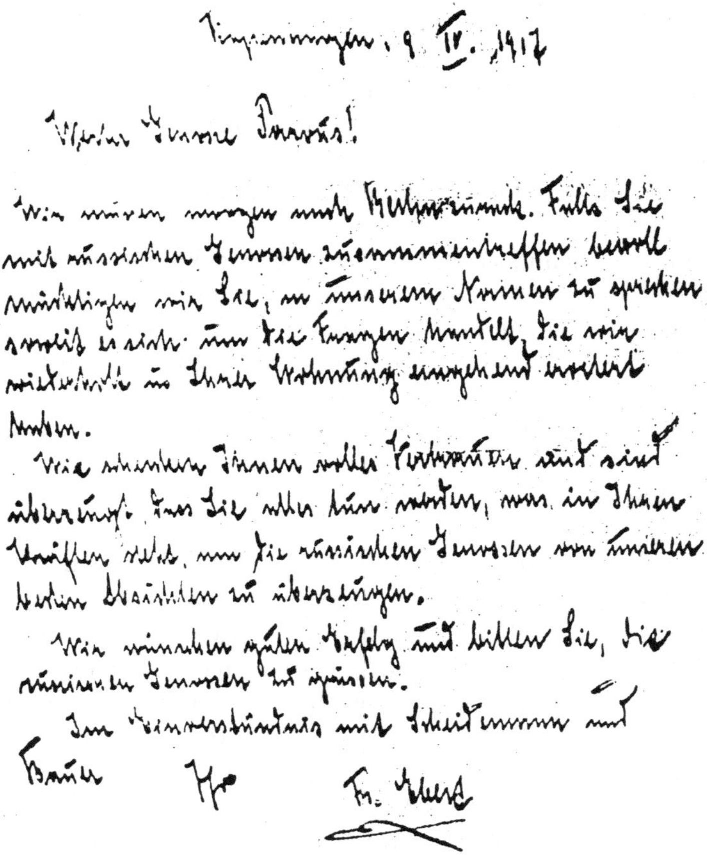

Schreiben Friedrich Eberts vom 9. April 1917 aus Kopenhagen an den deutsch-russischen Sozialdemokraten Alexander Parvus-Helphand, der zusammen mit Leo Bronstein (Leo Trotzki) für eine „permanente Revolution" eintrat. Nach Vereinbarungen zwischen Ebert, Hindenburg und Ludendorff organisierte er Lenins Eisenbahntransport aus der Schweiz nach Petersburg, wo Lenin am 16. April eintraf. Ebert und die Militärs hofften, daß Lenin in Rußland die Revolution vorantreiben, den Ausstieg Rußlands aus der Phalanx der Feinde Deutschlands bewirken und dadurch dem Reich im Osten künftig die „zweite Front" ersparen würde. Textübertragung auf Seite 6.

Kopenhagen, 9. IV. 1917

„Werter Genosse Parvus!

Wir müssen morgen nach Berlin zurück. Falls Sie mit russischen Genossen zusammentreffen, bevollmächtigen wir Sie, in unserem Namen zu sprechen, soweit es sich um die Fragen handelt, die wir wiederholt in Ihrer Wohnung eingehend erörtert haben.

Wir schenken Ihnen volles Vertrauen und sind überzeugt, daß Sie alles tun werden, was in Ihren Kräften steht, um die russischen Genossen von unseren besten Wünschen zu überzeugen.

Wir wünschen guten Erfolg und bitten Sie, die russischen Genossen zu grüßen.

Im Einverständnis mit Scheidemann und Bauer

Ihr

Fr. Ebert"

Der Kaiser begriff noch am 9. November 1918 nicht, wie es um die Monarchie und um das Reich bestellt war. Er wies den Staatssekretär Paul von Hintze um die Mittagszeit an, sich telefonisch mit Max von Baden in Berlin in Verbindung zu setzen und ihm folgende Erklärung als Entscheidung des obersten Souveräns vorzutragen: „Um Blutvergießen zu vermeiden, sind Seine Majestät bereit, als Deutscher Kaiser abzudanken, aber nicht als König von Preußen. Seine Majestät wollen auch . . . König von Preußen bleiben, um zu vermeiden, daß durch den bei Abdankung erfolgenden gleichzeitigen Abgang der Mehrzahl der Offiziere die Armee führerlos wird und sich auflöst."

Max von Baden, der während des Telefonats den Eindruck gewann, daß sich seine Hoffnung verwirklichen ließe, durch den Thronverzicht Wilhelms II. die Revolution in letzter Stunde doch noch abwenden – und die Monarchie retten zu können, handelte rasch und aus eigener Vollmacht. Über das Wolffsche Telegraphenbüro ließ er – gegen den bekundeten Willen des Kaisers – publizieren: „Der Kaiser und König hat sich entschlossen, dem Throne zu entsagen. Der Reichskanzler bleibt noch so lange im Amte, bis die mit der Abdankung des Kaisers, dem Thronverzicht des Kronprinzen des Deutschen Reiches und von Preußen und der Einsetzung der Regentschaft verbundenen Fragen geregelt sind. Er beabsichtigt, dem Regenten die Ernennung des Abgeordneten Ebert zum Reichskanzler und die Vorlage eines Gesetzentwurfs wegen der sofortigen Ausschreibung allgemeiner Wahlen für eine verfassunggebende deutsche Nationalversammlung vorzuschlagen, der es obliegen würde, die künftige Staatsform des deutschen Volkes, einschließlich der Volksteile, die ihren Eintritt in die Reichsgrenzen wünschen sollten, endgültig festzustellen."

Wäre geschehen, was Wilhelm II. forderte, hätte das Bismarck-Reich schon da der Vergangenheit angehört. Die Idee des Kanzlers, sowohl den Kaiser als auch den Kronprinzen zur Abdankung zu veranlassen und eine gesamtdeutsche Nationalversammlung unter Einschluß des deutsch-österreichischen Nationalrates[1] zu bilden, teilte Ebert ebenso aus voller Überzeugung – wie Max von Badens Vision von einer Wiederbelebung der demokratischen großdeutschen Vorstellungen des Frankfurter Parlaments von 1848. Noch Anfang November hatte er, der als Reichspräsident nicht müde wurde, immer wieder den Geist des Paulskirchen-Parlaments zu beschwören, dem Prinzen Max von Baden erklärt, daß er ihn und die SPD auf seiner Seite habe, sobald es darum gehe, den „Plan" zu verwirklichen.

Die Vorschläge des Kanzlers und „Herrn Eberts", wie Wilhelm II. den Vorsitzenden der SPD inzwischen respektvoll titulierte, hatte der Kaiser ausgeschlagen, den Militärs und seinen Hofschranzen sein Ohr geliehen. Die Rechnung mußten er und die Dynasti Hohenzollern jetzt begleichen. In Berlin, wo Ebert, Scheidemann, Otto Braun und zwei Vertreter von Berliner Betrieben am frühen Nachmittag des 9. Novembers mit dem Kanzler über die Frage des Thronverzichts, der Übergabe der Regierungsgewalt und des Oberkommandos über die Armee konferiert hatten, herrschte Revolutionsstimmung. Das Alexander-Re-

[1] Der österreichische Nationalrat hatte sich bereits am 21. Oktober 1918 ausdrücklich zum Anschluß an das Reich bekannt.

giment, die Artillerie aus Jüterbog und selbst die als besonders „kaisertreu“ geltenden und als „Feuerwehr“ nach Berlin geholten Naumburger Jäger, die das Volk gegebenenfalls auf Befehl des Kaisers niederhalten sollten, verbrüderten sich mit den revoltierenden Arbeitern.

Im Reichstag, wohin Ebert und Scheidemann zurückkehrten, sahen sie sich einer aufgewühlten Menge gegenüber. „Am 9. November“, so schilderte Scheidemann die Ereignisse, „glich der Reichstag schon in den Morgenstunden einem großen Heerlager. Arbeiter und Soldaten gingen ein und aus. Viele trugen Waffen. Mit Ebert und anderen Freunden saß ich hungrig im Speisesaal ... Da stürmte ein Haufen von Arbeitern und Soldaten in den Saal, gerade auf unseren Tisch zu. Fünfzig Menschen schrien zugleich. Scheidemann, kommen Sie mit uns – Philipp, du mußt hier raus und reden! – Ich wehrte ab. Ach, wieviel hatte ich schon reden müssen! – Du mußt, du mußt, wenn Unheil verhütet werden soll. Draußen stehen Tausende, die verlangen, daß Sie reden. Scheidemann, komm schnell, vom Schloßbalkon aus redet Liebknecht.“

Erregt kolportierte Gerüchte, daß die Unabhängigen Sozialdemokraten Hugo Haase und Georg Ledebour bereits eine Regierung gebildet hätten, bewirkten ein übriges. Obwohl gewöhnlich schnell mit zündenden Reden „zur Hand“, hielt Scheidemann sich jetzt zunächst zurück. Seine Bedenken, womöglich von dem inzwischen zum Reichskanzler ernannten Genossen Ebert gerügt zu werden, wenn er sich hier – ohne Rücksprache mit ihm – engagierte, zumal Ebert selbst im Saal saß, hinderten ihn offenbar, den Aufforderungen und dem Druck der Umgebung unmittelbar zu folgen. Schließlich tat er es doch.

„Ich sah den russischen Wahnsinn vor mir“, berichtete er nach Eberts Tod, sah „die Ablösung der zaristischen Schreckensherrschaft durch die bolschewistische. Nur nicht auch das noch in Deutschland nach all dem anderen Elend.“ Er trat an ein offenes Fenster des Reichstagsgebäudes und verkündete der unruhig wartenden Menge: „Der Kaiser hat abgedankt. Er und seine Freunde sind verschwunden. Über sie alle hat das Volk auf der ganzen Linie gesiegt! Der Prinz Max von Baden hat sein Reichskanzleramt dem Abgeordneten Ebert übergeben. Unser Freund wird eine Arbeiterregierung bilden, der alle sozialistischen Parteien angehören werden ... Arbeiter und Soldaten! Seid euch der geschichtlichen Bedeutung des Tages bewußt ... Das Alte und Morsche, die Monarchie, ist zusammengebrochen. Es lebe das Neue! Es lebe die Deutsche Republik."

Was Scheidemann befürchtet hatte, trat ein. Ebert war empört. Er „schlug mit der Faust auf den Tisch und schrie mich an", berichtete Scheidemann, dem Ebert „eine Szene" machte, die das weitere Verhältnis Ebert-Scheidemann so belastete, daß es niemals mehr zu einer völligen Aussöhnung gekommen ist. Noch nach Eberts Tod hat Scheidemann nicht aufgehört, Eberts Ansehen und historische Rolle zu verkleinern. „Du hast kein Recht, die Republik auszurufen!" hat Ebert ihn vor zahlreichen Zeugen belehrt und ihm in heftigem Ton erklärt: „Was aus Deutschland wird, ob Republik oder was sonst, das entscheidet eine Konstituante." Es war jedoch geschehen.

„Herr Ebert, ich lege Ihnen das Deutsche Reich ans Herz"

Deutschland war demokratische Republik geworden. Und nicht nur der Sozialdemokrat Scheidemann hatte die Monarchie demonstrativ verabschiedet. Vom Altan des Schlosses aus war eine neue Staatsform, allerdings als „sozialistische Republik", kurz danach – gegen 16 Uhr – auch von dem erst zwei Wochen zuvor aus der Haft entlassenen Linksextremisten Karl Liebknecht verkündet worden. Max von Baden, der Prinz, Großherzog, General und Reichskanzler, verstieß am 9. November 1918 gegen die Bestimmungen sowohl der alten als auch der im Oktober 1918 geänderten Verfassung, als er aus eigener Souveränität das Amt des Reichskanzlers auf Friedrich Ebert übertrug. Das „Zeremoniell" endete unbeabsichtigt feierlich und verlieh dem Akt historische Würde. Nachdem Max von Baden Ebert die Geschäfte übergeben und sich von ihm verabschiedet hatte, war er, von der Sorge bedrückt, womöglich doch den Schlußpunkt unter die deutsche Geschichte gesetzt zu haben, an der Tür noch einmal stehengeblieben, hatte sich seinem Nachfolger am Tisch Otto von Bismarcks zugewandt und pathetisch erklärt: „Herr Ebert, ich lege Ihnen das Deutsche Reich ans Herz!“ Friedrich Ebert, nicht weniger erregt als sein Vorgänger, reagierte spontan mit einer Antwort, die von einem Dichter stammen könnte. „Ich habe“, sagte er ernst, „zwei Söhne für dieses Reich verloren!“ Die Kontinuität der deutschen Geschichte schien gesichert.

Alles lag von nun an vor allem in Eberts Händen.

Im Grunde war er zunächst noch Kanzler des Kaisers, dessen Abdankung Max von Baden ohne Einverständnis des Monarchen verkündet hatte. Die Regierung, die Ebert übernahm, war die Regierung Max von Badens. Alle Staatssekretäre (Minister) blieben ebenso im Amt wie der preußische Kriegsminister.

Zwischen 17 und 18 Uhr ging Max von Baden noch einmal zu Ebert in die Reichskanzlei, um sich von ihm zu verabschieden. Jetzt Reichskanzler, überraschte Ebert den Prinzen mit einer historischen Reminiszenz. Wie der Erzherzog Johann von Österreich 1848 als Reichsverweser das Werk der Frankfurter Nationalversammlung geleitet hatte, so sollte sich nach Eberts Vorstellungen jetzt auch Max von Baden als Reichsverweser zur Verfügung stellen und der vorgesehenen Nationalversammlung schließlich bei der Schaffung der neuen Reichsverfassung vorstehen. Doch der von soviel Loyalität und Traditionstreue verblüffte Exkanzler lehnte ab. Ohne vom Kaiser dazu bestellt worden zu sein, wollte er, wie er Jahre danach erklärte, 1918 nicht auch noch einen solchen Schritt aus eigener Vollmacht tun.

Parallel zu den Geschehnissen in Spa und Berlin hatten sich am Freitag, dem 8. November, im Wald von Compiègne die deutsche Waffenstillstanddelegation und die Vertreter der Alliierten mit der Absicht getroffen, Verhandlungen anzubahnen. Die Deutschen mit Matthias Erzberger vom Zentrum als Wortführer, versuchten – allerdings relativ erfolglos – die Weisung der Obersten Heeresleitung[2] zu erfüllen und möglichst spürbare Milderungen durchzusetzen. Von der Nachricht über die inzwischen in Deutschland ausgebrochene Revolution überrascht, wurden sie in der Nacht vom Sonntag zum Montag, vom 10. zum 11. November, von der seit dem Rücktritt Max von Badens als „Rat der Volksbeauftragten" amtierenden Regierung Ebert ermächtigt, die vom französischen Marschall Foch geforderte Unterschrift zu leisten. Unmittelbar zuvor hatten General Groener und Ebert, der neue Reichskanzler, telefonisch ein „Bündnis" geschlossen, das Sicherheit und Ordnung garantieren sollte, von der radikalen politischen Linken jedoch als Verrat der Revolution interpretiert wurde. Groener überlieferte: „Am Abend rief ich" aus Spa „die Reichskanzlei an und teilte Ebert mit, daß das Heer sich seiner Regierung zur Verfügung stellte, daß dafür der Feldmarschall und das Offizierskorps von der Regierung Unterstützung erwarten bei der Aufrechterhaltung von Ordnung und Disziplin im Heer. Das Offizierskorps erwarte von der Regierung die Bekämpfung des Bolschewismus und sei dafür zum Einsatz bereit. Ebert ging auf meinen Vorschlag ein."[3]

Auszug aus einem Bericht des Ebert-Adjutanten Günter Böhm vom 3. Februar 1925 über ein Gespräch mit dem Reichspräsidenten vom 30. Januar 1925 (28 Tage vor Eberts Tod):
„Ich betonte eingangs dem Herrn Reichspräsidenten gegenüber, dass in dem mir benannten privaten Aktenmaterial und in meinen eigenen Aufzeichnungen . . . seine Energie und seine Umsicht bei der Niederhaltung der die Existenz des Staates schwer gefährdenden von Liebknecht, Rosa Luxemburg und Genossen geführten Spartakuspartei klar hervortritt.

[2] Die Oberste Heeresleitung war seit dem 2. November 1918 infolge der vom Kaiser gebilligten Verfassungsänderung einem parlamentarischen Ausschuß unterstellt.

[3] Eine Legende ist, daß Ebert sich gesträubt habe, Groeners Angebot zu akzeptieren. Groener (parteilos) wurde am 19. Januar 1928 unter Wilhelm Marx Reichswehrminister und blieb dies auch unter dem SPD-Kanzler Hermann Müller und unter Heinrich Brüning (bis 31. Mai 1932). Vom 9. Oktober 1930 bis zum 31. Mai 1932 war er unter Brüning zugleich auch Reichsinnenminister.

Ich erklärte sodann: Nach meinen Aufzeichnungen lag die Krise der ganzen Revolution am 10. November abends, als Sie, Herr Reichspräsident, die Kraft und den Entschluss fanden, mit allen Mitteln auch mit bewaffneter Hand, die gleichberechtigte Teilnahme der Mehrheitssozialdemokraten an der Regierung zu verlangen und durchzusetzen. In dieser entscheidenden Stunde hat der damalige Kriegsminister ... durch sein Verhalten Ihnen einen wesentlichen Rückhalt gegeben ... Der Herr Reichspräsident erwiderte, dass meine Auffassung der Vorgänge sich ganz mit der seinen deckt. Auch er erblickt in den Vorgängen des 10. November 1918 abends den entscheidenden Wendepunkt der Dinge ..."

Täglich telefonierten der Generalquartiermeister und Ebert über eine geheime Leitung und besprachen, was jeweils zu tun sei. Am frühen Morgen des 11. November unterschrieben die deutschen Unterhändler die Waffenstillstandsbedingungen, womit Deutschland sich ohne jede Möglichkeit zu einer Gegenwehr seinen Feinden auslieferte. Seit 12 Uhr mittags ruhten alle Waffen, wurden die Feindseligkeiten hüben und drüben eingestellt.

Wilhelm II. hatte Deutschland am Morgen des 10. November verlassen und sich nach Amerongen in Holland ins Exil begeben. Vor ihm waren Moltke, Tirpitz, Falkenhayn, Bethmann Hollweg, Michaelis und Hertling gestürzt. Er „fiel" als letzter. Einen Tag nach seiner Flucht nach Holland, am 11. November 1918, verließ auch der österreichische Kaiser Karl I. sein Reich. Tausend Jahre deutscher Geschichte schienen innerhalb eines Tages zerronnen.

Bereits am nächsten Tag, am 12. November, publizierte der als erste Regierung nach dem Sturz der Monarchie fungierende „Rat der Volksbeauftragten" einen Erlaß, der so etwas wie ein Regierungsprogramm darstellte. Der Text: „An das deutsche Volk! Die aus der Revolution hervorgegangene Regierung, deren politische Leitung rein sozialistisch ist, setzt sich die Aufgabe, das sozialistische Programm zu verwirklichen. Sie verkündet schon jetzt mit Gesetzeskraft folgendes: 1. Der Belagerungszustand wird aufgehoben. 2. Das Vereins- und Versammlungsrecht unterliegt keiner Beschränkung, auch nicht für Beamte und Staatsarbeiter. 3. Eine Zensur findet nicht statt. Die Theaterzensur wird aufgehoben. 4. Meinungsäußerungen in Wort und Schrift sind frei. 5. Die Freiheit der Religionsausübung wird gewährleistet. Niemand darf zu einer religiösen Handlung gezwungen werden. 6. Für alle politischen Straftaten wird Amnestie gewährt. Die wegen solcher Straftaten anhängigen Verfahren werden niedergeschlagen. 7. Das Gesetz über den vaterländischen Hilfsdienst wird aufgehoben, mit Ausnahme der sich auf die Schlichtung von Streitigkeiten beziehenden Bestimmungen. 8. Die Gesindeordnung wird außer Kraft gesetzt, ebenso das Ausnahmegesetz gegen die Landarbeiter. 9. Die bei Beginn des Krieges aufgehobenen Arbeiterschutzbestimmungen werden hiermit wieder in Kraft gesetzt."

Ferner versprach der von den Mehrheits-Sozialdemokraten Friedrich Ebert, Philipp Scheidemann, Otto Landsberg – und von den Unabhängigen Sozialdemokraten Wilhelm Dittmann und Emil Barth unterzeichnete Erlaß: „Weitere sozialpolitische Verordnungen werden binnen kurzem veröffentlicht werden. Spätestens am 1. Januar 1919 wird der achtstündige Maximalarbeitstag in Kraft treten. Die Regierung wird alles tun, um für ausreichende Arbeitsgelegenheit zu sorgen. Eine Verordnung über die Unterstützung der Erwerbslosen ist fertiggestellt. Sie verteilt die Lasten auf Reich, Staat und Gemeinde.

- Auf dem Gebiete der Krankenversicherung wird die Versicherungspflicht über die bisherige Grenze von Mk. 2 500,– ausgedehnt werden.
- Die Wohnungsnot wird durch Bereitstellung von Wohnungen bekämpft werden.
- Auf die Sicherung einer geregelten Volksernährung wird hingearbeitet werden. Die Regierung wird die geordnete Produktion aufrechterhalten, das Eigentum gegen Eingriffe Privater sowie die Freiheit und Sicherheit der Person schützen.
- Alle Wahlen zu öffentlichen Körperschaften sind fortan nach dem gleichen, geheimen, direkten und allgemeinen Wahlrecht auf Grund des Proportionalwahlsystems für alle mindestens-

Wahrscheinlich hat sich die Direktion 12
gegen 14 Stimmen für die
Kreditgewährung entschied. Ich
habe Ihnen erklärt, daß ich mit
der Mehrheit gestimmt hätte.
Krause war bei der Minderheit.
Als ich ihn begrüßte, meinte
er, ~~ich hätte ihm gefolgt~~ er
hätte mich in den letzten
Tagen sehr vermißt. Später
gab ich ihm zu verstehen,
daß ich mich auf seine Seite
gestanden hätte.

Die Aufsichtsratssitzung hat
auf mich einen tiefen
Eindruck gemacht. ~~Krieg~~ Die
Der Krieg mit Rußland und
Frankreich war zur Tatsache
geworden. Zugleich lag
auch der Gedanke, um unter
irgend einem Vorwand

Auszüge aus dem Kriegstagebuch Friedrich Eberts vom 3., 12. und 14. August 1914:

„Unser Zug (aus Zürich) nach München fuhr 7.05 Uhr . . . Auf den Bahnhöfen standen die Menschen dichtgedrängt, die den Zug mit stürmischen Hurras begrüßten. Aus fast allen Häuschen wurden Tücher geschwenkt. Die Arbeiter auf den Feldern und den an der Bahn liegenden Betrieben hatte eine mächtige Begeisterung erfaßt. Im Zug wurde nur vom Kriege gesprochen . . . Fast an jedem Dorf hält der Zug. Die Reservisten in meinem Wagen verhalten sich ziemlich ruhig. Nichtsdestoweniger sind sie zuversichtlich und halten den Krieg für notwendig . . . Um 2 Uhr nachmittags in Berlin. Ich gehe in den Reichstag. Scheidemann informiert mich schnell über die tags zuvor stattgefundene Fraktionssitzung . . . Schließlich hat sich die Fraktion gegen 14 Stimmen (Haase, Ledebuer, Liebknecht, Lensch) für die Kreditgewährung erklärt. Ich habe Sch. (Scheidemann) erklärt, daß ich mit der Mehrheit gestimmt hätte. Haase war bei der Minderheit. Als ich ihn begrüßte, meinte er, er hätte mich in den letzten Tagen vermißt. Später gab ich ihm zu verstehen, daß ich nicht auf seiner Seite gestimmt hätte.

Die Reichstagssitzung hat auf mich einen tiefen Eindruck gemacht. Der Krieg mit Rußland und Frankreich war zur Tatsache geworden. England lag auf der Lauer, um unter irgend einem Vorwand ebenfalls loszuschlagen . . . Bei der Äußerung, die der Kanzler an uns gewendet machte, brachen die Bürgerlichen in anhaltenden stürmischen Beifall aus. Sie erhoben sich, auch die Tribünenbesucher, die Bundestribüne und alle jebelten uns an. Der größte Teil der Fraktion erhob sich dabei, jeder ruhig und ernst, ich und auch Sch. (Scheidemann) sind ebenfalls aufgestanden, während Led. (Ledebour) hinter uns Gift spie.

(3. August 1914)

„Rosa (Luxemburg) hat gestern Scheidemann, der sie in der Redaktion begrüßen wollte, den Gruß verweigert. Grund: Stellung der Fraktion zu den Kriegskrediten."

(12. August 1914)

„Wir sind bereit, auf unsere Leute in Italien einzuwirken, damit sie alles tun, um den Frieden zu erhalten. Erst wollen wir uns aber beim A (uswärtigen) A (mit) versichern. Österreicher und Schweizer sollen eingereiht werden . . . in der französischen Kammer am 4. August, zur selben STunde, in der (der) Reichstag tagte, die Kriegskredite einstimmig ohne Debatte bewilligt"

(14. August 1914).

20 Jahre alten männlichen und weiblichen Personen zu vollziehen. Auch für die konstituierende Versammlung, über die nähere Bestimmungen noch erfolgen werden, gilt dieses Wahlrecht."

„Geburtstag der deutschen Demokratie"

So dramatisch die Ereignisse im kaiserlichen Hauptquartier in Spa in den ersten November-Tagen auch gewesen sind, so unblutig verlief die Revolution in der Reichshauptstadt. „Die Novemberrevolution ist dem Berliner eigentlich geschenkt worden", hieß es beispielsweise in der „Berliner Illustrirten Zeitung" vom 19. Januar 1919, die weiter berichtete: „Neunzehn Zwanzigstel der Bevölkerung wachte am 9. November auf und bemerkte zu seinem Erstaunen, daß ihm von einem Tausend energischer Leute die Republik zum Geschenk gemacht worden sei. Einen Tag lang wurden . . . Kokarden heruntergerissen, Autos mit roten Fahnen fuhren durch die Stadt, und aus den Zeitungen erfuhr man, daß ein neues Zeitalter angebrochen sei." Unter den Agitatoren, die auf Straßen und Plätzen standen und den Anbruch der „neuen Ära" priesen, fanden sich keine Vertreter des Großagrariertums keine des Adels, des Groß- und Mittelbürgertums, der Banken und Industrie- und Wirtschaftsunternehmen, und auch höhere Offiziersränge gab es unter ihnen nicht. Aber auch als Verteidiger, Bewahrer und Restauratoren des Alten traten sie nirgendwo unmittelbar vor das Volk. Zwar teilten keineswegs alle Deutschen die Auffassung des bayerischen Sozialdemokraten Erhard Auer, der im Januar 1919 erklärte, daß „das Gottesgnadentum . . . so jämmerlich versunken" sei, „daß ihm sogar menschliches Mitleid versagt bleiben" müßte, doch die politische Macht lag in den Händen derjenigen, die so dachten.

Vierzig Jahre zuvor hatte Otto von Bismarck alle „Vereine, welche durch sozialdemokratische, sozialistische und kommunistische Bestrebungen den Umsturz der bestehenden Staats- und Ge-

Auszug aus einem Brief des späteren Reichskanzlers Gustav Adolf Bauer an den nachmaligen Reichstagspräsidenten Paul Loebe vom 13. November 1918: „... Liebknecht und seine Anhänger hatten die Führung an sich gerissen und einen Beschluß durchgedrückt, wonach die ganze legislative Gewalt lediglich von den Beauftragten der Arbeiter- und Soldatenräte auszuüben war. Das Bürgertum sollte von jeder Mitwirkung ausgeschlossen und eine Nationalversammlung nicht berufen werden. Das heißt also, es sollte nach russischem Muster in Deutschland gearbeitet werden ... Es sah zeitweilig aus, als ob der Wirrwarr zum Chaos führen würde. Den energischen Anstrengungen von unserer Seite gelang es, die große Mehrheit der Soldatenvertreter auf unsere Seite zu bringen ... Von den bolschewistischen Methoden, die zur Anwendung gebracht würden, werden Sie ja gelesen haben. Spartakusleute und U(nabhängige) haben einfach die Norddeutsche Allgemeine Zeitung, den Lokal-Anzeiger und die Volkszeitung annektiert und dort ihre eigenen Blätter unter dem Titel Die Internationale, die rote Fahne, usw. herausgegeben ... Eine vernünftige Entwicklung kann nur sicher gestellt werden, wenn möglichst bald die konstituierende Nationalversammlung berufen wird ... Liebknecht hat ungeheuere Geldmittel zur Verfügung und versucht, Stosstrupps zu sammeln, denen er einen Sold von 20 Mk pro Tag zahlt. Bisher hat er aber nach den vorliegenden Berichten bei den Soldaten wenig Gegenliebe gehabt ...
Mit den besten Grüßen von Haus zu Haus
Ihr G. Bauer"

Handschriftlicher Zusatz:
„... Inzwischen ist es gelungen im Rat der Volksbeauftragten die Einberufung der Nationalversammlung zur Anerkennung zu bringen. Diesen Brief habe ich dienstags früh diktiert. Aus der heute veröffentlichten (unleserlich) Sie das Nähere. Die Vorgänge in den übrigen Bundesstaaten zwangen die U(-nabhängigen Sozialdemokraten) zum Nachgeben und sie werden aber versuchen den Zeitpunkt der Wahlen recht lange hinauszuschieben"

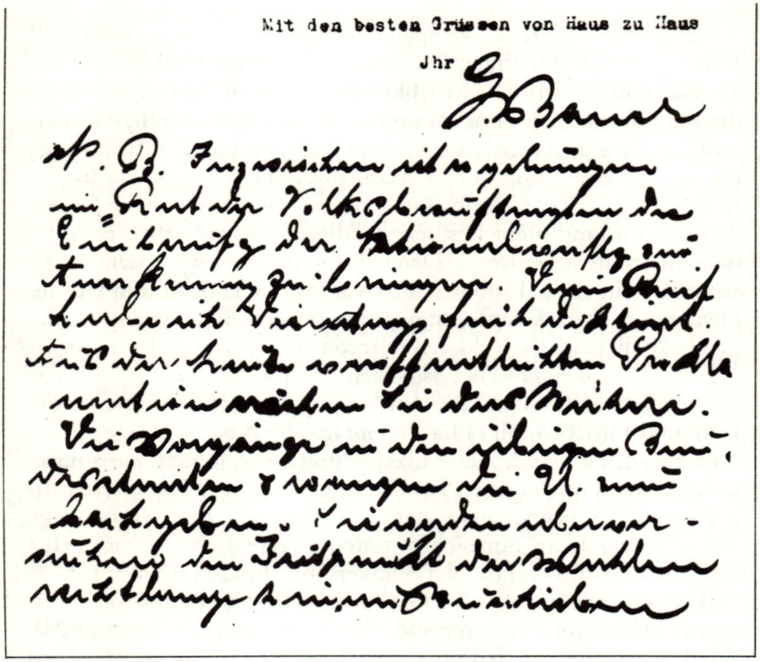

Mit den besten Grüssen von Haus zu Haus

Jhr

G. Bauer

sellschaftsordnung bezwecken", durch Gesetz verbieten lassen. Vier Jahrzehnte stand das „Gesetz gegen die gemeingefährlichen Bestrebungen der Sozialdemokratie" der Entwicklung „im Wege", die der „Eiserne Kanzler" verhindern wollte. Nun war die Geschichte souverän über diese „Sperre" hinweggeschritten.

Blutleere Formeln waren die programmatischen Forderungen nach einem Engagement der Arbeiter für den Staat, für die Nation und für die Monarchie geblieben, wie der aus der Inneren Mission zur Sozialpolitik übergewechselte Friedrich Naumann es mit seinem 1896 gegründeten Nationalsozialen Verein angestrebt hatte. Seine Versuche, als Exponent des rechten Flügels der „Gesamtbewegung des Sozialismus" den Dreiklang Vaterland, Flotte und soziales Kaisertum rein zu halten, hatten die von ihm erhofften Früchte nicht getragen. Die intellektuellen Multiplikatoren, die den bürgerlich artikulierten Sozialismus politisch zu stärken und Nationalpolitik im Großmachtrahmen unter einem sozialen Kaisertum zu treiben empfohlen hatte, schwiegen nun.

Für Friedrich Ebert, den sozialdemokratischen Reformpolitiker, war nicht der 9. November 1918, sondern der 5. Oktober 1918 der „Wendepunkt in der Geschichte Deutschlands" – und zugleich auch der „Geburtstag der deutschen Demokratie". Am 5. Oktober, zwei Tage nach Hindenburgs energischer Forderung, den Feindmächten ein sofortiges Friedensangebot zu unterbreiten,[4] hatte Wilhelm II. die vom Auswärtigen Amt am 28. September als dringend angeregte Änderung der Regierungsform durch eine Verordnung gebilligt. Das parlamentarische Regierungssystem war damit – fünf Tage nach dem Rücktritt des Kanzlers von Hertling – nicht auf revolutionärem, sondern auf gesetzlichem Wege eingeführt worden. Seit dem 28. Oktober 1918 war Prinz Max von Baden, der seit dem 5. Oktober amtierende Reichskanzler, der fortan die Verantwortung für alle maßgeblichen politischen Handlungen trug, nicht mehr auf das Vertrauen des Kaisers, sondern auf die Billigung des Reichstages an-

[4] Am 5. Oktober 1918 wurde US-Präsident Wilson von der Regierung Max von Baden gebeten, zwischen Deutschland und den Feindmächten zu vermitteln. „Die deutsche Regierung ersucht den Präsidenten der Vereinigten Staaten", so lautete der deutsche Text, „die Herstellung des Friedens in die Hand zu nehmen, alle kriegführenden Staaten von diesem Ersuchen in Kenntnis zu setzen und sie zur Entsendung von Bevollmächtigten zwecks Anbahnung von Verhandlungen einzuladen".

gewiesen. Die Oberste Heeresleitung war der Krone durch eine Verfassungsänderung, der der Kaiser am 2. November 1918 unter dem Druck der Verhältnisse zugestimmt hatte, entzogen und einem parlamentarischen Ausschuß unterstellt worden. Doch die Hoffnung des Kaisers, daß diese Einschränkung seiner persönlichen Machtbefugnisse Schleusen schließen würde, erwies sich als trügerisch.

In Berlin, dem Zentrum des Kaiserreiches, dessen „Schicksal" trotz seiner föderalistischen Struktur von dort aus bestimmt wurde, hatte die romantisch verklärte Faszination des Hofes spätestens 1917 die Maße seines Mittelpunktes in einer Art Haßliebe auf eine von jedermann kritisierbare Größe reduziert, war der als selbstverständliche Werbung für die Hohenzollern-Dynastie verstandene Pomp nicht erst seit 1917 zunehmend negativ registriert worden. Die Berliner wußten, daß der Kaiser seit dem Sturz des Zaren in Petersburg sein Augenmerk nicht mehr vornehmlich auf Freund und Feind, sondern vor allem hellhörig auf seine Untertanen konzentrierte. Und sie wußten, daß dieser Blick nicht wärmte, sondern kalt war, Unnahbarkeit signalisierte, blinden Gehorsam forderte und die Landeskinder, für die bis 1918 das feudale Dreiklassenwahlrecht gegolten hatte, kaum dazu einlud, dem Kaiser besondere Zuneigung entgegenzubringen.

Hinzu kam, daß ein großer Teil der Generation der Väter und Mütter ihm vorhielt, Otto von Bismarck falsch behandelt und – zum nun offensichtlich gewordenen Schaden des Reiches – nicht auf dessen politischen Rat gehört zu haben. Nachdem Wilhelm II. am 2. November 1917 den 74jährigen, halbblinden Grafen Hertling zum Reichskanzler ernannt hatte, wurde ihm jedes Gespür für politisches Kalkül auch von denjenigen abgesprochen, die bis dahin bereit gewesen waren, sein Verhalten gegenüber Bismarck für eine Jugendsünde zu halten. Doch Gegenstand der negativen Kritik waren nach der Revolution in Rußland – und nach den im Reich überall spürbaren Ergebnissen des Krieges – nicht nur die Person des Kaisers und sein Hof, die von der liberalen Presse seit Jahr und Tag nicht selten

„respektlos“ behandelt wurden, sondern rasch auch die im Reich romantisch überhöhte monarchische Regierungsform als Herrschaftssystem.

Für die links orientierten oppositionellen Kräfte im ganzen Reich wogen die Zugeständnisse, die der Kaiser und die neue Regierung präsentiert hatten, insgesamt längst nicht soviel, wie Wilhelm glaubte. Die „Kerls“, wie er seine politischen Gegner gern forsch herablassend titulierte, waren keineswegs damit zufrieden, nur „an die Krippe“ gelassen zu werden, wie er fälschlich vermutete. Kaum jemand war im November 1918 bereit gewesen, ihn und die Monarchie zu verteidigen. Im Gegenteil. „Alles war eitel Freude, auf allen Gesichtern sah man Entspannung“, schrieb 40 Jahre danach beispielsweise der spätere preußische Ministerpräsident, der Sozialdemokrat Otto Braun – und fuhr fort: „Der Druck des furchtbaren Blutvergießens da draußen war gewichen, der Friede war da.“ Doch der Friede im Inneren war bedroht. Die extremen Linken, die von Liebknecht und Rosa Luxemburg geführten Spartakisten, die aus den Freien Gewerkschaften und aus dem Metallarbeiterverband hervorgegangenen und schon im Januar 1918 in Streiks hervorgetretenen „Revolutionären Obleute“ sowie die von ihnen unter Druck gesetzten Unabhängigen Sozialdemokraten stellten in dieser Phase eine Gefahr für Ebert und seine Regierung dar. So hatte beispielsweise der USPD-Führer Emil Barth, der Berliner Vorsitzende der „Obleute“, ein paar Tage vor dem Thronverzicht des Kaisers erklärt, daß eine bewaffnete Demonstration, wie Liebknecht sie am 9. November forderte, „20 000 Mann auf die Beine bringen“ würde. Daß es dazu nicht kam, war nicht zuletzt schließlich dem Ebert-Groener-Bündnis vom 10. November zu verdanken. Und so konnte die mit 1,8 Millionen Exemplaren verbreitete „Berliner Illustrirte“ vom 19. Januar 1919 die Auffassung vertreten, daß die mit „Demagogie“ gleichgesetzte Revolution im November 1918 in Berlin nichts so sehr wie den Witz und den lachenden und denkenden Menschen zu fürchten hätte. Um die Wortführer der radikalen Linken vorübergehend aus dem politischen Geschehen auszuschalten, bediente sich die Regierung Ebert der speziell dafür geschaffenen Institution „Schutzhaft“.[5]

Hitler hat die Maßnahmen Eberts gegen die radikalen Linken wachsam registriert und sie seit 1933 durch die Errichtung von Konzentrationslagern[6] beispielsweise in Dachau, Oranienburg, Berlin, Sachsenburg, Papenburg auf dem Heuberg bei Stuttgart und in Dürrgoÿ bei Breslau zunächst zur Ausschaltung links-extremer Gegner auf seine Weise umgesetzt. Daß unter Friedrich Ebert nicht die Polizei wie im NS-Regime, sondern das Militär die vollziehende Gewalt ausübte, war unerheblich, da die „Schutzhaft“ nach 1933 außerhalb der Erreichbarkeit der Gerichte gestellt wurde. Daß die Anhänger der im Januar 1919 ermordeten Rosa Luxemburg und Karl Liebknecht, die kurz zuvor noch, Ende Dezember 1918, die Revolutionäre Arbeiterpartei gegründet hatten, das Gros der Häftlinge ausmachten, war kein Zufall. So wurde die Unsicherheit auf ein Maß reduziert, das kalkulierbar erschien.

Ständige Schwierigkeiten und Probleme bereiteten Ebert und der SPD indes die politisch aktiven Unabhängigen Sozialdemokraten. Daß Ebert im „Umgang“ mit ihnen eine Politik des „zu weichen Klanges“ betrieben habe, wie beispielsweise der Polito-

[5] Bereits am 9. Januar 1919, acht Wochen nach dem Sturz der Monarchie und sechs Tage vor der Ermordung Rosa Luxemburgs und Karl Liebknechts, diskutierte die preußische Regierung in einer Kabinettssitzung den Plan, Lager zur Inhaftierung von Spartakisten einzurichten. Nach dem Sitzungsprotokoll (Zentrales Staatsarchiv Merseburg, Rep. 90 a, Preuß. Staatsmin., Abt. B., Tit. III 2 b Nr. 6, Bd. 168, Bl. 6) erklärte Kriegsminister Walther Reinhardt richtungweisend, daß „man ... sich rechtzeitig darüber klar werden (müsse), was man mit den Spartakisten anfangen wolle, nachdem man der Bewegung Herr geworden“ sei. Als Vorschlag des Ministers Albert Südkum ist verzeichnet: „... zwangsweisen Abtransport und Festhalten an demjenigen Ort ... wo die Betroffenen vor dem Krieg gearbeitet“ hätten. Minister Otto Braun (der spätere Ministerpräsident) schlug „die Beschäftigung in Moorkolonien“ vor, worüber Ministerpräsident Emanuel Hirsch im Augenblick nicht entscheiden wollte (daß „diese Frage wohl noch zu verschieben“ sei).

[6] Bei dem Wort „Konzentrationslager“ handelt es sich um eine Wortschöpfung Lenins für die Lager, in denen bis Februar 1922 rund 280 000 Menschen von der „Tscheka“ umgebracht wurden.

loge Waldemar Besson behauptete, ist eine Legende. Gerade erst zum Reichskanzler ernannt, bestellte er die Repräsentanten der USPD, die sich seit Frühjahr 1917 immer wieder erfolglos um die Wiedervereinigung mit der Mutterpartei SPD bemüht hatten, zu sich und demonstrierte ihnen drastisch, wer künftig die maßgeblichen Entscheidungen treffen werde. Sie, die ihm als unerbittliche Gegner vorgeworfen hatten, dem „Klassenkampf" abgeschworen und damit „Verrat an der Arbeiterklasse begangen" zu haben, forderte er „schroff" und „von oben herab" auf, wie der Vizekanzler Friedrich von Payer später berichtete, unmittelbar zu erklären, ob sie sich „ohne wenn und aber" an der von ihm geführten Regierung beteiligen wollten – und wie sie sich die Beteiligung weiterer Parteien vorstellten. „Die Herren", so Payer weiter, „waren ziemlich kleinlaut, vielleicht kränkten sie sich auch, daß die Sozialdemokratie ihnen zuvorgekommen war."

Die Position Eberts und der SPD, die zu der Zeit rund 1 012 000 Mitglieder zählte (1906: 384 327; 1914: 1 085 905; 1919: 1 012 299), war keineswegs sicher. Seit Oktober 1918 waren – durch die elementare Friedenssehnsucht der Massen – ein deutlicher „Linksruck" und eine Radikalisierung der Stimmung der Bevölkerung eingetreten. Die SPD-Führung sah ihre – auf die Erhaltung der staatlichen Kontinuität bedachte politische – Position gefährdet und befürchtete die Isolierung von der Basis, zumal zahlreiche sozialdemokratische Ortsvereine seit dem Solidarisierungseffekte auslösenden Kieler Matrosenaufstand vom 4. November 1918 aus eigener Souveränität mit den Unabhängigen zu kooperieren begonnen hatten. Zwar konnten sich die Unabhängigen Sozialdemokraten nur auf eine – hinsichtlich der Mitgliederzahlen – relativ schmale Basis stützen, doch von der SPD-Führung wurden sie infolge ihrer Aggressivität und Lautstärke als realer Machtfaktor sehr hoch – zu hoch – eingeschätzt. Die Sozialdemokraten sahen sich gezwungen, rasch und energisch zu handeln, sich auf der obersten Etage des Machtapparates im Staat zu etablieren und sich den Massen als künftige Träger der Staatsmacht darzustellen.

In Stuttgart, Hannover und Köln hatten „Arbeiter- und Soldatenräte" die politische Macht und vollziehende Gewalt ebenso an sich gerissen wie in München. Straßenkämpfe beherrschten Magdeburg, Demonstrationen Hamburg, Braunschweig, Halle und Leipzig, Revolten Karlsruhe, Essen, Breslau und Königsberg in Ostpreußen. Kiel befand sich seit dem 4. November in der Hand der meuternden Matrosen[7], die auf den Kriegsschiffen „Thüringen", „Helgoland", „Seydlitz", „Derfflinger", „Von der Tann" und „Königsklasse" die Einstellung der Kriegshandlungen forderten. Von dem Gerücht aufgeschreckt, daß die bis zur Entlassung Erich Ludendorffs am 26. Oktober 1918 und des am nächsten Tage folgenden österreichischen Waffenstillstandsgesuches einen „Rechtsfrieden" anstrebende Oberste Heeresleitung die kaiserliche Marine aus strategischen Erwägungen zu „opfern" beab-

7 Nachdem in den USA die ersten Informationen über die Matrosen-Meuterei in Kiel eingetroffen waren, schrieb Breckinridge Long, ein hoher Beamter des State Departement und Parteifreund Wilsons, am 7. November 1918: „Das ist eine der schlimmsten Nachrichten seit vielen Monaten. Wenn das stimmt, dann bedeutet das, das der Bolschwismus in Deutschland an die Macht kommt." Bolschewismus wurde von zahlreichen amerikanischen Diplomaten mit Anarchie gleichgesetzt, was Wilson nach Ansicht einiger Insider bewogen habe, seine 14 Punkte Ende Oktober 1918 in Paris nicht voll durchzusetzen, weil dies wahrscheinlich den Waffenstillstand verzögert hätte. Seit Anfang November 1918 hatte William Bullitt den Auftrag, Wilson täglich über die Situation in Deutschland zu unterrichten. Am 8. November schrieb er: „Die Schlußfolgerung ist unausweichlich, daß der Sozialdemokratie auf dem europäischen Kontinent die Zukunft gehören wird und das die einfache Frage, vor der die Welt steht, nur die ist, ob die Entwicklung zur sozialen Demokratie geordnet sein und unter der Führung der gemäßigten Anführer der arbeitenden Klassen stehen wird, oder ob sie ungeordnet und blutig sein und von den Bolschewiki beherrscht werden wird." Ebert, der sich über alle Details der amerikanischen Vorstellungen unterrichten ließ, nutzte die Befürchtungen Wilsons und seiner Berater, daß der Bolschwismus in Deutschland die Oberhand gewinnen könnte, wenn der deutschen Regierung nicht unmittelbare Unterstützungen zuteil werden würde. Offiziell ließ er am 10. November durch Schweizer Vermittlung den amerikanischen Präsidenten bitten, Deutschland durch Lebensmittellieferungen zu unterstützen. Am 12. November reagierte Wilson mit einer Note, in der er erklärte, daß er Eberts Bitte nachkommen und Lebensmittel liefern lassen werde, wenn in Deutschland die Ordnung aufrecht erhalten bliebe, wofür Ebert garantierte.

sichtigte, meuterten die – auf den Waffenstillstand hoffenden – Matrosen in Wilhelmshaven seit dem 29. Oktober. Die eigenmächtige Absicht der Marineleitung, die Hochseeflotte zur Entlastung des zurückgehenden rechten Flügels gegen die englische Flotte auslaufen zu lassen, erwies sich als nicht mehr realisierbar. Der Versuch des Kieler Gouverneurs, am 3. November einen Demonstrationszug, an dem sich mehr als 5 000 Menschen (vor allem Matrosen) beteiligten, mit Waffengewalt aufzulösen, hatte 7 Tote und 29 Verletzte zur Folge. Die Entwicklung war nicht mehr aufzuhalten. Generalstreiks hatten die Produktion, den Verkehr und die Versorgung der Bevölkerung mit Lebensmitteln und Gebrauchsgütern in vielen Städten vorübergehend lahmgelegt.

Bayerns Weg zur Republik

Eines der Länder des Reiches, in dem sich die über Nacht über das ganze Land ausbreitende Revolution anders als in den übrigen Ländern des Reiches abspielte, war das Königreich Bayern. Hier, in dem deutschen Bundesstaat mit der am stärksten ausgeprägten Agrarstruktur und der geringsten Industrieverbreitung, verfügten weder der deutsche Kaiser und König von Preußen noch der Reichskanzler über besondere Sympathien. Die Ausdehnung Preußens über den größten Teil des Reiches und seine beklemmende wirtschaftliche, militärische und kulturelle Vormachtstellung hatte – nach Ansicht der weitaus meisten Bayern – das betonte bayerische Streben nach Eigenleben stets in Grenzen gezwungen und die natürliche Entfaltung des politischen Selbstbewußtseins beeinträchtigt. Die Zeichen der preußischen Machtausübung in Bayern in Form der vom Kaiser und vom Reichskanzler (den Bestimmungen der von Bismarck entworfenen Reichsverfassung vom 16. April 1871 gemäß) gegenüber der bundesstaatlichen Regierung in München veranlaßten Maßnahmen wurden als kränkend und als „fremde“ Einmischung empfunden und stützten die antipreußisch artikulierte historische Animosität. Die Kaiserkrönung in Versailles, die der bayerische König Ludwig II. „mit schmerzlichem Bedauern" akzeptiert hatte, erst nachdem ihm von Bismarck für den Fall seiner Zustimmung bemerkenswerte Geldbeträge zugesichert worden waren, erschien den Bayern als die Geburtsstunde einer ihnen von einer fremden Macht aufgezwungenen Ordnung, die ihr Selbstverständnis und ihre Identität beschädigte. Mit Unbehagen blickten sie, die nicht ein „verlängerter Arm" Preußens sein wollten, auf Berlin, wo die Reichsinteressen primär mit den preußischen Interessen gleichgesetzt wurden.

Schon während des Krieges war in Bayern, dessen König Ludwig III. im Gegensatz zu seiner Regierung alldeutsch annexionistische Vorstellungen hegte, mehr als anderswo besorgt gefragt worden, wie denn nach einem siegreichen Ende des Krieges das machtvolle Preußen noch gezügelt und eine völlige Majorisierung aller nichtpreußischen Bundesstaaten verhindert werden könnte, zumal die meisten der feindlichen Gebiete, die dem Reich zugeschlagen werden sollten, an Preußen und an die Reichslande grenzten, die die Gegner Preußens bald als staatliche Teile Preußens sehen zu müssen meinten. Seit Sommer 1918 warteten die Bayern sehnsüchtig auf das Ende des Krieges, das der bayerische Kronprinz Rupprecht für sein Land gegebenenfalls durch einen Sonderfrieden herbeiführen wollte. Daß er sich dabei auf die wortführenden Köpfe Bayerns stützen konnte, wußte er. So hatte sich der aus Erbach im Taunus stammende einflußreiche katholische Geheimrat Heinrich Held, seit 1914 erster Vorsitzender des bayerischen Zentrums und nach 1924 Ministerpäsident, bereits seit Juni 1918 darum bemüht, die bayerische Zentrumspartei vom Reichszentrum zu trennen und für den Fall der Niederlage schließlich die Abkoppelung des bayerischen Schicksals von „Preußens Schicksal" vorzubereiten. Eine Woche vor dem Ausbruch der Revolution stimmten 28 Abgeordnete des bayerischen Landtages dem Antrag des Bauernführers Sebastian Schlittenbauer zu, von nun an eigenständige (bayerische) Entscheidungen zu treffen.

Als der Hohenzollern-Kronprinz, besorgt um die Position seines kaiserlichen Vaters bangend, am 3. November im Hauptquartier des Prinzen Rupprecht erschien, um ihn zu bitten, ein an den Reichskanzler gerichtetes Schriftstück zu unterzeichnen, in dem der Verbleib des Kaisers auf dem Thron gefordert wurde, weigerte er, der deutsche Heerführer, sich konsequent, die Petition zu unterstützen. Schon am Tag zuvor hatte er in seinem Tagebuch notiert: „Es wäre Zeit, daß die deutschen Fürsten sich gemeinschaftlich an den Kaiser wenden, um, soweit es den Anschein gewinnt, daß ein Waffenstillstand anders nicht zu erreichen ist, ihm die Abdankung nahezulegen."

Während der bayerische König und der Kronprinz auf den Fortbestand eines sowohl von Preußen als auch von der Reichsverfassung abgekoppelten Königreiches Bayern hofften, hatten einige der maßgeblichen Regisseure vor allem der Nachkriegspolitik in Bayern bereits anders programmiert. Daß es sich bei ihnen nicht nur um Persönlichkeiten handelte, die von außerhalb der weiß-blauen Grenzen kamen, hat dabei nicht einmal besondere Verwunderung ausgelöst. Einer von ihnen, in ganz Bayern respektvoll als „Bauerndoktor" und bald auch als „mächtigster Mann" apostrophiert, war der einstige Mittelschullehrer Georg Heim, ein renommierter und ausgezeichneter Landwirt, Politiker, Diplomat, Redner, Volksmann, Wirtschaftsführer und Organisator. Mit sicherem Instinkt für machtpolitische Realitäten hatte der zunächst dem bayerischen Zentrum, dann der Bayerischen Volkspartei angehörende Franke früh instinktiv vermutet, daß diejenigen, die sich der von ihm vorausgeahnten „Wende" in den Weg stellten, auf dem falschen Pferd saßen. Die 1918 rund 170 000 Mitglieder des von ihm geführten Bauernvereins, den viele als Stütze der Wittelsbacher Dynastie ansahen, folgten ihm. Redegewandt, mit demagogischen „Künsten" gesegnet, vielseitig, volkstümlich und bayerisch grobschlächtig, verschlagen und zugleich geistvoll, mit Gespür für Machtkonstellationen und der Fähigkeit, Macht zu manipulieren, gab Heim sich nicht mit dem bloßen Schein von Macht zufrieden. Die ihm gelegentlich gebotenen Möglichkeiten Staatsämter zu übernehmen, hatte er auch deshalb ausgeschlagen. Er wollte sich nicht kontrollieren lassen, sondern der selbstherrlich agierende populäre „heimliche König der bayerischen Bauern" sein und bleiben.

Kaum, daß in München bekanntgeworden war, daß dort am 7. November die Revolution ausgebrochen sei, hatte Heim sich telefonisch mit dem links orientierten Revolutionsführer und landfremden Bohemien Kurt Eisner in Verbindung gesetzt und ihm seine Unterstützung bei der Versorgung der Bevölkerung zugesichert.

Während die Abgeordneten des bayerischen Landtages am 7. November 1918 eine „Kartoffelinterpellation" debattierten, hatten rund zwei Dutzend Redner auf einer von den Sozialdemokraten und Gewerkschaften veranstalteten Versammlung auf der Münchener Theresienwiese vor rund 100 000 Menschen sowohl die Abdankung des deutschen Kaisers und des Kronprinzen als auch die Absetzung der Wittelsbacher und die Abberufung der bayerischen Regierung gefordert. Nach der Versammlung (16 Uhr) waren die Massen mit Kurt Eisner und Ernst Toller zu den Kasernen geströmt, wo sie die auf Kommandanturbefehl verschlossenen Tore geöffnet und sich mit den herauseilenden Soldaten vereinigt hatten.

Im ersten Stock des „Mattäser" konstituierte sich unter Eisners Leitung der Soldatenrat, im Erdgeschoß „mitten unter den Abendgästen" der Arbeiterrat. Eisner wurde Erster, Hans Unterleitner Zweiter Vorsitzender. In wenigen Stunden befand sich die öffentliche Gewalt in den Händen der mit Eisner paktierenden Soldaten. Der Bahnhof, die Kasernen und die öffentlichen Gebäude wurden rasch besetzt, der Telegraphen- und Telephonverkehr gesperrt. Bereits gegen 19 Uhr mußte der bayerische Kriegsminister von Hellingrath vor den im Kriegsministerium versammelten Ministern eingestehen, daß er zur Zeit in München machtlos sei und daß ihm Truppen nicht mehr zur Verfügung stünden, um die Ordnung wieder herzustellen.

Randalierende Menschenmengen skandierten am Abend desselben Tages vor der königlichen Residenz: „Runter mit dem Millibauern, runter mit der Topfenresl." Die Münchener wußten, wer mit „Millibauer“ und „Topfenresl“ gemeint war: König Ludwig und seine Frau. Dem König sagten sie nach, aus finanziellen Erwägungen die auf seinem Gut Leutstetten erzeugte Milch nach Preußen zu liefern, was viele von ihnen zumindest als unpatriotisch ansahen. Und so erfuhr er denn auch am 23. November 1918 aus dem eben gegründeten, sich als „Volkstümliche, parteilose Wochenschrift für Frieden, Freiheit und Recht“ verstehenden Journal „Die neue Zeit“, daß er „als Prinz zwar für Bayern“ eingetreten, als König aber „noch preußischer wie der Preußenkönig“, sein „Herr und Vetter“, gewesen sei. Daß er sich in diesen Tagen mehr um den von Soldaten beschädigten Parkettfußboden in seinem Schloß sorgte, als um sein Volk und die Monarchie, wußten zu der Zeit nur diejenigen, die mit ihm unmittelbar Kontakt hatten.

Beschwörend hatte die königlich bayerische Regierung noch am Vormittag des 7. November 1918 versucht, die revolutionäre Stimmung durch Aufrufe abzufangen und den Ausbruch der Revolution zu verhindern. Auf Plakaten erklärte sie, daß inzwischen nicht nur Waffenstillstandsverhandlungen „im Gang“ seien, sondern auch, daß der Frieden endlich vor der Tür stünde. Die Lebensmittelversorgung, ganz besonders von Städtebürgern, sei nur garantiert, solange Ruhe und Ordnung herrschten. Doch knapp zwölf Stunden später, kurz vor Mitternacht, klebten an den Wänden bereits die ersten Revolutionsplakate. Den Münchenern wurde mitgeteilt, daß das Proletariat „die Fesseln mit gewaltiger Anstrengung zerrissen und sich jubelnd befreit“ habe. „Ein Arbeiter- und Soldatenrat ist gegründet“, der nicht die Regierungsgeschäfte, sondern „die Regierung in sicherer Hand hat“, wie es auf dem von einem Redakteur namens Krautwurst unterzeichneten Plakat hieß. Und am Morgen des 8. November erfuhren die Bayern aus den „Münchner Neuesten Nachrichten“, daß sich in der Nacht im Landtag ein provisorischer Arbeiter-, Soldaten- und Bauernrat konstituiert hatte, daß eine Nationalversammlung „so schnell wie möglich einberufen werden“ sollte, „Bayern . . . Deutschland für den Völkerbund rüsten“ und dank seiner „moralischen Kraft, für Deutschland einen Frieden . . . erwirken“ wollte, der es „vor dem Schlimmsten“ bewahrte. „Strengste Ordnung“ wurde zugesichert, vor einem Chaos gewarnt, allen dem neuen Regime gegenüber loyalen Offizieren und Beamten ihre bisherige Stellung und jedermann die Unantastbarkeit seines Besitzes garantiert.

Beschwörend hatte der einstige Sozialdemokrat und „Vorwärts“-Redakteur Kurt Eisner,[8] der als Theaterkritiker der „Münchener Post“ in Bayern über einen recht guten Namen verfügte, als erster Vorsitzender des Rates der „Arbeiter, Soldaten und Bauern“ formuliert: „Vertraut dem Großen und Gewaltigen, das in diesen schicksalsschweren Tagen sich verbreitet.“ Eisner, der in Berlin geborene phantasiereiche Jude, Ernst Toller, ein aus Samotschin bei Bromberg stammende Schriftsteller jüdischer Abstammung, Erich Mühsam, der in Berlin zur Welt gekommene jüdische Schriftsteller und der aus Karlsruhe stammende Journalist Gustav Landauer, repräsentierten im bis dahin als besonders königstreu geltenden Bayern plötzlich die neue Ordnung. Nicht einer der in Bayern offiziell die Geschicke bestimmenden Politiker war Bayer, nicht einer von ihnen bürgte für bürgerliche Geisteshaltung. So nahm es nicht wunder, daß in München überall sofort von einem Streich „ausländischer“ Bohemiens die Rede war, der König Ludwig III. vertrieben habe.

Eisner,[9] der Deutschland auf dem Wege über diese Revolution

[8] Über die Haltung Eisners, der sich von Anfang 1918 bis September im Gefängnis befunden hatte, konnten trotz seiner gelegentlich geäußerten Zweifel am Sinn und Zweck seiner revolutionären Ambitionen Unklarheiten nicht bestehen. Mehrfach hatte er in den ersten Novembertagen 1918 öffentlich auf die kommende Revolution hingewiesen. Dem bayerischen Kriegsminister General von Hellingrath waren vom militärischen Nachrichtendienst Ergebnisse aus Recherchen unterbreitet worden, nach denen Eisner staatsgefährdende Beziehungen zu einer internationalen linkssozialistisch-bolschewistischen Gruppe in der Schweiz unterhielt; doch Eisner blieb unbehelligt.

[9] Eisner, mehr Jakobiner als Sozialist, war maßgeblich an den Münchener Streiks von Januar 1918 beteiligt gewesen, deshalb verhaftet und Anfang 1918 in ein Hochverratsverfahren verwickelt worden, im September 1918 jedoch auf Betreiben der Sozialdemokraten aus der Untersuchungshaft in Stadelheim entlassen worden. Zum Bolschewismus hatte er kein Verhältnis. Mit den Spartakus-Leuten wie Leviné und Levin stand er in denkbar schlechten Beziehungen. Einmal hatte er Levin sogar verhaften lassen. Auch seine Beziehun-

rasch zu internationalem Ansehen verhelfen wollte, war der Ansicht, daß eine „demokratische und soziale Republik Bayern" die moralische Kraft aufbringen könnte, für „Deutschland einen Frieden zu erwirken, der es vor dem schlimmsten bewahrt". Er war anfänglich überzeugt, im Sinne des amerikanischen Präsidenten Wilson zu handeln, der nicht auf einen Verständigungsfrieden mit Berlin wartete, sondern die Kapitulation des deutschen Reiches forderte. „Wenn aber nun in Bayern eine revolutionäre Regierung entsteht", argumentierte er unmittelbar nach der Vertreibung des Königs, „deren treibende Kräfte von Anfang des Krieges an in einsamer und gefährlicher Opposition die deutsche Kriegspolitik bekämpft haben, so können wir vertrauen, daß eine solche Regierung bei dem amerikanischen Präsidenten einen anderen Eindruck erweckt und mildere Stimmung auslösen kann, als wenn er es zu tun hat mit einer Regierung, die alle Verantwortlichkeit mitübernommen hat." Doch Ende 1918, nachdem Eisner erfahren hatte, daß die amerikanische Regierung auf Friedrich Ebert setzte und weder Wilson noch die Entente mit einer revolutionären deutschen Teilregierung zu verhandeln bereit waren, gab er seine ursprüngliche Haltung hinsichtlich der gesamtdeutschen Politikvorstellungen auf und geriet in das Fahrwasser der bayerischen Separatisten. Die bayerischen Arbeiter-, Soldaten- und Bauernräte begannen die Reichsregierung zu brüskieren. Unverhüllt brachten sie zum Ausdruck, daß Bayern der Reichstreue endgültig überdrüssig sei und auch die Räte diese bayerische Politik zu unterstützen gedächten.

Aufmerksamen Beobachtern war bereits seit Anbeginn nicht entgangen, daß Eisner separatistischen Gelüsten nicht gänzlich abhold sei.[10] Die Münchner Neuesten Nachrichten erinnerten den „Ministerpräsidenten" Eisner denn auch am 20. November

gen zu den Anarchisten von der Art Mühsams und Landauers waren gespannt.

[10] So hatte er bereits am 8. November während der 2. Sitzung des Arbeiter-, Soldaten- und Bauernrates durchblicken lassen, daß die bayerischen Separatisten in ihm durchaus keinen Gegner hätten.

1918 mit dem deutlichen Hinweis auf die bayerische Tradition: „Es wäre eine würdige Aufgabe für die Regierung des Freien Volksstaates Bayern, durch eine unzweideutige Kundgebung die Berliner Machthaber wissen zu lassen, daß man im Süden des Reiches nicht gewillt ist, durch die Spielereien der Berliner Extremisten das Schicksal des ganzen Volkes aufs Spiel setzen zu lassen." Eisner brach die diplomatischen Beziehungen zu Berlin ab. Damit war seine Mission erfüllt. Die Sozialdemokraten hatten ihn längst ebenfalls abgeschrieben. „Eisner, der 25 Jahre lang mit mir Seite an Seite gekämpft hatte," sagte Reichskanzler Scheidemann am 19. Februar 1919 im Reichstag, „wandelte zuletzt Wege, die nicht mehr meine Wege waren." Und der bayerische Sozialdemokrat Erhard Auer war bereits am 6. November, am Tage vor Eisners Revolution, überzeugt gewesen, daß Eisner „erledigt" sei.

Die anfängliche Lethargie wich einer obskuren aktivistischen Tätigkeit. Eisner, als Bolschewist und sowjetrussischer Vasall abgestempelt, wurde zum Mittelpunkt einer systematisch organisierten Hetze und Verleumdung. Sein Auftritt auf der internationalen Berner Sozialistenkonferenz Anfang 1919, wo er von der deutschen Schuld am Kriege gesprochen hatte, war nicht ungehört geblieben. Die nationalistischen Kreise tobten. Die studentische Jugend wurde gegen ihn aufgehetzt. In der in München beheimateten Geheimgesellschaft „Thule-Gesellschaft", der zu der Zeit Hitlers späterer „Parteiphilosoph" Alfred Rosenberg, der Verleger Lehmann, die Gräfin Westarp und auch Rudolf Hess angehörten, wurde der Plan geschmiedet, Eisner zu ermorden. Ein Handzettel kam in Umlauf, der den Rücktritt Eisners forderte und der mit dem Schiller-Zitat schloß: ‚Landvogt, deine Uhr ist abgelaufen'." Bereits am 4. Dezember 1918 hatten Angehörige des (am 10. November 1918 gegründeten) Kampfbundes der antisemitischen Thule-Gesellschaft versucht, Eisner in Bad Aibling während einer Kundgebung zu verhaften. Da ihn die von ihm begeisterten Arbeiter von Kolbermoor jedoch schützten, scheiterte der Thule-Plan.

48 Tage später, am 21. Februar 1919, wurde er ermordet. Die

Mordkugel des Grafen Arco-Valley[11] traf ihn buchstäblich in der letzten Stunde, in dem Augenblick, in dem es noch möglich war, den Mord politisch zu motivieren: Sie tötete ihn auf offener Straße, als er sich mit zwei Begleitern vom Außenministerium zum Landtagsgebäude befand, wo er seinen Rücktritt erklären wollte. Eisner war ein hervorragender Journalist mit reicher Phantasie; ein nüchterner Politiker oder gar Staatsmann mit Sinn für Realität war er nicht. Und er war auch nicht unbedingt davon überzeugt, daß der gute Geist in der praktischen Politik siegen müßte. In seinem Gefängnistagebuch, das er nach seiner Verhaftung Anfang 1918 bis Sommer 1918 führte, fand sich die Bemerkung: „. . . wo doch dieses deutsche Volk, das von politischer Apathie seit jeher geschlagen ist, wo niemand dich im Grunde braucht, kaum jemand dich auch nur versteht. Ist dieser Glaube an die geheime, große Vernunft, den verborgenen Idealismus, Tatwillen und Opferdrang der Massen nicht wirklich leere Phantasie? Sind nicht die Führer, die du beschuldigst, die Massen wegen ihrer eigenen, unschlüssigen oder ängstlichen Person zu verderben und zu verraten, die besseren Menschenkenner?" Bezeichnend für seine Überzeugung – und zugleich auch für sein Schicksal – ist ein Auszug

[11] Nach der Ermordung Eisners breitete sich im Landtag Entsetzen aus. Furcht und Panik wurden ausgelöst, als ein Mann namens Lindner im Plenarsaal erschien und den Sozialdemokraten Ehrhard Auer niederschoß, der gerade Eisners Verdienste würdigte und den Mord verurteilte. Durch Schüsse von der Tribüne wurden der Abgeordnete Osel (Bayerische Volkspartei) und ein Offizier getötet. Fluchtartig verließen die Abgeordneten den Landtag – und München, wo der Belagerungszustand verhängt wurde. Der Generalstreik wurde ausgerufen und die bürgerliche Presse unter Zensur gestellt. Die Regierung Eisner fiel auseinander. Arco-Valley, in zahlreichen Publikationen als ein „zweiter Tell", als eine „andere Charlotte Corday", als ein Held gefeiert, war der Sohn einer Jüdin und Neffe des Generals von Speidel, der Eisner am 8. November zugesichert hatte, daß das bayerische Offizierskorps loyal sein würde. Der „Held" Arco-Valley, der Eisner von hinten niederschoß und am 15. Januar 1920 vor dem Volksgericht bekannte, daß er von „einer wahnsinnigen Wut gegen Eisner" gepackt worden sei, weil Eisner „den mit Mühe und Not zusammengebrachten Freistaat Bayern verraten wollte an den Spartakus", wurde am 16. Januar 1920 zwar zum Tode verurteilt; aber bereits am folgenden Tage begnadigte ihn ein Beschluß des Gesamtministeriums zu einer lebenslänglichen Festungshaft, am 13. April 1924 infolge eines Ministerbeschlusses mit der Freilassung endete.

aus einer eigenen Dichtung, die er am 17. November 1918 zur Revolutionsfeier im Münchener Nationaltheater zur Melodie von „wir treten zum Beten“ singen ließ: „Wir werben im Sterben um neue Gestirne, sie blinken im Sinken und stürzen in Nacht.“

Kurt Eisner wollte nicht wahrhaben, daß die Wirklichkeit anderen Gesetzen folgt als ein Theaterstück. Am Wandel seiner Haltung und Maßnahmen läßt sich ablesen, wie er dem Druck der Tatsachen nachgab. Während er sich am 17. November 1918 im Rahmen der Revolutionsfeier noch gegen den alten Wahlmodus und gegen das traditionelle Parlament wandte, forderte er Ende November vor dem Berliner Vollzugsrat „die Ausgestaltung der Arbeiter-, Soldaten- und Bauernräte als Ersatz für den bürgerlichen Parlamentarismus“, dem er allerdings weiterhin bescheinigte, bankrott gemacht zu haben. Die Nationalversammlung wollte er zunächst erst dann einberufen sehen, wenn Bevölkerung und Regierung von dem neuen Geiste erfüllt seien, den die Arbeiter-, Soldaten- und Bauernräte repräsentierten. Vor den Münchener Arbeiter-, Soldaten- und Bauernräten erklärte er am 29. November: „Der Ruf nach der Nationalversammlung kann nicht der Anfang sein, sondern nur das letzte Ergebnis.“ Aber im Dezember 1918 war er bereits anderer Ansicht. Er stimmte der Einberufung der Nationalversammlung zu.

Am 12. Januar 1919 wählte das Volk im rechtsrheinischen Bayern die Abgeordneten für den bayerischen Landtag, am 2. Februar die zu Bayern gehörende pfälzische Bevölkerung. Die Wahl zur Verfassungsgebenden Deutschen Nationalversammlung fand zwischen diesen beiden Wahlen (am 19. Januar 1919) statt. Daß Eisner in seiner kontinuierlich erscheinenden Anpassung auch für den bayerischen Separatismus eintrat, der in Bayern auf den einfachen Nenner „Loslösung vom Reich und völlige Eigenstaatlichkeit und Unabhängigkeit von Berlin“ gebracht wurde, rettete ihn nicht.

Die „zugewanderten“ Revolutionäre hatten in Bayern besonders günstige Voraussetzungen nutzen können. Zahlreiche Militärs hatten ihre Kommandostellen umgehend verlassen. Da sich unter den bayerischen Offizieren weniger Adelige befanden als unter den preußischen Offizieren, konnten sie hoffen, ohne besondere Schwierigkeiten in Zivilberufen unterzukommen. Sie brauchten um ihren künftigen Lebensunterhalt nicht besonders zu bangen. Zudem war den Offizieren im Aufruf des Arbeiter-, Soldaten- und Bauernrates versprochen worden, daß „Offiziere, die sich den Forderungen der veränderten Zeit“ nicht widersetzten, „unangetastet ihren Dienst versehen dürften. General Freiherr von Speidel, der Wortführer des Offizierskorps, erklärte unmittelbar am 8. November 1918, daß die Offiziere sich unter „Wahrnehmung ihrer Überzeugung rückhaltlos und aufrichtig in den Dienst des Volksstaates“ stellen würden. Weder die Militärs noch die königlich-bayerische Polizei waren in dieser Situation zur aktiven Parteinahme mit der Waffe in der Hand für das angestammte Herrscherhaus zu bewegen. Die gesamte Beamtenschaft versah ihren Dienst wie zuvor, ohne sich des Treuebrauches zeihen lassen zu müssen; zumal der geflohene König bereits am 13. November, „allen Beamten, Offizieren und Soldaten die Weiterarbeit unter den gegebenen Verhältnissen freistellte und sie vom Treueid entband. Die in Landsberg am Lech stationierte preußische Reservedivision, mit der die bayerische militärische Führung das Blatt noch in letzter Minute wenden zu können gedachte, verbrüderte sich augenblicklich mit den bewaffneten Wachen der Revolutionäre. Die Tatsache, daß Bulgarien am 30. September kapituliert und die dadurch freigewordenen feindlichen Luftstreitkräfte ihre Angriffe gegen Bayern zu massieren begonnen hatten, war der Stimmung der kriegsmüden Bevölkerung entgegengekommen. Das politische Eingeständnis der militärischen und politischen Führung, trotz aller patriotischen Durchhalteparolen so jäh vor einer Niederlage zu stehen, hatte Beamte und Bürger zu der Ansicht gelangen lassen, bislang an der Nase herumgeführt worden zu sein. Sie waren deshalb froh, sich ohne Blutvergießen in die neue Zeit hinübergerettet zu haben. So war wohl auch die resignierende Erklärung der alten Regierung (Dandl-Brettreich) zu verstehen, daß es besser sei, „daß das Land nach vier Jahren eines blutigen Krieges endlich in Ruhe lebe, als daß der monarchische Staat in Schönheit sterbe.“

Eisner kam vielen Bayern mit seiner Aktion nicht ungelegen. Wenn sie schon nicht für ihren König gegen die Revolution kämpfen wollten, brauchten sie sich so nicht auch vorzuwerfen, ihren König selbst gestürzt und die neuen Verhältnisse durch Revolution und Blutvergießen herbeigeführt zu haben. Neben dem geringen Widerstandswillen der Militärs hatte sich der in Bayern als „Föderalismus" bezeichnete traditionelle Separatismus als einer der besten Verbündeten Eisners erwiesen. Die Revolution wurde nicht vornehmlich als die revolutionäre Neuorganisation der Staatsführung und der sozialen Verhältnisse, sondern als demonstrative Wahrnehmung der bayerischen Sonderinteressen gegenüber Berlin verstanden. Und dafür waren viele Bayern bereit, einen „roten" Ministerpräsidenten in Kauf zu nehmen, der nicht einmal Bayer zu sein brauchte.

Eine Rolle beim reibungslosen Sturz der Wittelsbacher-Monarchie hatten nicht zuletzt auch einige zunächst weniger beachtete Vorgaben gespielt. Eine von ihnen bildeten die nichtbayerischen Arbeiter des Münchener Krupp-Werks, das nach dem Willen König Ludwigs eine größere wirtschaftliche Unabhängigkeit Bayerns vom Reich gewährleisten sollte. Zahlreiche der Arbeiter, die während des Krieges zu Krupp nach München gegangen waren, wo sie sich 1918 noch nicht so weit integriert fühlten, daß sie Bayern als ihre Heimat ansahen, ließen sie die Revolutionäre gewähren und wirkten nicht selten darüber hinaus selbst destruktiv. Und auch die Münchener Künstlerkolonie Schwabing erleichterte Eisner im November 1918 die Vertreibung des Königs. Viele dieser „Schwabinger" kamen aus dem Ausland. Vom konservativen und zum Teil reaktionären bayerischen Bürgertum wurden sie nicht ernstgenommen, was sich Ende 1918 rächte. Die antibourgeoisen Neigungen und Ambitionen der Bohemiens fanden während der Revolution ein politisches Betätigungsfeld, das sie abenteuerlustig und experimentierfreudig bestellten. Zahlreiche der an der Münchener Universität und an der Technischen Hochschule studierenden ausländischen Studenten und Akademiker, von denen nicht wenige aus Rußland kamen, förderten revolutionäre Umtriebe, andere, die vor der bolschewistischen Revolution geflohen waren, engagierten sich im Rahmen der extremen Rechtsfront.

Ein Soldat namens Adolf Hitler

Adolf Hitler, der seit Mai 1912 in München als Kunstmaler gelebt hatte, am 15. Oktober 1918 bei La Montagne als Soldat des bayerischen Infanterie-Regiments 16 („List“) durch Gas verwundet worden war und vom 21. Oktober bis zum 19. November im preußischen Reservelazarett in Pasewalk lag, wo er von der Revolution „überrascht“ wurde, schilderte diese Tage sieben Jahre später in seinem Buch „Mein Kampf“. Einerseits von der Furcht gepeinigt, infolge der Gasvergiftung eventuell blind zu bleiben oder künftig bestenfalls unzureichend sehen zu können, quälte ihn andererseits die Sorge um die Entwicklung der politischen Lage in der kriegsmüde gewordenen Heimat, in der er als blinder oder halbblinder Künstler ohne abgeschlossene Ausbildung wahrscheinlich betteln gehen müßte, wenn eine Revolution die Verhältnisse änderte. „Ungünstige Gerüchte kamen dauernd aus der Marine“, erinnerte er sich, „in der es gären“ sollte. Er glaubte jedoch, daß es nur Gerüchte seien: „. . . mir (schien das) mehr die Ausgeburt der Phantasie einzelner Burschen als Angelegenheit größerer Massen zu sein. Nun zogen sie in ihr den roten Fetzen auf.“ Was folgte, „waren entsetzliche Tage und noch bösere Nächte – ich wußte, daß alles verloren war. Auf die Gnade des Feindes zu hoffen, konnten höchstens Narren fertigbringen oder – Lügner und Verbrecher. In diesen Nächten wuchs mir der Haß . . . gegen die Urheber dieser Tat. In den Tagen darauf wurde mir auch mein Schicksal bewußt. Ich mußte nun lachen bei dem Gedanken an meine eigene Zukunft, die mir vor kurzer Zeit noch so bittere Sorgen bereitet hatte. War es nicht zum Lachen, Häuser bauen zu wollen auf solchem Grunde? Endlich wurde mir auch klar, daß doch nur eingetreten war, was ich so schon befürchtete, nur gefühlsmäßig nie zu glauben vermochte.“

Am 7. November 1918 hatte Hitler im Lazarett in Pasewalk erfahren, daß der Krieg beendet und Bayern Republik geworden war. Drei Jahre später erinnerte er sich: „Da meine Erblindung in verhältnismäßig kurzer Zeit wieder wich, und das Augenlicht allmählich wieder zurückkehrte, außerdem ja am 9. November die Revolution ausgebrochen war, ersuchte ich um möglichst schnelle Überführung nach München und war seit Dezember 1918 wieder beim Ers. Batl. 2. Inf. Reg." Hier, im Lazarett in Preußen, hatte er nach eigenen Angaben den verhängnisvollen und ungezählt oft zitierten Entschluß gefaßt, nicht mehr wie bislang Architekt oder akademischer Kunstmaler, sondern Politiker werden zu wollen. Hitler sprach 1925 von Juden als den Drahtziehern der Revolution. Daß dieses Argument am 9. November 1918 selbst auch im kaiserlichen Hauptquartier in Spa eine wesentliche Rolle spielte, als Hindenburg, Groener, der Kaiser und einige Adjutanten die Lage diskutierten, hat die Geschichtsschreibung weithin übersehen.

„Dem Heer soll gesagt werden", so schlug General Friedrich Graf von der Schulenburg, der zur Beratung hinzugezogene Stabschef der Kronprinzenarmee, dem Kaiser vor, „daß ihm seine Schwesterwaffe, die Marine, mit jüdischen Kriegsgewinnlern und Drückebergern in den Rücken gefallen sei." Nun müßte das Heer unter dem Befehl des Monarchen gegen die Heimat kämpfen. Wie später bei Hitler immer, so sollten „die Juden" auch im Blickfeld des Kaisers, der ihnen zeitlebens auch niemals gewogen war, für die Folgen der eigenen Entscheidungen verantwortlich gemacht werden.

„Kameraden . . . rettet . . . die Einheit der Nation"

Daß es keinen „Verständigungsfrieden" und erst recht keinen „Siegfrieden" mehr geben würde, den Max von Baden noch für möglich gehalten und angestrebt hatte, hatten bereits die 34 Artikel umfassenden Compiègner Waffenstillstandsbedingungen deutlich gemacht. 5 000 Kanonen, 25 000 Maschinengewehre, 3 000 Minenwerfer, 1 700 Jagd- und Bombenflugzeuge, 5 000 Lokomotiven, 150 000 Waggons, 5 000 Lastkraftwagen, die elsaß-lothringischen Eisenbahnen, sechs Schlachtkreuzer, zehn Linienschiffe, acht kleine Kreuzer und 50 der neuesten Zerstörer, mußten den Siegern ausgehändigt werden, Mainz, Koblenz und Köln mit einem jeweiligen Umkreis von 30 Kilometern, alliierten Truppen zur Besetzung freigegeben und auf dem rechten Rheinufer eine 30 bis 40 Kilometer tiefe neutrale Zone geschaffen werden. Daß die Waffen und die Kriegsschiffe abgegeben werden sollten, akzeptierte das kriegsmüde deutsche Volk; aber daß trotz der Versorgungsschwierigkeiten und Transportprobleme den Siegern auch Lastwagen und Eisenbahnen auszuhändigen waren, verstand es als Rache und überflüssige Härte. Und es monierte auch, daß deutsche Truppen, die nicht innerhalb von 15 Tagen Frankreich, Belgien und Elsaß-Lothringen verlassen hätten, interniert oder in Kriegsgefangenschaft geführt und deutsche Schiffe gekapert und die Blockade aufrechterhalten werden sollten.

Dem von der deutschen Obersten Heeresleitung bis 1918 angestrebten „Siegfrieden“ setzten die englische und die französische Staatsführung ihren „Vernichtungsfrieden“ entgegen. Die Chance, einen „Verständigungsfrieden“ zu erreichen, war mit dem Frieden von Brest Litowsk vom 3. März 1918 zwischen den Mittelmächten und Sowjetrußland[12] und dem Scheitern der am

[12] Durch den zwischen Sowjetrußland und den Mittelmächten Deutschland, Österreich-Ungarn, Bulgarien und der Türkei (nach Friedensverhandlungen seit dem 22. Dezember 1917) in Brest Litowsk auf Lenins Veranlassung (nach der Zustimmung des Obersten Rätekongresses mit 116 gegen 85 Stimmen bei 26 Enthaltungen) am 3. März 1918 unterzeichneten Friedensvertrages wurde die Ostfront annulliert. Beide Seiten hatten eine Atempause dringend nötig. Die Sowjets, die nach dem Sturz des Zaren ihre Revolution durchsetzen und Rußland in ihrem Sinne umgestalten wollten, wofür sie ihre ganzen Kräfte einsetzen mußten, verzichteten auf die russische Hoheit in Polen, Litauen und Kurland. Estland und Livland wurden vorerst von deutschen Polizeikräften verwaltet. Ihre Entlassung aus dem russischen Staatsverband war auf den 27. August 1918 festgelegt. Die Ukraine und Finnland wurden von Sowjetrußland als selbständige Staaten anerkannt. Weißruthenien blieb

21. März 1918 eingeleiteten deutschen Westoffensive und der erfolgreichen alliierten Gegenoffensive spätestens im August 1918 gänzlich vertan. Was blieb, war nur noch die Hoffnung auf einen von Woodrow Wilson unterstützten „Rechtsfrieden". Die Deutschen setzten voraus, daß Wilsons 14-Punkte-Vorschlag die Grundlage sein würde, obwohl er, weil relativ allgemein programmatisch formuliert, nur schwerlich als verbindliches und „oberstes Gesetz" aufgefaßt werden konnte. Zur präzisen Orientierung für Friedensverhandlungen erwiesen sie sich als unzulänglich.

Friedrich Ebert, denjenigen relativ eng verbunden, die – mit zunehmender Dauer immer effektvoller – die Ansicht verfochten, daß Deutschland von den Alliierten durch Täuschung und Betrug (durch nicht eingehaltene Hinweise auf einen „Wilson-Frieden") zur Niederlegung der Waffen bewogen worden sei, erklärte am 10. November 1918, daß „von einem Frieden des Rechts und der Gerechtigkeit bei solchen Bedingungen keine Rede mehr sein könne", weil die „uns auferlegten Opfer . . . so unerhört" seien, daß sie „zur Vernichtung unseres Volkes führen" müßten. Daß die Sieger auf namhafte und offizielle deutsche Stimmen verweisen konnten, die während des ganzen Krieges gefordert hatten, dem von Deutschland geschlagenen Feind nach dem Kriege substanzgefährdende Leistungen aufzuzwingen, ließ schwerlich zu, die Forderungen der Engländer und Franzosen offen als unmoralische und rechtswidrige Maßnahmen anzuprangern; denn die eigenen Drohungen waren ja nicht nur an Stammtischen und nicht bloß von subalternen Politikern ausgesprochen worden. Ob Deutschland im Falle seines Sieges glimpflicher und großzügiger mit dem geschlagenen Feind umgegangen wäre, als jener es seit November 1918 mit Deutschland tat, ist durchaus zu bezweifeln. 1918 und 1919 wurden derartige Überlegungen zwar diskutiert; aber ihr Wert war für die Festsetzung der Forderungen

russisch. Die Mittelmächte, die nicht nur eine Front aufgeben, sondern zugleich auch wirtschaftlich profitieren wollten, verzichteten auf Reparationen.

der Engländer und der Franzosen bedeutungslos, die den Begriff „Reparationen" aus ihrem Zivilrecht als Bezeichnung für „Wiedergutmachung von Schäden" übernommen und erstmals am 11. November 1918 in einen internationalen Vertrag eingeführt hatten.

Jetzt, nachdem die euphorischen Hoffnungen aus der Zeit der militärischen Erfolge endgültig zerstoben und die Ereignisse gegenteilig verlaufen waren, zählte primär nur noch, was der Feind auf den Tisch legte. Ebert und Groener waren sich darüber einig, daß die Sicherung von Ruhe und Ordnung in diesen Tagen wichtiger als Diskussionen über die Struktur des Staates seien, den die Sozialdemokraten ebenso als deutschen Einheitsstaat festschreiben wollten wie die Anhänger der Fortschrittspartei. Überall hatten sich in den Residenzen eigene Arbeiter- und Soldatenräte gebildet, waren landeseigene Regierungen zusammengetreten. Berlin als Sitz einer Zentralregierung erschien nicht nur dem Zentrum indiskutabel, das für eine föderalistische Staatsstruktur eintrat. Süd- und westdeutsche Partikularisten und Separatisten lehnten die „rücksichtslose preußische Vorherrschaft ab und kündigten, wie Ende 1918 die Bayerische Volkspartei, auf Flugblättern drohend an, den zentralistischen Bestrebungen „äußersten Widerstand entgegensetzen" und „Berlin ... nicht Deutschland ... und Deutschland nicht Berlin" werden zu lassen.

Über sozialpolitische und andere Reformen konnte Friedrich Ebert zunächst jedoch nur nachdenken. Die alliierten Siegermächte in Versailles und Paris entschieden im Grunde, was zu geschehen hatte. Am 12. November 1918 hatte der Rat der Volksbeauftragten zwar das Feldheer aufgefordert, weiterhin die militärische Disziplin zu wahren und den Offizieren und Unteroffizieren zu gehorchen. Doch die Folgen der Revolution konnten nicht mehr ungeschehen gemacht werden. In der Heimat und in der Etappe gab es keinen Truppenverband mehr, über den die Oberste Heerleitung zum Schutz der Regierung in Berlin verfügen konnte. Sie wußte, daß die Frontsoldaten ihre Einheiten verließen, sobald sie die deutschen Grenzen überschritten hatten. Die Propagandisten der USPD und des Spartakusbundes setzten alles daran, die Autorität der Offiziere zu untergraben. Die Erhaltung eines Friedensheeres aus den Reihen der monarchistischen Truppen, was Groener anstrebte, stand nicht in ihrem Programm. „Mit der Abdankung der Hohenzollern“, so hatte die kommunistische „Rote Fahne“ schon am 10. September 1918 geschrieben, „ist es nicht getan. Noch viel weniger ist es damit getan, daß ein paar Regierungssozialisten mehr an die Spitze treten . . . Beseitigung des Reichstages und aller Parlamente sowie der bestehenden Reichsregierung. Übernahme der Regierung durch den Berliner Arbeiter- und Soldatenrat.“

Daß die Spartakisten die Regierung „in Ruhe“ ließen, zumindest solange die Unabhängigen Sozialdemokraten an ihr beteiligt waren, konnten Ebert und Scheidemann, die über kein zuverlässiges Machtinstrument verfügten, keineswegs ruhig in die Zukunft blicken lassen. Keiner der ins Leben gerufenen militärischen Verbände, weder die Roten Garden, die Republikanischen Soldatenwehren, die Republikanische Schutztruppe noch die in der zweiten Novemberhälfte aufgestellte „Volksmarinedivision“ und die vom Rat der Volksbeauftragten am 12. Dezember 1918 durch Gesetz initiierte Freiwillige Volkswehr, hatte der Regierung die unerläßliche Sicherheit garantieren können. Die Offiziere des alten Heeres, beim Übertritt über die Reichsgrenzen ihrer Autorität beraubt und ohnehin nur in seltenen Fällen für das neue System und seine Maßnahmen eingenommen, bildeten keine Stütze mehr. Die Unteroffiziere, die nun Einheiten größeren Ausmaßes führten, waren an die ihnen plötzlich zugeteilten Kompetenzen und Aufgaben nicht gewöhnt. Die Soldaten diskutierten die halb militärisch, halb demokratisch erteilten Befehle und wollten jeweils selbst entscheiden, ob und wie sie die Weisungen der Kameraden aus ihrer Mitte gegebenenfalls zu befolgen gedächten.

Die rätedemokratischen Organisationsformen ließen sich auf die Truppe nicht übertragen, in der auch die straffe Disziplin beispielsweise der bolschewistischen – und später auch der nationalsozialistischen – Partei keine Basis hatten. So begrüßte Ebert erleichtert, daß am 10. Dezember 1918 die erste noch intakte Division von der Westfront in Berlin einrückte, der er emphatisch zurief: „Kameradne ... Rettet ... die Einheit der Nation.“[13] Nachdem weitere Verbände folgten, konnten er und seine Parteigenossen im Rahmen des Rates der Volksbeauftragten damit beginnen, die verfassunggebende Nationalversammlung vorzubereiten, ohne sich weiterhin von dem Veto derjenigen behindern lassen zu müssen, die eine „Sowjetrepublik“ Deutschland anstrebten.

In der zweiten Dezemberhälfte 1918, ein paar Wochen nach dem Abschluß des Ebert-Groener-„Bündnisses“, kam es in Berlin zu Straßenkämpfen, nachdem die USPD-Vertreter Hugo Haase, Wilhelm Dittmann und Emil Barth nach wochenlangen, ermüdenden und gehässig geführten Kämpfen gegen die Sozialdemokraten aus dem Rat der Volksbeauftragten ausgeschieden waren. Die Sozialdemokraten mußten um die Existenz der Regierung Ebert bangen. Sie überstanden das Ende des Jahres 1918 schließlich nicht zuletzt dank der Sentimentalität Ernst Däumigs, der als Führer des zum militanten Machtkampf bereiten linken Flügels der USPD vor der Öffentlichkeit nicht verantworten zu können meinte, das Kabinett (nach einer Weigerung der von Ebert herbeigerufenen Regierungstruppen, die im Schloß verschanzten und meuternden rund 3 000 Angehörigen der Marinedivision mit Waffengewalt zu vertreiben) ausgerechnet am Heiligen Abend verhaften und absetzen zu lassen. Und als die linken Träumer „in Frieden“ Weihnachten gefeiert hatten und schließlich doch noch die Reichskanzlei besetzen wollten, war der sozialdemokratische Stadtkommandant Otto Wels ihnen vorausschau-

[13] „Kameraden“, so rief er, dessen Söhne Georg und Heinrich gefallen waren, den Soldaten zu und beschwor sie: „Willkommen in der Deutschen Republik, herzlich willkommen in der Heimat, die sich nach Euch gesehnt hat ... Rettet Ihr die Einheit der deutschen Nation, die Ihr nun Bürger werdet der einen, der untrennbaren Deutschen Republik ... Bald ... wird die konstituierende Nationalversammlung die Freiheit und die Republik fest verändern, durch den Willen des ganzen deutschen Volkes. Ihr legt die Waffen aus der Hand, die ... dem Volk nie eine Gefahr, sondern stets nur Schutz sein sollen ... Und so laßt mich Eure Treue zur Heimat ... zur Einheit Deutschlands, unseren Stolz auf die Freiheit und die große unteilbare Deutsche Republik zusammenschließen in den Ruf: Unser deutsches Vaterland, die deutsche Freiheit, der freie Volksstaat Deutschland – sie leben hoch“.

end zuvorgekommen. Tausende Sozialdemokraten hatten die Wilhelmstraße und die Reichskanzlei abgeriegelt.

Der vom Berliner Vollzugsrat der Arbeiter- und Soldatenräte seit dem 10. November 1918 kontrollierte Rat der Volksbeauftragten berief für die Zeit vom 16. bis 19. Dezember einen allgemeinen Rätekongreß nach Berlin ein, wo insgesamt 488 Delegierte aus dem ganzen Reich, 289 Sozialdemokraten, 80 USPD-Mitglieder, 10 Spartakisten, 25 Demokraten, 27 Soldaten, 10 Anhänger einer linksradikalen Splittergruppe und 27 „Volksvertreter", die keine persönlichen Angaben machten, über die Frage entscheiden sollten, ob Deutschland „Räterepublik" oder „parlamentarische Demokratie" werden solle. Dem sozialdemokratischen Antrag, die Nationalversammlung möglichst schon am 19. Januar einzuberufen, stimmten 400 Delegierte zu, 50 von ihnen lehnten ihn ab. Die von der USPD im Gegenzug initiierte Entscheidung über die Rolle der Räte, der die Unabhängigen Sozialdemokraten die Funktion der höchsten gesetzgebenden und vollziehenden Gewalt zugestehen wollten, fiel mit 344 zu 98 Stimmen der USPD und Spartakisten gegen die extremen Linken aus. Sie waren damit gescheitert. Ihre Absicht, die Räte dann wenigstens neben der Nationalversammlung weiter bestehen zu lassen, blieb zwangsläufig eine Illusion. Das schon während des Krieges nur noch gewaltsam aufrechterhaltene Trugbild der Einheit der sozialistischen Arbeitervereinigung existierte nicht mehr. Die Regierung brauchte in dieser Situation, die durch die jetzt zum rücksichtslosen Kampf auf der Straße bereiten, auf dem Rätekongreß gescheiterten USPD und Spartakisten brisant aufgeladen wurde, mehr als zuvor einen Fachmann für militärische Fragen. Sie entschied sich für den rechts orientierten Sozialdemokraten Gustav Noske, der schon als Reichstagsabgeordneter militärischen Sachverstand bewiesen hatte. Obwohl er dieses Amt nicht anstrebte, stellte er sich zögernd zur Verfügung und erklärte: „Einer muß ja den Bluthund machen."

Noske wußte, daß er nicht nur gegen Anhänger der USPD und die (seit Ende Dezember) von Rosa Luxemburg und Karl Liebknecht geführten Kommunisten und Revolutionären Obleute, die sich der KPD nicht angeschlossen hatten, sondern wahrscheinlich dann und wann auch gegen SPD-Genossen würde vorgehen müssen. Nicht wenige von ihnen, die auf die Enteignung des Großgrundbesitzes, der Großindustrie und der Banken und auf die völlige Ausschaltung des Offizierskorps gehofft hatten, waren von der Politik des Rates der Volksbeauftragten und der Sozialdemokratischen Partei so enttäuscht, daß die gespaltenen extremen Linken auf die rechnen konnten. Der offene Konflikt hing in der Luft. Als die preußische Regierung, zwangsläufig um die Kontrolle über die Exekutive besonders bemüht, den Berliner Polizeipräsidenten Emil Eichhorn am 5. Januar 1919 aufforderte, von sich aus dem Beispiel der USPD-Genossen zu folgen und sein Amt zur Verfügung zu stellen, entlud er sich nach Eichhorns Absetzung,[14] nach schier endlosen Beratungen der linken Führer zunächst in drohenden Unruhen. Die Radikalen besetzten einige Zeitungsredaktionen und Verkehrsknotenpunkte. Am 6. Januar beherrschten sie fast ganz Berlin. Davon jedenfalls war die um ihre Handlungsfähigkeit besorgte Regierung Ebert-Scheidemann überzeugt, die am 5. Januar heimlich in die Außenbezirke der Reichshauptstadt ausgewichen war.

Da kam Gustav Noskes Stunde. Von der Regierung mit Einverständnis des nur noch für die Berliner Räte zuständigen Vollzugsrates und des Zentralrates zum Oberbefehlshaber der Truppen ernannt, rückte er am 11. Januar an der Spitze der aus Freiwilligen zusammengewürfelten sogenannten „Regierungstruppen“ in Berlin ein und warf den Aufstand blutig nieder. Am 14. Januar kämpfte niemand mehr, waren die am Tag zuvor noch ums Leben gekommenen Toten beerdigt, die Verwundeten versorgt, die Arbeiter und Angestellten wieder an ihre Arbeitsplätze zurückgekehrt. Doch es gab auf der linken Seite noch Tote. Rosa Luxemburg und Karl Liebknecht wurden am 15. Januar von verhetzten Landsknechten der Noske-Truppen, die sie ins Untersuchungs-

[14] Die USPD-Führer Georg Ledebour und Karl Liebknecht und Mitglieder der Revolutionären Obleute hatten Eichhorns Rücktritt (gegen Rosa Luxemburgs Willen) öffentlich gefordert.

gefängnis transportieren sollten, wie räudige Schakale umgebracht. Die Linken mußten den von ihnen inszenierten Aufstand teuer bezahlen. Daß sie auch später, wann und wo immer sie in Deutschland versuchten, rätesozialistische, kommunistische oder nationalbolschewistische Politik zu betreiben, auf taube Ohren stießen, resultierte nicht zuletzt auch aus den Erfahrungen, die die Berliner in den Januartagen machen mußten.

Noske, um die Erhaltung der Republik bemüht, hat diese Aufgabe einigermaßen erfolgreich bewältigt. Profitiert haben außer der wieder etablierten Regierung Ebert-Scheidemann allerdings auch restaurative und dem neuen Staat nicht zugetane militärische Organisationen, die im Dezember 1918 und im Januar 1919 ohne Engagement der Obersten Heeresleitung entstanden waren. Zahlreiche demobilisierte Offiziere der kaiserlichen Armee, inzwischen berufs- und arbeitslos, von den Verhältnissen in der Heimat schwer enttäuscht, nicht selten um ihren einstigen Besitz gebracht und voller Abscheu gegenüber den Zivilisten, hatten sich in landsknechtsähnlichen Freiwilligenverbänden zusammengeschlossen und „dem Vaterland" auch unter der Herrschaft der von ihnen verachteten Regierung ihre Dienste gegen links zur Verfügung gestellt. Daß sie diesem Staat im Rahmen des Noske-Einsatzes mit ihren reichen militärischen Erfahrungen aus der Not geholfen hatten, betrachteten sie als eine Tat, die eben dieser Staat in einer Weise zu belohnen hätte, die sie selbst bestimmen wollten. Wie fremd und feindselig sie ihm gegenüberstanden, bekundeten sie fortwährend. „Was fordern wir von der neuen Regierung?" fragte beispielsweise der bayerische Deutschvölkische Schutz- und Trutzbund, dem sich viele Mitglieder der Freikorps und Freiwilligenverbände angeschlossen hatten. Und er ließ die Antwort nicht offen: „Brechung des jüdischen Einflusses auf das gesamte Leben", die Todesstrafe für Schiebertum in Nahrungsmitteln und Industrierohstoffen", für „Verschiebung des Kapitals und unserer unentbehrlichen Waren ins Ausland", für die Empfehlung, im „Anschluß an den Bolschewismus als politisches Heilmittel für . . . Deutsche" und schließlich als Programmpunkt auch noch: „Endlich fort mit den Ostjuden".

Die unsachgemäße Führung der noch in Uniform „herumlaufenden“ und im Militärdienst stehenden Soldaten brachte Ebert/Scheidemann zuweilen in Verlegenheit. So erschienen am 6. Dezember 1918 beispielsweise zehn Matrosen und Soldaten des Heeres im Reichskanzlerhaus und baten Ebert, auf die Straße zu kommen, wo zahlreiche ihrer Kameraden warteten. Als Ebert vor den Soldaten erschien, trat einer von ihnen bei Trommelwirbel hervor und erklärte, daß sie – „auf die bewaffnete Macht“ gestützt „und im Bewußtsein, für die ganze Nation zu sprechen“ – gekommen seien, um der Regierung den Schutz anzubieten, wenn Friedrich Ebert nur bereit sei, sich von ihnen zum ersten Präsidenten der „jungen deutschen Republik“ ausrufen zu lassen. Nur Eberts selbstbewußt souveräner Haltung und diplomatischen Versiertheit war zu verdanken, daß dieses „Husarenstück“ nicht nur erfolglos verlief, sondern auch ohne öffentliches Spektakel blieb.

Erste Wahlen

Die Hoffnung der Deutschen, möglichst bald wieder satt werden zu können, erfüllte sich nur sehr langsam. Die Blockade wurde von den Alliierten weiterhin aufrechterhalten. Hungersnot war an der Tagesordnung. 1916 waren in den Großstädten pro Kopf der Bevölkerung 130 Gramm Eiweiß und 1 344 Kalorien als Tagesration berechnet worden. Im Frühjahr 1917 waren es nur noch 30 Gramm Eiweiß und 1 100 Kalorien, was heißt, daß der notwendige Minimalsatz von rund 2 570 Kalorien nicht einmal mehr zur Hälfte erreicht wurde. Die Folgen zeigten sich schnell nicht nur in Schwächeanfällen und nachlassenden Arbeitsleistungen. 1915 hatte die Zunahme der Sterbefälle in der Bevölkerung nach Feststellungen des Reichsamtes des Inneren 9,5 Prozent betragen. 1916 waren es 14 Prozent, 1917 32 Prozent und 1918 schließlich sogar 37 Prozent. Um 55 Prozent hatten die Sterbefälle bei den sechs- bis fünfzehnjährigen Kindern zugenommen. Daß sich die

Verhältnisse nach dem verlorenen Krieg nicht schlagartig bessern konnten, war logisch. Die Umstellung der Kriegswirtschaft brachte weitere Probleme, zumal die Rohstofflage katastrophal blieb. Die Zahl der Arbeitslosen stieg zunehmend – und beängstigend. Lohnstreiks und die Geldentwertung erzeugten Unruhen und Pessimismus. Am 10. Januar 1919 wurde in Bremen die Räterepublik ausgerufen. „Die Entscheidung ist gefallen", hieß es auf einem Plakat, das die Absetzung des Senats und die Gründung einer selbständigen Republik mit einer „proletarischen Volksregierung" Bremen verkündete, die Bevölkerung mit dem gleichzeitig verhängten Standrecht bekannt machte und feststellte, daß das „werktätige Volk Bremens, das revolutionäre Proletariat", nicht bereit sei, in den „Zusammenbruch der kapitalistischen Wirtschaftsordnung hineingerissen zu werden." Mit der Wahl der Nationalversammlung, durch die die Revolution formell beendet sein sollte, änderte sich an den Lebensumständen nichts. Auch Noske und die Freikorps wurden weiterhin gebraucht.

Am 19. Januar 1919 wurde die verfassungsgebende Nationalversammlung nach einem von der SPD, dem Zentrum, der Deutschen Demokratischen Partei, der Deutschnationalen Volkspartei, der USPD und der Deutschen Volkspartei nur kurz und nicht besonders intensiv geführten Wahlkampf gewählt. Erstmals durften auch Frauen und Soldaten ihr Votum abgeben. Das Wahlalter war von 25 auf 20 Jahre herabgesetzt worden. Die hohe Wahlbeteiligung von rund 83 Prozent im Reichsdurchschnitt zeigte deutlich, welche Hoffnungen die Bevölkerung mit diesem Ereignis verband. Doch die hohen Erwartungen der SPD hinsichtlich des eigenen Erfolges wurden nicht erfüllt. Sie vereinigte auf sich zwar 37,9 Prozent der abgegebenen gültigen Stimmen, aber die von ihr erhoffte absolute Mehrheit war ausgerechnet an den Stimmen der Frauen gescheitert, die dank der SPD erstmals wählen durften.

Die politischen Führer der Republik und deren Anhänger konnten ablesen, wie groß der Anteil derjenigen war, die noch auf dem Boden der Monarchie standen oder deren Wiedereinführung anstrebten. 4,4 Prozent der abgegebenen gültigen Stimmen hatte die Deutsche Volkspartei erhalten, was heißt, daß sie im Parlament mit 19 Abgeordneten vertreten sein würde, 10,3 Prozent die Deutschnationale Volkspartei, der damit 44 Sitze zustanden. Sie, die DVP und DNV, galten als die Parteien der Monarchisten, der Verfechter großdeutscher Vorstellungen, der Vertreter der Großindustrie, des Großhandels, des Großgrundbesitzes und des Mittelbürgertums. Für das Zentrum mit 19,7 Prozent der Stimmen und 91 Abgeordneten hatte sich der durch die Christlichen Gewerkschaften repräsentierte Arbeitnehmerflügel entschieden. An die Errichtung eines sozialistischen Staates deutscher Nation, den die Linken als Folge der Revolution schaffen und etablieren zu können hofften, konnte infolge des Wahlergebnisses nicht gedacht werden. Die SPD, die in der Nationalversammlung bestenfalls durch die Stimmen der USPD-Fraktion unterstützt, konnte sich zwar mit der Gewißheit bescheiden, daß gegen sie eine Mehrheit kaum zustande kommen würde; aber das war im Grunde auch alles. Sie mußte sich mit den bürgerlichen Demokraten, der Deutschen Demokratischen Partei, die zwar den Sozialismus ablehnte, aber entschieden für die Demokratie eintrat, im Parlament arrangieren. Und sie kündigte dies unmittelbar auch an.

Zwar hieß es im Artikel 156 der Reichsverfassung, daß durch Gesetz „für die Vergesellschaftung geeignete private wirtschaftliche Unternehmungen in Gemeineigentum" überführt werden könnten; aber dies war kaum mehr als ein rein formelles Zugeständnis an die im November 1918 von den Volksbeauftragten erhobene Forderung, ein sozialistisches Programm zu realisieren. Nicht anders verhielt es sich mit dem als einzigem inhaltlichen Überbleibsel aus der Rätebewegung der Novembertage 1918 stammenden Artikel 165, der den Arbeitern und Angestellten „zur Wahrnehmung ihrer sozialen und wirtschaftlichen Interessen gesetzliche Vertretungen" in Betriebsarbeiterräten Bezirksarbeiterräten und im Reichsarbeiterrat garantierte.

Da sich an den vorrevolutionären spezifischen Abhängigkeiten von der Großindustrie und Wirtschaft, von den Banken und dem Großgrundbesitz, nicht geändert hatte und auch der alte konservative Verwaltungsapparat in den Reichs-, Länder- und Gemeindebehörden meist sogar weithin personell erhalten geblieben war, unterschied sich der neue Staat von der Monarchie für viele nur dadurch, daß er „eine Republik“ war, in der „die Staatsgewalt ... vom Volk“ ausginge, wie es in den beiden ersten Artikeln der Verfassung hieß. Die erste demokratisch legitimierte Exekutive in Deutschland jedenfalls war geboren.

Für Ebert, der bereits am 13. November 1918 in sein Tagebuch geschrieben hatte, daß „das Herum- und Hineinregieren der Arbeiter- und Soldatenräte im Lande“ aufhören müsse, hatten die zwischen dem 9. November 1918 und dem 19. Januar 1919 entstandenen revolutionären Institutionen einen nur temporären Wert, weshalb er sie möglichst rasch zu annullieren trachtete. So scheiterte an ihm denn auch der Versuch der Räte, neben der auch von ihnen institutionalisierten und durch sie bevollmächtigte Nationalversammlung als legitime Staatsorgane etabliert zu werden.[15] Am 6. Februar 1919 eröffnete Ebert gegen den Willen der Arbeiter- und Soldatenräte die Verfassunggebende Nationalversammlung[16] als „den höchsten und einzigen Souverän in

[15] Ebert sah im Gegensatz zur Auffassung vor allem späterer Kritiker für Deutschland nach dem Sturz der Monarchie nur die Alternative parlamentarische Demokratie oder Sowjetdiktatur. In den sechziger Jahren „entdeckten“ Kritiker einen – im November 1918 in Bayern von Kurt Eisner als Idee vorweggenommenen und von den Räten Anfang 1919 für Deutschland vorgeschlagenen – „dritten Weg“: die Möglichkeit einer Räteherrschaft zwischen der parlamentarischen Demokratie klassisch-westlichen Stils und der Sowjetdiktatur. Der SPD wurde vorgeworfen, nicht erkannt zu haben, daß die Mehrzahl der Räte ursprünglich sozialdemokratisch orientiert gewesen sei. Darüber hinaus habe die SPD-Führung verpaßt, sich an ihre Spitze zu stellen und mit ihrer Unterstützung eine grundlegende Veränderung der politischen, wirtschaftlichen und gesellschaftlichen Strukturen vorzunehmen. Daß die historischen Räteregierungen beispielsweise 1871 in Paris, 1917 in Petersburg, 1918 in München und Berlin und 1956 in Budapest jeweils nach ganz kurzer Zeit scheiterten, haben die weltfremden Ebert-Kritiker der sechziger Jahre, die Wissenschaft als Selbstzweck konsequent ablehnten, voreingenommen ignoriert.

[16] Die SPD stellte als stärkste Fraktion 163 Abgeordnete (zu denen am 2. Februar 1919 2 Monate des Ostheeres hinzukamen), die USPD 22, das Zentrum 91, die linksliberale DDP 75, die rechtsliberale DVP 19 und die

Deutschland" nicht in Berlin, sondern in Weimar – im blumengeschmückten Bühnen- und Zuschauerraum des Nationaltheaters. Der gegen ihn von links- und rechtsradikalen Gegnern erhobene Vorwurf, einerseits aus Furcht vor ihren Aktionen und Anhängern aus der Reichshauptstadt „in die Provinz" geflohen zu sein und andererseits zugleich auch die endgültige Absage an die Einheit sowohl der Arbeiterschaft als auch des Reiches demonstriert zu haben, erwies sich als plumpe Diffamierung. Ebert, der die Nationalversammlung in würdiger Form eröffnen wollte, ging davon aus, daß dies in Berlin schwerlich möglich sein würde, weil viele der dort mit den Räten sympathisierenden Soldaten trotz ihrer Demobilisierung ihre Waffen nach Hause mitgenommen hatten, was in der Tat erhebliche Probleme hätte nach sich ziehen können. In Weimar, so hoffte er, würde es ohne sonderlichen militärischen Schutz möglich sein, dem Souverän Nationalversammlung die ihm zunächst vom kaiserlichen Kanzler Max von Baden und kurz danach auch vom Berliner Arbeiter- und Soldatenrat übertragene Autorität zurückgeben zu können. Daß er sich in dieser Hinsicht allerdings geirrt hatte, mußte er bald feststellen.

Die von Noske zur Sicherung der Nationalversammlung nach Weimar abkommandierten freiwilligen Landesjäger vom Maerkerschen Korps mußten sich von dem gerade dort besonders links extrem orientierten Arbeiter- und Soldatenrat entwaffnen lassen. Aufgehetzte Arbeiter drohten mit Streiks, falls „von außen militärische Kräfte nach Weimar verlegt" werden würden. So mußte sich Ebert, den dies sehr bedrückte, damit abfinden, daß am Bahnhof, vor dem Nationaltheater und vor dem Schloß, in dem der „Wirkliche Geheimrat" und Minister Goethe einst den Herzog Karl August beraten hatte, neben jedem Posten von den Maerkerschen Landesjägern ein Mann der Weimarer „Sicherheitswehr" mit roter Armbinde und geschultertem Karabiner stand. Niemand jubelte, niemand war festlich gekleidet und nie-

DNVP 44. Die in der Nationalversammlung vertretenen Splitterparteien verfügten über insgesamt 7 Sitze.

mand fühlte sich aufgerufen, die Straßen zu säumen und den „Erwählten des Volkes" einen besonderen Empfang zu bereiten.

Am 10. Februar nahm die Nationalversammlung – trotz der heftigen und von besonderen Anträgen flankierten Proteste von extrem links und rechts – in 3. Lesung das Gesetz über die vorläufige Reichsgewalt an und beendete damit den revolutionären Übergangszustand, so daß von nun an eine dem Willen der Mehrheit des Volkes entsprechende staatsrechtliche Ordnung herrschte. An die Stelle der Volksbeauftragten trat ein Reichsministerium, das sich gegenüber der Volksvertretung zu verantworten hatte. In seiner Eröffnungsrede, die nicht zuletzt noch einmal seine Übereinstimmung mit den zu der Zeit wesentlichsten Vorstellungen des Bürgertums deutlich zum Ausdruck bringen sollte, hob Ebert mit der Begrüßung der Frauen, „die zum erstenmal gleichberechtigt im Reichstag erscheinen" durften, gleich zu Beginn eine der Errungenschaften hervor, wofür er seit jeher gefochten hatte. „Die provisorische Regierung", sagte er, „verdankt ihr Mandat der Revolution; sie wird es in die Hände der Nationalversammlung zurücklegen. In der Revolution erhob sich das deutsche Volk gegen eine veraltete, zusammenbrechende Gewaltherrschaft. Sobald das Selbstbestimmungsrecht des deutschen Volkes gesichert ist, kehrt es zurück auf den Weg der Gesetzmäßigkeit." Leidenschaftlich beschwor er die Versammlung, sich für die staatliche Einheit der Nation zu engagieren. „Deutschland darf nicht wieder dem alten Elend der Zersplitterung und Verengung anheimfallen", erklärte er mit Pathos und instinktsicherer Witterung für spannungsgeladene Effekte, „Geschichte und Anlage hemmen zwar einen straff zentralisierten Einheitsstaat zu bilden. Viele Stämme und viele Dialekte sind in Deutschland vereinigt, aber sie müssen zu einer Nation und Sprache zusammenklingen . . . Im Großen müssen wir uns . . . alle einig sein, daß nur eine ungehemmte einheitliche Entwicklungsmöglichkeit unseres Wirtschaftslebens ein politisch aktionsfähiges, festgefügtes, einiges Deutschland die Zukunft unseres Volkes sicherstellen kann."

Ebert riß „die republikanische Mehrheit zu stürmischen Beifallskundgebungen hin", erinnerte sich Eduard David, der am

7. Februar mit 374 von 399 abgegebenen Stimmen gewählte erste Präsident der Nationalversammlung, der Ebert attestierte, dieser Zäsur der deutschen Geschichte durch „klargeprägte Sachlichkeit“, Schlichtheit und Ruhe einen würdigen Dekor verliehen zu haben. Am 10. Februar wählten ihn 277 von 379 votierenden Abgeordneten der Nationalversammlung zum Reichspräsidenten, während sich sein Konkurrent Arthur Graf von Posadowsky-Wehner Freiherr von Postelwitz, der Fraktionsvorsitzende der Deutschnationalen Volkspartei, mit 51 Stimmen bescheiden mußte.[17]

Am 13. Februar 1919, zwei Tage nach Eberts Wahl zum Reichspräsidenten, folgte die Berufung eines Reichsministeriums als Reichsregierung.

Die aus den Wahlen vom 19. Januar 1919 hervorgegangenen Abgeordneten der Nationalversammlung, 163 Abgeordnete der SPD, 91 des Zentrums (einschließlich der Bayerischen Volkspartei) und 75 der Deutschen Demokratischen Partei, bestimmten – mit 239 gegen 92 Stimmen – das Berufungsverhältnis bei der Bildung des Kabinetts, nachdem die USPD sich geweigert hatte, mit bürgerlichen Parteien in einer Regierung zusammenzuarbeiten. So kam es, daß sieben Sozialisten und sieben Vertreter der bürgerlichen Parteien die erste Regierung der Republik bildeten.

Bis zum Inkrafttreten der neuen Reichsverfassung gab es keinen Reichskanzler, sondern als Übergangslösung einen

[17] Die übrigen Stimmzettel wurden unbenutzt zurückgegeben. Graf Posadowsky war von 1882 bis 1885 freikonservatives Mitglied des preußischen Abgeordnetenhauses, von 1885 bis 1893 (seit 1889 als Landeshauptmann) Leiter der provinzialständischen Verwaltung von Posen, von 1893 bis 1897 Staatssekretär (Minister) des Reichsschatzamtes, 1897 Staatssekretär des Reichsamtes des Inneren und Stellvertreter des Reichskanzlers und preußischer Staatsminister gewesen. 1907, als der Reichskanzler von Bülow den konservativ-liberalen Block gegen das Zentrum gebildet hatte, war er zurückgetreten. Seit 1907 Mitglied des Herrenhauses, seit 1912 als Parteiloser Abgeordneter des Reichstages, seit 1919 Fraktionsvorsitzender der Deutschnationalen Volkspartei in der Nationalversammlung, hatte er sich publizistisch vor allem mit der Altersversorgung der Arbeiter, der Wohnungsfrage als Kulturproblem und mit Fragen der „Zeitwende“ (1920) befaßt.

„Reichsministerpräsidenten". Dies war der Sozialdemokrat Philipp Scheidemann. Obwohl Scheidemann bereits während der Vorbereitungen zu den Friedensverhandlungen hatte offenbar werden lassen, daß seine Führungsfähigkeiten nicht ausreichten, die einzelnen Ressorts daran zu hindern, eigene Wege zu gehen, ließ Ebert ihn mit der Regierungsarbeit beginnen. Die Tatsache, daß der in der Öffentlichkeit sehr populäre ihm in wichtigen Entscheidungen trotz gelegentlicher anderer Auffassungen und ausgesprochener Prinzipienfestigkeit letztlich doch immer gefolgt war, dürfte Eberts Vorbehalte neutralisiert haben. So konnte Scheidemann sein Kabinett am 13. Februar 1919 vorstellen. Seine Minister waren die Sozialdemokraten Gustav Bauer (Reichsfinanzminister), Otto Landesberg (Justizminister), Gustav Noske (Reichswehrminister), Eduard David (nach der Ablösung als Präsident der Nationalversammlung durch Constantin von Neurath Reichsminister ohne Geschäftsbereich, Rudolf Wissel (Reichswirtschaftsminister) und Robert Schmidt (Reichsernährungsminister). Als Vertreter des Zentrums fungierten Johannes Bell (Reichskolonialminister), Matthias Erzberger (Reichsminister ohne Geschäftsbereich) und Johann Giesberts (Reichspostminister). Deutsche Demokraten ware Eugen Schiffer (Reichsfinanzminister und Vizepräsident des Kabinetts), Georg Gothein (Reichsminister ohne Geschäftsbereich) und Hugo Preuß (Reichsminister des Inneren). Reichsaußenminister wurde der den Deutschen Demokraten zugeneigte parteilose Ulrich Graf Brockdorff-Rantau.

Ein Problem drängte sich dieser Regierung sofort auf: Die innere Neugestaltung Deutschlands.[18] Seit dem Ende des Bis-

[18] Die innere Umgestaltung nahmen schließlich die Nationalsozialisten vor, die durch das Gesetz zum Neuaufbau des Reiches vom 30. Januar 1934 den Ländern die Hoheitsrechte nahmen, die Volksvertretungen der Länder beseitigen und den Reichsrat aufhoben. Bereits kurz nach Hindenburgs Tod hatten „alte Kämpfer" der NSDAP knapp die Hälfte aller Stadtverwaltungsposten besetzt. 30 Prozent von ihnen hatten Landratsposten besetzt. 31 Prozent der 827 Kreisleiter und 19 Prozent der rund 21 000 Ortsgruppenleiter hatten schnell staatliche und kommunale Führungspositionen inne. Nahezu 60 Prozent dieser Kreisleiter fungierten als Bürgermeister in Städten und die

marck-Reiches und der Ablösung des Bundesschlusses der Fürsten stand dies Problem zur Debatte und bedurfte nun einer unmittelbaren Lösung.

Die erdrückende Vormachtstellung Preußens, das zwei Drittel des deutschen Staatsterritoriums und der Bevölkerung umfaßte,[19] wurde von den Ländern, die sich insgesamt auch gegen eine zu starke Zentralisierung des Reiches sträubten, als anachronistisch angesehen und sollte im Rahmen der Republik annulliert werden.[20] Daß die regionalen Bestrebungen und Autonomiebewegungen nicht an ihre Ziele gelangten und ohne Berücksichtigung der Reichsgewalt vollendete Tatsachen separatistischen Charakters schufen, war schließlich dem von Ebert vorangetriebenen und noch rechtzeitig genug verabschiedeten Gesetz über

jeweiligen Ortsgruppenleiter als Bürgermeister in kleineren Orten. Zwar gab es keine ausdrücklichen Bestimmungen, die festlegten, daß der erste Hoheitsträger der NSDAP zugleich auch immer der oberste Leiter der Staatsverwaltung zu sein habe, war dies der Fall. Die von Rudolf Heß verbotene „Ämterverbindung" von Landräten und Kreisleitern der NSDAP war schon nach dem „Anschluß" der „neuen Gebiete des Reiches" unterlaufen worden. Ortsgruppenleiter dagegen durften grundsätzlich zugleich auch immer Bürgermeister sein. Die bis zum Ende des NS-Regimes existierende Führungsinstanz „Reichsstatthalter" gab es bereits seit dem 7. April 1933.

[19] Preußen (mit 296 975 km^2 und 38 888 546 Einwohnern zur Zeit des Endes der Republik) umfaßte Ostpreußen, die Stadt Berlin, Brandenburg, Pommern, Schlesien, Sachsen, Schleswig-Holstein, Hannover, Westfalen, Hessen-Nassau, die Rheinprovinz und Hohenzollern. Zwar gab es die Bismarcksche Personalunion zwischen Reichskanzler und preußischen Ministerpräsidenten nicht mehr, und auch sein Übergewicht, das es im Bundesrat gehabt hatte, war ins Gegenteil verkehrt worden (so verfügte Bayern im Vergleich zur bevölkerungsmäßig gleichrangigen preußischen Rheinprovinz über das achtfache Mehrstimmrecht); aber gerade dies initiierte eine verfassungspolitische Frontbildung, die zunehmend auch im politischen Machtkampf an Bedeutung gewann, auch wenn der Reichsrat im Spiel der politischen Kräfte über keine bemerkenswerte Rolle verfügte.

[20] Durch die Weimarer Reichsverfassung wurde die Einheit des Reiches stärker als in der Bismarck-Verfassung verankert. Deutschland wurde eine parlamentarische Republik mit einheitlichem Reichsgebiet und Ländern ohne staatliche Souveränität. Die von Hugo Preuß geforderte Neugliederung durch neue Ländergrenzen unterblieb (war jedoch durch § 18 vorgesehen). Die diesbezüglich wichtigste Veränderung stellte der Zusammenschluß der thüringischen Kleinstaaten zum Freistaat Thüringen (durch Gesetz vom 30. April 1920) dar.

die vorläufige Reichsgewalt vom 10. Februar 1919 zu verdanken. Die Deutschen hatten von der von ihnen frei und demokratisch gewählten Nationalversammlung am 31. Juli 1919 eine Verfassung beschert bekommen, die ihnen eine politische Freiheit zusicherte, wie sie bis dahin kein Volk eines modernen Staates sein eigen hatte nennen können. Sie war als Werk zahlreicher Kompromisse[21] zwar nicht aus einem Guß und wurde auch nicht von einer einheitlich gemeinsamen Ordnungsidee getragen; aber zu der Zeit und unter den Voraussetzungen hätte sie schwerlich besser geschaffen werden können.

[21] Die politische Basis (die Weimarer Koalition), auf der die Verfassungskompromisse beruhten, um an dieser Stelle nur einige der Probleme zu erwähnen, die aus Kompromissen resultierten, erwies sich nicht als dauerhaft tragfähig. Bereits 1920 begannen sich (mit dem Rücktritt der SPD-Regierung Müller und dem Ausscheiden der SPD aus dem Reichskabinett) die Koalitionsverhältnisse zu verändern, was die Chance unterband, die im Hinblick auf die Zukunft hin geschlossenen Kompromisse der Verfassung zu realisieren, die durch Artikel 76 von einer Zweidrittelmehrheit des Reichstages jedweder Änderung unterworfen werden konnte. Die mangelnde Koalitionsbereitschaft der politischen Parteien und ihre Unfähigkeit, stabile Mehrheitsregierungen zu bilden, führten zur Verlagerung des Verfassungsschwerpunktes vom Reichstag zum Reichspräsidenten (einerseits als hemmendes Gegengewicht gegen das Parlament und andererseits als Nothelfer beim Versagen des parlamentarischen Gesetzgebers) hin, so daß die Verantwortung auf den Regierungen (durch Ermächtigungsgesetze) und dem Reichspräsidenten ruhte, der mit den Vollmachten des Notverordnungsrechtes zu einer Ersatzgesetzgeber-Institution avancierte. Fraglich allerdings bleibt, ob ein Übergang zum relativen Mehrheitswahlrecht die verfassungstreuen Parteien stabilisiert und koalitionsbereiter gemacht und die Entwicklung extremer Parteien verhindert hätte. Mit den Präsidialkabinetten, die der Reichspräsident ab Ende März 1930 zur Meisterung der Wirtschaftskrise berief, vollzog sich letztlich ein Verfassungswandel, der von vielen Kritikern als Schleuse zur Restauration der Monarchie verstanden wurde. Dennoch bot die Reichsverfassung dem Volk die Möglichkeit, sowohl einen stabilen und funktionsfähigen Reichstag als auch einen „idealen“ Reichspräsidenten zu wählen, „Instanzen“, die gegebenenfalls jeweils allein in der Lage gewesen wären, den Mechanismus der Staatsmaschine in Fluß zu halten und Stabilität zu garantieren.

Die Verfassung der Weimarer Republik

Die von dem bereits am 18. November 1918 als Staatssekretär in das Reichsamt des Inneren berufenen und mit der Verfassungskonzeption beauftragten linksliberalen Berliner Staatsrechtler Hugo Preuß[22] entworfene und zunächst betont unitarisch konzipierte Verfassung[23] wurde nach der Herausarbeitung des bundesstaatlichen Charakters durch fachkundige Parlamentarier und außenstehende Sachverständige, die von November 1918 bis Februar 1919 mit der Modifizierung beschäftigt waren, am 31. Juli 1919 von der Nationalversammlung[24] mit 262 gegen 75 Stimmen verabschiedet[25] – und am 11. August von Ebert unterschrieben.

Das stolz als „die freieste Verfassung der Welt" bezeichnete Dokument begann mit den Worten: „Das deutsche Volk, einig in seinen Stämmen und von dem Willen beseelt, sein Reich in Freiheit und Gerechtigkeit zu erneuern und zu festigen, dem inneren und äußeren Frieden zu dienen und den gesellschaftlichen Fortschritt zu fördern, hat sich diese Verfassung gegeben." In 181 Artikeln war fixiert, worauf sich jeder Deutsche fortan sollte berufen können. Einige Beispiele: Artikel 1: „Das deutsche Reich ist eine Republik. Die Staatsgewalt geht vom Volke aus." Arti-

[22] Hugo Preuß galt als der zu der Zeit am weitesten links orientierte Staatsrechtler Deutschlands (zunächst Mitglied der Fortschrittlichen Volkspartei, dann der DDP).

[23] Das nach Diskussionen vom 9. Dezember 1918 zwischen Sachverständigen (zu denen auch der Heidelberger Soziologe Max Weber gehörte) entworfene Konzept, in dem sich kein Grundrechtekatalog befand, enthielt 68 Paragraphen. Das Reich sollte danach durch ein parlamentarisches System regiert werden, wobei dem Parlament ein Reichspräsident mit einer starken eigenständigen Gewalt gegenübergestellt werden sollte. Anstelle der Gliedstaaten sollten der Reichsgewalt 16 „Gebiete" („dezentralisierter Einheitsstaat") unterstellt werden.

[24] Am 21. Februar 1918 hatte Preuß sie in der Nationalversammlung mündlich begründet. Die Aussprachen und Stellungnahmen der Parteien hatten am 28. Februar, 3. und 4. März 1919 stattgefunden.

[25] Die SPD stellte als stärkste Fraktion 165 Abgeordnete, die USPD 22, das Zentrum 89, die linksliberale DDP 74, die rechtsliberale DVP 22 und die DNVP 42. Die in der Nationalversammlung vertretenen Splitterparteien verfügten über insgesamt 9 Sitze.

kel 2: „Das Reichsgebiet besteht aus den Gebieten der deutschen Länder." Artikel 3: „Die Reichsfarben sind schwarz-rot-gold ..." Die Artikel 6 bis 13 kodifizierten die Modi für die Gesetzgebung zwischen dem Reich und den Ländern, wobei dem Reich weitgehende Befugnisse eingeräumt wurden. Artikel 20: „Der Reichstag besteht aus den Abgeordneten des deutschen Volkes." Artikel 22: „Die Abgeordneten werden in allgemeiner, gleicher, unmittelbarer und geheimer Wahl von den über zwanzig Jahre alten Männern und Frauen nach den Grundsätzen der Verhältniswahl gewählt ..."

Der jeweils für vier Jahre gewählte Reichstag sollte Spiegelbild der Volksmeinung sein. Durch das von der Verfassung garantierte Verhältniswahlrecht wurde auch kleinen politischen Gruppen die Möglichkeit geboten, Vertreter in den Reichstag zu entsenden. Doch die Vielzahl politischer Parteien erwies sich während der Weimarer Republik als eine negative Folge dieser Bestimmung, die häufige Koalitionswechsel initiierte. Allerdings verhinderte sie während der Weimarer Republik auch, daß keine Partei allein über die Mehrheit im Reichstag zu verfügen vermochte.

Spektakuläre Bedeutung erlangte zur Zeit der Präsidentschaft Hindenburgs der Artikel 73. „Ein Volksentscheid ist ... herbeizuführen", so kodifizierte er, „wenn ein Zehntel der Stimmberechtigten das Begehren nach Vorlegung eines Gesetzentwurfes stellt." Die Möglichkeit, Gesetze auch direkt durch das Volk beschließen zu können, hatten die Autoren der Reichsverfassung als eine besondere demokratische Bestimmung verstanden. Doch wie sich erwies, bekam keiner der (nur) wenigen Gesetzesentwürfe, die auf diese Weise eingebracht wurden, die vom Gesetz vorgeschriebene Mehrheit.

Besonders umfangreich war der Katalog der – im ersten Entwurf gar nicht vorhanden gewesenen – Grundrechte: Artikel 109: „Alle Deutschen sind vor dem Gesetz gleich. Männer und Frauen haben grundsätzlich dieselben staatsbürgerlichen Rechte und Pflichten." Artikel 114: „Die Freiheit der Person ist unverletzlich." Artikel 118: „Jeder Deutsche hat das Recht, innerhalb der

Schranken der allgemeinen Gesetze seine Meinung durch Wort, Schrift, Druck, Bild oder in sonstiger Weise frei zu äußern. ... Eine Zensur findet nicht statt ..." Artikel 123: „Alle Deutschen haben das Recht, sich ohne Anmeldung oder besondere Erlaubnis friedlich und unbewaffnet zu versammeln." Artikel 124: „Alle

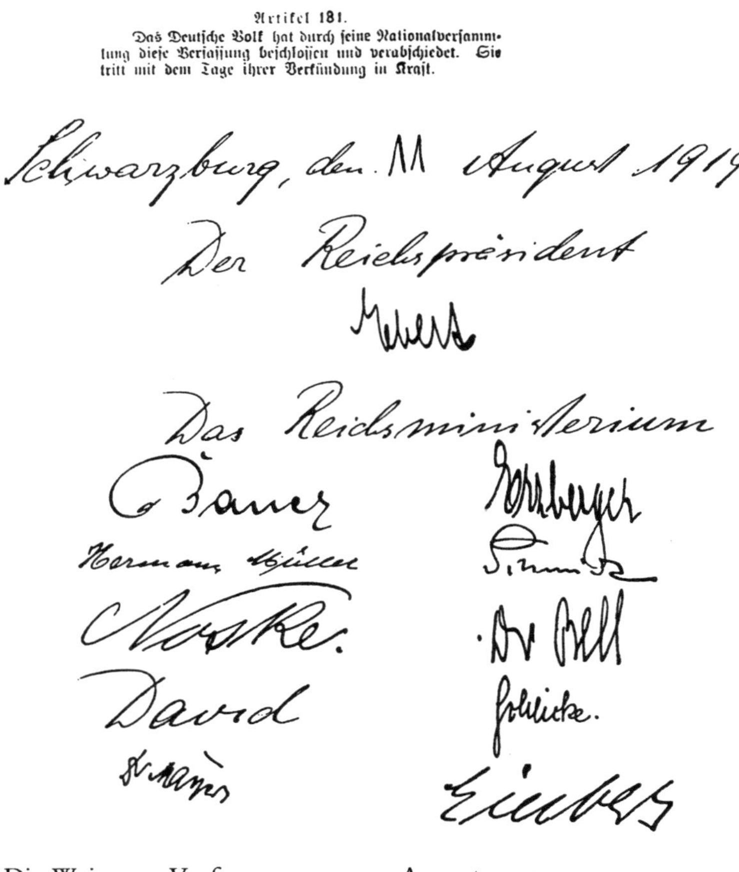
Artikel 181.

Das Deutsche Volk hat durch seine Nationalversammlung diese Verfassung beschlossen und verabschiedet. Sie tritt mit dem Tage ihrer Verkündung in Kraft.

Schwarzburg, den 11 August 1919

Der Reichspräsident

Das Reichsministerium

Bauer

Hermann Müller

Noske · Dr Bell

David

Die Weimarer Verfassung vom 11. August 1919
(letzter Artikel und die Unterschriften)

Deutschen haben das Recht, ... Vereine oder Gesellschaften zu bilden." Artikel 135: „Alle Bewohner des Reiches genießen volle Glaubens- und Gewissensfreiheit." Artikel 151: „Die Ordnung des Wirtschaftslebens muß den Grundsätzen der Gerechtigkeit mit dem Ziel der Gewährleistung eines menschenwürdigen Daseins für alle entsprechen. In diesen Grenzen ist die wirtschaftliche Freiheit des einzelnen zu sichern." Artikel 153: „Das Eigentum wird von der Verfassung gewährleistet. ... Eine Enteignung kann nur zum Wohle der Allgemeinheit und auf gesetzlicher Grundlage vorgenommen werden. Eigentum verpflichtet. Sein Gebrauch soll zugleich Dienst sein für das Gemeine Beste."

Die von den betont sozialistisch orientierten Volksbeauftragten im November 1918 geforderte Verwirklichung eines sozialistischen Programms hatte infolge der Entwicklung der Verhältnisse nur noch in den Artikeln 156 und 165 ihren Niederschlag gefunden. Der Text des Artikels 156: „Das Reich kann durch Gesetz ... für die Vergesellschaftung geeignete private wirtschaftliche Unternehmungen in Gemeineigentum überführen ..." Artikel 165: „Die Arbeiter und Angestellten erhalten zur Wahrnehmung ihrer sozialen und wirtschaftlichen Interessen gesetzliche Vertretungen in Betriebsarbeiterräten, sowie in nach Wirtschaftsgebieten gegliederten Bezirksarbeiterräten und in einem Reichsarbeiterrat."

Dem nach Artikel 41 vom ganzen deutschen Volk zu wählenden Reichspräsidenten wurden – nicht zuletzt angesichts der Verhältnisse – erhebliche Vollmachten und Möglichkeiten eingeräumt. Der Reichspräsident als Herr der Exekutive – nicht nur hinsichtlich der Außenpolitik – vertrat das Reich nach außen. Nicht die Nationalversammlung, nicht der Reichstag oder gar der in seinen Vollmachten beschnittene Reichsrat[26] repräsentierte die Weimarer Republik, sondern der Reichspräsident. Er war der tragende Pfeiler des Staatsgedankens und hielt zusammen, was

[26] Der Reichsrat entsprach im Prinzip dem seit der Verfassung von 1871 existierenden Bundesrat, hatte jedoch (nach Artikel 60) wesentlich geringere Rechte. Seine Rolle beschränkte sich während der Weimarer Republik im wesentlichen auf beratende Funktionen.

ständig gefährdet war und auseinanderzubrechen drohte: Der intakte Nationalstaat und die staatlich geeinte Nation. Als Reichspräsident war er nach Artikel 47 Oberbefehlshaber der Reichswehr, so daß er die gleiche Macht wie der einstige Kaiser während des Krieges besaß. Mehr noch: seit März 1921 waren alle Militärangelegenheiten ausschließlich Sache des Reiches – und nicht, wie zur Zeit der Monarchie, Sache der Länder – so daß Ebert als Oberbefehlshaber über ein Instrument verfügte, das durchgehend auf rechtlicher Grundlage beruhte und entsprechend legitimiert war.

Die vom Reichspräsidenten nach Artikel 53 ernannten Reichskanzler und Reichsminister, die nicht mehr wie zur Zeit Bismarcks bloße Untergeordnete des allein verantwortlichen Kabinettchefs waren, bedurften nach Artikel 54 zwar des Vertrauens des Reichstages; aber ihn konnte der Reichspräsident auflösen, wenn er es für geboten hielt. Der Reichspräsident konnte einen Kanzler seiner Wahl jederzeit auch gegen den Willen der Mehrheit des Parlaments ernennen.

Der Artikel 48 garantierte ihm Diktaturgewalt. Sein Text: „Wenn ein Land die ihm nach der Reichsverfassung oder den Reichsgesetzen obliegenden Pflichten nicht erfüllt, kann der Reichspräsident es dazu mit Hilfe der bewaffneten Macht anhalten. Der Reichspräsident kann, wenn im Deutschen Reiche die öffentliche Sicherheit und Ordnung erheblich gestört und gefährdet wird, die zur Wiederherstellung der öffentlichen Sicherheit und Ordnung nötigen Maßnahmen treffen, erforderlichenfalls mit Hilfe der bewaffneten Macht einschreiten. Zu diesem Zweck darf er vorübergehend die in den Art. 114, 115, 117, 118, 123 und 153 festgesetzten Grundrechte ... außer Kraft setzen."

Die Hälfte der Zeit von 1920 bis 1925, die Hälfte der Präsidentschaft Eberts, wurde die Weimarer Republik mit Sondervollmachten des Reichspräsidenten regiert, der alle diktatorischen Maßnahmen zur Erhaltung der Republik ausschöpfte und seine Verantwortung für das Überleben des demokratisch-parlamentarischen Staatswesens über alle Parteiinteressen stellte.

Als Reichspräsident nahmen sowohl Ebert als auch sein Nachfolger Paul von Beneckendorff und von Hindenburg leitend an Kabinettssitzungen teil und entschieden über die Ernennung und Entlassung der Reichsregierung ebenso wie über die Bestallung oder Abberufung der Reichsbeamten und höheren Offiziere. Zwar verfügte der Reichspräsident – anders als beispielsweise der US-Präsident – nicht frei über seine Mitarbeiter; aber er besaß mit dem Recht zur Parlamentsauflösung und der sogenannten Diktaturgewalt des Artikels 48 der Reichsverfassung Rechte, die dem amerikanischen Präsidenten nicht zur Verfügung stehen. Er konnte Mißtrauensvoten des Reichstages gegen Reichsregierungen zuvorkommen und eventuellen Forderungen des Parlaments nach Aufhebung seiner Diktaturmaßnahmen gegebenenfalls durch dessen Auflösung parieren.

135 mal sah Friedrich Ebert sich bis Ende Januar 1925 (im Februar starb er) gezwungen, den Artikel 48 zur Durchsetzung seiner Politik in Anspruch zu nehmen. Allein schon diese Tatsache zeigt, wie schwer ihm das höchste Staatsamt gemacht wurde, bei dessen Übernahme er nach seiner Wahl in Weimar vor den Abgeordneten der Nationalversammlung erklärt hatte: „Mit allen meinen Kräften und mit voller Hingabe", hatte er gesagt, „werde ich mich bemühen, mein Amt gerecht und unparteilich zu führen, niemand zuliebe und niemand zuleide. Ich gelobe, daß ich die Verfassung der Deutschen Republik getreulich beachten und schützen werde. Ich will und werde als der Beauftragte des ganzen deutschen Volkes handeln, nicht als Vormann einer einzigen Partei. Ich bekenne aber auch, daß ich ein Sohn des Arbeiterstandes bin, aufgewachsen in der Gedankenwelt des Sozialismus, und daß ich weder meinen Ursprung noch meine Überzeugung jemals zu verleugnen gesonnen bin. Indem Sie das höchste Amt des deutschen Freistaates mir anvertrauen, haben Sie . . . keine einstige Parteiherrschaft aufrichten wollen. Sie haben aber damit den ungeheuren Wandel anerkannt, der sich in unserem Staatswesen vollzogen hat, und zugleich auch die gewaltige Bedeutung der Arbeiterklasse für die Aufgaben der Zukunft . . . Freiheit und Recht sind Zwillingsschwestern. Die Freiheit kann sich nur in fester staatlicher Ordnung gestalten. Sie zu schützen und wieder-

herzustellen, wo sie angetastet wird, das ist das erste Gebot derer, die die Freiheit lieben. Jede Gewaltherrschaft, von wem sie auch komme, werden wir bekämpfen bis zum Äußersten ... Den Frieden zu erringen, der der deutschen Nation das Selbstbestimmungsrecht sichert, die Verfassung auszubauen und zu behüten, die allen deutschen Männern und Frauen die politische Gleichberechtigung unbedingt verbürgt, dem deutschen Volke Arbeit und Brot zu schaffen, sein ganzes Wirtschaftsleben so zu gestalten, daß die Freiheit nicht Bettlerfreiheit, sondern Kulturfreiheit werde, das sei unseres Strebens Ziel."

Das erste Kabinett der Republik

Die Zusammensetzung des ersten Kabinetts der Republik entsprach im wesentlichen den Vorstellungen ihres ersten Präsidenten. Zwar hätte er anstelle des Staatsrechtlers und Verfassungsarchitekten Hugo Preuß von der DDP lieber den renommierten Sozialwissenschaftler Max Weber auf dem Stuhl des Innenministers gesehen, doch er ließ den ehrgeizigen und selbstbewußten Regierungschef Scheidemann, der selbst sehr gern Reichspräsident geworden wäre, mit der Regierungsarbeit im neuen Rahmen beginnen.

Das außenpolitische Programm, das Scheidemann nach der Regierungsbildung vortrug, verriet deutlich, daß diese Regierung einigen Illusionen folgte. Neben der „Festigung der Einheit des Reiches durch eine starke Zentralgewalt", forderte sie einen sofortigen Friedensschluß im Sinne der Wilsonschen Grundsätze „unter Ablehnung jeden Gewaltfriedens", die Wiederherstellung eines deutschen Kolonialgebietes, die unmittelbare Entlassung der deutschen Kriegsgefangenen, eine gleichberechtigte deutsche Beteiligung an dem 1919 auf Wilsons Initiative während der Versailler Friedenskonferenz gegründeten Völkerbund, eine „gleichzeitige und gegenseitige Abrüstung", die Einrichtung obligatorischer Schiedsgerichte zur Vermeidung von Kriegen und die Abschaffung der Geheimdiplomatie. Die Einheit des Reiches und eine starke Zentralgewalt, die Durchsetzung der (inzwischen überholten) Friedensforderung, die Rückgewinnung der Kolonien und die Vereinigung des Reiches mit Deutsch-Österreich, waren Programmpunkte, die auf Friedrich Ebert zurückgingen, der in diesem Zusammenhang noch utopischen Vorstellungen und idealisierten Erwartungen anhing.

Innenpolitisch sollten eine demokratische Verwaltung etabliert, Bevorzugungen bei der Besetzung von Beamtenstellen ausgeschaltet, auch Frauen in den öffentlichen Dienst eingezogen und das Schulwesen im Sinne demokratischer Vorstellungen entwickelt werden. Wesentliche Aspekte wurden rasch realisiert. Bereits am Ende des 130 Tage amtierenden Reichskabinetts Scheidemann, das vom 13. Februar bis zum 20. Juni 1919 als erste Reichsregierung nach der Einberufung der Verfassunggebenden Nationalversammlung regiert hatte, waren der Achtstundentag und die Koalitionsfreiheit der Arbeiter eingeführt, die Sozialversicherung ausgebaut, die Gesindeverordnung aufgehoben und das Betriebsverfassungsgesetz als Grundstein für die betriebliche Mitbestimmung geschaffen worden. Weitere Punkte des Programms waren: Die Einrichtung eines Volksheeres mit wesentlich verkürzter Dienstzeit, die Fürsorge für Hinterbliebene von Gefallenen und für Kriegsbeschädigten, die Schaffung einer einheitlichen Grundlage für den Wiederaufbau des Wirtschaftslebens und des Verkehrswesens und der Lebensmittelversorgung.

In sozialpolitischer Hinsicht wurden – wie von Ebert seit jeher gefordert – programmiert: Die Verbesserung der Volksgesundheit und der Wohnungsfürsorge, der Ausbau des Mutterschutzes, der Säuglings- und Jugendfürsorge, ein öffentlich-rechtlicher Arbeitsnachweis und die Fürsorge für die Arbeitslosen, Koalitionsfreiheit für Arbeiter, Angestellte und Beamte, die Regelung der Lohn- und Arbeitsbedingungen auf dem Wege von Vereinbarungen zwischen den Organisationen der Arbeitnehmer und den Arbeitgebern, die Anpassung des gesamten Arbeitsrechtes an die neuen Verhältnisse und die Schaffung eines freiheitlichen Beamten- und Disziplinarrechts.

Daß die SPD dem Volk bis Februar 1919 noch mehr versprochen hatte, konnte angesichts der Kompromisse, zu denen sie infolge der Regierungsbeteiligung des Zentrums und der Demokraten gezwungen war, schwerlich als Eingeständnis einer Selbstüberschätzung oder Volkstäuschung verstanden werden, wie die zur Mitverantwortung nicht bereiten radikalen Linken es zu suggerieren versuchten.

Der Reichspräsident, dessen außenpolitisches Programm[27] nicht nur die Erhaltung der Reichsgrenzen von 1914, sondern auch den staatlichen Zusammenschluß des Reiches mit Deutsch-Österreich vorsah, begriff sich seit 1917 als Staatsmann, der nicht mehr parteipolitisch urteilen dürfe. Er forderte die „Aufrechterhaltung von Ruhe und Ordnung" im Inneren und blickte besorgt vor allem auf Frankreich, das nach dem Willen Clemenceaus die deutsche Westgrenze auf die Rheinlinie zurückdrängen, Elsaß-Lothringen, die südliche Pfalz und das Saargebiet dem französischen Staatsterritorium angliedern und die restlichen Rheinland-Teile zu autonomen Staaten gemacht zu sehen wünschte. Die dem Rheinland seit dem Abschluß des Waffenstillstandsvertrages vom 11. November 1918 bis Mitte Februar 1919 drohende Gefahr, vom Reich abgetrennt zu werden, mußte Ebert mit einer Sorge erfüllen, die weder Hugo Haase und dessen Parteigänger noch Karl Liebknecht, Rosa Luxemburg und die von Karl Radek und Ruth Fischer repräsentierten deutschen Bolschewisten angesichts ihrer Vorstellungen und Proklamationen zu teilen brauchten.

Soweit es um die Außenpolitik – vor allem hinsichtlich der Friedensplanung aus deutscher Sicht – ging, sah Ebert sich zunächst von den Räten und danach auch vom Scheidemann-Kabi-

[27] Bereits am 14. Dezember 1918, rund fünf Wochen nach Eberts Ernennung zum Reichskanzler, hatte das Auswärtige Amt ein von Ebert am 11. Dezember genehmigtes (handschriftlich: „Ebert, erledigt, zu d. Akten. E. 14.12") Programm beschlossen, in dem es unter anderem hieß: „Es müssen alle Maßnahmen getroffen und in ihrer Ausführung gewährleistet werden, um die von der Reichskonferenz am 25. d. M. beschlossene Aufrechterhaltung der Einheit Deutschlands sicherzustellen."

nett weithin allein gelassen und auf den Rat von Fachkräften angewiesen, die Illusionen anhingen. Der erste Außenminister der Republik, der parteilose Ulrich Graf Brockdorff-Rantzau, der die deutsche Niederlage verdrängte und dies auch die Siegermächte zuweilen brüsk spüren ließ, symbolisierte eine Kontinuität mit der deutschen Außenpolitik, die die Siegermächte nach der Abdankung des Kaisers als Anachronismus betrachten zu können hofften. Er argumentierte nicht nur, als sei der deutsche Großmachtstatus nach wie vorgegeben, sondern wurde auch zum Exponenten derjenigen stilisiert, die die prononcierte Ablehnung der Waffenstillstandskonsequenzen, eines harten Friedensvertrages und des seitens der Siegermächte von Deutschland geforderten Kriegsschuldbekenntnisses für das Gebot der Stunde hielten.

Anstatt die deutsche Niederlage als Voraussetzung für einen von den Alliierten versprochenen und von den Deutschen geforderten „Rechtsfrieden“ zu akzeptieren, stützten Ebert, Brockdorff-Rantzau und die gesamte Reichsregierung sich zu einseitig auf ihre für Deutschland positive Beantwortung und Auslegung der Kriegsschuldfrage, was nicht nur die Kontinuität mit dem Kaiserreich deutlich machte, sondern auch zeigte, daß Ebert keinen anderen Weg gehen zu können meinte. Seine Hoffnung, durch Hinweise auf die negativen wirtschaftlichen Konsequenzen der langen und ruinösen Waffenstillstandszeit eine weitere Variante diskutabel erscheinen zu lassen und die Alliierten davon abbringen zu können, ihre harten Reparationsforderungen durchzusetzen, blieb letztlich ein Versuch, dem Erfolg nicht beschieden war.

Die SPD-Vertreter hatten im Dezember 1918 während des Reichs-Rätekongresses in Berlin beschlossen, „nationalökonomisch und politisch geschulte Männer aus dem deutschen Volk“ zu den Friedensverhandlungen „heranzuziehen“, wobei mit „Männer aus dem . . . Volk“ vor allem an Sozialdemokraten gedacht worden war. Die Perspektiven Eberts, der sich im Dezember 1918 als Vorsitzender des Rates der Volksbeauftragten vorsorglich die Ressorts „Inneres“ und „Militär“ persönlich vorbehalten und unmißverständlich erklärt hatte, daß die Revolution

„fünf Wochen zurückliege" und keinerlei Gewaltherrschaft mehr geduldet werde, „komme sie, woher sie wolle", sah anders aus.

Weil das Deutsche Reich als Staatsorgan im Ausland keinen Kredit mehr besaß, was von namhaften Privatunternehmen dagegen nicht gesagt werden konnte, wählte Ebert Anfang 1919 Repräsentanten der Wirtschaft, der hohen Beamtenschaft und des Militärs als Berater bei der Vorbereitung der finanziellen und wirtschaftlichen Fragen während der Friedensvorbereitungen. Die deutschen Industriellen standen vorerst im zweiten Glied. Sie gewannen erst durch die dominierenden Bankiers wieder an Bedeutung, die mit dem Reichsschatzamt und dem Auswärtigen Amt in Verbindung standen und die Friedensplanung hinsichtlich der deutschen wirtschaftlichen und finanziellen Probleme maßgeblich beeinflußten. Zunächst waren es primär die Oberste Heeresleitung, das Auswärtige Amt, das Reichsschatzamt und Banken und Industrielle gewesen, aber auch Kabinettsmitglieder, Abgeordnete der Nationalversammlung, Parteivorsitzende, Fraktionssprecher, deutsche und ausländische Diplomaten und nicht zuletzt einige seiner alten Parteifreunde, auch wenn er gerade sie nicht immer in alle Einzelheiten einzuweihen pflegte. Schon seine ersten Maßnahmen und Erklärungen als Reichskanzler und Vorsitzender des Rates der Volksbeauftragten hatten die zivilen Träger des alten Regimes – wie unmittelbar zuvor die Oberste Heeresleitung – bewogen, sich ihm sofort zur Verfügung zu stellen. Bereits am 12. November 1918, drei Tage nach seiner „Machtübernahme", waren unter seiner Regie im Auswärtigen Amt Vertreter des Außenministeriums, des Reichswirtschaftsamts, des Reichsschatzamts, der preußischen Ministerien für Handel, Finanzen, Arbeit, Landwirtschaft und Krieg, der Obersten Heeresleitung und des Reichsmarinerates übereingekommen, Sachverständige heranzuziehen, die schon zur Zeit der Monarchie als Berater der Reichsregierung fungiert hatten.

Wie viele Sozialdemokraten dies nicht guthießen, so beurteilten sie auch die Armee und deren künftige Rolle anders als Ebert. Hatten die obersten Exponenten des Militärs, primär Paul von

Hindenburg, Erich Ludendorff und Wilhelm Groener, doch aus ihrer Perspektive als „Stützen und Statthalter der Reaktion" gedient, die sie seit Jahrzehnten zu überwinden trachteten. Ebert hingegen stützte sich auf das Militär, dessen Führung sich angesichts der Situation rechtzeitig für ihn entschieden hatte. Zwar erblickten die Militärs in ihm nicht unbedingt den Wahrer und Statthalter ihrer rückwärts orientierten Interessen; aber sie hatten spätestens seit Eberts demonstrativen Bekenntnissen zur Reichsverteidigung und zur Reichseinheit zur Kenntnis genommen, daß er ein entschiedener Patriot war, der sich und seine Vorstellungen auch durchzusetzen vermochte. So waren sie es dann auch, die ihre traditionellen Vorbehalte rasch überwanden und sofort anboten, ihm zu helfen, das Reich und die Nation zu erhalten. General Ludendorff, der – neben dem Kaiser und von Hindenburg – in den beiden letzten Kriegsjahren mächtigste Mann im Reich, konferierte seit 1917 mit ihm und hörte auf seinen Rat. Hindenburg schätzte ihn und vertraute ihm – auch als Staatsmann. Für General Groener, den liberalen Nachfolger Ludendorffs als Generalquartiermeister der Obersten Heeresleitung, stand ebenfalls nicht erst seit den ersten Tagen des Sturzes der Monarchie fest, wer in Deutschland künftig als Staatsmann zu entscheiden haben würde.

Entsprechend dachte die amerikanische Regierung. Im November 1918 hatten hohe US-Diplomaten ihre Regierung bewogen, Eberts Position zu stärken. Wenn wir nicht handeln, wird eine Liebknecht (. . .)-Diktatur in Berlin unvermeidlich dieselbe Rolle spielen wie Lenins Diktatur in Petrograd", hieß es beispielsweise in einem Bericht an den US-Staatssekretär des Äußeren. Die US-Regierung reagierte sofort aggressiv und drohte über ihre Botschaften in den neutralen Ländern die Einstellung ihrer Lebensmittellieferungen, die Kündigung des Waffenstillstandes und die militärische Besetzung Deutschlands durch US-Truppen für den Fall an, daß Ebert nicht gehalten werden könnte.[28]

Wie Hindenburg und Ludendorff, so wußte auch Groener, daß

[28] Vgl. dazu die Anmerkung 7.

Denkschrift des Ersten Generalquartiermeisters Wilhelm Groener vom 25. März 1919 über die Bekämpfung des Bolschewismus

4.1 40 28

Der Erste Generalquartiermeister.

II Nr. 12690 geh.op.

X Gr.H.Qu., den 25. März 1919.

Streng vertraulich !

In der Anlage übersende ich eine kurze Denkschrift über die innere Lage im Grenzschutzbezirk und die Bekämpfung des Bolschewismus und präzisiere die darin gemachten Vorschläge nochmals wie folgt:

1.) Schaffung einer grosszügigen Propaganda-Organisation für ganz Deutschland mit einer Zentralstelle in Berlin, die alle bereits bestehenden Vereine und Organisationen in ihren Dienst stellt und das ganze Reich bis hinab zur kleinsten Gemeinde mit einem Netz von Nebenstellen überzieht. Diese Organisation müsste auch in weitestem Umfang der von den Generalkommandos geleiteten Werbe- und Aufklärungstätigkeit bei den Freiwilligen-Truppen zur Verfügung stehen. Bewilligung reichlicher Geldmittel durch die Reichsregierung ist Vorbedingung. Ich schlage vor, Major v. Willisen von Zegrost, der sich bereits eingehend mit dieser Frage beschäftigt hat, beim Aufbau der Organisation heranzuziehen. Von hier können zahlreiche sehr beachtenswerte Anregungen der Generalkommandos und anderer Dienststellen zur Verfügung gestellt werden.

2.) Vermehrung der Gendarmerie und Zollbeamten, wie ich es bereits am 26.2. mit II Nr. 12447 geh. op. beantragt habe.

3.) Reorganisation der Polizei im Sinne des Schreibens des Reichswehrministers Noske an das Ministerium des Innern, Ia Nr. 2136 A 1 vom 12.3.19.

4.) Gesetzliche Massnahmen zum wirksamen Kampf gegen den Bolschewismus, seine Führer, Agitatoren und Presse.

5.) Bildung von ehrenamtlichen Einwohnerwehren in ganz Deutschland.

6.)

48a (1)

6.) Sofortige Beseitigung aller S.-Räte, die den Anordnungen der Regierung offenen oder versteckten Widerstand leisten, und Festsetzung eines Termins, bis zu dem die S.-Räte der alten Armee aufzulösen sind. Ausdrückliches Verbot politischer Betätigung für die Vertrauensräte bei den Freiwilligen-Truppen.

7.) Beauftragung des Generalkommandos Lüttwitz mit der einheitlichen Leitung von Massnahmen zur militärischen Sanierung Deutschlands durch den Reichswehrminister.

Die Angelegenheit ist so dringend, die Lage so ernst dass ich alle beteiligten Stellen eindringlichst bitten muss, ungesäumt die notwendigen Massnahmen in Angriff zu nehmen. Die Sicherheit des Staates, der Bestand des Reiches und die Zukunft unseres ganzen Volkes hängt von einer schnellen Durchführung ab

Groener

Ebert als Partner weitaus zuverlässiger war als einige der ranghöchsten Militärs. Nicht von ungefähr stellte Groener nach einer Besprechung mit Ebert fest, den er selbst in Briefen an seine Frau nicht als „Ebert“ oder „Herr Ebert“, sondern als „Reichspräsident“ bezeichnete, daß weiterhin amtierende Militärs sich über bestimmte militärische Traditionen rücksichtsloser als bestimmte Sozialdemokraten hinwegsetzten. Zwar entsprach die Personalpolitik des im März 1920 zum Chef der Heeresleitung ernannten Generals Hans von Seeckt, der systematisch die Bestimmungen des Versailler Vertrags umging und das durch den Versailler Vertrag erlaubte 100 000-Mann-Heer durch sogenannte „Schwarze“ Formationen heimlich erheblich ergänzte, nicht Eberts Vorstellungen von der Struktur einer republikanischen Armee, doch er ließ ihn gewähren und nahm – zum Unbehagen der SPD und zum Schaden der Demokratie – beispielsweise hin, daß kurz vor seinem Tod 24 Prozent der Offiziere der Republik Adelige waren. 1913 waren es 30 Prozent gewesen. Und er übersah geflissentlich, daß militärische Einheiten weiterhin die kaiserlich schwarz-weiß-roten Kokarden an ihren Mützen trugen, daß die Reichswehr über die fünffache Menge der dem Reich zugestandenen Gewehre und Karabiner, über die siebenfache Anzahl der erlaubten Minenwerfer und über das sechsfache Kontingent an Geschützen und Kanonen verfügte.

Versailles: Fehdehandschuh und Vehikel für Miseren

Am 18. Januar 1919, einen Tag bevor die wahlberechtigten Deutschen die Nationalversammlung wählten, war im Spiegelsaal des Schlosses von Versailles, wo Wilhelm I. am 18. Januar 1871 zum Kaiser proklamiert worden war, ohne deutsche Beteiligung[29] die

[29] Die am 18. April 1919 eingeladene deutsche Friedensdelegation unter Leitung des Reichsaußenministers Graf Brockdorff-Rantzau stand den alliier-

Konferenz zur Festlegung der Friedensbedingungen eröffnet worden. Die an ihr teilnehmenden 27 alliierten und assoziierten Mächte, unter ihnen die tonangebenden USA mit ihrem Präsidenten Woodrow Wilson, Großbritannien mit seinem Ministerpräsidenten Lloyd Georges und Frankreich mit dem Ministerpräsidenten Georges Clemenceau, wählten für dieses Ereignis sowohl den 18. Januar als auch das Schloß von Versailles nicht ohne besonderen Grund.

Mit Versailles hatten die Deutschen bis zum 18. Januar 1919 die Erinnerung an die von ihnen ersehnte und dank Bismarck zustande gebrachte Gründung des Deutschen Reiches verbunden. Für sie repräsentierte Versailles bis dahin das Symbol des geschlagenen Feindes. Die Franzosen, seit 1871 revanchelüstern und rachesüchtig gen Osten blickend, hatten die Niederlage auf eigenem Boden, die Lädierung des Nationalbewußtseins, den Verlust Elsaß-Lothringens und die an Deutschland zu zahlenden Reparationen nicht vergessen können. Die Verschiebung der Machtverhältnisse in Europa zugunsten des Deutschen Reiches behagte ihnen nicht weniger.

Nun sollte, so wollte Clemenceau es, der Triumpf von 1918 nicht nur das traumatisch geschundene Nationalgefühl der Franzosen eliminieren und ins Gegenteil verkehren, sondern die Deutschen auch für alle Zeit um die Möglichkeit bringen, Frankreich zu gefährden. Daß die deutsche Regierung, die Sozialdemokraten, das Zentrum und die Deutsche Demokratische Partei, nicht mehr mit der Regierung des einstigen Kaiserreiches identisch war, erschien nicht nur Clemenceau als unerheblich. Daß Anfang November 1918 nicht ein maßgebliches Mitglied der für die Katastrophe verantwortlichen Obersten Heeresleitung, sondern der linke Zentrumspolitiker Matthias Erzberger über den Waffenstillstand verhandelt hatte, wurde als Folge des nüchternen Kalküls der deutschen Armeeführung interpretiert, die den Zivilisten die Schuld für die Niederlage in die Schuhe schieben wollte.

ten Kommissionen zum ersten und einzigen Male am 7. Mai 1919 gegenüber.

Dennoch hofften die Deutschen auf mäßigende Einflüsse Woodrow Wilsons, der in den USA unüberhörbar für das Selbstbestimmungsrecht der Völker eingetreten war. Noch am 25. Februar 1919, drei Monate bevor die Alliierten ihre Mantelnote mit den endgültigen Friedensbedingungen an die Deutschen übergaben, hatte Gustav Noske im Foyer der Nationalversammlung vor Journalisten erklärt: „Es ist schwer zu erkennen, wie die Dinge sich weiter entwickeln werden. Sollten uns im Frieden einseitige Beschränkungen hinsichtlich unserer Wehrmacht auferlegt werden, so zweifele ich nicht, daß unser Volk dieselbe Elastizität bezeugen würde, wie vor hundert Jahren. Ich spreche hier von Beschränkungen, die allein uns und den anderen nicht auferlegt werden könnten." Noske hoffte „als echter Sozialdemokrat", wie er hervorhob, „daß das nicht zu befürchten" sei. Er war überzeugt, daß die Siegermächte den Deutschen eine ausreichende Militärmacht zur Abwehr des Bolschewismus zugestehen würden.

Rasch zeigte sich, daß Lloyd George und Clemenceau verschiedene Meinungen über die Vorstellungen des amerikanischen Präsidenten verfochten, die sich auch deshalb in Versailles nicht angemessen durchsetzen konnte. In erzwungener Abwesenheit der Deutschen stritten und feilschten die Sieger um das Fell des erlegten Bären.

Auf deutscher Seite stand zu der Zeit indes fest, daß England danach trachten werde, Deutschland wirtschaftlich nicht mehr erstarken zu lassen, während Frankreich, selbst finanziell am Ende, alles tun würde, was das Reich politisch knebele. Als das Reichskabinett drei Tage vor Beginn der Versailler Konferenz tagte, erklärte Außenminister Brockdorff-Rantzau, der auf Eberts Wunsch an einer Denkschrift über „Die nächsten Aufgaben der deutschen äußeren Politik" arbeitete: „Man wird versuchen, uns einen Gewaltfrieden aufzunötigen, dem wir uns nicht fügen sollten. Nur ein Rechtsfrieden, der auf den 14 Wilsonschen Punkten beruht, kommt für uns in Frage." Ebert dagegen setzte die Akzente merklich anders. Schlimmes ahnend, wandte er richtungsweisend ein: „Wir brauchen augenblicklich etwas, wir brauchen eine Plattform für die Friedensverhandlungen, eine Standarte für das deutsche Volk. Die allgemeine Devise, unter der wir marschieren, sind die Wilsonschen Grundsätze." Während Ebert die Wilsonschen „Grundsätze" zu einer „Standarte" gemacht sehen wollte, die einer möglichst realistischen Politik voranzutragen sei, war Brockdorff-Rantzau dabei, sie zu einer nationalen Fanfare zu stilisieren, die offen störrischen Widerstand einläuten sollte, was angesichts der Machtverhältnisse für Deutschland nur negative Folgen haben mußte.

Der Friedensvertrag

Die in Versailles versammelten Exponenten der Siegermächte brauchten auf deutsche Wünsche keine besondere Rücksicht zu nehmen. Frankreich wollte selbständige Pufferzonen links des Rheins errichtet sehen, Großbritannien sich die deutschen Kolonien einverleiben. Wilson sollte hinnehmen, daß seine am 8. Januar verkündeten 14 Punkte nicht viel mehr als Richtlinien gewesen seien, die nun keineswegs befolgt zu werden brauchten.

Die „14 Punkte" des US-Präsidenten Woodrow Wilson vom 8. Januar 1918

„Das Programm des Weltfriedens" lautet:

1. Öffentliche Friedensverträge. Die Diplomatie soll stets frei sein und sich vor aller Öffentlichkeit abspielen.
2. Absolute Freiheit der Schiffahrt auf See außerhalb der territorialen Gewässer sowohl im Kriege als auch im Frieden.
3. Aufhebung sämtlicher wirtschaftlicher Schranken, Festsetzung gleichmäßiger Handelsbedingungen zwischen den Nationen.
4. Angemessene Garantien, daß die nationalen Rüstungen auf den niedrigsten Grad herabgesetzt werden.
5. Unparteiische Ordnung aller kolonialen Ansprüche.
6. Räumung des gesamten russischen Gebietes und Erledigung aller Rußland berührenden Fragen, um die beste und freieste Zusammenarbeit der übrigen Nationen der Welt zu sichern zur Erlangung einer ungehemmten und ungeschmälerten

Möglichkeit zur unabhängigen Bestimmung ihrer eigenen polit.(-ischen) Entwicklung und nationalen Politik.

7. Wiederherstellung der ungeschmälerten Souveränität Belgiens.
8. Befreiung des franz.(-ösischen) Gebietes. Wiederherstellung der verwüsteten Teile. Ebenso müßte das Frankreich durch Preußen 1871 in Sachen Elsaß-Lothringen angetane Unrecht, das den Weltfrieden nahezu fünfzig Jahre bedroht hat, berichtigt werden, um dem Frieden im Interesse aller wieder Sicherheit zu verleihen.
9. Berichtigung der Grenzen Italiens entspr.(-echend) den Nationalitätenlinien.
10. Den Völkern Österreich-Ungarns die freieste Möglichkeit autonomer Entwicklung zu gewähren.
11. Räumung Rumäniens, Serbiens, Montenegros. Wiederherstellung ehemals besetzter Gebiete. Freier und gesicherter Zugang für Serbien zum Meer. Ordnung der Verhältnisse auf dem Balkan.
12. Dem türkischen Teil des Ottomanischen Reiches soll eine gesicherte Souveränität gewährleistet werden, den anderen Nationalitäten soll eine absolute und ungestörte Möglichkeit ihrer autonomen Entwicklung verbürgt, und die Dardanellen sollen dauernd als freier Durchgang für die Schiffe und den Handel aller Nationen unter internationalen Garantien geöffnet werden.
13. Errichtung eines unabhängigen polnischen Staates mit freiem Zugang zum Meer; die politische und ökonomische Unabhängigkeit des polnischen Staates sowie dessen territoriale Integrität sollen durch internationalen Vertrag garantiert werden.
14. Installierung eines Völkerbundes zum Zweck der Gewährung gegenseitiger Garantien für politische Unabhängigkeit und territoriale Integrität, in gleicher Weise für große und kleine Staaten.“

Die westlichen Alliierten erwarteten, und dies zu unterschreiben war kein deutscher Politiker bereit, neben den 1919 schier unübersehbaren Reparationszahlungen[30] auch das Eingeständnis der

[30] Die endgültige Festsetzung der Reparationszahlungen oblag einer alliierten Kommission, die fast zwei Jahre für ihre Feststellungen benötigte. Dabei stellte sich heraus, daß die Summe von zunächst 269 Milliarden im Jahre 1920

deutschen Führung, allein schuld am Kriege und an all den durch ihn verursachten Verlusten und Schäden zu sein. Was die Deutschen von extrem links bis extrem rechts wieder plötzlich einte, war nicht die Weimarer Reichsverfassung, sondern – das später effektvoll als „Geburtsort Hitlers" bezeichnete – Versailles. Sachliche Maßnahmen und Forderungen, seitens der Sieger seit jeher nach Kriegen an der Tagesordnung, akzeptierten die deutsche Regierung, die Nationalversammlung und die Bevölkerung zumindest teilweise. Die moralische Rechtfertigung und sittlich artikulierte Verbrämung der Ansprüche dagegen löste Resonanzen aus, die vor allem Frankreich nicht beabsichtigt hatte.

Daß der Vertrag von Versailles „kein Diktat" gewesen sei, wie nach wie vor behauptet wird, ist eine Legende. Als die deutsche Delegation am 7. Mai 1919 endlich vor den Delegierten der alliierten und assoziierten Staaten erscheinen durfte, um die Bedingungen entgegenzunehmen, hatte sie zuvor im „Hotel des Réservoirs" hinter Stacheldrahtabsperrungen acht Tage „Zeit" gehabt, sich auf die Konfrontation einzustellen. Niemals vorher hatte sie die eigenen Einwände und Gegenvorschläge mündlich vortragen oder gar mit den Vertretern der Siegermächte diskutieren dürfen. Zwar erhoben sich alle Delegierten der Vollversammlung, als die von Graf Brockdorff-Rantzau angeführten Deutschen den Verhandlungssaal im „Palasthotel Trianon" betraten, doch schon unmittelbar danach erfuhren sie, daß die Sieger die Rede des deutschen Außenministers als anmaßend, taktlos, töricht und unverschämt bezeichneten. Daß der Deutschenhasser Clemenceau keine „überflüssigen Worte" hören wollte und einführend offen erklärte, daß die „Stunde der schweren Abrechnung gekommen" wäre, wog dabei nichts.

Brockdorff-Rantzau hatte sitzend, was als schwerer Verstoß gegen die internationalen Höflichkeitsgepflogenheiten empfunden wurde, in scharfem Ton reagiert und unter anderem erklärt:

auf 226 Milliarden im Jahre 1921 und schließlich sogar auf 132 Milliarden reduziert werden mußte, weil Deutschland die anfänglich errechneten Beträge unmöglich aufbringen konnte. Das gesamte deutsche Volkseinkommen hatte 1913 beispielsweise rund 50 Milliarden Mark betragen.

„Wir täuschen uns nicht über ... den Grad unserer Ohnmacht. Wir wissen, daß die Gewalt der deutschen Waffen gebrochen ist; wir kennen die Wucht des Hasses, die uns hier entgegentritt ... Es wird von uns verlangt, daß wir uns als die allein Schuldigen bekennen; ein solches Bekenntnis wäre ... eine Lüge ... Wir sind fern davon, jede Verantwortung dafür, daß es zu diesem Weltkriege kam und daß er so geführt wurde, von Deutschland abzuwälzen ... wir bestreiten nachdrücklich, daß Deutschland ... allein mit der Schuld belastet ist ... in der Art der Kriegsführung hat nicht Deutschland allein gefehlt. Jede europäische Nation kennt Taten und Personen, deren sich die besten Volksgenossen ungern erinnern ... Sechs Wochen dauerte es, bis wir (den Waffenstillstand) erhielten, sechs Monate, bis wir Ihre Friedensbedingungen erhielten. Verbrechen im Kriege mögen nicht zu entschuldigen sein, aber sie geschehen im Ringen um den Sieg ... Die Hunderttausende von Nichtkämpfern, die seit dem 11. November an der Blockade zugrunde gingen, wurden mit kalter Überlegung getötet, nachdem für unsere Gegner der Sieg errungen und verbürgt war ... Das Maß aller Beteiligten kann nur eine unparteiische Untersuchung feststellen, eine neutrale Kommission ... Wir haben eine solche Untersuchung gefordert ... Die Grundsätze des Präsidenten Wilson sind ... für beide Kriegsparteien ... bindend geworden."

Die Deutschen wurden von den Siegermächten als die militantesten und kriegslüsternsten Zeitgenossen und Exponenten der europäischen Geschichte behandelt, obwohl sich diese Beschuldigungen nicht mit den nachweisbaren Tatsachen deckten. Wie der Amerikaner Quincy Wright 1942 in seiner Untersuchung „A Study of War" nachwies, betrug der Anteil der Deutschen an den 278 Kriegen, die zwischen 1480 und 1940 stattgefunden hatten, lediglich 8 Prozent, wogegen die diesbezüglichen Bilanzen der anders aussahen. An der Spitze stand England mit einem 28-prozentigen Anteil, gefolgt von Frankreich mit 26 Prozent. Österreich, mit Deutschland auf der Seite der Besiegten, nahm nach Rußland mit 22 Prozent, mit einer Beteiligung von 19 Prozent den 5. Platz auf der Liste der kriegführenden Staaten ein.

Der den Deutschen am 7. Mai überreichte (und nach geringfügigen Änderungen am 10. Januar 1920 von deutscher Seite unterzeichnete Friedensvertragsentwurf umfaßte 80 000 Wörter. Selbst Delegierte der Gegenseite gaben offen zu, von dem Haß und der Rachsucht betroffen zu sein, die die Forderungen bestimmten. In 440 Artikeln war festgelegt, was Deutschland zu leisten, wie es sich zu unterwerfen und was es abzutreten hatte. Ein Territorium von 73 484 Quadratkilometern mit rund 7 325 000 Einwohnern[31] ging Deutschland in Ostpreußen, mit Danzig, mit Posen und Westpreußen, Ost-Oberschlesien, mit dem Hultschiner Ländchen, Nordschleswig, Eupen-Malmedy und Elsaß-Lothringen verloren. Frankreich erhielt Elsaß-Lothringen und alle Kohlegruben des Saargebietes und der West-Pfalz, Belgien Moresnet und Eupen-Malmedy. Die Kreise Memel, Heydekrug und Teile der Kreise Tilsit und Ragnit in Ostpreußen kamen als „Memelland" unter alliierte Obhut an Litauen. An Polen fielen Posen, Oberschlesien, fast ganz Westpreußen und Teile Pommerns. Das Hultschiner Ländchen und die Hälfte des Kreises Lobschütz erhielt die Tschechoslowakei, das Saargebiet kam für 15 Jahre unter die Verwaltung des Völkerbundes, die Nord- und Südzone Niedschleswigs fielen an Dänemark. Ostpreußen wurde durch einen „Korridor" vom Reich getrennt. Danzig wurde „Freie Stadt" und dem Völkerbund unterstellt. Wie die einheimische Bevölkerung dies empfand, dokumentierte sie 1920 und 1935 in Volksabstimmungen. Mit überwältigender Mehrheit entschied es sich für Deutschland und für die Wiederangliederung: Posen und Oberschlesien (20. März 1920) = 60 Prozent, das Saargebiet (13. Januar 1935) = 90,5 Prozent, die Nordzone Nordschleswigs (10. Februar 1920) = 74,2 Prozent, die Südzone (14. März 1920) = 80 Prozent und die Teile Ost- und Westpreußens (11. Juli 1920) = 97,5 Prozent und 92,8 Prozent.

Von der jährlichen Förderung von Zinkerz waren 75 Prozent abzuliefern, vom Eisenerz 74,8 Prozent, von der Steinkohle

[31] 1914 umfaßte die Fläche des Reiches 540 787 km² mit 67 892 000 Einwohnern, 1921 waren es 467 302 km² mit 59 360 000 Einwohnern.

28,3 Prozent, vom Bleierz 7,7 Prozent, vom Kali 4 Prozent, von der Ernte: 19,7 Prozent Kartoffeln, 18,2 Prozent Roggen, 17,2 Prozent Gerste, 12,6 Prozent Weizen und 9,6 Prozent Hafer.

An Frankreich, Belgien, Italien und Luxemburg waren zehn Jahre lang alljährlich rund 40 Millionen Tonnen Kohlen zu liefern. Frankreich sollte 140 000 Milchkühe, 4 000 Stiere, 40 000 Färsen, 700 Zuchthengste, 40 000 Stuten und Stutfohlen, 1 200 Schafböcke, 30 000 Schafe, 10 000 Ziegen und 15 000 Mutterschweine bekommen.

Dabei war es um die deutschen Geldbestände und um das Volkseinkommen nach vier Jahren Krieg zwangsläufig außerordentlich schlecht bestellt. Im Vergleich zum letzten Vorkriegsjahr war das Volkseinkommen um schätzungsweise bis zu 50 Prozent zurückgegangen. Die meisten Produktionszweige waren zwischen 1914 und 1918 auf Kriegswirtschaft umgestellt worden, nahezu alle Produktionsanlagen und Verkehrsmittel veraltet und heruntergewirtschaftet. Der Bergbau, auf dessen Förderung die Sieger voller Erwartungen blickten, produzierte 1918 beispielsweise rund 16 Prozent weniger als 1913. 1919 waren es schließlich 33 Prozent weniger. In der Metallproduktion gingen die Werte 1918 um 23 und 1919 sogar um 57 Prozent zurück, die Ernteerträge in der Landwirtschaft um 20 Prozent. 1 200 Schafböcke, 30 000 Schafe, 10 000 Ziegen und 15 000 Mutterschweine bekommen. Das Saargebiet[32] und das linke Rheinufer mit den Brückenköpfen Köln, Koblenz und Mainz sollten auf vorläufig 15 Jahre besetzt werden.[33]

Das Reich hatte die Besatzungskosten zu tragen,[34] der Zivilbe-

32 15 Jahre nach dem Beginn der Besetzung sollte die Bevölkerung des Saargebietes in einer Wahl entscheiden, ob sie zum Reich oder zu Frankreich gehören wollten. Am 13. 1. 1935 geschah dies mit einem überwältigenden Bekenntnis zu Deutschland.

33 Die Räumung des Rheingebietes sollte in Etappen von 5, 10 und 15 Jahren (je nach der deutschen Vertrauenswürdigkeit) geschehen. Die letzte Etappe der Räumung fand am 30. Juni 1930 statt.

34 Vom 11. November 1918 bis zum 30. April 1921 waren dies für die USA 278 067 610 Dollar, für Frankreich 2 304 850 470 Francs, für England

völkerung der Ententemächte alle „durch den deutschen Angriff zugefügten Schäden“ zu ersetzen, die Pensionen und Vergütungen für die Kriegsbeschädigten und Hinterbliebenen der Gefallenen zu zahlen und darüber hinaus sofort 20 Milliarden Goldmark als Wiedergutmachungsbeitrag zu entrichten, der später um 80 Milliarden Goldmark erhöht werden sollte, obwohl die Deutsche Reichsbank am 31. Dezember 1918 über nur insgesamt 2 Milliarden 262 Millionen Mark und über Devisen in Höhe von 200 Millionen Mark verfügte, was dem Bedarf an Währungsreserven entsprach – und für Reparationszahlungen kaum zur Verfügung stand.

Nach den Bestimmungen der Siegermächte vom 13. Dezember 1918 hatten der gesamte Metallbestand der Reichsmark, die Devisen und alle Auslandswerte den Alliierten zur Verfügung zu stehen, die vom Reich noch vor der endgültigen Festlegung der Reparationssumme verlangten, eine Zahlungsverpflichtung von 100 Millionen Goldmark zu übernehmen, wobei 20 Milliarden bis zum 1. Mai 1921 fällig sein sollten. Von den dann noch ausstehenden 80 Milliarden Mark sollten ab 1. Mai 1920 40 Milliarden verzinst und getilgt und die weiteren 40 Milliarden erst nach der Zahlung der ersten Summen entsprechend behandelt werden.

Die schwebende Schuld des Reiches war von 0,3 Milliarden Mark im Juli 1914 auf 55,2 Milliarden Mark im Dezember 1918 angewachsen. Die fundierte Schuld betrug knapp 89 Milliarden Mark. Das Volkseinkommen war auf 50 bis 60 Prozent gegenüber 1913 gesunken. Der Dollarkurs betrug im August 1914 = 4,19 Mark, im Dezember 1918 = 8,28 Mark, im Juli 1919 = 14 Mark und im Januar 1920 = 64,80 Mark im Monatsdurchschnitt. Der gesamte Umlauf an Bargeld einschließlich der Reichskassenscheine war von 6 Milliarden 969 Millionen Mark im Juli 1914 auf 33 Milliarden 106 Millionen im Dezember 1918 angewachsen.

Die endgültige Festsetzung der Reparationszahlungen oblag einer alliierten Kommission, die fast zwei Jahre für ihre Feststellungen benötigte. Dabei stellte sich heraus, daß die Summe von zunächst 269 Milliarden im Jahre 1920 auf 226 Milliarden im Jahre

52 881 298 Pfund Sterling, für Belgien 378 731 390 belgische Francs und für Italien 15 207 717 französische Francs.

1921 und schließlich sogar auf 132 Milliarden reduziert werden mußte, weil Deutschland die anfänglich errechneten Beträge unmöglich aufbringen konnte.

Die Allgemeine Wehrpflicht war abzuschaffen. Das Landheer durfte ab 31. März 1920 100 000 Mann nicht überschreiten und nur der „Erhaltung der Ordnung innerhalb des deutschen Gebietes" dienen. Universitäten, Schulen, Kriegervereine, Schützenbilden und Sportvereine durften sich nicht mehr „mit militärischen Dingen befassen". Verboten wurde die Unterhaltung des Generalstabes, der Kriegsakademie, der Militärschulen und die Verwendung schwerer Artillerie ebenso wie der Einsatz von Flugzeugen, Luftschiffen, Kampfwagen, Panzerzügen und die Produktion von Waffen, von Munition und Kriegsgerät; es sei denn, die Siegermächte wünschten und beaufsichtigten bestimmte Abweichungen von dieser Regelung. Die Marine des Reiches durfte nicht mehr als 1 500 Offiziere und 15 000 Unteroffiziere und Mannschaften zählen und nicht mehr als sechs Linienschiffe, sechs Kleine Kreuzer, zwölf Zerstörer und zwölf Torpedoboote behalten. Neubauten durften bei Linienschiffen die 10 000-Tonnen-Grenze nicht überschreiten. Auf Unterseeboote hatte Deutschland ganz zu verzichten. Die Handelsflotte war auszuliefern.

Die Elbe, die Oder, die Memel, die Donau, der Rhein und die Mosel wurden internationalisiert und bis zum 16. November 1936 den Entscheidungen der Ententeregierungen unterstellt.

Wilhelm II. und alle „wegen schwerster Verletzung des internationalen Sittengesetzes und der Heiligkeit der Verträge" öffentlich angeklagten Personen sollten ausgeliefert werden.

Empörung verbreitete sich über das ganze Land. Philipp Scheidemann, der sich während des Krieges mehrfach für einen Verständigungsfrieden ohne Annektionen eingesetzt hatte, verlieh nicht nur seiner Verbitterung und Enttäuschung bildhaften Ausdruck, als er am 12. Mai 1919 in der Nationalversammlung ausrief: „Welche Hand müßte nicht verdorren, die sich und uns in solche Fesseln legt ... Dieser Vertrag ist nach Auffassung der Reichsregierung unannehmbar."

In der Aula der Berliner Universität erklärte er am selben Tage vor Vertretern der Regierung und der Nationalversammlung nach Absprachen mit Ebert unter anderem: „Lassen Sie mich ganz ohne taktische Erwägungen reden: Was unseren Beratungen zugrunde liegt, dieses dicke Buch (auf die Friedensbedingungen weisend), in dem hundert Absätze beginnen: ‚Deutschland verzichtet – verzichtet – verzichtet', dieser schauerlichste und mörderische Hexenhammer, mit dem einem großen Volk das Bekenntnis der eigenen Unwürdigkeit, die Zustimmung zur erbarmungslosen Zerstückelung, das Einverständnis mit Versklavung und Helotentum abgepreßt und erpreßt werden soll – dies Buch darf nicht zum Gesetzbuch der Zukunft werden!" „Minutenlanger brausender Beifall im Hause und auf den Tribünen – Die Versammlung erhebt sich – Erneutes stürmisches Bravo und Händeklatschen", notierte der Stenograph im Sitzungsprotokoll als Reaktion der Anwesenden. Ebert und sein Kanzler konnten überzeugt sein, den Willen des Volkes und der politischen Parteien auszudrücken, auch wenn der USPD-Führer Haase erklärte: „Nicht von der Revancheidee, die wir aus der Tiefe unseres Herzens heraus verwerfen, sondern von der revolutionären Entwicklung der Welt erwarten wir die Umwandelung des Friedensvertrages in ein Bündnis gleichberechtigter Völker."

Zwischen Ende Mai und Mitte Juni 1919 hatte Lloyd George zwar die von Clemenceau diktierten französischen Bedingungen durch einige relativ geringfügige Konzessionen im Sinne der Reichsregierung lindern können, insgesamt aber weder die harten Forderungen zu reduzieren noch Clemenceau dazu zu bewegen vermocht, das deutsche Kriegsschuldbekenntnis aus dem Vertrag auszuklammern. Als Artikel 231 blieb es Bestandteil des zu unterzeichnenden Friedensvertrages und hatte folgenden Wortlaut: „Die alliierten und assoziierten Regierungen erklären und Deutschland erkennt an, daß Deutschland und seine Verbündeten als Urheber für alle Verluste und Schäden verantwortlich sind, die die alliierten und assoziierten Regierungen und ihre Staatsangehörigen infolge des Krieges, der ihnen durch den Angriff Deutschlands und seiner Verbündeten aufgezwungen wurde, erlitten haben." Am 16. Juni erhielt der Reichsaußenminister das Ultimatum der Ententemächte, das der Reichspräsident am 17. Juni erstmals in die Hände bekam. Die bis dahin schwerste Bewährungs- und Belastungsprobe standen ihm, der Reichsregierung und der Nationalversammlung bevor. Alle Hoffnungen auf nennenswerte Erleichterungen waren zunichte gemacht. Den Charakter eines Gewaltfriedens hatten die von englischer Seite initiierten Änderungen nicht zu beseitigen vermocht. „Die Antwort der Alliierten und Assoziierten Regierungen", erklärten Brockdorff-Rantzau, Landsberg, Schücking, Giesberts, Leinert und Melchior am 18. Juni 1919 dem Kabinett Scheidemann schriftlich, „läßt den ursprünglichen Entwurf in seinen entscheidenden Punkten bestehen. Auch jetzt noch sind die Friedensbedingungen unerträglich, weil Deutschland sie nicht annehmen und dabei als unabhängige, auf die Wahrung ihrer Ehre bedachte Nation leben kann, unerfüllbar ... rechtsverletzend (und) ... unaufrichtig."[35]

Friedrich Ebert blieb vorbehalten, das deutsche Volk mit den von den Alliierten geschaffenen Tatsachen zu konfrontieren. Am 9. und 18. Mai tat er dies durch beeindruckende öffentliche Reden in Berlin. „Der ehrliche Friedenswille unseres schwer duldenden Volkes", sagte er verbittert, „fand die erste Antwort in ungemein harten Waffenstillstandsbedingungen. Das deutsche Volk hat die Waffen niedergelegt und alle Verpflichtungen des Waffenstillstandes, so schwer sie waren, ehrlich gehalten. Trotzdem setzten unsere Gegner 6 Monate lang den Krieg durch Aufrechterhaltung der Hungerblockade fort. Das deutsche Volk trug alle Lasten im

[35] Französische und amerikanische Historiker wie Jacques Bariéty, Stephan Shuker, Marc Trachtenberg und Charles S. Maier beurteilten zwischen 1970 und 1980 den Versailler Vertrag nicht primär als „Diktat", sondern als Kompromißfrieden der Alliierten, der einerseits die französischen Wünsche nur teilweise erfüllte und andererseits Deutschland nur vorübergehend den Rang einer zweitrangigen Macht aufgezwungen habe. Mittel- und langfristig, so erklärten sie, habe der Vertrag die deutsche Großmachtstellung nicht angetastet. Daß die entscheidend handelnden deutschen Politiker und Staatsmänner zwischen 1918 und 1933 dagegen anderer Auffassung sein mußten, lag auf der Hand.

Vertrauen auf die ... von den Alliierten gegebene Zusage, daß der Friede ein Frieden des Rechts auf der Grundlage der 14 Punkte Wilsons sein würde.[36] Was uns statt dessen jetzt in den Friedensbedingungen geboten wird, widerspricht der gegebenen Zusage, ist für das deutsche Volk unerträglich und auch bei Aufbietung aller Kräfte unerfüllbar ... Aus solchem aufgezwungenen Frieden müßte neuer Haß zwischen den Völkern und im Verlauf der Geschichte neues Morden erwachsen ... Zerstückelung und Zerreißung des deutschen Volkes, Auslieferung der deutschen Arbeiterschaft an den fremden Kapitalismus zu menschenunwürdiger Lohnsklaverei, dauernde Fesselung der jungen deutschen Republik durch den Imperialismus der Entente sind das Ziel dieses Gewaltfriedens ... Die tiefe Erregung, die alle deutschen Volkskreise ergriffen hat, legt Zeugnis dafür ab, daß die deutsche Regierung den geschlossenen Willen des Volkes zum Ausdruck bringt ...

Unser Volk muß sich durch eigenes Handeln retten. Angesichts dieser Gefahr der Vernichtung müssen das deutsche Volk und seine von ihm selbstgewählte Regierung zusammenstehen. Ohne Unterschied der Partei möge Deutschland sich zusammenschließen in dem einmütigen Willen, das deutsche Volkstum und die gewonnene Freiheit zu bewahren. Jeder Gedanke, der ganze Wille der Nation gehören jetzt der Arbeit für die Erhaltung und Wiederaufrichtung unseres Vaterlandes .... Wir müssen unsere letzte Kraft einsetzen gegen die drohende Vergewaltigung. Millionen Volksgenossen in Deutschland und Deutsch-Österreich sollen ihrer Rechte beraubt und geknechtet werden. Unser Volk, wir alle, sollen bettelarm werden. Unsere Industrie, unsere Wirtschaft sollen vernichtet, politisch sollen wir für vogelfrei erklärt werden. Rechtlos macht man uns allen anderen Nationen gegenüber. Wir wären ehrlos, wenn wir uns nicht dagegen mit aller Kraft wenden würden, die in uns wohnt. Im Namen der Regie-

[36] Die USA entzogen sich der Verantwortung für das politische System von Versailles dadurch, daß sie den Vertrag von Versailles nicht ratifizierten.

Generalfeldmarschall Paul von Hindenburg erklärt Wilhelm II. im Großen Hauptquartier in Spa die Lage

Kaiser Wilhelm II. (mit Pelz) am 10. November 1918 auf dem Weg ins holländische Exil

Philipp Scheidemann ruft am 9. November 1918 vom Balkon des Reichstagsgebäudes die Republik aus

Reichspräsident Paul von Hindenburg 1928 im Gespräch mit Reichswehrminister Wilhelm Groener

Friedrich Ebert begrüßt am 10. Dezember 1918 vor dem Brandenburger Tor die ersten heimkehrenden Truppen

11. Februar 1919 im Nationaltheater in Weimar: Verkündung der Wahl Friedrich Eberts (vorn rechts auf der Regierungsbank) zum ersten Reichspräsidenten der Republik

Reichspräsident Friedrich Ebert

Selbstbewußt: Friedrich Ebert mit Reichswehrminister Gustav Noske 1919 in Travemünde

Tote vor dem Brandenburger Tor beim Abzug der Kapp-Putschisten am 18. März 1920

Französische Kavallerie am 8. März 1921 beim „Einzug“ in Duisburg

rung kann ich Ihnen versichern: Wir können und werden diesen Frieden nicht unterschreiben! . . . Das ganze deutsche Volk muß sich hinter uns stellen und uns stützen in dem Kampf um den Frieden, der uns Recht und Lebensmöglichkeit sichern soll . . . Wir wären ehrlos und würdelos, wenn wir nicht unsere ganze Kraft aufbieten gegen die Schmach, die uns angedroht wird. Man will nicht allein Millionen deutscher Volksgenossen vergewaltigen, man will uns finanziell erwürgen, man will uns wirtschaftlich ruinieren, man will uns rechtlos machen in der ganzen Welt . . . Wir wären nicht in der Lage, unsere industrielle Wirtschaft aufrechtzuerhalten. Die Arbeitslosigkeit, die heute schon durch die Straßen heult, würde sich vermehren . . . Abertausende deutscher Arbeiter wären gezwungen, das Vaterland zu verlassen und draußen in der Welt jämmerliche Arbeitsbedingungen aufzusuchen, um dann schmählich unterzugehen. Niemals darf sich ein Volk von siebzig Millionen solche schmachvollen Bedingungen gefallen lassen! Die deutsche Regierung wird diese Bedingungen nie und nimmermehr annehmen. Wir lehnen sie ab, mag da kommen, was auch kommen mag."

Enttäuschung, Entrüstung und Zorn entluden sich im Reichstag:
Paul Hirsch, der Präsident des preußischen Staatsministeriums (Ministerpräsident), erklärte: „. . . Lieber tot als Sklav! Die Bedingungen, die dieser Frieden uns auferlegen will, sind selbst von dem entsagungsbereitesten Volke nicht zu ertragen. Ihre Ausführung ist eine Unmöglichkeit. Darum ist dieser Friedensvertrag unannehmbar." Eberts Freund Hermann Müller-Franken sagte: „Dieser Friedensentwurf ist unerträglich und unerfüllbar, und weil er das ist, ist er in der vorliegenden Form für uns unannehmbar." Konrad Haußmann stellte im Namen der Deutschen Demokraten fest: „Der Feind kann offen Gewalt anwenden, er kann den Krieg fortsetzen gegen Waffenlose, er kann einen Landvogt ins Land setzen. Wir aber können und müssen erklären . . . daß dieser Vertrag unannehmbar ist." Namens der Deutschnationalen Volkspartei erklärte Graf von Posadowsky: „Dieses Friedensangebot ist ein Mischgericht aus französischer Rachsucht und englischer Brutalität." Gustav Stresemann sprach für die Deutsche

Volkspartei und erklärte: „Der Vertrag entehrt nicht den Besiegten, er entehrt den Sieger." Constantin Fehrenbach, der Präsident der Nationalversammlung, sagte in seinem Schlußwort: „Ich nehme an, daß von dem heutigen Tage ab aus diesem Saale heraus nun eine Welle in den nächsten Wochen hinausgetragen werden wird in das deutsche Volk, die es dem Ausland klarmachen wird: So können wir das deutsche Volk nicht behandeln; wir werden gezwungen sein, andere Friedensbedingungen mit ihm einzugehen."

Empörung und Verbitterung wurden vom ganzen Volk artikuliert, der Wille zum Widerstand wachgerufen. Wann und wo immer auch nur eine Aussicht bestand, Auswege zu finden und Boykottmöglichkeiten zu nutzen, geschah dies. Namhafte Schriftsteller und Dichter traten als „Sprachrohre der Nation, des deutschen Bewußtseins" und „des deutschen Herzens" auf, wie Gerhart Hauptmann, der poeta laureatus der Republik, sich ausdrückte.

In der „Berliner Illustrirten" vom 22. Februar 1920, vor den Abstimmungen in Posen, in Oberschlesien und in der Südzone, rief er die Bevölkerung beispielsweise dazu auf, Geld für diejenigen zu spenden, die nicht in der Lage wären, zu den Wahlen in ihre Heimatorte zu reisen. „Große und lebensnotwendige Gebiete an unserer nördlichen, östlichen und südöstlichen Grenze haben durch Stimmenmehrheit ihrer Eingeborenen zu entscheiden", schrieb er, „ob sie beim Reiche verbleiben oder sich davon losreißen wollen. Diese Eingeborenen deutscher Nation sind zu Tausenden, zu Hunderttausenden, in entfernten Teilen des Reiches, ja außerhalb des Reiches seßhaft, manche sind . . . weniger begütert und alle müssen sie persönlich an die Wahlurne ihres Geburtsortes treten, wenn ihre Stimmen gezählt werden sollen . . . Darum Deutsche, wenn ihr nicht zusehen wollt, wie Euer blutendes Land noch weiter zerstückelt wird, so sammelt Geld für die Reise, sowie den Unterhalt derer, die durch ihre Stimmabgabe in der Heimat das schwerste Unglück verhindern können."

Im Schatten dieser außergewöhnlichen Umstände und Verhältnisse begannen sozialdarwinistisch und rassenbiologisch gespeiste

Vorstellungen, die seit der Jahrhundertwende zunächste in Praxen, Studierstuben und wenig beachteten Fachpublikationen von Juristen, Ärzten, Psychiatern und Rassehygienikern diskutiert worden waren, als Gesetzesinitiativen um sich zu greifen. Der Wert des menschlichen Lebens war durch den Krieg und die Revolutionsereignisse gravierend negiert worden. Die Forderungen der Siegermächte und die schier unerträglichen Lebensbedingungen hatten die Hoffnung auf ein „normales" Leben und ein akzeptables Selbstverständnis auf ein Minimum reduziert. Nachdem an der Front junge gesunde Männer gefallen seien, so argumentierten nicht nur prominente Rassehygieniker, wäre es angesichts der Verhältnisse in Deutschland geradezu widersinnig, „lebensunwerte" Menschen am Leben zu erhalten, die viel zu knappen Lebensmittel zu vergeuden und das durch den Krieg und seine Konsequenzen extrem strapazierte Volksvermögen sinnlos zu verschleudern.

Zwar löste die 1920 von dem Leipziger Juristen Karl Binding und dem Freiburger Psychiater Alfred Hoche herausgegebene Schrift „Die Freigabe der Vernichtung lebensunwerten Lebens. Ihr Maß und ihre Form" Kontroversen aus; aber sie verliefen in einer Richtung, die bestürzen mußte. Die von den Autoren geforderte Freigabe der Tötung unheilbarer Kranker und der Vernichtung „lebensunwerten Lebens" fand mehr Anklang als das Gegenteil. Ein Großteil der Bevölkerung war mit der Auffassung Bindings und Hochs der Meinung, daß „Ballastexistenzen" und „Minderwertige" gewaltsam zu Tode gebracht werden sollten.

Selbst mittelbar Betroffene dachten so. Als beispielsweise Alfred Meltzer, der Direktor der sächsischen Landesanstalt „Katharinenhof", der sich gegen Binding und Hoche wandte und die Tötung psychisch kranker und geistig behinderter Menschen ablehnte, 1920 für sein Buch „Das Problem der Abkürzung ‚lebensunwerten Lebens'" wissen wollte, wie Eltern entsprechend kranker Kinder dächten, mußte er verblüfft zur Kenntnis nehmen, daß sie für die Forderungen Hochs und Bindings plädierten. 73 Prozent der befragten Eltern, deren Kinder in Heimen betreut wurden, erklärten schriftlich, daß sie der Tötung ihrer Kinder zustimmen würden, wenn sie erwiesenermaßen „unheilbar blöd" wären oder von ihnen (den Eltern) nicht mehr betreut werden könnten.

Attachiert wurden die auf gesetzgeberische Entscheidungen zielenden Argumente von Forderungen, geistig Kranke zu sterilisieren, was zur Zeit der Weltwirtschaftskrise schließlich bereits soweit gediehen war, daß seit Ende Juli 1932 sowohl im preußischen Staatsrat als auch Landesgesundheitsamt „Beschlußfassungen" und Entwürfe für ein Sterilisierungsgesetz vorlagen.

Nach Diskussionen vom 2. und 19. Juli 1932 über „Eugenik im Dienste der Volkswohlfahrt", an denen 48 Ärzte, Eugeniker und Juristen des Landesgesundheitsrates, des Verbandes der Preußischen Provinzen, des Preußischen Städtetages, des Deutschen Caritas-Verbandces, der Inneren Mission, der Zentralwohlfahrtsstelle der Juden, des Evangelischen Kirchenrates, des Berliner Bischöflichen Ordinariats, des Reichsministeriums des Inneren, des Reichsarbeitsministeriums, des Reichswehrministeriums, des Reichsjustizministeriums, des Preußischen Staatsministeriums und des Preußischen Innenministeriums teilgenommen hatten, waren am 30. Juli 1932 im Preußischen Ministerium für Volkswohlfahrt „Leitsätze" und ein „Entwurf eines Sterilisierungsgesetzes mit Begründung" formuliert, auf die Hitler 1933 nur noch zurückgreifen brauchte.[37]

„Deutschland, Deutschland über alles"

Ebert forderte vom deutschen Volk, den von ihm als Staatsbürger öffentlich stets vehement abgelehnten Versailler Vertrag nach den differenziert dosierten Maßnahmen der von ihm inhaltlich dirigierten Reichsregierung zu erfüllen. Daß er ihn als deutsches Staatsoberhaupt trotz aller patriotisch artikulierten Vorbehalte letztlich ohne zusätzliche schwere Gefährdung des Reiches und der Nation nicht schadlos ignorieren konnte, war selbstverständ-

37 Vgl. S. 299 f.

lich. Immer hat er nach Mitteln und Wegen gesucht, die Bestimmungen des Vertrages zu umgehen oder wenigstens doch abzuschwächen. Er empörte sich öffentlich über die alliierte Forderung, den Kaiser und andere Deutsche zur Bestrafung an sie ausliefern zu sollen, wie es die Artikel 227 bis 230 des Versailler Vertrages kodifizierten, unterstützte die Emigration gefährdeter deutscher Staatsbürger und duldete ausdrücklich, daß sie sich vorübergehend sogar einer anderen Identität bedienten.

Die Gebietsabtretungen und Territoriumsbesetzungen interpretierte er als eine Art Zwangsvollstreckung seitens der Siegermächte, denen er nicht nur im Februar 1919 durch die Einsetzung eines Reichskolonialministers, sondern im August 1922 schließlich auch durch die Erhebung des Liedes der Deutschen von Hoffmann von Fallersleben zur Nationalhymne ständig vor Augen geführt sehen wollte, daß das von ihm völkerrechtlich vertretene Deutschland von „der Maas bis an die Memel, von der Etsch bis an den Belt" reichte und auch seine Ansprüche auf Kolonien nicht aufzugeben gedachte. Über seine Vorstellungen ließ er auch da keine Zweifel aufkommen. „Deutschland soll nicht zugrunde gehen! Das ist unser Schwur, so lange wir atmen und arbeiten können", sagte er am 11. August 1922 nach seiner Entscheidung für diese Hymne und erklärte: „Wir wollen keinen Bruderkrieg ... Wir wollen Recht ... Einigkeit und Recht und Freiheit ... soll ... unseren harten Weg zu einer besseren Zukunft begleiten ... (Das Lied) soll nicht Mißbrauch finden im Parteikampf ... nicht der Kampfgesang derer werden, gegen die es gerichtet war ... nicht dienen als Ausdruck nationalistischer Überhebung ... wir lieben ... ‚Deutschland über alles' ... Der feste Glaube an Deutschlands Rettung und die Rettung der Welt soll uns nicht verlassen. Es lebe die deutsche Republik! Es lebe das deutsche Vaterland! Es lebe das deutsche Volk!"

Daß Ebert, über Bismarck hinausgehend, Österreich mit Deutschland vereinigen und ein Großdeutsches Reich schaffen wollte, war ein anderer Aspekt seines deutschlandpolitischen Programms, das in dieser Hinsicht nach 1918 zwar keineswegs originell war, von Ebert jedoch immer wieder zu einem wesentlichen Aspekt seiner Politik stilisiert wurde. Daß er sich hinsichtlich der deutschen Grenzen nicht auf verbale Bekenntnisse beschränkte, war für sein Verhältnis zur Macht bezeichnend. Heimlich ließ er den Reichsbankpräsidenten Hjalmar Schacht 1924 die Frage ventilieren, wie das über reiche Rohstoffvorkommen, über Diamanten, Bauxit, Wolfram und Kupfer verfügende Angola von Portugal mit finanziellen Mitteln einer deutsch-amerikanischen Privatgesellschaft abgekauft und zur deutschen Kolonie mit deutschen Hoheitsrechten gemacht werden könne. Und er hatte mit Schacht über geheimgehaltene Kanäle auch Vereinbarungen zwischen deutschen und belgischen „Interessenten von Stahl, Eisen und Kohle" vorbereiten lassen, das durch den Versailler Vertrag an Belgien gefallene Eupen-Malmedy wieder in das Deutsche Reich einzubeziehen. Einflußreiche deutsche Industrielle, Wirtschafts- und Geldleute wie Klöckner und Otto Wolf, hatten ihm ihr Vertrauen geschenkt und sich in den letzten Wochen seines Lebens bereit erklärt, gegebenenfalls ihre Unternehmen und Mittel nach seinen Maßgaben in den Dienst seiner Absicht zu stellen, eine schrittweise Revision der neuen deutschen Grenzen zu „erkaufen".

Zu den Konsequenzen, die der Versailler Vertrag initiierte, gehörte nicht zuletzt, daß bürgerliche Schichten, die den Sozialismus infolge ihrer Herkunft und Position entschieden abgelehnt hatten, in ihm plötzlich eine politische Erlösungsformel erblickten, die es zu propagieren lohnte.

Er erschien, inhaltlich variabel verfremdet, als Begriff in Namen und Programmen neuer politischer Parteien und Organisationen, die nicht nur eindeutig bürgerliche, sondern zum Teil selbst schroff reaktionäre Interessen und Ziele verfochten.[38] Ein

[38] Innerhalb der NSDAP, die seit Juli 1921 zwar konsequent auf Hitler als totalitäre diktatorische Mitte ausgerichtet war, existierten seit Anbeginn Sozialismus-Versionen, die teilweise gravierend von Hitlers Vorstellungen abwichen. Gottfried Feder, Gregor Strasser, Ernst Röhm und zunächst auch Joseph Goebbels, gehörten zu ihren bekanntesten Verfechtern. Röhm und Strasser bezahlten ihre Abweichungen von Hitlers Richtlinien im Juni 1934 mit ihrem Leben. Beide wurden erschossen.

betont „deutsch", „nationalistisch" oder extrem „völkisch" artikulierter Modesozialismus fand in Versailles ein unerschöpfliches Reservoir für Angriffsflächen, auf die sich nahezu alle Mängel der Zeit projizieren ließen.

Wieweit dieser Sachverhalt die SPD tangierte, ist nicht feststellbar. Jedenfalls ging der Anteil ihrer Wähler von Januar 1919 bis Juni 1920 schlagartig von 37,9 auf 21,7 Prozent zurück,[39] so daß sie rechnerisch nicht in der Lage war, zusammen mit dem Zentrum (13,6 Prozent) und der DDP (8,3 Prozent) eine Mehrheitsregierung zu bilden, woran ihr seit dem Wahldebakel und dem Rücktritt ihres Kanzlers Hermann Müller-Franken im Juni 1920 allerdings auch nichts lag. Seitdem (bis Juni 1928) nicht mehr willens, durch die Stellung eines Reichskanzlers eine maßgebliche Regierungsverantwortung zu übernehmen,[40] verweigerte sie sich dem Reichspräsidenten, der darauf angewiesen war, sich unsicherer Koalitionen zu bedienen. Zwar gab es bis November 1923 noch einige sozialdemokratische Reichsminister; aber der Anfang vom Ende der dominierenden SPD-Beteiligung an einem Reichskabinett war eingeläutet.

In diversen pseudosozialistisch plakatierten Ideologen, denen vor allem zahlreiche Angehörige des Mittel- und Kleinbürgertums folgten, dominierten nicht traditionell artikulierte sozialistische Theorien, sondern besonders aggressive, militante antire-

[39] Die 1919 in der Nationalversammlung nicht vertretene KPD dagegen konnte eine Zunahme der Wählerschaft von 2,1 Prozent im Juni 1920 auf 12,6 Prozent im Mai 1924 für sich verzeichnen. Während der Reichstagswahlen im Dezember 1924, Mai 1928 und September 1930 erhielt sie durchschnittlich jeweils 10,9 Prozent der abgegebenen gültigen Stimmen. Die USPD, die von 7,6 Prozent der Stimmen in die Nationalversammlung gewählt worden war, erhielt im Juni 1920 17,9 Prozent der Wählerstimmen, die sie bereits im Mai 1924 bis auf 0,8 Prozent an andere Parteien abgeben mußte. Im Dezember 1924 konnte sie 0,3 und im Mai 1928 nur noch 0,1 Prozent auf sich vereinigen. Danach war sie nicht mehr im Reichstag vertreten.

[40] Als sie sich unter Hindenburg nach den Reichstagswahlen vom 20. Mai 1928 noch einmal entschied, mit demselben Kanzler (zusammen mit der DDP und der DVP) die Regierungsverantwortung zu übernehmen, war das rechnerische Ergebnis noch ungünstiger als 1920. 1920 hatten die Regierungsparteien 42,4 Prozent der Stimmen auf sich vereinigt, 1928 waren es 43,3 Prozent.

publikanische Handlungsantriebe, einseitig überzogene Argumente gegen den Versailler Vertrag und gegen die deutsche Staatsführung, die ihn akzeptieren mußte. Eine ihrer „Spielarten“ war mit dem Namen Adolf Hitler verbunden.

Nicht zufällig dominierte in den besonders emotionsgeladenen und aggressiven Ideologien, denen vor allem zahlreiche Angehörige des Mittel- und Kleinbürgertums und der Freikorps folgten, militante antirepublikanische Handlungsantriebe und einseitig überzogene Argumente gegen den Friedensvertrag von Versailles, von dem beispielsweise Hitler gewöhnlich eine Kopie bei sich trug, wenn er Reden hielt. Seit Anbeginn seiner parteipolitischen Tätigkeit im Sommer 1919 als Mitglied und Propagandaleiter der Deutschen Arbeiter-Partei (DAP), die seit Februar 1920 NSDAP hieß, beherrschten zwei Themen Hitlers zahllose Reden: Versailles und der biologisch begründete Antisemitismus. Versailles erwies sich schließlich als das wirkungsvollste Vehikel für die Werbung von Anhängern für die NS-Bewegung. Daß Hitler dabei gewöhnlich nicht Clemenceau anklagte, sondern Lloyd George, der sich mit Wilson für die Linderung der französischen Bedingungen wie beispielsweise im Zusammenhang mit Frankreichs Forderungen nach Abtretung von Gebieten westlich des Rheins einsetzte, ist unerheblich.

Wie nachhaltig der Versailler Vertrag die Geschichte bestimmt hat, erwies sich nicht zuletzt während des Nürnberger Prozesses gegen die nach dem Zweiten Weltkrieg als Hauptkriegsverbrecher angeklagten Deutschen besonders drastisch, denen vom Tribunal konsequent untersagt wurde, ihr Denken und Handeln mit dem Versailler Vertrag in Verbindung zu bringen und ihn als Ursache zu nennen. Als der Heß-Verteidiger Alfred Seidl am 22. Mai 1946 beispielsweise erklärte: „Ich kann das Gericht nicht im unklaren darüber lassen, daß der Versailler Vertrag und die von ihm ausgehenden Auswirkungen, insbesondere der ursächliche Zusammenhang zwischen der Machtübernahme durch den Nationalsozialismus als Folge des Versailler Vertrages, mit ein wesentlicher Bestandteil meines ganzen Vortrags sind“, wurde er vom Vorsitzenden mit dem Hinweis unterbrochen: „Ich habe Ihnen gesagt, daß der Gerichtshof Sie nicht anhören wird, wenn Sie darlegen, daß der Versailler Vertrag ... irgendwie ungerecht gewesen sei. Zu diesen Punkten wollen wir Sie nicht hören." Und nicht nur Seidl erging es so.

Wie das Tribunal der Sieger die deutschen Angeklagten und deren Verteidiger nach dem totalen Zusammenbruch des Reiches in ihrer Verteidigung behinderte, so sahen auch die Regierungen der Weimarer Republik ihre Möglichkeiten durch den Versailler Vertrag beschnitten. Daß sie ihn, wie nicht selten behauptet worden ist, zum Nutzen des Reiches einfach hatten vom Tisch wischen können, wie die Bolschewisten es mit dem Friedensvertrag von Brest Litowsk schließlich getan haben, ist wenig wahrscheinlich. Für die Geschichte zählt, daß der Vertrag die deutschen Regierungen stets leicht in den Verdacht geraten ließ, Erfüllungsgehilfen der Sieger zu sein und sie daher zum Verzicht auf Maßnahmen und Leistungen zwang, die Deutschland dringend nötig gehabt hätte.

Kein Recht auf Selbstbestimmung

Die Siegermächte sahen ein territorial erweitertes Deutsches Reich als neue Gefahr an, auch wenn die Mittelmächte geschlagen waren. Sie rechneten die Tschechoslowakei zu den Siegermächten und Österreich als Nachfolgestaat der gestürzten Donaumonarchie Österreich-Ungarn zu den „schuldigen" Verlierern, die in Österreich und Ungarn getrennt wurden. In den Friedensverträgen von Saint-Germain-en-Laye vom 10. September 1919 mit Österreich und vom 4. Juni 1920 von Trianon mit Ungarn wurde festgelegt, daß Österreich und Ungarn als getrennte Staaten zu bestehen hätten. Böhmen, Mähren, Österreichisch-Schlesien (ohne Teschen), der nördliche Teil von Ungarn mit Preßburg, Schemnitz, Kremnitz, Kaschau und Munkacs bis zum Quellgebiet der Theiß wurden als Republik Tschechoslowakei zusammengefaßt und den Siegermächten zugerechnet.

Die überall in Deutschland herrschende Trauer über den Verlust deutscher Territorien war nicht an parteipolitische Vorgaben und Ideologien gebunden. Auf Auswege sannen nicht nur Politiker. Selbst militärische Aktionen zur Revision von Grenzen wurden ernsthaft diskutiert, ältere Vorstellungen wieder ins Spiel gebracht. Unter den wachsamen Augen der Sieger wurde versucht, durch politische Beschlüsse zu realisieren, worauf Bismarck im 19. Jahrhundert verzichtet hatte. Deutsche und Österreicher sollten in einem deutschen Nationalstaat vereinigt werden. Am 21. Oktober 1918, noch zur Zeit der Monarchie, hatten die Reichstagsabgeordneten der deutschen Landesteile Österreich-Ungarns eine vorläufige Nationalversammlung für „Deutsch-Österreich" gebildet, die am 30. Oktober einstimmig beschloß, die deutsche kaiserliche Regierung zu bitten, künftig die deutsch-österreichischen Interessen wahrzunehmen. Am 9. November hatten der deutsch-österreichische Staatsrat die Berliner Regierung gebeten, Österreichs Teilnahme am Aufbau des Reiches zu ermöglichen und die vorläufige Nationalversammlung Deutsch-Österreichs am 12. November erklärt: „Deutsch-Österreich ist ein Bestandteil der deutschen Republik".

Unvergleichlich weniger als zur Zeit der Reichsgründung in der Lage, diese Vorstellungen, Erwartungen und Wünsche gewaltsam durchzusetzen, mußten sowohl die Reichsdeutschen als auch die Deutschen Österreichs die vor allem energisch von Frankreich geforderte Ablehnung akzeptieren. Aus der alten Donaumonarchie wurden Italien übergeben: Südtirol bis Bozen und Meran, Triest, Istrien, Teile Kärntens und Krains, Dalmatien und die dalmatinischen Inseln. Jugoslawien erhielt die Südsteiermark, Krain, Kroatien, Slowenien, Bosnien mit der Herzegowina und die ungarischen Komitaten Bacs-Bodrog und Torontal mit Maria-Theresiopel und Zenta. An Rumänien fielen Siebenbürgen mit der Bukowina, dem Banat und Arad. Galizien wurde mit Polen vereinigt. Ober- und Niederösterreich, Salzburg, Tirol, Vorarlberg, Kärnten, Steiermark und das Burgenland (ohne Ödenburg) wurde nach dem Modell der Schweiz zu einem Bundesstaat

Deutsch-Österreich zusammengefaßt, der sich nach Artikel 88 der Verträge mit dem Deutschen Reich nicht vereinigen durfte. Im Artikel 2 der Reichsverfassung war festgelegt: „Das Reichsgebiet besteht aus den Gebieten der deutschen Länder. Andere Gebiete können durch Reichsgesetz in das Reich aufgenommen werden, wenn es ihre Bevölkerung kraft des Selbstbestimmungsrechts begehrt." Und im Absatz 2 des Artikels 61 hieß es: „Deutsch-Österreich erhält nach seinem Anschluß an das Deutsche Reich das Recht der Teilnahme am Reichsrat mit der seiner Bevölkerung entsprechenden Stimmenzahl. Bis dahin haben die Vertreter Deutsch-Österreichs beratende Stimme".

Da der Artikel 80 des bereits am 28. Juni 1919 unterzeichneten und damit akzeptierten Versailler Friedensvertrages die staatliche Vereinigung Österreichs mit Deutschland untersagte, verlangten die Alliierten am 2. September 1919, den 2. Absatz des Artikels 61 aus der Reichsverfassung zu streichen. Bestimmungen des Friedensvertrages könnten, so argumentierten sie, nach internationalem Recht nicht nachträglich durch die Verfassung korrigiert oder modifiziert werden.

Die Alliierten zwangen die Deutschen, sich zu unterwerfen und am 2. September 1919 (mit Zustimmung des Reichsrates und der Nationalversammlung) zu erklären, „daß alle Vorschriften der deutschen Verfassung vom 11. August 1919, die mit den Bestimmungen des in Versailles am 28. Juni 1919 unterzeichneten Friedensvertrages in Widerspruch stehen, ungültig sind, daß demzufolge der Abs. 2 des Art. 61 der erwähnten Verfassung ungültig ist und daß namentlich die Zulassung österreichischer Vertreter zum Reichsrat nur stattfinden kann, wenn gem. Art. 80 des Friedensvertrages der Völkerbundrat einer entsprechende Änderung der internationalen Lage Österreichs zugestimmt haben wird".

Als bezeichnend für das Verhalten der Siegermächte erwies sich, daß sie als fremde Staaten das von Wilson proklamierte Selbstbestimmungsprinzip der Völker verletzten und eine Verfassungsänderung ohne formales Gesetz nicht nur verlangten, sondern auch durchsetzten.

Sie ignorierten, was Wilson rund neun Monate vor dem Ende des

Krieges erklärt hatte. „Selbstbestimmung ist“, hatte er am 11. Februar 1918 im Kongreß gesagt, „keine bloße Redensart. Sie ist ein drängendes Prinzip des politischen Handelns, das von den Staatsmännern nur auf ihre eigene Verantwortung hin mißachtet werden kann.
Völker und Provinzen sollen nicht aus eigener Souveränität in die andere verschachert werden ... Die Regelung der Grenzen darf nur erfolgen, auf Grund freier Annahme dieser Ordnung durch die davon betroffenen Völker.“

Zwar galt das seit der französischen Revolution diskutierte, in den einschlägigen Nachschlagewerken jedoch erst seit 1920 auftauchende „Selbstbestimmungsrecht“ der Völker 1919 noch als eine besondere Idealkategorie im Rahmen des Völkerrechts; aber reale Konsequenzen gegenteiligen Charakters hatte es längst gegeben. Obwohl Frankreich beispielsweise im Verfassungsentwurf von 1793 feierlich erklärt hatte, daß es sich fremde Gebiete nicht eingliedern wolle, „es sei denn nach dem freien, durch die Mehrheit zum Ausdruck gebrachten Willen der Bewohner des Gebiets“, verleibte es sich einfach per Dekret allein zwischen 1791 und 1795 28 fremde Territorien ein. Worms gehörte ebenso dazu wie Mainz, Lüttich, Gent und Mühlhausen. Nach dem Ersten Weltkrieg mußte Deutschland – ohne Abstimmungen der in den Territorien jeweils ansässigen Bevölkerungen – auf Elsaß-Lothringen, auf das Memelland und auf das Hultschiner Ländchen verzichten.

Kam es zu Abstimmungen, nützten sie den Deutschen nichts, wurden ihre Forderungen ignoriert. In Oberschlesien beispielsweise votierten mehr als 60 Prozent der wahlberechtigten Deutschen für den Verbleib beim Reich. Dennoch fielen die wichtigsten Kohlen-Bergwerke mit rund 900 000 deutschen Staatsbürgern an Polen. Als Österreich 1922 dem Staatsbankrott nahe war und es das Ausland um Hilfe bat, zwangen die Ententemächte – vor ihrer Zustimmung – die Wiener Regierung zu der Erklärung, „sich jeder Verhandlung und jeder wirtschaftlichen oder finanziellen Verbindlichkeit zu enthalten, die ihrer Natur nach geeignet wären, direkt oder indirekt seine Unabhängigkeit in Frage zu stellen oder irgendeinem Staate besondere Vorteile einzuräumen, die geeignet sind, Österreichs wirtschaftliche Unabhängigkeit zu bedrohen." Daß die hüben und drüben genährten Großdeutschlandtendenzen durch die Entscheidungen und Maßnahmen der Siegermächte nicht aus der Welt geschafft worden waren, mußten sie unentwegt registrieren.

Der Kapp-Putsch

Inzwischen hatte sich gezeigt, daß weder die Reichsregierung noch die Landesregierungen in der Lage waren, in Krisensituationen mit kommunistischen Unruhestiftern und spezifischen Maßnahmen von Räteorganisationen fertig zu werden, ohne die Hilfe der rechtsradikalen und radikalkonservativen Freiwilligenverbände in Anspruch zu nehmen – oder ihren Einsatz zumindest zu akzeptieren. So wucherten sie denn auch überall zwangsläufig im Reich und stellten einen Machtfaktor dar, den die Reichsregierung keineswegs nur begrüßen konnte. Anfang 1920 zählte die Reichswehr unter Einbeziehung dieser Landsknechtshaufen rund 400 000 Mann.

Als am 13. Januar der Versailler Friedensvertrag „in Kraft" trat, ging ein Sturm der Entrüstung durch die Reihen derjenigen, deren Existenz der Friedensvertrag auf besondere Weise augenblicklich bedrohte; denn bis zum 1. April 1920 mußten 300 000 von ihnen, die den Krieg und die Revolution bis dahin in militärischen Formationen überdauert hatten, die Kasernen verlassen und in zivilen Berufen unterzukommen versuchen, was in der Situation oft nahezu aussichtslos war. Einer von ihnen war der 30jährige österreichische Staatsbürger Adolf Hitler, der nach der Revolution zunächst als „V-Mann" der Armee, als politischer „Bildungsoffizier", als Gutachter der bayerischen Machthaber hinsichtlich der Behandlung der „Judenfrage" und Mitte März 1920 schließlich als „Diplomat" mit außerordentlichen Befugnissen tätig gewesen war. Als er Ende März 1920 aus dem Heer ausschied, war er – als Mitglied Nr. 555 – Vorstandsmitglied und Propagandaleiter der Deutschen Arbeiter-Partei und hatte im Februar das 25-Punkte-Programm der NSDAP verkündet, dessen Punkte 9, 10, 15, 17, 20 und 21 nahezu wörtlich der Weimarer Reichsverfassung entlehnt worden waren. Daß er bei der Entlassung aus der Armee von sich aus darauf verzichtete, Entschädigungen jedweder Art in Anspruch zu nehmen, war kein Bekenntnis zur Republik.

Überzeugt davon, daß dieser Staat, die „November-Republik", ein Kind des Hochverrats sei, meinten viele ihrer deutschen Gegner und Feinde, zu denen vor allem die auf Geheiß des Kriegsfeindes zwangsweise demobilisierten Soldaten gehörten, daß an ihr kein Hochverrat begangen werden könnte. Und so wurde ihr Sturz militärisch programmiert. Am 10. März 1920 war die in Döberitz stationierte Marine-„Brigade Ehrhardt" angewiesen worden, sich termingerecht aufzulösen. Doch dies geschah nicht. Generalleutnant Walther von Lüttwitz, der Befehlshaber des Reichswehrgruppenkommandos I (Ost- und Mitteldeutschland), der weder die Republik noch deren Regierung zu schützen gedachte, wollte die Brigade nicht „zerschlagen" lassen. Am 12. März machte sie ihre mehr als 6 000 Mann „mobil" und bereitete sich darauf vor, wie gerüchteweise verlautete, gegen die Reichshauptstadt zu marschieren, die von bestenfalls 3 000 Soldaten verteidigt werden konnte, was die Abgeordneten der Nationalversammlung ebenso beunruhigte und irritierte wie die Reichsregierung.

Gustav Noske, der am späten Nachmittag an einer Sitzung des Reichskabinetts teilnahm, erfuhr vom Stabschef des Generals von Lüttwitz, daß sein Chef in der Nacht mit Hilfe der Marinebrigade II putschen und einer „nationalen Regierung" zur Macht verhelfen würde. Admiral von Trotha, ein „Kamerad" des Korvettenkapitäns und Freikorpsführers Hermann Ehrhardt, wurde in Eile nach Döberitz geschickt, um an Ort und Stelle zu prüfen, wieweit sich die Meldung mit den Tatsachen deckte. Nachdem von Trotha zurückgekehrt war und beschwichtigend erklärt hatte, „daß in Döberitz alles ruhig sei und niemand an eine ernstliche

Aktion denke", sah Noske seine zuvor schon geäußerte Auffassung bestätigt, daß dem Gerede aufgeregter Leute kein besonderes Augenmerk zu schenken sei.

Doch als sich die Berliner am 13. März um 7 Uhr früh den Schlaf aus den Augen rieben, zog die Brigade Ehrhardt, weit sichtbare weiße Hakenkreuze an den feldgrauen Stahlhelmen, provozierend militärisch diszipliniert, mit schweren Waffen und scharfer Munition ausgerüstet, durch das Brandenburger Tor. Was von dem zum „Lustgarten" und Schloß marschierenden militärischen „Haufen" zu erwarten war, verkündete bereits sein laut provozierend gesungenes Freikorpslied „Hakenkreuz am Stahlhelm", in dem es unter anderem unmißverständlich hieß: „Arbeiter, Arbeiter, wie wird es dir ergehen . . . Die Brigade Ehrhardt schlägt alles kurz und klein. Wehe dir, wehe dir, du Arbeiterschwein."

Die Reichsregierung war, einer Verhaftung vorbeugend, zunächst nach Dresden ausgewichen. Auch dort nicht sicher, begab sie sich nach Stuttgart, während Lüttwitz, Ehrhardt und der von den Militärs zum „Reichskanzler" gemachte ostpreußische Generallandschaftsdirektor Wolfgang Kapp, der auf diese Aktion nicht hinreichend vorbereitet worden war, in Berlin die Parade der einrückenden Brigade Ehrhardt abnahmen. Kapp, der neue „Reichskanzler", der 1917 die Deutsche Vaterlandspartei gegründet hatte und nun als Vertreter Ostpreußens dem Hauptvorstand der Deutschnationalen Partei angehörte, ohne sich dort sehen zu lassen, war während des Krieges besonders als unerbittlicher „Scharfmacher" und verbissener Gegner Bethmann Hollwegs hervorgetreten. Nach der Annahme des Versailler Vertrages im Sommer 1919 hatte er erwogen, auf eigene Faust einen Krieg gegen Polen zu führen und die Polen zugesprochenen deutschen Gebiete wieder zurückzugewinnen. Seine Vorstellungen basierten nicht zuletzt auch auf den Überlegungen maßgeblicher Ostdeutscher, die mit Adolf von Batocki, August Winnig, General Otto von Below und (dem 1944 wegen seiner Teilnahme am Stauffenberg-Attentat auf Hitler erschossenen) Carl Goerdeler im Falle der Nichtunterzeichnung des Friedensvertrages einen separaten deutschen Oststaat als Widerstandszentrum gegen die Entente hatten etablieren wollen.

Da Kapps politische Begabung seinem bohrenden Ehrgeiz nicht entsprach, sah er sich selbst bei den Militärs weitgehend isoliert. Daß er bei General Lüttwitz, dem Führer des Berliner Reichswehrgruppenkommandos, auf tätige „Gegenliebe" stieß, mochte aus der Tatsache resultieren, daß dieser bereits recht vergreist war und vermutete, das Offizierskorps würde sich schließlich überall hinter Kapp stellen.

Von der Berliner Reichswehr im entscheidenden Augenblick schmählich im Stich gelassen, hatte die legale Reichsregierung von Dresden aus mit einer Erklärung reagiert, die am 14. März in der Presse erschien und folgenden Wortlaut hatte: „Putschversuche gewissenloser Abenteurer, hinter denen kein ernsthafter Politiker steht, haben die Regierung veranlaßt, zwecks Vermeidung von Blutvergießen Berlin zu verlassen. Die verfassungsmäßige Regierung . . . ist die einzige, die das Chaos verhindern kann. Wir ersuchen, den Dienstverkehr mit uns aufrechtzuerhalten und die Beziehungen zu den Staatsstreichlern in Berlin abzulehnen." Die Beamten der Reichskanzlei hielten zur legalen Regierung. Sie verweigerten den Putschisten den Gehorsam und warteten die Entwicklung der Dinge ab.

Kapp, von uniformierten Postenjägern umgeben, saß hilflos in der Reichskanzlei, wo sich ihm seine Tochter als Sekretärin zur Verfügung gestellt hatte. Auch Ehrhardts Soldaten warteten; aber sie hofften auf Weisungen, die jedoch nicht eintraten. Die Staatsmaschinerie war in den Händen der geflüchteten Regierung verblieben. Die Anordnungen der „Regierung" Kapp wurden zu den Akten gelegt. Die Offiziere des Reichswehrministeriums, die nun demonstrativ in Zivilkleidung ihren Dienst erledigten, ignorierten die Befehle des „neuen Reichswehrministers" von Lüttwitz. So sahen sich die Putschisten in Berlin isoliert, zumal ihnen selbst die Rechtsparteien, auf deren Unterstützung Kapp und Lüttwitz gehofft hatten, den Beistand versagten.

In den Provinzen allerdings, vorwiegend in Ost- und Norddeutschland, hatte Kapp Anhänger und Helfer gefunden. Einige

Truppenkommandeure, die Marineleitung und vor allem die Führer von offiziell aufgelösten Freikorps waren zur neuen „Regierung“ übergeschwenkt, die in Bayern auf besondere Sympathien traf. Der „Bauerndoktor“ Georg Heim, schon drei Wochen zuvor über den geplanten Putsch informiert, empfing am 14. März um 5 Uhr früh in seiner Regensburger Wohnung Adolf Hitler und dessen renommierten Freund und Mentor Dietrich Eckart, die auf Weisung des Leiters der in dieser Zeit für die Geschicke Bayerns maßgeblichen Reichswehrabteilung I b/P erklärten, ihn nach München begleiten zu sollen, wo die „Minister und die Führer der Linken hoppgenommen worden“ seien. Er solle, so wurde ihm mitgeteilt, im Zuge der Berliner Ereignisse die neue bayerische Regierung übernehmen. Georg Heim war vorsichtig und entließ die beiden Kuriere mit der Bitte, ihn am Montag, dem 15. März, am Münchener Hauptbahnhof zu erwarten, was schließlich auch geschah. Dort erfuhr er jedoch von Hitler und Eckart, daß die norddeutschen Waffenstudenten aus der Münchener „Türkenkaserne“, auf deren Haltung er in dieser Situation Rücksicht nehmen mußte, nicht bereit seien, den Separatisten Heim als neuen Ministerpräsidenten anzuerkennen. So konnte er seine Absicht, „Bayern die bayerische Selbständigkeit im besten Sinne des Wortes zu sichern“, nicht selbst und nicht unmittelbar in die Tat umsetzen. Doch er wußte, was zu tun sei. Er begab sich zu seinem Gesinnungsfreund Gustav von Kahr, der als Regierungspräsident von Oberbayern fungierte und auf die Leitung der Einwohnerwehr einen maßgeblichen Einfluß ausübte. Ihn überredete er, sich an die Spitze einer neuen bayerischen Regierung zu stellen und die amtierende sozialdemokratische Regierung Hoffmann zu stürzen, wie Kapp und Lüttwitz es in Berlin mit der Reichsregierung getan hätten.

Die von der Regierung Hoffmann für den 14. März genehmigten Versammlungen der USPD und KPD im „Circus Krone“ hatten inzwischen in München eine Spannung entfacht, die sich in einer blutigen Auseinandersetzung zu entladen drohte. Die Einwohnerwehr, die Zeitfreiwilligenverbände und die Reichswehr befanden sich in Alarmbereitschaft. Soldaten zogen, „nationale

Lieder singend", durch die Straßen. Die schwarz-weiß-rote Flagge wehte wieder auf Kasernen. Das Freikorps „Oberland" hatte „mobil" gemacht. Die Befehlshaber der bayerischen Truppenteile, die nicht vornehmlich reichsdeutsch, sondern bayerisch fühlten, befanden sich in einer prekären Situation, soweit es um ihr Bekenntnis zur Berliner Staatsführung ging. Innerlich neigten sie zwar Kapp und Lüttwitz zu, hielten aber Abstand von ihnen – und warteten ab. Die von politischen Tagesparolen, Erwartungen und Hoffnungen angeheizte Erregung in den Kasernen zwang sie jedoch schließlich zu einer offenen Entscheidung und zum Handeln. Und so wurde der in Bayern hoch geschätzte General Arnold von Möhl gebeten, sich von der bayerischen Regierung die vollziehende Gewalt übertragen zu lassen und Gustav von Kahr als Zivilkommissar einzusetzen.

Die bayerischen Militärs, die zum Staatsstreich drängten, mußten in dieser Situation zuverlässig wissen, wie es um die „Regierung" Kapp in Berlin bestellt war und mit ihr gegebenenfalls zusammengearbeitet werden könnte. Zwei Verbindungsleute sollten nach Berlin fliegen und dort – in Gesprächen mit Kapp und Lüttwitz – prüfen, was zu tun sei. Wiederum wurden Hitler und Eckart auserkoren, auch diesen diplomatisch pikanten und wichtigen Part zu übernehmen. Sie flogen nach Berlin, mußten jedoch in Jüterbog zwischenlanden, wo streikende Arbeiter den Flugplatz besetzt hielten. Um von den Arbeitern, die dem Aufruf der legalen Regierung zum Generalstreik gefolgt waren, nicht identifiziert werden zu können, hatten sie sich maskiert. Hitler, zu der Zeit eigentlich nur in München bekannt, trug einen aufgeklebten Theaterspitzbart und gab sich als Buchhalter aus. Eckart, als Journalist, Dichter, erfolgreicher Dramatiker und Schriftsteller spätestens seit 14 Jahren in vieler Munde, bezeichnete sich als „Papierhändler" auf Geschäftsreise. Nach der Kontrolle durften sie ihren Flug fortsetzen. Doch als sie in Berlin eintrafen, kamen sie zu spät. Auf der Treppe der Reichskanzlei trat ihnen Kapps Pressereferent, der sich 1922 bei seiner Verhaftung in New York fantasiereich als „Chef der Spione des deutschen Kaisers" bezeichnende, zwielichtige ungarische Jude Trebitsch Lincoln entgegen und riet

ihnen, sich möglichst rasch in Sicherheit zu bringen, weil der Putsch inzwischen gescheitert und der „Reichskanzler" Kapp geflohen sei.
Während Hitler und Eckart sich in Berlin aufhielten, ohne ihre Aufgabe erfüllen zu können, waren ihre Auftraggeber in München in der Lage, so zu handeln, wie sie es geplant hatten. General Möhl begab sich, unter anderem von Gustav von Kahr, dem Münchener Polizeipräsidenten Ernst Pöhner, Major Hermann Kriebel, dem Stabsleiter der bayerischen Einwohnerwehr und von einigen Vertretern der Zeitfreiwilligenverbände begleitet, um 4.30 Uhr früh zum legalen Ministerpräsidenten Johannes Hoffmann und erklärte ihm, von nun an die vollziehende Gewalt ausüben zu wollen und Gustav von Kahr als Zivilkommissar zu wünschen. Obwohl gerade aus dem Bett geholt und noch schlaftrunken, zeigte Hoffmann sich den Interventen gewachsen. Er weigerte sich, eine solche Verfügung zu formulieren, und ließ die Eindringlinge wissen, daß nur das Gesamtministerium befugt sei, eine Entscheidung solchen Ausmaßes zu treffen. Doch erbot er sich, der Gewalt weichend, den Ministerrat einzuberufen und mit ihm den ihm eben vorgetragenen Antrag beraten zu lassen. Als es dann soweit war, erklärte General von Möhl dem „angetretenen" Ministerrat drohend: „Der Polizeipräsident und der Regierungspräsident verlangen, daß ich den Antrag stelle, mir die vollziehende Gewalt zu übertragen. Die Zeitfreiwilligen, etwa 5 000 Mann, sind auf dem Sprung, gegen die für Sonntagvormittag angekündigte kommunistische Versammlung im Circus Krone vorzugehen. Wenn die Leute wissen, daß ich die Gewalt habe, kann ich sie beruhigen. Wenn nicht, dann kann ich nicht gut dafür stehen, daß Dinge geschehen, die uns allen unangenehm sind. Für diesen Fall kann ich für einen Schutz der Regierung nicht einstehen. Das einzige Mittel scheint auch mir die Übertragung der vollziehenden Gewalt an das Militär." Ehe jedoch überhaupt eine Entscheidung herbeigeführt werden konnte, erschien im Sitzungssaal – wahrscheinlich von den Putschisten beauftragter – ein Polizeikommissar und erklärte, daß die Polizei nicht mehr länger für die Sicherheit der Minister bürgen könnte.

Johannes Hoffmann, 1923 zwar als pfälzischer Separatist hervorgetreten, hier aber noch reichstreu, wurde drastisch demonstriert, daß er gerade noch Zeit habe, seine Koffer zu packen. Als er dann am 16. März im Landtag gezwungenermaßen seinen Rücktritt erklärte, dauerte die Sitzung nur insgesamt vier Minuten. Gustav von Kahr war neuer bayerischer Ministerpräsident. Dennoch legalisierte die Reichsregierung den bayerischen Putsch, nachdem die Regierung Kahr sich bereiterklärt hatte, Berlin Gehorsam zu geloben.

In Berlin amtierte nun wieder offiziell unangefochten die legale Reichsregierung Gustav Adolf Bauer. Regierungstreue Truppen, engagierte Beamten- und Arbeiterverbände, hatten die Putschisten unter anderem in Steglitz, Halle, Suhl, Gotha, Greifswald, Anklam, Rostock, Gevesmühlen und Teterow, in Kiel und Hamburg, Eutin und Hannover, Nürnberg, Frankfurt, Offenbach, Hanau und Fürth davongejagt. Daß der von ihrem Pressechef am 13. März in ihrem Namen ausgerufene Generalstreik ihr wenig oder gar nicht gegen Kapp und Lüttwitz geholfen habe, wie gelegentlich behauptet wird, ist zweifelhaft. Wenn Eisenbahnen und Flugzeuge nicht verkehren, das Wasser nicht läuft, der Strom unterbrochen ist, Lebensmittel in Geschäften nicht zu bekommen sind, Benzin, Öl und Kohlen fehlen und keine Zeitung erscheint, was zu jener Zeit noch außerordentlich wichtig war, kann eine Putschregierung schwerlich erfolgreich sein, auch wenn ein Generalstreik an einem Samstag ausgerufen wird, wie es am 13. März 1920 geschehen ist.

Über 3 000 Tote und mehr als eine Milliarde Mark hat das Hasardeurunternehmen der um ihre Existenz und Zukunft bangenden Freikorps dem Reich gekostet. Gustav Noske, der erfahrene sozialdemokratische „Bluthund“, dem nach dem Putsch vorgeworfen wurde, den Generalen zu sehr vertraut zu haben, mußte am 25. März 1920 seinen Platz räumen und das wichtige Amt des Reichswehrministers dem im Umgang mit den Militärs nicht geübten Nürnberger Oberbürgermeister Otto Geßler von der Deutschen Demokratischen Partei überlassen.

Der sozialdemokratische Reichskanzler Bauer trat mit seiner

Regierung (aus Mitgliedern der SPD, des Zentrums und der DDP) zurück und überließ das Amt seinem Genossen Hermann Müller-Franken, der zu den engsten Vertrauten Friedrich Eberts gehörte und mit einem ein wenig nach rechts gerückten Kabinett bis zum Debakel der Parteien der Weimarer Koalition bei den Reichstagswahlen vom 6. Juni 1920 regierte. Bereits 72 Tage nach seinem Amtsantritt mußte er seinen Platz für den Zentrumsführer Konstantin Fehrenbach räumen, dessen Partei zwar ebenfalls herbe Verluste hatte registrieren lmüssen, prozentual aber noch am wenigsten an Substanz verloren hatte. Von dem Desaster am meisten profitiert hatten Gustav Stresemanns DVP und die zwischen KPD und SPD angesiedelte USPD, die sich einer Regierungsverantwortung in Koalitionen mit bürgerlichen Parteien grundsätzlich verweigerte. Daß Fehrenbach, den – nach Noskes Rücktritt – mit dem Reichswehr-Ressort betrauten DDP-Politiker Geßler in seinem Amt beließ und akzeptierte, daß der nicht gerade demokratisch orientierte General und Aristokrat Hans von Seeckt als militärischer Leiter der Reichswehr weiterfungierte, ließ deutlich erkennen, daß der unter seinem Vorgänger (noch) im Rahmen der Weimarer Koalition eingetretene Rechtsruck seinen politischen Vorstellungen entgegengekommen war. Daß er, anders als sein politisch weiter links stehender Nachfolger und Parteifreund Joseph Wirth, ohne SPD-Beteiligung regierte, paßte in das Bild der inzwischen umformierten politischen Landschaft, die augenblicklich offenkundig werden ließ, daß die Republik künftig nur sehr schwer regierbar sein würde.

Wie sich die politische Landschaft bis zu Friedrich Eberts Tod im Februar 1925 entwickelte, zeigt die Grafik:

	1. 1. 1919	6. 6. 1920	4. 5. 1924	7. 12. 1924
SPD	37,9 %	21,7 %	20,5 %	26,0 %
DDP	18,5 %	8,3 %	5,7 %	6,3 %
Zentrum	19,7 %	13,6 %	13,4 %	13,6 %
KPD	./.	2,1 %	12,6 %	9,0 %

	1. 1. 1919	6. 6. 1920	4. 5. 1924	7. 12. 1924
NSDAP	./.	./.	6,5 %	3,0 %
Wirtschaftspartei/ Bayer. Bauernbund	0,9 %	0,8 %	2,4 %	3,3 %
Deutsch-Hannoversche Partei	0,2 %	1,1 %	1,1 %	0,9 %
Landbund	./.	./.	2,0 %	1,6 %
BVP	./.	4,4 %	3,2 %	3,7 %
USPD	7,6 %	17,9 %	0,8 %	0,5 %
DVP	4,4 %	13,9 %	9,2 %	10,1 %
DNVP	10,3 %	15,1 %	19,5 %	20,5 %
Landbund	./.	./.	2,0 %	1,6 %
Deutsches Landvolk	./.	./.	./.	./.
Deutsche Bauernpartei	./.	./.	./.	./.
Christlich-sozialer Volksdienst	./.	./.	./.	./.
Sonstige	0,5 %	1,1 %	3,1 %	2,0 %

Rechtsruck nach dem Putsch von rechts

Mit General von Seeckt, dem Chef der Heeresleitung und (nach dem Gesetz vom 23. März 1921) Inhaber der Kommandogewalt über das Reichsheer, trat ein Militär in Erscheinung, der mit Rußland zusammen nicht nur Polen zerschlagen, sondern auch einen „Befreiungskrieg“ gegen Frankreich führen und die Reichswehr zu einem gehorsamen Instrument einer künftigen Staatsführung mit Großmachtambitionen machen wollte. Er entzog sie dem Einfluß des Reichstags, stellte sie neben den Staat und war überzeugt, daß sie ihm (allein) immer gehorchen werde.

Friedrich Ebert war nur nach massiven Bemühungen verantwortlicher Politiker bereit, weiterhin Reichspräsident zu bleiben.[41] Die Weimarer Republik hatte diesen – ersten – Angriff von rechts zwar überstanden; aber es war auch erdrückend deutlich geworden, daß sie nach wie vor sowohl von rechts als auch von links jederzeit beängstigend gefährdet werden konnte. Die Gefahr von links folgte dem rechten Vorstoß auf dem Fuße. Weder die demokratischen noch die sozialistischen Kräfte hatten tatsächlich profitiert. Die Kommunisten nutzten die in der Bevölkerung aufwallende Erregung über den Putsch geschickt für ihre Zwecke. Im Ruhrgebiet kam es zu einem – von den extrem Linken geschürten – Aufstand. Plünderungen, Mißhandlungen und Drangsalierungen waren an der Tagesordnung.

Ohne Reichswehr konnte die Staatsmacht nicht Herr der Lage werden, zumal die kommunistische Rote Armee fast vier fanatisch kämpfende Divisionen umfaßte. Daß sie – im Gegensatz zu ihrer Abstinenz in Berlin, wo „Feldgrau nicht auf Feldgrau" hatte schießen wollen – gegen die aufgehetzte Arbeiterschaft mit Brachialgewalt vorging, war bezeichnend, nicht nur für ihr Verhältnis zum Staat. Da die Reichswehr und die Polizei während ihres Einsatzes die Grenzen der entmilitarisierten Zone überschritten, griff Frankreich augenblicklich ein und besetzte strafweise Frankfurt, Darmstadt und Teile des Maingaues, was weitere Unruhen und Unsicherheit im ganzen Reich auslöste. In Sachsen-Thüringen, wo der steckbrieflich gesuchte Schwerverbrecher Max Hölz im Vogtland eine kommunistische Rote Armee aufgestellt und eine „Räterepublik" ausgerufen hatte, wütete ein Bürgerkrieg, in dem die Hölz-Anhänger wie Mordbrenner durchs Land zogen.

Auch hier warf die Reichswehr – von studentischen Freiwilligenverbänden unterstützt – die Aufständischen in einem regelrechten Krieg mit zahlreichen beiderseitigen Ausschreitungen und Greueln nieder. Die Kluft zwischen der bewaffneten Macht, der Reichswehr, der Polizei und den Freiwilligenverbänden einer-

[41] An Noske schrieb er u. a.: „Mein lieber Freund! Mit herzlichem Bedauern sehe ich Dich aus Deiner Tätigkeit scheiden, die Du . . . unter schwierigsten Verhältnissen ausgeübt hast, und bewegten Herzens danke ich Dir für die großen Dienste, die Du in dieser schweren Zeit unserem Vaterland geleistet hast."

seits und den Arbeitern andererseits war noch tiefer, eine Begegnung der akademischen Jugend mit der Arbeiterschaft noch aussichtsloser geworden. Die „schwarz-rot-goldene Koalition", die Sozialdemokraten, das Zentrum und die Demokraten hatten ihre Mehrheit verloren, die sie bis 1933 niemals wieder erringen konnten.

Die Wahlergebnisse zur Zeit Hindenburgs bis November 1932:

	20. 5. 1928	14. 9. 1930	31. 7. 1932	6. 11. 1932
SPD	29,8 %	24,5 %	21,6 %	20,4 %
DDP	4,9 %	3,8 %	1,0 %	1,0 %
Zentrum	13,1 %	11,8 %	12,5 %	11,9
KPD	10,6 %	13,1 %	16,9 %	12,3 %
NSDAP	2,6 %	18,3 %	37,3 %	33,1 %
Wirtschaftspartei/ Bayer. Bauernbund	4,5 %	3,9 %	0,4 %	0,3 %
Deutsch-Hannoversche Partei	0,6 %	0,4 %	0,1 %	0,2 %
Landbund	0,6 %	0,6 %	0,3 %	0,3 %
BVP	3,1 %	3,0 %	3,2 %	3,1 %
USPD	0,1 %	./.	./.	./.
DVP	8,7 %	4,5 %	1,2 %	1,9 %
DNVP	14,2 %	7,0 %	5,9 %	8,3 %
Landbund	0,6 %	0,6 %	0,3%	0,3 %
Deutsches Landvolk	1,9 %	3,2 %	0,2 %	0,1 %
Deutsche Bauernpartei	1,6 %	1,0 %	0,4 %	0,4 %
Christlich-sozialer Volksdienst	./.	2,5 %	1,0 %	1,2 %
Sonstige	5,5 %	2,3 %	0,7 %	0,8 %

Die Arbeiterschaft, die die sozialdemokratische Führung mit der Verantwortung für den Kapp-Putsch belastete, hatte in bemerkenswertem Umfang die SPD verlassen und ging zur USPD über, die am 6. Juni 1920 bei den Wahlen zum ersten ordentlichen Reichstag 84 Sitze erhielt und damit nach der SPD mit 102 Abgeordneten die zweitstärkste Fraktion stellte.

Die juristische Ahndung der Vorfälle vertiefte den Graben nicht nur, sondern ließ die Justiz in einem Licht erscheinen, das weder ihr noch dem jungen Staat dienlich sein konnte. So wurden bis 1922 in den 705 amtlich angegebenen Verbrechensfällen im Zusammenhang mit dem Kapp-Putsch 412 rechtsorientierte Angeklagte amnestiert. 109 starben oder wurden auf andere Weise aus dem Verfahren ausgeschieden. 176 Prozesse stellte die Justiz ein, sieben erledigte sie nicht. Bestraft wurde insgesamt nur ein Angeklagter. Allerdings war der Kapp-Putsch auch nicht mit militärischer Gewalt niedergeworfen worden, so daß das moralische Recht zur Verurteilung der Putschisten nicht jedermann gegeben schien. Anders verhielt es sich dagegen beispielsweise bei der Behandlung der mit militärischer Gewalt zur Kapitulation gezwungenen kommunistischen bayerischen Räteregierung, in der gegen 52 Personen insgesamt 135 Jahre und zwei Monate Freiheitsstrafen und ein Todesurteil verhängt wurden.

Reparations-„Erfüllung“ durch „Nichterfüllung“

Infolge des Ausfalles Großbritanniens und Frankreichs als Verhandlungspartner für Deutschland, der Unerbittlichkeit der alliierten Reparationsforderungen, der ständig militant artikulierten Vorwürfe der einstigen kontinentalen Kriegsgegner gegenüber der Republik, ihren vertraglichen Verpflichtungen nicht nachzukommen und der Drohungen, deutsche Territorien besetzen und Reparationen gewaltsam eintreiben zu wollen, sowie der schleppenden Reparationsfestsetzungen, waren Ebert und die Reichsregierungen seit dem Ende des Krieges gezwungen, außenpolitische Wege zu suchen, die Deutschland aus dem Dilemma befreien könnten. Einen Roten Faden hatte ihnen Johann Heinrich Graf von Bernstorff, der letzte Botschafter der kaiserlichen Regierung in Washington, am 24. November kk1918 aufgezeigt. „Dadurch, daß die Entscheidung des Krieges von den Vereinigten Staaten herbeigeführt wurde, ist deren Stellung und insbesondere diejenige des Präsidenten Wilson für die Zukunft ausschlaggebend geworden . . . Die ganze Welt wird in wirtschaftliche und finanzielle Abhängigkeit von den Vereinigten Staaten geraten . . . Deshalb werden wir uns auch bei den Friedensverhandlungen politisch an die Vereinigten Staaten anschließen und den späteren Wiederaufbau Deutschlands mit ihrer Hilfe durchführen müssen."

Das ganze deutsche Volk blickte auf die USA und hoffte, daß sie den ultimativen Diktatfrieden schließlich doch noch abwenden würde. Was Wilson Ende Januar 1917 vor dem Senat gefordert hatte, nämlich einen „Frieden ohne Sieg und den Stachel der Rache", war jetzt mehr als zuvor aller Deutschen Wunsch. Die Bemühungen um ein gutes Verhältnis zu den Vereinigten Staaten[42] standen so an der Wiege der Weimarer Republik wie die Spaltung der politischen Vertretungen der Arbeiterschaft, die kontinuierlich verlaufende Verselbständigung des Militärs als Staat im Staate, die breite Ablehnung der Demokratie, die mangelnde Bereitschaft zur Identifizierung mit dem deutschen Staat seit Ende 1918 und andere wesentliche Aspekte, die die Geschichte der Weimarer Republik bestimmten.

Der Widerstand des amerikanischen Senats und der amerikanischen öffentlichen Meinung sowohl gegen das Friedenspro-

[42] Nachdem es Wilson nicht gelungen war, den amerikanischen Senat und die öffentliche Meinung für sein Friedensprogramm zu gewinnen, kam es am 25. August 1921 zu dem Frieden von Berlin zwischen dem Deutschen Reich und den USA, die die Ratifizierung des Versailler Vertrages abgelehnt hatten und nun die Kriegsgesetzgebung liquidieren wollten.

gramm Wilsons als auch gegen die Ratifizierung des Friedensvertrages und die offen bekundete Absicht der USA, sich aus den Streitigkeiten der europäischen Mächte möglichst herauszuhalten, lösten in Deutschland nach der relativ langen Phase der Hoffnung auf die Realisierung des Wilsonschen Programms zwar Betroffenheit aus; aber die USA blieben der Wunschpartner der Deutschen. Der separate amerikanisch-deutsche Frieden von Berlin vom 25. August 1921, den der US-Senat unter der Präsidentschaft des Wilson-Nachfolgers Warren Gamaliel Harding am 8. Oktober 1921 ratifizierte, zwang sie indes, zumindest von den Idealkategorien des Wilson-Konzepts Abschied zu nehmen. Zwar liquidierte der Friede – nach der Ablehnung des US-Senates, den Versailler Vertrag zu ratifizieren – die Kriegsgesetzgebung, doch er ließ die Deutschen drastisch spüren, daß sie den Krieg verloren hatten. Die USA bedangen sich aus, an der Reparationskommission und an anderen Kommissionen nur teilzunehmen, wenn „sie dies" wollten. „Deutschland verpflichtete sich", hieß es im 1. Artikel, „den Vereinigten Staaten zu gewähren, und die Vereinigten Staaten sollen besitzen und genießen alle Rechte, Privilegien, Entschädigungen, Reparationen und Vorteile, die in dem ... Beschluß des Kongresses der Vereinigten Staaten vom 2. Juli 1921 näher bezeichnet sind, mit Einschluß aller Rechte und Vorteile, die zugunsten der Vereinigten Staaten in dem Vertrag von Versailles festgesetzt sind und die die Vereinigten Staaten in vollem Umfang genießen sollen, ungeachtet der Tatsache, daß dieser Vertrag von den Vereinigten Staaten nicht ratifiziert worden ist."

Schon die Tatsache, daß Frankreich und Großbritannien, denen es darum ging, Deutschland als Wirtschaftsmacht auszuschalten und den europäischen Markt nach außen abzuschließen, für Deutschland als Verhandlungspartner ausfielen, mußte die deutsche Staatsführung dazu veranlassen, sich so intensiv wie möglich mit den Vereinigten Staaten zu arrangieren, hinter deren offiziellen Bekundungen die Absicht stand, den europäischen Markt für die USA offen zu halten und der amerikanischen Wirtschaft die Chance zu sichern, die schwer angeschlagene Konkurrenz aus dem Feld zu schlagen. Die Feststellung Brockdorff-Rantzaus vom 29. April 1919 in Versailles, daß „das Wilson-Programm ... sowohl Deutschland als auch seine Gegner“ bände hatte trotz einschlägiger amerikanischer Warnungen „übersehen“, daß nicht die Mittelmächte, sondern „die Alliierten den Krieg gewonnen“ hatten und daß sie bestimmen würden, welche Grundlagen sie akzeptieren.

Die Reichsregierung konnte sich weder den Versuch leisten, die drei Westmächte gegeneinander auszuspielen noch die in Brest Litowsk begonnenen Beziehungen zum bolschewistischen Rußland zu vertiefen und sich allein oder mit ihm zusammen gegen die Entente zu stellen, auch wenn Lenin im Dezember 1920 erklärte, daß ein Bündnis zwischen Deutschland und Rußland eine „naturgemäße“ Folge des Versailler Vertrages sein werde. Ansatzweise hatte Deutschland 1918 zwar eine „große“ Ostlösung getroffen und damit Hitler ein außenpolitisches „Programm“ geliefert; aber unmittelbare Konsequenzen resultierten daraus nicht.

Der Versailler Vertrag eliminierte nicht nur die 1871 etablierte deutsche Großmachtstellung in Europa, sondern auch die in Brest Litowsk begründete Ausgangsbasis für eine deutsche „Weltmachtstellung“; doch – in letzter Konsequenz – nahm er dem Reich nicht die Möglichkeit, doch bald Weltpolitik zu treiben. Zwar hatten die wegen ihrer Politik im Mittleren Osten schwer zerstrittenen Engländer und Franzosen im Juli 1920 zur Konferenz von Spa erstmals deutsche Vertreter zugelassen und Frankreich sich – unter englischem Druck – bereit erklärt, die deutsche Entwaffnung und Reduzierung der Streitkräfte hinauszuzögern; aber weder England noch Frankreich modifizierten die Friedensvertragsbestimmungen um der Deutschen und ihrer sicherheitspolitischen Probleme im Inneren willen. Großbritannien befürchtete, daß russische Truppen, die inzwischen in Polen eingedrungen waren, nicht an den deutschen Ostgrenzen haltmachen, den oberschlesischen Bergbau aus dem Besitz des Reiches ausklammern und damit die Fähigkeit zur Leistung von Reparationen an die Westmächte noch mehr reduzieren würden, was Frankreich allerdings nicht unsympathisch schien. England setzte sich in Spa zwar durch, lehnte in Übereinstimmung mit Frankreich jedoch den deutschen Vorschlag ab, Reparationen in Gestalt von Sach- und Arbeitsleistungen geliefert zu bekommen. Akzeptiert wurden reduzierte Kohlenlieferungen, die Verbesserung der Lebensmittelversorgung für deutsche Bergleute und die Hinauszögerung der deutschen Abrüstung.

Deutsche Reparationsleistungen sollten in jedem Fall die schwierige finanzielle Situation Englands und Frankreichs beheben, was angesichts der Lage nicht möglich war. Erstmalig wurden in der letzten Januarwoche des Jahres 1921 in Paris eine Endsumme und eine Zahlungsfrist fixiert: 269 Milliarden Goldmark in 42 Jahresraten und die zusätzliche Ablieferung von jährlich 12 Prozent des deutschen Exports für die Dauer der Reparationsleistungen.

Die Reichsregierung hatte am 28. Juni 1919 mit dem Versailler Vertrag so etwas wie einen Blankoscheck unterschrieben. Die von ihr ausgearbeiteten und nach Lage der Dinge mehr als nur annehmbaren und Frankreich, Großbritannien, Italien, Japan und Belgien auf der Londoner Konferenz vom 21. Februar bis zum 14. März 1921 unterbreiteten Vorschläge, 30 Milliarden zahlen, diese den bereits angerechneten 20 Milliarden zuzählen und 5 Prozent Zinsen hinzurechnen zu wollen, lehnte Lloyd George mit der schroffen Entgegnung ab: „Die Alliierten sind der Ansicht, daß die deutschen Gegenvorschläge eine ausgesprochene Herausforderung darstellen ... Wir haben nicht den Wunsch, Deutschland zu unterdrücken, wir stöhnen aber alle unter einer Last von Steuern, um unsere Kriegsschulden zu bezahlen ... Frankreich muß sich in diesem Jahr auf eine Ausgabe von zwölf Milliarden zur Wiederherstellung seiner verwüsteten Gebiete einrichten.[43] Dazu kommt die gigantische Summe der Pensionen.

[43] Am 7. Oktober 1921 schlossen Frankreich und Deutschland das Wiesbadener Abkommen, in dem das Reich sich verpflichtete, eine Körperschaft privaten Charakters zu errichten und diese für ihre (als Reparationen angerechneten) Lieferungen an Frankreich bis zum 1. Mai 1926 in Höhe bis zu sieben Milliarden Goldmark aus Staatsmitteln zu entschädigen.

Das deutsche Volk hat keine Ahnung von den Verwüstungen, die angerichtet worden sind ... Die Alliierten können kein weiteres Feilschen um den Vertrag erlauben. Wenn wir nicht bis Montag hören, daß Deutschland bereit ist, entweder die Pariser Beschlüsse anzunehmen oder Vorschläge zu unterbreiten, die auf anderem, in gleichem Maße befriedigenden Wege seine Verpflichtungen erfüllen, so werden wir folgendermaßen vorgehen: Duisburg-Ruhrort und Düsseldorf besetzen, das besetzte Gebiet als selbständiges Zollgebiet einrichten und die Zollerhebung zugunsten der Reparationskommission vornehmen zu lassen."

Die Reichsregierung, die auf die englisch-französischen Mißstimmungen baute und auf amerikanische Unterstützung hoffte, erfüllte dieses Ultimatum nicht. Am 8. März 1921 rückten französische Truppen in Düsseldorf und Duisburg ein und errichteten Zollschranken. Die in Deutschland aus Washington erhoffte Hilfe blieb aus. Frankreich setzte im Obersten Alliierten Rat ein Ultimatum an Deutschland durch, das am 5. Mai 1921 von Großbritannien, Frankreich, Italien, Belgien und Japan unterzeichnet wurde und als einheitliche Forderung lautete: Die Alliierten „beschließen ...: A. heute bereits alle vorbereitenden Maßregeln zu ergreifen, welche zur Besetzung des Ruhrtales durch die verbündeten Truppen am Rhein nötig sind ... B. gem. Art. 233 der deutschen Regierung unverzüglich Zeiten und Bedingungen für die Begleichung der deutschen Schuld in ihrer Gesamtheit mitzuteilen und ihre darauf bezügliche Entschließung der deutschen Regierung bis spätestens 6. Mai bekanntzugeben; C. die deutsche Regierung aufzufordern, innerhalb einer Frist von sechs Tagen nach Empfang der obigen Entschließung klipp und klar zu erklären, daß sie entschlossen ist:

1. ohne Vorbehalt oder Bedingungen ihre Verpflichtungen zu erfüllen, wie sie von der Reparationskommission festgelegt werden;

2. ohne Vorbehalt oder Bedingungen hinsichtlich ihrer Verpflichtungen die von der Reparationskommission vorgeschriebenen Sicherheiten anzunehmen und durchzuführen;

3. ohne Vorbehalt und unverzüglich die Maßregeln zwecks Ab-

rüstung zu Wasser, zu Lande und in der Luft ... durchzuführen;
4. ohne Vorbehalt und unverzüglich die Aburteilung der Kriegsverbrecher vorzunehmen ...; D. am 12. Mai zur Besetzung des Ruhrtales zu schreiten und alle anderen militärischen Maßregeln zu Wasser und zu Lande zu ergreifen bei Nichterfüllung der obigen Bedingungen durch die deutsche Regierung. Diese Besetzung wird so lange dauern, bis Deutschland die unter C aufgezählten Bedingungen erfüllt haben wird."

Todeskandidaten „Erfüllungspolitiker"

Der Versuch des Zentrumspolitikers und Reichskanzlers Constantin Fehrenbach, das Gewissen der Welt wachzurütteln, war gescheitert. Deutschland mußte, wenn es die Besetzung des Ruhrgebiets innerhalb einer Woche verhindern und die Pfändung der Ruhrgebietsproduktion durch die Entente unterbinden wollte, einen Vertrag unterschreiben, der es verpflichtete, jährlich etwa das Dreifache seines Volkseinkommens als Reparationszahlungen zu leisten.

Joseph Wirth, der linke Zentrumspolitiker, einstige Studienrat für Mathematik, badische Finanzminister und seit März 1920 Reichsfinanzminister, plädierte um der Erhaltung des Reiches willen dennoch für die Unterschrift und gewann sowohl seine Partei als auch die SPD dafür. Die vor allem vehement von den Deutschnationalen geforderte Ablehnung des Ultimatums hätte zur Folge gehabt, daß nicht nur das Ruhrgebiet besetzt, sondern auch Oberschlesien (für immer) verlorengegangen wäre, wo am 20. März 1921 707 000 Wähler gegen 434 000 für den Verbleib beim Reich gestimmt hatten. Da Fehrenbach zurückgetreten und sich weder ein anderer Abgeordneter des Reichstages noch ein

Minister bereit erklärte, in dieser prekären Situation die Regierungsgeschäfte zu übernehmen, tat der von rechten Gegnern geringschätzig als „roter Wirth“ bezeichnete, monomanisch selbstbewußte, außerordentlich führungsstarke und leidenschaftlich deutschbewußte Erzberger-Freund auch dies.

Die Rechten hatten eine Zielscheibe bekommen, gegen die sich ihr aufgestauter, ständig geschürter Haß gegen die Republik personifiziert entladen konnte. Mit dem Begriff „Erfüllungspolitik“ verknüpft, repräsentierte der starke Trinker, feist und habituell wie eine spießbürgerliche Romangestalt Heinrich Manns wirkende Wirth, politisch den Teil der Deutschen, der die tatsächlich unerfüllbaren Forderungen der Alliierten soweit wie möglich zu erfüllen trachtete, um vor allem Frankreich die Möglichkeit zu nehmen, Deutschland der nicht angebrachten Zahlungsunwilligkeit zu zeihen, und nicht zuletzt auch, um das traumatisch geschundene deutsche Nationalgefühl nicht unnötig durch französische Besetzungsaktionen neu zu schädigen.

So sehr der Versailler Vertrag die Deutschen einte, so sehr entzweite er sie, wenn es darum ging, ihn zu erfüllen. Sie gingen buchstäblich auf die Barrikaden gegen die Alliierten, und sie ermordeten diejenigen, die die Existenz des Reiches dadurch zu sichern suchten, daß sie versprachen, die alliierten Forderungen zu erfüllen. Der von rechts systematisch haßvoll artikulierte Begriff „Erfüllungspolitiker“ wurde zu einem Synonym für Todeskandidaten.

Karl Liebknecht und Rosa Luxemburg waren bereits im Januar 1919 umgebracht worden, Kurt Eisner am 21. Februar. Bayerns sozialdemokratischer Innenminister Erhard Auer wurde am selben Tage im Landtag verwundet, der Major, der ihn mit seinem Leib decken wollte, im Getümmel getötet. Am 12. April 1919 ermordeten verhetzte Invaliden in Sachsen ihren Kriegsminister Neuring. Gareis, der Vorsitzende der bayerischen Unabhängigen Sozialdemokraten, wurde am 9. Juli 1921 umgebracht. Am 16. August 1921 starb Matthias Erzberger, der Initiator der Friedensresolution vom Juli 1917, unter den Kugeln von Meuchelmördern, am 24. Juni 1922 der Reichsaußenminister Walther Rathenau, den (wie Erzberger auch) einstige Mitglieder der Kapp-Putsch-Marinebrigade Ehrhardt ermordeten. Der Sozialdemokrat (und nach Friedrich Ebert der erste Reichskanzler der Republik) Philipp Scheidemann und der einstige Kaiserkritiker Maximilian Harden wurden im selben Jahr Opfer politischer Attentate, blieben jedoch am Leben.

Immer konnten die Attentäter, die Mörder und deren Anstifter des Beifalles ungezählter Deutscher sicher sein. Beschämend ungeniert stilisierten selbst bürgerliche Zeitungen jedweder Observanz die Verbrecher zu „Helden" und diffamierten die Ermordeten, „Erfüllungspolitiker" und „Feinde des Vaterlandes" gewesen zu sein. Auf „Schwarzen Listen" standen die Namen derjenigen, die von „Patrioten liquidiert" werden sollten. Der Schriftsteller Ernst von Salomon, der zu den Ehrhardt-Leuten gehört hatte, erinnerte sich 1951: „Die ganze Liste bestand aus einem kleinen schmutzigen Stück Papier, auf welchem mit Bleistift kreuz und quer Namen standen, manche durchgestrichen, manche wieder hinzugefügt. Die meisten von den Namen waren mir überhaupt kein Begriff, ich mußte mich erst mühsam mit ihnen befassen ... im ganzen fiel mir auf, daß ziemlich viel Juden darunter waren ... Das Ganze war schon eine unglaublich leichtfertige Angelegenheit. Ich sah die Liste erst sehr spät, in Berlin, mitten in den Vorbereitungen zum Rathenau-Attentat. Kern hatte sie in der Pension am Schiffbauerdamm, wo wir wohnten, auf dem Tisch liegen lassen. Es war auch reiner Zufall, daß ich am Rathenau-Mord teilnahm, es geschah einfach ‚mechanisch', weil ich mich so sehr an Kern attachiert hatte."[44]

Welche Bedeutung illegales Landsknechttum und Morde an linken Politikern und „Erfüllungsgehilfen der Alliierten" in der Zeit der Fememorde hatten, bezeugt beispielsweise ein Schreiben des nationalsozialistischen evangelischen Pfarrers Kehnscherper vom 22. Oktober 1935 an das Oberste Parteigericht der NSDAP in München, das Kehnscherper 1935 wegen Gefährdung der Dis-

[44] Der Oberleutnant zur See a. D., Erwin Kern, und ein Mann namens Hermann Fischer, waren die Mörder Rathenaus.

ziplin und Geschlossenheit aus der NSDAP ausschloß: „Ich würde es aufs bitterste empfinden, wenn ich nunmehr aus der Partei ausgeschlossen würde. Ich möchte noch erklären, daß ich schon als 17jähriger Schüler in der Danziger Einwohnerwehr beim Generalstreik und als Student als Mitglied des Sportvereins Kurmark (Major Naumann) bei Rathenaus Ermordung und bei den nachfolgenden Wirren bis 1925 auch mit der Waffe in der Hand meine Pflicht getan habe. Seit 1922 gehöre ich auch zum Verein Deutscher Studenten, wodurch es mir ganz selbstverständlich geworden ist, die rassische, national-politische und sozialistische Zielsetzung des Nationalsozialismus zu bejahen."[45] Daß die Mörder und Hetzer, die sich „deutsche Patrioten" nannten und sich auch als solche empfanden, der deutschen Sache im In- und Ausland weitaus mehr schadeten als nützten, stand außerhalb ihres Begriffsvermögens und ihrer Bereitschaft, Tatsachen nüchtern und unvoreingenommen sehen zu wollen.

Geist und Macht

Die Brücke von der Monarchie zur Republik stand auf keinem angemessenen Fundament. Nicht nur die politischen Morde und ihre Ahndung bewiesen dies. Der Untertan des deutschen Obrigkeitsstaates vom Absolutismus bis zur konstitutionellen Monarchie hatte nicht gelernt, Mitverantwortung zu tragen. Der gebildete Bürger leistete sich, wie vor allem Gottfried Keller es im „Grünen Heinrich" besonders eindrucksvoll schilderte – praxisferne, radikal „reine" Gedanken, die als Idee über der Realität „thronten". 1918 in eine Mitverantwortung fordernde Wirklichkeit hineingestoßen, fehlte den Deutschen nicht nur die demokratische Tradition, sondern auch die Fähigkeit und die Bereitschaft,

[45] Kehnscherper war 1931 Mitglied des Bundes nationalsozialistischer Pfarrer geworden. Nach der Gründung der DDR engagierte er sich im sogenannten „Bund evangelischer Pfarrer in der DDR", wo er den atheistischen Kampf gegen die Kirche unterstützte und die Zerstörung der Einheit der Evangelischen Kirche in Deutschland (EKD) betrieb.

sich sinnvoll anzupassen und Kompromisse einzugehen, die pauschal und verächtlich als ehrenrührig und charakterlos diffamiert wurden. So entbrannten am Anfang und am Ende der Republik denn auch nicht zufällig bürgerkriegsähnliche Auseinandersetzungen, die den bis zur Selbstaufgabe[46] toleranten Weimarer Staat an den Rand des Zusammenbruches zwangen.

Als 1931 namhafte deutsche Autoren – mit Friedrich Georg Jünger als Verfasser der Einleitung – das „Gesicht der Demokratie" porträtierten, schilderten sie eine Fratze, ein Lügensystem, ein Instrument ohne Macht, ein Gemeinwesen, das sich nur mit Hilfe der Polizei gegen den eigenen Souverän deutsches Volk durchzusetzen vermochte. Die 1918 obsiegende SPD, der infolge der Differenzen zwischen den Idealkategorien demokratischer und sozialistischer politischer Theoretiker und der realisierten Politik gelegentlich nicht nur Versagen, sondern sogar Verrat vorgeworfen wird, war auf die ihr über Nacht zugefallene Führungsrolle so wenig vorbereitet wie das autoritätsgläubige deutsche Volk auf den Wechsel von der Monarchie zur Republik. Ihr Umgang mit den alten Machteliten, der unterschwellige Unterlegenheitsgefühle spüren und hämisch überlegene Reaktionen seitens der abgehalfterten oder auch nur untergetauchten bildungspolitischen Träger produzierte, war nicht dazu angetan, autoritätsgebunden Vorstellungen Identifikationsmuster zu liefern.

Als Usurpatoren, ungebildete Emporkömmlinge und Parvenüs diffamiert, mußten die sozialdemokratischen Machthaber Autoritätsreduzierungen hinnehmen, ohne sich effektvoll dagegen wehren zu können. „Zoll um Zoll ein Napoleon: Dritter natürlich, nicht Erster", so wurde beispielsweise Friedrich Ebert in der vom Scherl-Konzern herausgegebenen „Täglichen Rundschau" entwürdigend lächerlich gemacht und weiter übel verbal

[46] Im Gegensatz zur Bundesrepublik Deutschland, die ebenfalls nicht aus einer ungebrochenen Tradition resultierte, sondern als Konsequenz einer Niederlage entstand, stellte die Weimarer Republik ihre Grundlagen zur Disposition. Das nach dem Rathenau-Mord (22. Juni 1922) erlassene Gesetz zum Schutz der Republik erwies sich bereits Ende der zwanziger Jahre als ein stumpfes Instrument gegen die Feinde der Republik.

karikiert: „Die gedrungene kurzhalsige Gestalt, der Knebelbart, die Speckfalte im Nacken: Lui! So einer, wie der große Julius Cäsar sie liebte: ‚Laßt wohlbeleibte Männer um mich sein, die nachts gut schlafen!' Noch heute geht sozusagen der herbfrische Duft von Juchtenleder von ihm aus, das er früher verarbeitete. Wäre er doch bei dieser Tätigkeit geblieben! Er hat den Horizont einer Käseglocke; so ist durch die Revolution überhaupt die Unzulänglichkeit auf den Thron gekommen. Sitzen kann Friedrich der Vorläufige, das steht fest."

Der von den Ereignissen erzwungene große Zeitdruck, unter dem besonders die ersten Regierungsmannschaften und Kabinette zu handeln hatten, die nicht eine „Stunde Null" mit total neuen Grundlagen, sondern in vieler Hinsicht kontinuierlich fortwirkende Instrumentarien – wie beispielsweise die Ministerialbürokratie – vorfanden und übernehmen mußten, ließ andererseits konstituierende Diskussionen über die veränderte spezifische Situation und allgemeine Lage nicht zu. „Ratlosigkeit" bestimmte in ministeriellen Beratungen denn auch nicht selten das Bild, so daß die gänzlich unvorbereitete deutsche Bevölkerung offiziellen Verlautbarungen schwerlich Orientierungshilfen entnehmen konnte.

Rasch hatten die alten Führungsschichten ihre Loyalitätserklärungen wieder vergessen und ihre anachronistischen Zeitanalysen parat. Schuld am verlorenen Krieg und an der Misere waren nicht sie, sondern die derzeitigen politischen Machthaber, die gut daran täten, ihren Platz der Monarchie zu räumen. Was in England und in Frankreich geschehen war, die geistige Vorbereitung großer Revolutionen, hatte es in Deutschland – außer in kleinen Zirkeln, Publikationen literarischer Linker wie beispielsweise Heinrich Mann und radikaler Sozialisten wie Kurt Eisner, Rosa Luxemburg, Karl Liebknecht und Gustav Landauer, und in internen sozialdemokratischen und liberalen Auseinandersetzungen – nicht gegeben. Was allgemeiner diskutiert wurde, basierte auf Reaktionen enttäuschter Intellektueller, die von der Republik eine moralische Erneuerung erwartet hatten und nun ethische und ästhetische Maßstäbe an die neue Ordnung anlegten, deren ökonomische und soziale Basis sie weder ausreichend kannten noch historisch angemessen einzuordnen vermochten.

Die in der deutschen Geschichte nicht zu übersehende Konfrontation von Geist und Macht lag in jener Zeit wie ein koordinatenhafter Raster über dem Politikverständnis. Und diejenigen, die sich früh zur Republik bekannten, die wußten, worüber sie redeten und schrieben, galten als suspekt. Als im November 1922 beispielsweise der 60. Geburtstag Gerhart Hauptmanns gefeiert wurde, der im Juni eine ergreifend würdige Trauerrede auf den ermordeten Außenminister Walther Rathenau gehalten hatte, weigerte sich die Mehrzahl der Professoren und Studenten, am Festakt teilzunehmen. Der Germanist Julius Petersen, der in der Aula der Berliner Universität die Festansprache hielt, tat dies unwillig und farblos, nachdem es ihm nicht gelungen war, wenigstens Paul Löbe, den sozialdemokratischen Präsidenten des Reichstages, von der Veranstaltung fernzuhalten. Da der Reichspräsident schwerlich daran gehindert werden konnte, zu erscheinen und neben Hauptmann zu sitzen, hatte Petersen gebeten, dann zumindest Löbe auszuladen, „denn zwei Sozialdemokraten auf einem Mal", so hatte er argumentiert, seien „doch etwas viel".

Die vielgepriesene und gerühmte „Kultur von Weimar", vor allem von emigrierten Intellektuellen legendenhaft geprägt, ist ein Mythos. Was dort unter schillernden Namen und „Ismen" wie „Neue Sachlichkeit", „Metaphysischer Realismus", „Dadaismus", „Progressivismus", „Funktionalismus" und „Neo-Klassizismus" aufging und in der Rückschau genialisch funkelt, hat seine Wurzeln in der Wilhelminischen Ära, stammt aus der Zeit der Jahrhundertwende. Alles, die „Brücke"-Maler, die Künstlergruppe „Blaue Reiter", Max Reinhardts impressionistisch-magisches Theater und Walter Gropius' „Bauhaus"-Stil, gab es bereits vor dem Ersten Weltkrieg. Die Wandlung vom Bürgerlichen zum Volkstümlichen in der Kunst, vom Impressionismus zum Expressionismus, war der Revolution vorausgegangen. Thomas Mann, Stefan Zweig, Emil Ludwig beispielsweise erschienen zwar als die erfolgreichsten literarischen Repräsentanten der Weimarer Zeit; aber was die Bevölkerung von ihnen – neben den gemütvoll verinnerlichten, nationalpathetischen und stilistisch apologetisch und anspruchslosen Büchern beispielsweise von Walter Flex, Hans Carossa, Felix Graf Luckner, Werner Beumelburg, Hans Grimm und Hermann Löns – las, war ebenfalls „Vergangenheit“ – wie beispielsweise Thomas Manns „Die Buddenbrooks“ aus dem Jahre 1901. Daß Thomas Mann erst relativ spät den Weg zur Demokratie fand, war kein Geheimnis. „Ich hasse die Politik und die Demokratie, welche die Verpestung des gesamten nationalen Lebens mit Politik bewirkt“, hatte er 1917 engagiert und offen bekannt. Und dies wußten nicht nur seine Leser.

Bildungsbürgertum und Bohème, eine relativ dünne elitäre Schicht bürgerlicher und antibürgerlicher Intellektueller, artikulierten ihre Enttäuschung. Sie hatten als Kinder des 19. Jahrhunderts gesehen und erfahren, was vehement verfochtene Zeiterscheinungen wert gewesen waren, die Großmannssucht, die gescheiterten Hoffnungen, die Leere aufgeplusterten Kitsches und der spießigen Übersättigung, und sie drückten aus, woran sie jetzt noch glaubten. Und dies war nicht die Gegenwart. Das Band, das Deutschland zusammenhielt, war anders geknüpft.

Die Jungen waren überzeugt, daß die Gegenwart nicht zukunftsträchtig sei. Sie fahndeten nach einer „Sinngebung des Sinnlosen“, wie Theodor Lessing es griffig formulierte, nach einer „Umwertung aller Werte“ im Sinne Nietzsches und experimentierten avantgardistisch und ästhetisierend mit der Sprache. Friedrich Nietzsche, der Prophet einer nachbürgerlichen Sehnsucht, fand jetzt mehr als zuvor seine Jünger. Seine Lehren „Vom Nutzen und Nachteil der Historie für das Leben“ gehörten zur Lektüre der jungen Generation, die sich als radikal nationalistisch, sozialistisch, syndikalisch und nihilistisch geprägt wähnte oder aber in der Jugendbewegung ihr Heil suchte und die reale Politik und ihre Exponenten verachtete. Nietzsches Paradigma „Wir sind ohne Bildung ... wir sind zum Leben, zum richtigen und einfachen Sehen und Hören, zum glücklichen Ergreifen des Nächsten und Natürlichen verdorben und haben jetzt noch nicht einmal das

Fundament einer Kultur", galt als authentische Daseinsanalyse. Die Bemühungen der Kommunisten, die Kunstrichtungen sozialistisch-realistisch zu proletarisieren, hatte nur im Rahmen ihrer Partei Erfolge. Hans Marchwitzas Bürgerkriegsberichtebeispielsweise, die seit 1931 in der Buchreihe „Der Rote 1 Mark-Roman" erschienen, stießen außerhalb des Parteighettos nur auf Interesse, wenn bestimmte Titel verboten wurden. Die große Politik hatte ihre zwingenden Vorgaben und mußte ihren eigenen Gesetzen folgen.

Restaurierte „bürokratische Maschinerie"

Rosa Luxemburg hatte am 21. November 1918 in der kommunistischen Zeitung „Rote Fahne" gefordert, die „übernommenen Organe des absolutistischen militärischen Polizeistaates von der Verwaltung, Justiz und Armee" zu verdrängen, was nicht geschah. Ohne das „Bündnis" mit der Armee konnte die Republik nicht überleben, ohne die Beibehaltung des eingespielten Beamtenapparates hätte sie nicht überlebt. Otto Meißner diente Ebert so als Staatssekretär, wie er es zuvor unter Wilhelm II., nach 1925 unter Hindenburg und nach 1933 unter Adolf Hitler getan hat. Rund neun Zehntel der höheren Beamten verblieben in ihren Ämtern. Die mittlere und untere Beamtenschaft tat dies nahezu ausnahmslos. Der häufig gegen sie erhobene Vorwurf, im alten Stile „wie zu Kaisers Zeiten" weiterhin geredet, posiert und gehandelt zu haben, ist berechtigt, soweit es die verlorenen Revolutionshoffnungen betrifft.

Solange konservative und reaktionäre Landräte die Landratsämter „beherrschten" und eine traditionsbewußte, sozial und politisch geschlossene Beamtenschaft die bürokratische Maschinerie bediente, konnten auch mehrheitlich sozialdemokratische Regierungen ihre Politik nicht durchsetzen. Ausgebildete und erfahrene sozialdemokratische Beamte beispielsweise für den höheren Verwaltungsdienst, die Änderungen hätten herbeiführen können, gab es nicht. Doch die fungierende Körperschaft erwies sich als loyal und verfassungskonform, was nicht nur Kapp und Lüttwitz im März 1920 erfahren und akzeptieren müssen. Daß die Beamten es gewesen seien, die die Verfassung untergraben hätten, wie oft behauptet wird, ist eine Legende, daß andererseits gerade sie sie gestützt haben sollen, ist es auch. Sie, die gewöhnlich parteipolitisch neutralen Staatsdiener, haben gesehen, wie die Verfassung im Ränkespiel parlamentarischer Mehrheiten disponibel wurde und austauschbar erschien. Daß sie in ihr daher nicht konsequent die unverrückbare Basis der Staatsordnung und im Reichstag und in der Demokratie nicht unbedingt das verteidigungswürdige System erblicken konnten, ist verständlich. Besorgt warnte der als Mischung aus preußischem Beamten und Offizier mit Kardinalscharakter gerühmte Zentrumsführer Heinrich Brüning drei Wochen vor seiner ersten Ernennung zum Reichskanzler im März 1930: „Es geht nicht mehr um Kämpfe im Parlament, sondern es geht um das Parlament und um die Demokratie ... Wenn der Reichstag wegen der Uneinigkeit der Parteien über Lappalien im Rahmen des großen Ganzen nicht die Möglichkeit hat, sich zu einigen, dann werden sich ... die starken Zweifel an diesem System und seinen Möglichkeiten durch das ganze Land weiter fortpflanzen."

Das Bild der Identität von Staat und Beamtenschaft indes blieb heil. Der Beamtenapparat blickte auf – vor allem große preußische – Traditionen, Werte und Richtlinien zurück, die durch Neubesetzungen mit unerfahrenen Kräften nicht hätten erhalten werden können. Preußen, das bis zur Reichsgründung über ganz Deutschland verteilte Land, hatte – neben dem Offizierskorps – nur das verwaltende Beamteninstrumentarium zusammengehalten. Die Minister waren Beamte gewesen, später der Reichskanzler auch. Ja, selbst der preußische König war es, dem Ernst von Bülow-Cummerow, ein konservativer Publizist des Vormärz, 1842 treffend den Rang eines „Souveränitätsrepräsentanten" zuschrieb. Max Weber meinte im Dezember 1918, daß die „bürokratische Maschinerie" gegebenenfalls bereit wäre, „unbesehen jedem zu dienen, der sich im physischen Besitz der nötigen

Machtmittel“ befände. Ob dies tatsächlich zugetroffen hätte, kann nicht zuverlässig beantwortet werden. Die Beamtenschaft sah sich im Dienste einer noch vom Kaiser legalisierten Obrigkeit. Daß die Amtshandlung des letzten kaiserlichen Reichskanzlers, nämlich die Übertragung seines Amtes auf Friedrich Ebert, verfassungswidrig gewesen war, sah sie nicht. Und seit Anbeginn seiner Amtsführung wurde Ebert von der – zumindest höheren – Beamtenschaft auch nicht als „Volksbeauftragter“, sondern als „Reichskanzler“ angesehen und bezeichnet. Daß eine spürbare Demokratisierung der Beamtenschaft auf Reichsebene zur Zeit der Republik nicht stattfand, war nicht zuletzt ein Indiz für die latente Unbeständigkeit der Reichsregierungen und Kanzlerschaften, was die anders gearteten Verhältnisse in Preußen bewiesen, wo (dank der relativ konstanten „schwarz-rot-goldenen“ Regierungskoalition) bis Juli 1932 nahezu alle Spitzenpositionen von demokratisch denkenden Beamten besetzt waren.

Rapallo

Am 10. Mai 1921 übernahm Joseph Wirth die Regierungsgeschäfte von seinem Parteifreund Constantin Fehrenbach, in dessen Kabinett er als Finanzminister fungiert hatte. Bereits am Tage danach, 24 Stunden vor der letzten Frist, beschloß der Reichstag, das Londoner Ultimatum vom 5. Mai zu erfüllen. Die erste Reparationsrate, eine Milliarde Mark, die allerdings die Zahlungsfähigkeit des Reiches nahezu erschöpfte, wurde fristgerecht überwiesen. Ein Sturm der Entrüstung machte sich im ganzen Volk von links bis rechts breit. Die Rechtsradikalen entfachten eine Hetzkampagne, wie es bis dahin kaum einmal der Fall gewesen war. Die Folgen blieben nicht aus. Matthias Erzberger, der sich seit 1917 nicht nur besonders engagiert für Friedensverhandlungen eingesetzt, sondern 1919 auch die Finanzreform eingeführt und die Übertragung der Steuerverwaltung auf das Reich vorbereitet hatte, was Deutschland die Reparationszahlungen erleichterte, starb – zur Genugtuung der ganzen Rechtsfront – am 26. August 1921 während eines Schwarzwaldurlaubs unter den Kugeln rechtsextremer Fememörder.

Am 15. Januar 1922, als ein Dollar 191,80 Mark kostete, war die nächste Reparationsrate fällig. Deutschlands finanzielle Möglichkeiten waren jedoch spätestens seit Mai 1921 erschöpft, zumal die Genfer Konvention vom 15. Mai 1922 über Oberschlesien einen an Bodenschätzen und Bergwerken besonders reichen Teil Oberschlesiens vom Reich abtrennte. Den Bestimmungen des Versailler Vertrages zufolge hatten dort im März 1921 Abstimmungen stattgefunden, deren Ergebnisse nach Weisungen der Alliierten nun praktische Konsequenzen haben sollten. Obwohl sich 60 Prozent der Bevölkerung für den Verbleib beim Reich ausgesprochen hatten, war das Gebiet im Oktober 1921 in polnische und deutsche Territorien aufgeteilt worden. Ende Mai 1922 rückten polnische Truppen in deutsches Gebiet ein, was nicht nur die dort ansässige deutsche Bevölkerung mit Empörung quittierte. Schlagartig stieg der Kurs des Dollar, für den im Juli bereits 493,30 Mark zu zahlen waren.

Die Reichsregierung sah sich außerstande, ihren Verpflichtungen nachzukommen. Wirth bat um Zahlungsaufschub, was Lloyd George und Aristide Briand veranlaßte, für Januar eine Konferenz nach Cannes einzuberufen, wo unter Walther Rathenaus klugem Einfluß beschlossen wurde, dem Reich eine Fristverlängerung zuzubilligen. Doch ehe Rathenau, der einstige Großindustrielle, überzeugter Anhänger der Erfüllungspolitik und einer der bedeutendsten Staatsmänner der Weimarer Republik, die britischen und französischen Verhandlungspartner für seine Politik zu gewinnen vermochte, wurde Briand in Paris gestürzt. Sein Nachfolger, der einstige Präsident der Republik und fanatische Deutschenhasser Raymond Poincaré, der mit Clemenceau „überzeugt war", daß östlich des Rheines die Hunnen hausten, bestand gegen jede Vernunft auf konsequenter Erfüllung. Daß Rathenau dennoch ein Moratorium für die nächste Zahlung durchsetzen konnte, sprach für seine außerordentliche politische Begabung und für sein Ansehen. Doch die Frage, wie hoch die ausstehenden deutschen Leistungen insgesamt noch anzusetzen seien, wurde nicht beantwortet, eine Wirtschaftskonferenz vorgesehen. Vom 10. April bis zum 19. Mai 1922 fand sie im alten Renaissance-„Palazzo San Giorgio“ in Genua unter Beteiligung von insgesamt fast 30 Staaten statt.

Zwar fehlten die USA, doch die Russen, von den Großmächten als RSFSR noch nicht anerkannt, waren – nicht mehr in Uniformen wie in Brest Litowsk, sondern in unterwegs eilig erworbenen bürgerlichen Fräcken – dabei. Da zuvor von einem internationalen Wirtschaftskonsortium für die Sowjetunion mit maßgeblicher deutscher Beteiligung die Rede gewesen war, hatte die Reichsregierung ein großes Aufgebot – einschließlich der ganzen Ostabteilung des Auswärtigen Amtes – in die italienische Hafenstadt entsandt. Als Leiter der deutschen Delegation, die nicht gerade freundlich aufgenommen wurde, fungierten der Reichskanzler und der inzwischen zum Außenminister ernannte Rathenau. Der der Deutschen Demokratischen Partei nahestehende, in einem von ihm erworbenen Hohenzollern-Domizil lebende, außergewöhnlich gebildete und mit schöpferischem Genius begnadete Sohn des AEG-Gründers Emil Rathenau, von Anhängern und Gegnern gleichermaßen als „Prophet im Gehrock“ und „Christus im Frack“ apostrophierte einstige Vertraute des Kaisers und Ludendorffs, war ein Glücksfall für die deutsche Geschichte. In Genua brillierte er, zwang er seine Gesprächspartner in seinen Bann und ließ erkennen, wie sehr er, der gläubige Jude, auch das republikanische Deutschland liebte.

Poincaré, der gar nicht erst nach Genua gekommen war, um seine Abneigung gegen Zugeständnisse besonders drastisch zu demonstrieren, hatte zuvor durchgesetzt, daß über Reparationen nicht offiziell gesprochen werden dürfte. Politik beherrschte die wirtschaftlichen Debatten, in denen es vor allem um ein von den Westmächten gewünschtes neues Arrangement mit Rußland ging. Da die von den Sozialistischen Sowjetrepubliken Aserbaidschan, Armenien, Weißrußland, Grusinien und Ukraine, von der Sowjetischen Volksrepublik Buchara, der Fernöstlichen Republik und der sowjetischen Republik Choresm beauftragte

Delegation nicht einmal bereit war, die von der zaristischen, der provisorischen und der weißgardistischen Regierung in Großbritannien und Frankreich hinterlassenen Schulden von insgesamt 12 Milliarden Rubel anzuerkennen und vollständig zu begleichen, mußten die Westmächte ihre Erwartungen relativ rasch zurückstecken. Die Absicht der Westmächte, die deutsche Delegation möglichst zu übergehen, fand zwar selbst in Karikaturen ihren Niederschlag; aber das änderte sich am 16. April schlagartig und verkehrte sich ins Gegenteil. Doch bis dahin hatten die Deutschen es schwer. Obwohl die Wirtschaft des Reiches darniederlag, boten die Westmächte den Russen an, sich ihnen unter Berufung auf den Artikel 116 des Versailler Vertrages[47] anzuschließen, das alte Bündnis faktisch wieder zu beleben und sich an Deutschland schadlos zu halten.

Wäre der westliche Vorschlag realisiert worden, hätte das Reich wiederum der alten Phalanx von Gegnern gegenübergestanden und auf absehbare Zeit nicht einmal davon „träumen" können, irgendwann den Vertrag von Versailles zu revidieren. Schon der offensichtlich geglückte Beginn der Fortsetzung der preußisch-deutschen politischen Tradition, die gegenseitige Ausspielung außenpolitischer Partner und Nutzung von Ost-West-Konflikten, suggerierte vielerorts Genesung vom Versailler Trauma. Joseph Wirth ging davon aus, daß in „Zeiten, in denen unsere Politik im Westen festgefahren war ... es immer richtig gewesen (ist), aktiv im Osten zu werden".

Die Sowjetunion, deren Brest-Litowsker-Vertrag annulliert worden war, fand sich nicht bereit, die alliierten Vorstellungen über die Rückgabe der nationalisierten Betriebe ausländischer Besitzer, über Fragen des Außenhandelsmonopols und über Besitzrechte an den Bakuer Ölfeldern zu teilen, so daß sich der sowjetische Volkskommissar des Äußeren (Außenminister), Georgi Tschitscherin, erneut an die Deutschen wandte, die ein neuerli-

[47] Im Artikel 116 hieß es: „Die alliierten und assoziierten Mächte behalten Rußland ausdrücklich das Recht vor, von Deutschland alle Entschädigungen und Wiedergutmachungen zu verlangen, die auf den Grundsätzen des gegenwärtigen Vertrages beruhen."

ches Abkommen mit den Russen trotz aller Unruhe und Unzufriedenheit im Reich nicht zu fürchten brauchten. Auch als Ideologie exportierender Bündnispartner konnte Sowjetrußland schwerlich als gefährlich angesehen werden; denn eine Bolschewisierung Deutschlands wäre von den Westmächten nicht geduldet worden, wie Wilson es bereits während der Diskussionen über seine Friedensvorschläge angekündigt hatte. Die Moskauer Regierung, die ihr Regime nur mit großer Mühe über Wasser hielt und kommunistische Aktionen in Deutschland auch aus außenpolitischen Erwägungen nur maßvoll unterstützte, konnte sich unter keinen Umständen bewaffnete Auseinandersetzungen mit den Westmächten leisten, zu denen es hätte kommen müssen, wenn ein kommunistisch regiertes Deutschland von den Alliierten besetzt worden wäre. Lenins Interesse an einem neuen deutsch-russischen Abkommen konnte nicht übersehen werden. Schon auf dem Wege nach Genua war die sowjetische Delegation in Berlin eingekehrt, wo Tschitscherin einen „Vertrag friedlicher Verständigung“ vorgeschlagen hatte, den Rathenau jedoch nicht abzuschließen wagte, weil er den Ausgang der Wirtschaftskonferenz abwarten zu müssen meinte.

Rathenau war mit der Hoffnung nach Italien gereist, ein internationales Konsortium für den Wiederaufbau Rußlands anregen, gute Beziehungen zu allen Mächten anknüpfen und mit ihnen gemeinsam die wirtschaftliche Misere lösen zu können. Als die Deutschen am Mittelmeer eintrafen, empfingen sie beunruhigende Gerüchte über gemeinsame Vereinbarungen der Russen mit den Westmächten. In der Nacht vom 15. zum 16. April hörte die Berliner Delegation von den Niederländern und Italienern, daß Rußland bereit sei, sich für die Westmächte – gegen Deutschland – zu entscheiden, was hieß, daß Deutschland fortan wieder auch diplomatisch vollständig eingekreist sein würde und darüber hinaus auch an Moskau Reparationen zahlen müßte. Besorgt, daß Tschitscherin inzwischen tatsächlich auf den westlichen Vorschlag zur empfindlichen Benachteiligung Deutschlands eingegangen sein könnte, waren die Deutschen nun in Eile und bereit, sich über den von den Sowjets in Berlin angebotenen Vertrag zu unterhalten. Ihre Position sah nicht gut aus: die Zeit verrann und nützte, wie so oft in der deutschen Geschichte, ganz offensichtlich der Gegenseite. Der 16. April war zudem auch noch ein Sonntag. Und nicht zuletzt: In Berlin waren die Russen abgewiesen worden. Walther Rathenau glich einem Kranken. Nervös, blaß und übernächtigt, harrten die Deutschen der Dinge, ohne recht zu wissen, wie sie jetzt noch auf ihren Verlauf steuernd Einfluß nehmen könnten. Doch da kamen die Russen ihnen noch einmal entgegen.

Noch ehe Adolf Georg Otto von Maltzahn, Freiherr zu Wartenberg und Penzlin, der umsichtige, gescheite, russophil eingestellte und lebensfrohe Leiter der Ostabteilung des deutschen Auswärtigen Amtes, etwas unternahm, erreichte ihn am Sonntag um 2 Uhr früh ein Anruf Tschitscherins, der ihn um eine Zusammenkunft bat und wahrheitswidrig andeutete, daß der Abschluß eines Vertrages mit den Westmächten unmittelbar bevorstünde. Maltzahn begab sich unmittelbar zu Rathenau und berichtete ihm, was geschehen war. Dieser, noch in seinem Hotelzimmer im Pyjama arbeitend, befürchtete sein „Todesurteil" vorgetragen zu bekommen, wie er sich augenblicklich ausdrückte. Fair und nobel, wie er immer war, wollte er Lloyd George über diese Nachricht informieren, worauf Maltzahn seine Demissionierung mit der Begründung androhte, nicht bereit zu sein, seinerseits Tschitscherin zu verraten. Dank der Unterstützung des Kanzlers und Maltzahns unterließ Rathenau es schließlich, die Briten zu unterrichten.

In der „Pyjama-Party", wie die nächtliche Besprechung bald hieß, wurde beschlossen, den Vorschlag der Russen zu akzeptieren und sich noch am selben Tage mit ihnen zusammenzusetzen, obwohl es sich um einen Sonntag handelte. Doch so direkt, wie Tschitscherin sich an die Deutschen gewandt hatte und so ungeniert, wie er die deutschen taktischen Manöver[48] und Ausflüchte vom Tisch wischte, sowenig war er am Sonntagmorgen in Genua

[48] Die deutsche Delegation, so wurde den Russen beispielsweise gesagt, wolle den Sonntagsgottesdienst besuchen.

bereit, den Berliner Vorstellungen zu entsprechen. Erst nachdem Lloyd Georges in Rapallo, einem rund zehn Kilometer von Genua entfernten Badeort, wohin die Deutschen und die Russen ausgewichen waren, angerufen und den dringenden Wunsch geäußert hatte, Rathenau treffen zu wollen, gaben die Russen nach. Der Brite hatte den Deutschen geholfen, ohne dies zu wollen. „Es liegt mir besonders daran", so hatte er gesagt, „Rathenau so bald wie möglich zu sehen". Offensichtlich der Ansicht, nicht mehr zum Ziele zu kommen, gaben die Russen nach. Noch am selben Tage unterzeichneten Tschitscherin und Rathenau den zeitlich unbegrenzten und erst am 22. Juni 1941 durch Hitlers Überfall auf die Sowjetunion außer Kraft gesetzten „Rapallo-Vertrag".

Die Sensation war perfekt. Deutschland hatte nach 1918 seinen ersten außenpolitischen Erfolg erzielt. Zwar wußten die anderen Mächte nicht, was in Rapallo vereinbart worden war; aber das Bündnis der Vertreter der beiden großen Verlierer des Krieges, der am meisten gebeutelten, durch Revolutionen geschwächten, aus der Staatengemeinschaft ausgeschlossenen, gedemütigten und ausgestoßenen Nationen, ließ die kühnsten Phantasien wach werden. Von Geheimklauseln war selbst in diplomatischen Kreisen die Rede, von militärischen Abmachungen und selbst von Plänen zur gemeinsamen Bolschewisierung der westlichen Welt.[49] Poincaré forderte sofortige Maßnahmen der Alliierten ge-

[49] Die Entrüstung der Westmächte über den Rapallo-Vertrag war überflüssig. Beschlossen hatten die Russen und die Deutschen unter anderem nur, gegenseitig auf Kriegskostenaufrechnungen und auf „den Ersatz der zivilen Schäden" zu verzichten, „die durch den Kriegszustand betroffenen öffentlichen und privaten Rechtsbeziehungen einschließlich der Frage der Behandlung der Handelsschiffe" nach dem Grundsatz der Gegenseitigkeit zu regeln, die beiderseitigen Aufwendungen für Kriegsgefangene und der in Deutschland internierten Angehörigen der Roten Armee nicht aufzurechnen und russischerseits keinen Ersatz für die in Deutschland von den internierten Russen verkauften Heeresgüter zu verlangen. Deutschland verzichtete auf Ansprüche, „die sich aus der bisherigen Anwendung der Gesetze und Maßnahmen der Sowjetrepublik auf deutsche Reichsangehörige oder auf ihre Privatrechte sowie auf Rechte des Deutschen Reiches und der Länder gegen Rußland, die sich aus von der Sowjetregierung oder ihren Organen sonst gegen deutsche Reichsangehörige oder ihre Privatrechte getroffenen Maßnahmen ergeben, vorausgesetzt, daß die Regierung der Sowjetrepublik auch

gen das Reich und war bereit, selbst getrennten Aktionen zuzustimmen. Die Berliner Regierung wurde aufgefordert, den Vertrag von Rapallo als ungültig zu erklären, was Wirth und Rathenau jedoch unterließen. Zwar hatte die in Genua von den Westmächten zunächst wie ein unliebsamer und nur gnädig geduldeter Zaungast behandelte deutsche Regierungsspitze selbstbewußt demonstriert, daß sie nicht länger bereit sei, sich wie eine eingeborene Kolonialverwaltung bevormunden zu lassen; aber sie hatte damit auch bewirkt, daß die Alliierten Anleihe- und Stundungswünsche nunmehr noch konsequenter als zuvor ablehnten.

Walther Rathenau, der sich für die Erfüllung des Versailler Vertrages einsetzte und sich als Jude öffentlich zum Judentum bekannte, überlebte seine Berufung zum Chef des Auswärtigen Amtes nur ein paar Monate. Am 24. Juni 1922 wurde er ermordet, kurz danach wie ein Fürst beigesetzt. Im Reichstag erklärte der erregte Reichskanzler, der Rathenaus Entscheidung, das ihm angetragene Amt des Außenministers anzunehmen, für so bedeutungsvoll gehalten hatte, daß er sich weigerte, an dem Tag mit Lloyd George über subalterne politische Probleme zu reden, mit bewegten Worten: „Ich war Zeuge einer bedeutsamen Unterhaltung unseres ermordeten Freundes in Genua mit dem mächtigsten aller Staatsmänner. Einen beredteren Anwalt des Volkes als Rathenau in diesem kleinen intimen Gespräch hätten Sie in ganz Deutschland nicht finden können. Nun lese ich . . . daß alle Verträge von ihm abgeschlossen worden sind, damit er und seine Judensippschaft sich bereichere . . . Wir wollen in Demut und Geduld einen Weg der Freiheit für das eigene unglückliche Vaterland suchen. In diesem Sinne sollen alle Hände und jeder Mund sich regen, um endlich in Deutschland diese Atmosphäre des Mordes, des Zornes, der Vergiftung zu zerstören. Da steht der Feind, wo Mephisto sein Gift in die Wunde eines Volkes träufelt, da steht

ähnliche Ansprüche befriedigt". Ferner wurden die Wiederaufnahme diplomatischer und konsularischer Beziehungen und der „Grundsatz der Meistbegünstigung" vereinbart. „Beide Regierungen werden", so hieß es im Artikel 5 des Vertrages, „den wirtschaftlichen Bedürfnissen der beiden Länder in wohlwollendem Geiste wechselseitig entgegenkommen."

der Feind, und darüber ist kein Zweifel: dieser Feind steht rechts."

Deutsche Ostpolitik und die Westmächte

Stets haben die Westmächte hellwach reagiert, wenn seit Rapallo deutsch-russische Annäherungen stattfanden oder auch nur zur Debatte standen. Voreingenommene Mutmaßungen waren meist schnell zur Hand. So wurden beispielsweise Hitlers Verträge mit Stalin vom l23. und 26. Augustl 1939 mit Willy Brandts Einleitung einer neuen westdeutschen Ostpolitik nach 1945 in einen Topf geworfen, als radikale Absetzung vom Westen interpretiert und entsprechend interpretiert.[50] Selbst Henry Kissinger schrieb in seinen Memoiren: „Ich hatte den Eindruck, daß die neue Ostpolitik Brandts, die viele als eine fortschrittliche Politik der Suche nach Entspannung ansahen, in den Händen bedenkenloser Leute zu einer neuen Form des klassischen deutschen Nationalismus werden konnte. Von Bismarck bis Rapallo war es das Wesen der nationalistischen Außenpolitik Deutschlands gewesen, zwischen Ost und West zu manövrieren . . . Mit der Wahl Brandts wurde das Grundproblem der deutschen Außenpolitik wieder sehr deutlich."

Zur Zeit der Weimarer Republik gelang es dem Außenminister Gustav Stresemann, dem Exponenten der wirtschaftlich bestimmten deutschen Großmachtpolitik, erst nach 1923 allmählich eine Verständigung mit den Westmächten herbeizuführen, ohne dadurch das gute Verhältnis zur Sowjetunion zu belasten. Doch bis es dazu kam, gab es in Deutschland, vor allem seit Rapallo, Debatten auf allen Ebenen.

[50] Im Juli 1955 allerdings, vor dem Genfer Gipfeltreffen zwischen Dwight D. Eisenhower, Nikolai Bulganin, Anthony Eden und Edgar Faure, hofften die drei Westmächte nach einem geheimen Intelligence Report No. 6993 vom 12. Juli 1955, daß eine Regierung eines von ihnen modellhaft diskutierten neutralen Gesamtdeutschland sich heimlich in einem „westlichen Rapallo" mit dem Westen gegen die UdSSR arrangieren würde.

Der Reichskanzler tat am 29. April 1922 im Reichstag, dessen Mehrheit die Auffassung teilte, als habe der Rapallo-Vertrag den Vertrag von Versailles über Nacht aus der Welt geschafft. Die Deutschnationalen jubilierten mit ihren Abgeordneten Professor Otto Hoetzsch: Die ausländischen „Zeitungsartikel über diesen Vertrag ... sprachen von unserem Deutschland, als wenn Deutschland eine Großmacht wäre". Die Nationalsozialisten dagegen bezeichneten den Vertrag als Legalisierung der Versklavung Deutschlands durch das Weltjudentum und exemplifizierten an der Konferenz von Genua ihre Theorie von den Bemühungen des Weltjudentums, Deutschland zu unterjochen. „Wir betrachten den Vertrag von Rapallo", schrieb Alfred Rosenberg im „Völkischen Beobachter" vom 3. Mai 1922, „als eine der Vorstufen, welche die Börsen- und Sowjetjuden gebaut haben, um das noch nicht am Boden liegende deutsche Volk zum letzten Gang zu führen", und Hermann Esser, ein anderer früher „Mitkämpfer" Hitlers, nannte den Vertrag nach einem Bericht des „Völkischen Beobachter" vom 24. Mai 1922 in einer Rede vom 22. Mai 1922 im Bürgerbäukeller, „den kleinen Finger, mit dem Juda nach der ganzen Hand unseres Volkes" griffe. Lenin, von den Nationalsozialisten bis Frühjahr 1922 hauptsächlich als Kalmücke bezeichnet, galt seit dem Rapallo-Vertrag als Jude.

Doch auch der Reichspräsident, vom Kanzler und Außenminister am 16. April einfach übergangen und erst nach dem Abschluß des Vertrages informiert, lehnte den Vertrag ab. Er, der die Revolution nach wie vor „wie die Pest" haßte, hatte – wie Kurt Schumacher rund 25 Jahre später auch – aus grundsätzlichen Erwägungen keine Abkommen mit den Sowjets gewünscht. Ebert, der dem weiterhin hauptsächlich mit den alten Fachleuten besetzten Auswärtigen Amt überlassen hatte, sich zu einem relativ selbständigen Instrument zu entwickeln, sah sich in mehrfacher Hinsicht getäuscht. Bis dahin war er überzeugt gewesen, daß sich dieses Ministerium, das die von ihm repräsentierte Politik nach außen vertrat, an seine Vorstellungen und Richtlinien halten würde, was ihn bewogen hatte, sich nicht ständig kontrollierend und konkret weisend einzumischen. Daß der – ihm besonders gewogene – Zentrums-Kanzler Josef Wirth und der Außenminister Walther Rathenau seine so artikulierte „Abstinenz" im April 1922 während der Genuarer internationalen Wirtschaftskonferenz – ohne sein Wissen – zu einem außenpolitischen Abkommen mit Sowjetrußland nutzen würden, konnte er nicht ahnen.

Die Geschichte – und das ist maßgeblich – hat nicht den Kanzler und den vielgerühmten Außenminister Rathenau bestätigt, sondern Ebert. Die Westmächte dachten seit Rapallo noch weniger als zuvor daran, die deutschen Wünsche hinsichtlich der Milderung der Reparationskonsequenzen zu akzeptieren, zumal sie in Ebert trotz seiner zuweilen angedeuteten Aufgeschlossenheit für den europäischen Osten – mit Recht – den Garanten für eine zuverlässige deutsche Westorientierung gesehen hatten. Nicht nur, daß Ebert als Reichspräsident besser als jeder andere deutsche Politiker über die Außenpolitik informiert war: Er war es auch, der im Gegensatz zum Kanzler, zum Außenminister und zu den Militärs, die im Vertrag von Rapallo eine große historische Leistung erblickten, sofort erkannte, daß eine Staatsmacht, die im Inneren den Kommunismus bis aufs Messer bekämpfte und sich außenpolitisch mit ihm verbündete, unglaubwürdig werden mußte. Für ihn war Politik eine moralische Kategorie.

Während die nach allen Seiten hin euphorische Stimmung einerseits nationalistische Töne für und gegen das Abkommen von Rapallo laut werden ließ, das Scheitern der Konferenz von Genua überdeckte und vorübergehend auch die allgemeinen Belastungen verdrängte, war zerbrochen, was sich bis dahin als fruchtbar erwiesen hatte: Das gute Verhältnis zwischen Wirth und der sozialdemokratischen Reichstagsfraktion, auf die er als Reichskanzler angewiesen war. Und auch auf einer anderen Ebene hatte Rapallo Folgen. Während Brockdorff-Rantzau als der für Moskau vorgesehene Botschafter am 15. August 1922 davor warnte, um der deutschen Beziehungen zum Westen willen auch nur den Anschein einer deutschen militärischen Bindung an den Osten entstehen zu lassen, verfocht der Reichswehrchef General von Seeckt zur gleichen Zeit das krasse Gegenteil.

Der strategisch und taktisch umsichtig und eigenwillig planende preußische Offizierssohn und Generalstäbler Seeckt, der als Stabschef der Heeresgruppe von Mackensen die Russen während des Krieges kennengelernt, im Mai 1915 die Durchbruchschlacht bei Tarnow-Gorlice geleitet und die russische Südfront zerbrochen hatte, empfahl dem Kanzler, Rußland politisch, militärisch und wirtschaftlich zu stärken, sich eine „dienstbare Rüstungsindustrie in Rußland" heranzubilden, mit Rußland zusammen Polen von der Landkarte „verschwinden" zu lassen und damit zugleich auch „eine der stärksten Stützen des Versailler Friedens, die Vormachtstellung Frankreichs", zu liquidieren.

Mit seiner Ernennung zum Chef der Heeresleitung im März 1920 war wieder „der Geist der Armee" in die Truppe – und vor allem in deren Führung – eingezogen, hatte sich rasch das Trauma der Demütigung zu verflüchtigen begonnen.

Während der Sozialdemokrat Noske sich bemüht hatte, das Heer mit der Republik zu versöhnen, tat Seeckt ungefähr das Gegenteil. Seit Anbeginn legte er es darauf an, das Militär diszipliniert und in monarchistisch preußischer Tradition zu erziehen. Es sollte nach seinen Ambitionen eigentlich nur ihm gehorchen und dem Reichstag und der Staatsführung entzogen werden. Ungestraft durften militärische Einheiten weiterhin die kaiserlichen schwarz-weiß-roten Kokarden an ihren Mützen tragen und offen von „schwarz-rot-gelb" reden, wenn sie die Nationalfarben der Republik meinten. Seiner militärischen Karriere entsprechend und seinen Plänen Rechnung tragend, aus dem erlaubten Restheer ein Kaderheer für spätere Regierungen mit Eroberungs- und Hegemonialabsichten in Europa zu schaffen, bevorzugte er beim Umbau der im Frühjahr 1920 auf 100 000 Mann reduzierten Reichswehr vor allem Stabsoffiziere und adelige Offiziere, deren Anteil während des Krieges nur rund 9 Prozent betragen hatte. 1925 waren es dank Seeckt bereits knapp 24 Prozent. Fast die Hälfte der Offiziere stammte aus Offiziersfamilien, was das Heer der Republik zu einer allgemein unbeliebten sozialen Kaste machte und den Graben zwischen Heer und Republik noch mehr vertiefte.

Zielstrebig umging Seeckt, der holzschnitthaft arrogant wirkende, Monokel tragende Offizier, der schon zu Wilhelm II. Zeiten beliebtes Karikatursujet gewesen war und dies auch nach seiner Ablösung blieb, beim Aufbau der Reichswehr Bestimmungen des Versailler Vertrages, der zwar geltendes Reichsrecht darstellte, dem Reich jedoch von den Alliierten unter Androhung von Kriegsfolgen bei Nichtunterzeichnung aufgezwungen worden war, so daß es in Deutschland schließlich weder Parteien noch Regierungen gab, die ihn für unantastbar hielten.

Nach sechs Jahren Seeckt-Führung verfügte die Reichswehr über die fünffache Menge der Deutschland in Versailles zugestandenen Gewehre und Karabiner, über die siebenfache Anzahl der erlaubten Minenwerfer und über das sechsfache Kontingent an Geschützen und Kanonen. „Wehrverbände" und „Arbeitskommandos", getarnte militärische Verbände, wurden im Osten mit Unterstützung der Großgrundbesitzer unterhalten. Eine heimliche, straff organisierte, hervorragend disziplinierte, gut ausgerüstete, fanatisch nationalistisch orientierte und bald von Nationalsozialisten durchsetzte sogenannte „Schwarze Reichswehr" stand für Notfälle – vor allem in den Ostprovinzen des Reiches – bereit. Obwohl Seeckt danach strebte, Deutschland zu vergrößern, trachtete er nicht auch danach, direkte politische Führungspositionen zu bekleiden.

Als Hitler beispielsweise im November 1923 in München putschte und die gesamte vollziehende Gewalt im Reich Seeckt übertragen wurde, nutzte er die Vollmachten nicht für Zwecke, die außerhalb seines Auftrages lagen.[51] Ende Februar 1924, nachdem wieder Ruhe eingekehrt war, legte er die ihm anvertraute

[51] Am 9. November 1923 hatte Ebert folgende Verordnung erlassen: „Auf Grund Art. 48 der Reichsverfassung verordne ich, wie folgt:
§ 1. Die Ausübung des mir verfassungsmäßig zustehenden Oberbefehls über die Wehrmacht des Reiches übertrage ich auf den Chef der Heeresleitung. General von Seeckt.
§ 2. In Abänderung meiner Verordnung vom 26. September 1923 übertrage ich die vollziehende Gewalt an Stelle des Reichswehrministers dem Chef der Heeresleitung General von Seeckt, welcher alle zur Sicherung des Reiches erforderlichen Maßnahmen zu treffen hat.
§ 3. Diese Verordnung tritt sofort in Kraft."

Macht in die Hände der verfassungsmäßigen Gewalten zurück, wie Friedrich Ebert dies klug und vorausschauend arrangiert hatte. Doch bis 1926, bis Hindenburg, der Nachfolger Eberts als Reichspräsident, den aristokratischen General wegen seiner Eigenmächtigkeit nicht länger im Amt sehen wollte und ihn wegen eines vom Reichswehrminister Otto Geßler an den Haaren herbeigezogenen Anlaß[52] entließ, bestimmte er das Gesicht des Staates im Staate, der Reichswehr, die Offiziere, Unteroffiziere und Mannschaften an Flugzeugen und Panzern auf Plätzen ausbilden ließ, die Rußland seinem Rapallo-Vertrag-Partner Deutschland in Rußland zur Verfügung stellte.

„Der Feind steht rechts"

Der Feind „steht rechts", hatte Joseph Wirth am 25. Juni 1922 nach der Ermordung Rathenaus im Reichstag erklärt und sich dabei nach rechts gewandt, wo nicht nur die Abgeordneten der Deutschnationalen Volkspartei (DNVP), sondern auch der Deutschen Volkspartei (DVP) saßen, die als Vertreter der Reichsbank und der Großindustrie galten und politisch schließlich auch des Kanzlers Zustimmung fanden. Jetzt sahen sie sich zu Unrecht mit den Deutschnationalen auf die Anklagebank verwiesen und pauschal der DNVP zugeordnet, die 1925 mit Hans Luther, 1927 mit Wilhelm Marx, 1932 mit Franz von Papen und 1933 mit Adolf Hitler als Kanzlern Regierungspartei war und mit ihrem Abgeordneten Wilhelm Hennig die Vorstellung teilte, die dieser 1922 im Juniheft der „Konservativen Monatsschrift" publizierte. „Kaum hat der internationale Jude Rathenau", so hatte es dort geheißen, „die deutsche Ehre in seinen Fingern, so ist davon nicht

52 Nach der Teilnahme des ältesten Sohnes des Kronprinzen an einer militärischen Übung, vom Reichsminister Geßler durch die Presse gezielt an die Öffentlichkeit gebracht, mußte Seeckt, der mit dem Reichspräsidenten Paul von Hindenburg seit dem Krieg verfeindet war, seinen Platz räumen.

mehr die Rede ... Die deutsche Ehre ist keine Schacherware für internationale Judenhände! ... Die deutsche Ehre wird gesühnt werden. Sie aber, Herr Rathenau ... werden vom deutschen Volk zur Rechenschaft gezogen werden, ,sonst hätte', um Ihre eigenen Worte zu gebrauchen, ,die Weltgeschichte ihren Sinn verloren'."

So rhetorisch effektvoll und inhaltlich authentisch Wirths Formulierung vom 25. Juni war, sowenig klug und vorausschauend war sie politisch; denn die zur Stabilisierung seiner jungen Regierung (Zentrum, SPD und DDP) und zum Eintritt in sie bereite Deutsche Volkspartei sah sich durch den Kanzler ebenso drastisch auf die Anklagebank verwiesen wie die Deutschnationale Volkspartei und versagte sich daher dem um eine Große Koalition und um die Trennung der Rechtsradikalen von den gemäßigten Rechten bemühten Kabinettschef. Da zudem die an einer neuerlichen Koalition – wie im November 1918 im Rat der Volksbeauftragten – mit den Unabhängigen Sozialdemokraten interessierten Sozialdemokraten unter Wirth eine Große Koalition mit der Deutschen Volkspartei, die Gustav Stresemann 14 Monate später zustande brachte, nicht nur ablehnten, sondern die DVP-Bereitschaft auch noch verletzend zurückwiesen, wurde der „Erfüllungspolitik"-Regierung Wirth die sichere Basis zur Durchsetzung der vom Kanzler verfolgten Politik entzogen.[53]

Daß die SPD einer Koalition mit der Deutschen Volkspartei zugestimmt hätte, wenn nicht Wirth Reichskanzler gewesen wäre, stellte sich erst später heraus. Die Deutsche Volkspartei nahm dem Regierungschef den öffentlichen Vorwurf der Republikfeindlichkeit übel. Die SPD verzieh ihm weder den Rapallo-Vertrag noch die Tatsache, daß er den politischen Kurs der Reichsbank und der Großindustrie verfocht. Vom 13. August bis zum 30. November 1923 dagegen, unter dem DVP-Kanzler Stresemann, gab es die Probleme – zumindest an der Oberfläche –

53 Nach Artikel 54 der Reichsverfassung bedurften der Reichskanzler und die Reichsminister des Vertrauens des Reichstages. „Jeder von ihnen muß zurücktreten", hieß es, „wenn ihm der Reichstag durch ausdrücklichen Beschluß sein Vertrauen entzieht."

nicht. Da ging es weiterhin, wie schon unmittelbar nach dem Rathenau-Mord, um die Frage, was denn nun durch ein neues Gesetz geschützt werden sollte: der Staat, die Republik oder die Verfassung. Während die SPD die Republik vor Schaden bewahren wollte, meinten das Zentrum, die Deutsche Demokratische Partei und die Deutsche Volkspartei, daß die Verfassung und der Status quo der rechtlichen und politischen Ordnung des Schutzes bedürften. Die im Reichstag gegen die Stimmen der DNVP, der Bayerischen Volkspartei und einiger Abgeordneter der Deutschen Volkspartei schließlich beschlossene Formel „verfassungsmäßige republikanische Staatsgewalt" war ein Kompromiß, der jedoch die zur Verfassungsänderung nötige Zweidrittelmehrheit eintrug und garantierte. Das „Berliner Tageblatt" erklärte am 25. Juni 1922, daß es „die Maßnahmen der Regierung" nach dem Rathenau-Mord billige und dabei „nur den einen Wunsch" habe, „daß sie nicht bloß eine Fassade bleiben (möchten) wie nach dem Erzberger-Mord".

Am 27. Juni forderten der Allgemeine Deutsche Gewerkschaftsbund, der Allgemeine Freie Angestelltenbund, die SPD, die USPD und die Kommunistische Partei von der Regierung und dem Reichstag, daß ab sofort jeder monarchistischen und antirepublikanischen Agitation entgegengetreten werden müsse und alle monarchistischen und antirepublikanischen Verbindungen aufzulösen und ein außerordentlicher Gerichtshof in Berlin einzusetzen sei. Aus Regierungsstellen und Behörden, einschließlich der Gerichte und Reichswehr, sollten alle monarchistischen oder antirepublikanischen „Elemente" entfernt und die Rechtsvorschriften beseitigt werden, die diesen Forderungen widersprächen. Außerdem sollten monarchistische Fahnen und Embleme von öffentlichen Gebäuden beseitigt, aus dem Heeresdienst ausgeschiedenen Offizieren das Tragen der Uniformen untersagt und diejenigen der Bestrafung zugeführt werden, die in Tat, Wort oder Schrift gegen die republikanischen Farben und Fahnen beleidigend und verletzend wirkten. In den ersten Julitagen zogen Berliner Sozialdemokraten in ostentativer Protesthaltung mit einem Galgen und einer Ludendorff-Imitation durch die Straßen des Berliner Westens. Entschlossen, dank des parlamentarisch gesicherten Vollmachtzuwachses, anders als nach dem Kapp-Putsch und nach dem Erzberger-Mord verfahren und wenigstens einen Teil der Feinde der Republik durch neue Gesetze den Boden entziehen zu können, griffen die Reichsregierung und einige Landesregierungen energisch gegen die radikale Rechte durch. Die Reichsregierung legte dem Reichstag das „Gesetz zum Schutz der Republik", das Beamtengesetz und das Reichskriminalgesetz vor. Der preußische Innenminister Carl Severing löste die Deutschvölkische Freiheitspartei auf und ließ eine Anzahl völkischer Führer verhaften. Der Verband nationalgesinnter Soldaten, der Deutschvölkische Schutz- und Trutz-Bund, der Bund der Aufrechten und der Stahlhelm, mußten ihre Geschäftsstellen schließen und ihre Tätigkeit aufgeben. Der Oberpräsident von Niedersachsen verfügte die Auflösung der Deutschsozialen Partei und des Hochschulringes deutscher Art, der auch an der Universität Jena liquidiert wurde. In Sachsen wurden der Bund der Getreuen, der Verein der Kleinkaliberschützen, der Verein Freikorps Oberland und einige Zeitungen verboten. Hitlers NSDAP wurde am 15. November 1922 in Preußen, danach in Sachsen, in Thüringen und in Schaumburg-Lippe aufgelöst. In Hamburg ereilte dies „Schicksal" am 22. November die NSDAP und rund 20 sogenannte nationale Organisationen, während die NSDAP am 29. April 1923 in Hessen und am 18. September 1923 in Braunschweig verboten wurde.

Die Totengräber der Republik und Demokratie sahen sich überall dort nun zwar gezwungen, ihre Organisationen aufzulösen; aber ihre aktivistischen Tätigkeiten stellten sie dennoch nicht ein. Da bei den Behörden nicht registriert war, über wieviele Mitglieder sie verfügten, herrschte bei ihnen Unsicherheit hinsichtlich der Wirkungsmöglichkeiten dieser Staatsfeinde. Je lauter und radikaler sie sich gebärdeten, je mehr Respekt erheischten sie. So berichtete beispielsweise die Hamburger Polizeibehörde am 25. November 1922 über die NSDAP:

„1. Die Versammlungen der ‚Nationalsozialistischen Deutschen Arbeiterpartei' sind wiederholt von der Polizei verboten worden, weil die Besorgnis gerechtfertigt war, daß in ihnen Erörterungen stattfinden würden, die den Tatbestand einer ... strafbaren Handlung(en) bilden. Um ferneren Verboten zu entgehen, hat der Verein sich den polizeilichen Nachforschungen dadurch entzogen, daß er am 16. November 1922 ... unter Mißbrauch des Namens ,Wanderbund E. V.' seine Versammlungen abgehalten hat.

2. Der Verein hält rege Beziehungen zu den Mitgliedern mehrerer verbotener und aufgelöster Vereine. Sein erster Vorsitzender bekleidete dasselbe Amt bei dem aufgelösten ,Bund der Aufrechten', außerdem war er förderndes Mitglied des aufgelösten ,Junglehrerbundes Baldur'. Mitglieder der ,Sprengkolonne Warnecke', die im Juni 1922 durch ihre zahlreichen Sprengstoffanschläge Hamburgs Bevölkerung wochenlang in Aufregung hielt, gehören dem Verein an und stehen mit ihm in Verbindung. Die Sprengkolonne Warnecke setzte sich fast ausschließlich aus Mitgliedern zusammen, die der Organisation C(-onsul) angehörten, und mehrere von diesen waren auch Mitwisser des Mordes an Reichsminister Rathenau. Unter den bei dem ersten Vorsitzenden beschlagnahmten Druckschriften befanden sich solche des ,Deutschvölkischen Schutz- und Trutz-Bundes', des ,Alldeutschen Verbandes' und des ,Verbandes nationalgesinnter Soldaten' in so großer Zahl, daß auf eine Verbreitung dieser Druckschriften durch ihn zu schließen ist.

3. Die Hauptgeschäftsstelle (Hitlers) in München, die mit der hiesigen Ortsgruppe in ständigem schriftlichen Verkehr steht, fordert in einem Rundschreiben unmittelbar nach dem Morde Rathenaus u. a. Bericht über die hiesige politische Lage.

4. Die ,Nationalsozialistische Deutsche Arbeiterpartei' steht nach ihrem Programm hinsichtlich ihrer antisemitischen republikfeindlichen Verhetzung mit dem ,Deutschvölkischen Schutz- und Trutz-Bund' auf einer Stufe. Den Juden spricht sie selbst das Recht ab, deutsche Staatsbürger zu sein.

5. Im übrigen treffen die für die Auflösung der ,Nationalsozialistischen Deutschen Arbeiterpartei' in Preußen maßgebend gewesenen Gründe auch für die Hamburger Ortsgruppe zu. Insbe-

sondere hat auch diese einen ‚Sturmtrupp' gebildet, besitzt eine Fahne und verlangt von ihren Mitgliedern die Ableistung eines Treueides auf diese Fahne, durch den den Führern Treue und Gehorsam bis in den Tod und der Fahne Treue und Gefolgschaft bis zur Erkämpfung des Sieges gelobt wird. All diese Tatsachen beweisen, daß es sich bei der ‚Nationalsozialistischen Deutschen Arbeiterpartei' um eine staatsfeindliche Verbindung im Sinne ... des Gesetzes zum Schutze der Republik handelt."

Doch allen staatlichen Maßnahmen zum Trotz: Die NSDAP-„Ortsgruppe" Hamburg bestand weiter. Am 10. Juli 1923 meldete die Pressestelle der Hansestadt: „Bei einer Durchsuchung der (NS-)Geschäftsräume ... wurde zahlreiches Material vorgefunden, nach dem die verbotene Nationalsozialistische Deutsche Arbeiterpartei in Hamburg bis in die neueste Zeit fortgeführt worden ist. (Der Ortsgruppenleiter) Klant ist deshalb festgenommen und dem hiesigen Amtsgericht zugeführt, das Haftbefehl wegen Verletzung des Gesetzes zum Schutze der Republik gegen ihn erlassen hat."

Daß zwischen diesen Erklärungen und der tatsächlichen Substanz der NSDAP Welten klafften, wußten nur Hitler, seine unmittelbare Umgebung und die in München registrierten Mitglieder seiner Partei in Hamburg. Erst im Frühjahr 1922 war in Mannheim die erste NSDAP-Ortsgruppe außerhalb Bayerns entstanden, wo es in den Ortsgruppen Rosenheim, Passau und Landshut insgesamt nur 625 eingeschriebene Mitglieder gab.[54] Nicht ohne Grund sprach Hitler nicht von der Partei, sondern von der „nationalsozialistischen Bewegung", wenn er die NSDAP und ihr Umfeld meinte. Mit den Mitgliedern der NSDAP allein hätte er nichts bewirken können, was über enge regionale Grenzen hinausgegangen wäre. Das Reservoire für seine Attacken gegen den demokratischen Staat resultierte aus ungezählten Anhängern, von denen viele der SA angehörten,

[54] Wie groß die Anzahl der eingeschriebenen NSDAP-Mitglieder der Ortsgruppe (und Zentrale) München war, ist nicht feststellbar. Erhalten geblieben ist aus der Zeit lediglich ein Mitgliederverzeichnis, das bis zum 29. Mai 1920 reicht und nur 675 Mitglieder ausweist.

ohne jedoch Mitglied der NSDAP zu sein. So war Hitler kim Oktober kl1922 beispielsweise in der Lage, 800 Mitglieder der SA für eine Straßenschlacht in Coburg zusammenzustellen und dort am Tage und auf offener Straße politische Gegner ungestraft terrorisieren und zusammenschlagen zu lassen. Doch schon ein Jahr später war auch die NSDAP selbst ein Machtfaktor. Im November 1923 konnte Hitler über 55 787 Mitglieder gebieten, die sich des „Schutzes" ungezählter SA-Leute sicher waren.

In Bayern, wo Hitler seine Parteizentrale unterhielt, wo er lebte und wo die Bayerische Volkspartei als konservativ-partikularistische „Schwester" des Zentrums, die DDP, die deutschnationale Bayerische Mittelpartei und der offen königstreue Bayerische Bauernbund eine Regierungskoalition bildeten, gab es für ihn keinerlei Schwierigkeiten. Dort wurde beispielsweise der „Bund Oberland" am 23. September 1922 zwar offiziell aufgelöst, doch er bestand unter dem kaum veränderten Namen „Treu Oberland" weiter und schloß sich der NSDAP an, die nicht verboten wurde.

Der bayerische Ministerrat beschloß während der Verhandlungen des Reichstages über den Entwurf des Republikschutzgesetzes am 1. Juli 1922: „Die gegenwärtigen Ereignisse sind nur ein Symptom für eine ganze Entwicklung, die für uns unannehmbar ist, weil sie auf eine Arbeiterdiktatur hinsteuert. Die Reichsregierung kommt den Wünschen der Linken rückhaltlos entgegen . . . Unsere Parole . . . muß sein: ‚Für die demokratischen Freiheiten gegen die Reichsregierung'."

Preußische Kriminalbeamte, die in München im Zusammenhang mit dem Rathenau-Mord ermittelten, wurden festgenommen und abgeschoben. Die bayerischen Militärs, auf die das „nationale" Bayern voll Erwartung blickte, schritten sofort zu Aktionen gegen Berlin und riefen das Reichswehr-Infanterie-Regiment 21, das in Ohrdruf in Thüringen übte, nach Grafenwöhr zurück. Am 24. Juli erließ die bayerische Regierung eine Sonderverordnung gegen das Republikschutzgesetz der Reichsregierung. Der offene Konflikt war da. Am 26. Juli 1922 erklärte das Reichskabinett die bayerische Sonderverordnung für nichtig und forderte die Anerkennung der Anordnungen der Reichsregierung. Am 28. Juli 1922 drohte Friedrich Ebert Bayern mit dem Artikel 48 der Reichsverfassung, in dem es hieß: „Wenn ein Land die ihm nach der Reichsverfassung oder den Reichsgesetzen obliegenden Pflichten nicht erfüllt, kann der Reichspräsident es dazu mit Hilfe der bewaffneten Macht anhalten. Der Reichspräsident kann, wenn im Deutschen Reiche die öffentliche Sicherheit und Ordnung erheblich gestört und gefährdet wird, die zur Wiederherstellung der öffentlichen Sicherheit und Ordnung nötigen Maßnahmen treffen, erforderlichenfalls mit Hilfe der bewaffneten Macht einschreiten."

Erst diesem massiven Druck aus Berlin beugte sich der bayerische Ministerpräsident Hugo Graf Lerchenfeld-Koefering. Am 3. August 1922 gab er nach. Jetzt tauchten in Bayern auch wieder die politischen Exponenten auf, die es vorübergehend für besser gehalten hatten, von der politischen Bühne zu verschwinden. Einer von ihnen war Gustav von Kahr, den die bayerischen Reichsfeinde im März 1920 während des Kapp-Putsches zum Ministerpräsidenten erhoben hatten. Er hatte keine Mühe, wieder den Anschluß zu finden; denn die Symbole, denen er einst die Treue geschworen hatte, verloren ihren Glanz in Bayern nicht. Überall dort, wo Soldatenverbände aufmarschierten, Offiziersvereinigungen Wittelsbacher-Feiern veranstalteten, wo schwarzweißrote Fahnen neben den weißblauen Bayern-Fahnen gehißt oder durch die Straßen getragen wurden, konnten die Akteure hoffen, auch den ehemaligen bayerischen Ministerpräsidenten als Verfechter der „guten alten Zeit" anzutreffen. Vor Studenten forderte er die Wiedereinführung der Wittelsbacher-Monarchie, stand neben Prinz Rupprecht, wenn er Offiziers-, Unteroffiziers- oder Mannschaftsparaden abnahm, referierte in sogenannten nationalen Versammlungen und wußte seine ehemaligen Ministerkollegen ständig mit diesen Gedanken zu beschäftigen.

Daß die katholische Kirche im überwiegend katholischen Bayern ostentativ für die Monarchie und gegen die Berliner Reichsregierung argumentierte, kam den Rechtsradikalen zugute. Die beispielsweise in „Das Bayerische Vaterland" vom 28. August 1922 publizierte Äußerung des Kardinals Faulhaber, daß die „Revolution ... Meineid und Hochverrat und ... mit einem Kainszeichen gezeichnet ... (sei) auch wenn sie da und dort gute Erfolge hatte“, blieb nicht ungehört. Alle diejenigen, die der legalen sozialdemokratischen bayerischen Regierung im Frühjahr 1920 das gewaltsame Ende bereitet hatten, waren nun, nach dem Rathenau-Mord, wieder in aller Munde. Unverhüllte Drohungen aus München, sich im Falle von unliebsamen Reichsmaßnahmen gegen Bayern Frankreich zu nähern, veranlaßten Wirth, der ein noch weiteres Abdriften der bayerischen Regierung nach rechts befürchtete, Bayern eine Reihe von Sonderrechten zuzugestehen.

Sturz der Regierung Wirth

Der durch Intrigen vorbereitete und auf doppelbödigen parteipolitischen Führungsebenen betriebene Sturz des sowohl von der SPD als auch von der DVP abgelehnten (insgesamt 549 Tage regierenden) Kanzlers Wirth im November 1922 hatte Ebert Probleme besonderer Art „beschert“. Nachdem seine Parteigenossen Hermann Müller und Otto Wels mit dem DVP-Führer Gustav Stresemann vereinbart hatten, Wirth abzulösen und dessen Kabinett durch eine Große Koalition zu ersetzen, Wirth zurückgetreten war und der als Wunschkandidat der „Königsmacher“ vorgesehene Kölner Oberbürgermeister Konrad Adenauer schließlich nicht die Zustimmung der irritierten SPD-Fraktion fand, sah er in der Berufung des hanseatischen Großkaufmanns Wilhelm Cuno die nach seiner Ansicht einzige Chance, die verfahrene Situation aus dem parteipolitischen Gezänk herauslösen und berechenbare Politik initiieren zu können. Cuno hatte zwar noch kein Parlament von innen gesehen; aber er verfügte als Generaldirektor der HAPAG über bemerkenswerte internationale Beziehungen – vor allem in England –, war gebildet, trat weltmännisch auf, verhandelte gewandt, verbreitete Optimismus und Sicherheit und gehörte keiner politischen Partei als Mitglied an. Daß er der Deutschen Volkspartei nahestand, behagte zwar vielen Sozialdemokraten nicht; aber sie schieden als Verlierer dieses Regierungswechsels mit Cunos Amtsübernahme auch aus der Regierung aus.[55] Und, Cuno, der eine industriefreundliche „Fach"-Regierung aus Vertretern der DVP, des Zentrums, der DDP und Parteilosen bildete, erschien als der Mann des Reichspräsidenten, der in seinem neuen Kanzler auch so etwas wie einen Fachminister sah.

Der Beifall, den Cuno sofort in Großbritannien und in der deutschen Industrie und Wirtschaft fand, suggerierte vor allem den gemäßigten Rechtskreisen Hoffnung. Daß er in schwierigen politischen Situationen zuweilen ein wenig ratlos war und manchmal naiv reagierte, stellte sich erst nach und nach heraus.

Schon rund sechs Wochen nach seiner Berufung wehte ihm und seiner Regierung ein eisiger Wind aus Frankreich ins Gesicht. Entgegen der Stimmen der Briten, die Deutschland einen Zahlungsaufschub zu gewähren bereit waren, bestand die Regierung Poincaré auf den alliierten Rechten – und auf strikte Termineinhaltung. Immer die Schwächung Deutschlands und die Ausdehnung der Grenzen Frankreichs im Auge, monierte sie den Verzug deutscher Telegraphenstangenlieferungen und entsandte am 11. Januar 1923 eine von fünf französischen Divisionen und belgischen Truppen „begleitete" Ingenieurskommission in das Ruhrgebiet. Sie sollten, – völkerrechtswidrig – aus dem Machtzentrum Deutschlands gewaltsam holen, was Frankreich forderte. Unmittelbar nach Beginn der Ruhrbesetzung rief die Regierung Cuno den „passiven Widerstand" aus. Die Botschafter aus Paris und Brüssel wurden abberufen und die Reparationszahlungen an Belgien und Frankreich unverzüglich eingestellt. Poincaré, der sich nun an der Schwelle seines „großen" Sieges stehen sah, stieß

[55] In der Regierung Wirth hatten sie den Vizekanzler (Bauer), den Innenminister (Köster), den Wirtschaftsminister (Schmidt) und den Justizminister (Radbruch) gestellt.

in Deutschand auf lodernde Empörung und mußte bald erkennen, daß er sich in seinen Erwartungen getäuscht hatte.

Die Deutschen beugten sich an den Bajonetten nicht. Die Reichsregierung untersagte den Behörden, Weisungen der Besatzungsmächte auszuführen. Im Ruhrgebiet und im Rheinland streikten die Arbeiter. Eisenbahnen, Schiffe und andere – mit Waren für Frankreich und Belgien beladene – Transportmittel wurden nicht in Marsch gesetzt. Wie im August 1914, so bewegte die Deutschen auch jetzt eine nationale Hochstimmung, die sie Opfer jeder Art ertragen ließ. Die aktivistische extreme Rechtsfront frohlockte. Sie ersetzte den „passiven Widerstand" durch aktiven Widerstand und suchte ihre eigene Existenz durch „patriotische" Aktionen zu rechtfertigen.

In München war Adolf Hitler es, der die Zwangslage der Nation und des Reiches im Sinne seiner „Weltanschauung" zu nutzen versuchte. Daß er allerdings – anders als die meisten anderen Rechtsradikalen – den aktiven Widerstand gegen die Franzosen und Belgier weder unterstützte noch begrüßte, sondern ausdrücklich verurteilte und den Belgiern und Franzosen lautstark moralische Unterstützung gegen die Reichsregierung leistete, irritierte nicht nur die politische Rechtsfront. Hitler war überzeugt, daß es eine günstigere Situation zum Sturze der nach seiner Auffassung „Landesverrat" treibenden – und von ihm als „Novemberverbrecher" bezeichneten – Reichsregierung bis dahin kaum gegeben habe. Niemals zuvor hat er so ostentativ demonstriert, daß er andere Wege gehen wollte als andere Politiker in Deutschland. Während der bayerische Ministerpräsident Königbauer und andere bayerische Politiker dazu aufriefen, den „französischen Imperialismus" zu bekämpfen, während die nationalgesinnte deutsche Bevölkerung am offiziell angesetzten „Trauertage" nachdrücklich demonstrierte, daß sie die fanzösisch-belgische Aktion mißbilligte und bereit war, sich hinter die deutsche Regierung zu stellen, schwieg der wortgewaltige Führer der Nationalsozialisten. Offen bekannte er, welches Ziel er verfolgte und welche Chance er für sich und seine Partei in dieser Situation erblickte. „Nicht nieder mit Frankreich, sondern nieder mit den Novemberverbrechern“, sagte er zum Beispiel am 11. Januar 1923 während einer Versammlung im Circus Krone. Und auch in „Mein Kampf“, wo er die Ruhrbesetzung als eine „für Deutschland ... große, entscheidende Schicksalsstunde“ und als „die unendlich verheißende Möglichkeit zur Beendigung des deutschen Leidens überhaupt“ darstellte, schrieb er 1925 noch: „Allein nicht nur außenpolitisch, sondern auch innenpolitisch war für Deutschland der Ruhreinfall der Franzosen von größter Zukunftsmöglichkeit.“

Hitlers Anhänger und Verbündete waren von der Haltung des Führers der NSDAP verblüfft. Zu ihrer Bestürzung gab er bekannt, daß er jeden Parteigenossen aus der NSDAP ausschließen werde, der sich am aktiven Widerstand beteiligte. Einige Mitglieder „meuterten“. Hitler blieb jedoch bei seiner Politik und ließ eine „Schwarze Liste“ anlegen, in der die Mitglieder genannt wurden, die „meuterten“ und aus der Partei ausscheiden mußten. Dabei störte ihn kaum, daß er beschuldigt wurde, für die von ihm verfochtene deutschfeindliche Haltung von französischer Seite bezahlt zu werden. „Von politischer Bedeutung ist“, schrieb beispielsweise die „Münchener Post“ am 9. Februar 1923, „daß Frankreich die nationalsozialistische Partei in München mit großen Geldmitteln gefördert hat, die moralische Einheitsfront aller Deutschen in der Frage der Ruhrbesetzung von hinten zu erdolchen.“

Als die Zeitung zwei Wochen später gegen Hitler und die NSDAP den Vorwurf erhob, von Frankreich mit Geld unterstützt worden zu sein, erklärte Hitler zwar, daß er „jede dahin zielende Behauptung als eine niedrige Verleumdung“ bezeichne, doch später, während seiner Haft in Landsberg, behauptete er durchsichtig, daß es „aus nationalen Interessen nicht zweckmäßig“ sei, in der „Öffentlichkeit darüber zu reden oder zu schreiben.“ Vorerst müsse genügen, was die Öffentlichkeit ohnehin bereits durch die „öffentlichen Verhandlungen“ erfahren habe. Sicher scheint, daß ihm und der NSDAP beträchtliche Summen aus Frankreich zugeflossen sind. Der Ausbau und die Ausrüstung der SA, die während der Ruhrereignisse einen erheblichen Aufschwung erlebte, waren anders schwerlich zu erklären.[56]

Während sich die links- und rechtsradikalen politischen Kräfte ganz allgemein zu einer Aktionsfront gegen die französischen und belgischen Interventen zusammenschlossen, nutzte Hitler die politische Situation auf eine für viele Beobachter überraschende Weise. Seine „,Hakenkreuzler' (konzentrierten ihre Angriffe) auf Arbeiter" nur noch mehr, wie die „Münchener Post" sich ausdrückte. Die Gegenaktionen der Sozialdemokraten gegen die Übergriffe der SA waren unbedeutend, die klassenkämpferische Aggressivität der Kommunisten gegen den in Deutschland eingedrungen Feind gerichtet. Aufschlußreich erscheint dabei, daß der Anstoß zur Bildung der „nationalen" Abwehrsymbiose aus Kommunisten und rechtsradikalen Gruppen von den Kommunisten ausging.

Hitler stand abseits. Offen trug er zur Schau, daß es ihm nicht um den Zusammenschluß aller nationalen Kräfte zur Unterstützung der Reichsregierung ging. Ohne Umschweife drohte er, in dieser Krise den „marxistischen Landesverrätern und Volksmördern endgültig das Handwerk" legen zu wollen. Gegen Berlin, gegen die „Novemberverbrecher", wäre er jederzeit marschiert, gegen ihre ausländichen Gegner und Feinde jedoch tat er dies nicht. Die Kommunisten hingegen waren seit Anfang Januar 1923, seit dem Beginn der Ruhrbesetzung, zum offensiven Kampf gegen die Eindringlinge – und zu einem Burgfrieden mit der Reichsregierung – bereit. Dennoch hat Hitler versucht, sie vorübergehend auf seine Seite zu ziehen. Doch abgesehen von einzelnen Sympathiekundgebungen gelang es ihm nicht, die Kommunisten unter seinen Einfluß zu bringen. Wenn der von

[56] Die in der 1932 von Professoren der Berliner Universität verfaßten Darstellung der NSDAP aufgestellte Behauptung, daß Hitler für jede Tonne Ruhrkohle, die nach Frankreich transportiert wurde, 0,20 Mark erhalten hätte, ist nicht zu belegen. Und zu bewiesen ist auch nicht, daß Hitler in jedem Falle genau über die Herkunft der finanziellen Zuwendungen informiert war. Vgl. dazu auch auf S. 144 die Ausführungen über den Zuwachs der Mitglieder der NSDAP bis November 1923.

Lenin besonders geschätzte Karl Radek auch dem von den Franzosen erschossenen aktiven Widerstandskämpfer Albert Leo Schlageter am 20. Juni 1923 nachrief, daß die Kommunisten „alles tun“ würden, um zu verhindern, daß „die Männer wie Schlageter, die bereit waren, für eine allgemeine Sache in den Tod zu gehen“, zu „Wanderern ins Nichts“ gestempelt würden und Ruth Fischer forderte, die „Judenkapitalisten“ an „die Laterne“ zu hängen und zu „zertrampeln“, so durfte dahinter keine Bereitschaft zur gemeinsamen Aktion womöglich mit Hitler und seiner Partei gesucht werden. Eine Zusammenarbeit zwischen der NSDAP und der nationalbolschewistischen Front hat es in jener Zeit nicht gegeben.

Reparationen ohne Ende

Den Kabinetten Wirth und Cuno war es 1922 nicht möglich gewesen, im freien Güteraustausch international anerkannte Zahlungsmittel auf den Weltmärkten zu erwerben. Die Inflation und die innerdeutschen Unruhen hatten das Ausland davon abgehalten, dem um seinen Fortbestand ringenden Reich Anleihen zu gewähren. Hatte der US-Dollar im Janaur 1922 „nur“ rund 190 Mark gekostet, war es im Januar 1923 knapp das Hundertfache: 17 972 Mark. Ein paar Wochen nach der Ermordung Rathenaus gerieten die Reparationsverhandlungen mit den Alliierten völlig in eine Sackgasse. Infolge ihrer Schwierigkeiten erklärte die Reichsregierung Wirth, nicht mehr in der Lage zu sein, die Reparationszahlungen fortzusetzen – und bat die Siegermächte um ein Moratorium bis zum Jahresende.

Darauf hatte der in Deutschland als hemmungsloser Imperialist und Deutschenhasser apostrophierte und nicht nur von den Rechtsradikalen verfluchte französische Präsident Poincaré im Gegensatz zu den Regierungen der USA und Großbritannien gewartet, die für die deutsche Lage Verständnis zeigten. Schon am 22. Juli 1922 hatte er auf die formalen französischen Rechte gepocht und erklärt: „Wenn Deutschland zahlt, dann müssen wir das Rheinland räumen und würden den Nutzen unserer Experimente verlieren, um ... mit den Waffen in der Hand, die Bevölkerung am Ufer des Grenzflusses zu erobern ... Ich ... ziehe die Besetzung und die Eroberung dem Geldeinstreichen und Reparationen vor." Sinn, Zweck und Ziel der französischen Ruhrbesetzung waren Ausdruck eines leicht zu erkennenden Konzepts.

Der Schritt Poincarés mußte die Weimarer Republik empfindlich treffen. Seit dem Verlust Oberschlesiens lieferte das Ruhrgebiet, das sich unter der Kontrolle eines nichtdeutschen Zollkomitees befand, rund 80 Prozent der deutschen Stahl- und Eisenproduktion und mehr als 80 Prozent der gesamten deutschen Kohlenförderung. Eine unmittelbar und präzise ausrechenbare Folge der französisch-belgischen Ruhrbesetzung war, daß Deutschland 88 Prozent seiner Kohle, 48 Prozent seines Eisens und 70 Prozent seiner Gußeisenproduktion verlor.

Friedrich Ebert registrierte zu Beginn der Ruhrbesetzung einen – an die ersten August-Tage 1914 erinnernden – nationalen Taumel und ließ die deutschen Botschafter aus Paris und Brüssel abberufen, die Reparationsleistungen gänzlich einstellen und der französischen und belgischen Regierung am 12. Januar mitteilen: „Die deutsche Regierung muß den Schleier zerreißen, den die französische Regierung über den wahren Charakter ihres Vorgehens zu werfen sucht. Die deutsche Regierung erklärt, daß die Beschlüsse der Reparationskommission und die angeführten Vertragbestimmungen keinerlei Rechtsgrundlage für die Aktion im Ruhrgebiet enthalten, daß diese Aktion vielmehr eine Verletzung des Völkerrechts und des Vertrages von Versailles darstellt ... Die deutsche Regierung erhebt gegen die Gewalt, die hiermit einem wehrlosen Volk angetan wird, vor der ganzen Welt feierlichen Protest. Sie kann sich gegen diese Gewalt nicht wehren, sie ist aber auch nicht bereit, sich dem Vertragsbruch zu fügen oder gar, wie ihr angesonnen wird, bei der Durchführung der französischen Absichten mitzuwirken. Sie weist diese Zumutung zurück.[57]"

[57] Am 10. Januar 1923 war der Reichsregierung durch eine französisch-belgische Note mitgeteilt worden, daß eine Ingenieurkommission zur Kontrolle

Wie schon im März 1921, als französische Truppen während der Londoner Konferenz vom 21. Februar bis zum 14. März 1921 Düsseldorf, Duisburg-Ruhrort und später auch Mülheim und Oberhausen besetzten, weil Deutschland sich außerstande sah, die geforderten Reparationsleistungen (von insgesamt 132 Milliarden Goldmark für bereits gelieferte Reparationsleistungen) aufzubringen, breitete sich auch jetzt wieder helle Empörung unter der Bevölkerung aus. Der von der seit dem 22. November 1922 amtierenden bürgerlichen Regierung des parteilosen und als Politiker relativ unerfahrenen „Hapag"-Generaldirektors Wilhelm Cuno am 13. Januar verkündete „passive Widerstand" gegen die Besetzung traf auf offene Ohren. Die Bergleute und die Eisenbahnarbeiter folgten den Aufrufen der SPD und der Gewerkschaften und die Beamtenschaft den Weisungen der Reichsregierung und der Landesregierungen. Sie weigerten sich, Befehle der Militäradministration auszuführen und stellten ihre Tätigkeiten auf den in den von Franzosen und Belgiern besetzten Gebieten ein. Nur 4 000 von 170 000 Eisenbahnarbeitern fügten sich den Besatzungstruppen, die 147 000 Einwohner – darunter 46 000 Beamte – aus den von ihnen okkupierten Territorien auswiesen. Blutige Zusammenstöße mit den Besatzungssoldaten, die überall brachial durchgriffen, waren die Folge. Deutsche Tote gab es bereits am ersten Tag des Einmarsches.

Überall schlug den Besatzungstruppen blanker Haß entgegen. Selbst die Kommunisten standen hinter der Regierung, die zu der Zeit eigentlich nur von Hitler und der NSDAP bekämpft und diffamiert wurde. „Ich kann mich nicht erinnern", schrieb der britische Botschafter, „daß es je so wenig Parteifeindschaft und Klassenhaß gab wie heute". Ebert, der 1921 alles versucht und Verhandlungen auch mit dem Vatikan, initiiert hatte, sah sich nun der Verzweiflung nahe. Einerseits stand er auf der Seite derjenigen, die die französische „Sanktion" empört ablehnten, andererseits aber mußte er die moralische Integrität Deutschlands und

der deutschen Kohlesyndikate ins Ruhrgebiet geschickt werde, die des militärischen Schutzes bedürfe.

dessen Bereitschaft zur Vertragstreue vor aller Welt repräsentieren und die weitere Isolierung des Reiches zu verhindern suchen.

Die galoppiernde Inflation und die verzweifelte wirtschaftliche Lage, in der sich Millionen von Deutschen befanden, brachten das Land an den Rand des Bürgerkrieges, den die links- und rechtsextremen Gruppierungen systematisch vorbereiteten. Die Millionenbevölkerung des besetzten Ruhrgebiets, die aus Mitteln des zum Übermaß strapazierten Reichshaushaltes ernährt werden mußte, wurde des Widerstandes müde. Separatisten, die die französischen Truppen offen unterstützten, die Abtrennung der besetzten Gebiete vom Reich und die Errichtung einer Konföderation forderten, hatten Oberwaser bekommen, syndikalistisch orientierte Gewerkschaften die Zusammenarbeit angeboten. Das Rheinland geriet in Gefahr, aus dem Reichsverband herausgebrochen zu werden. Am 21. Oktober 1923, 15 Tage nach der neuerlichen Ernennung Stresemanns, der am 3. Oktober von seinem Amt als Kanzler zurückgetreten war und am 6. Oktober mit Eberts Unterstützung wiederum eine große Koalition mit der SPD gebildet hatte,[58] ließen die Franzosen in Aachen von deutschen Separatisten eine autonome „Rheinische Republik“ ausrufen. Der Kölner Oberbürgermeister Konrad Adenauer, einer der entschiedensten Gegner Friedrich Eberts und Gustav Stresemanns, des im Sinne des Reichspräsidenten konsequent für die Erhaltung der staatlichen Einheit des Reiches eintretenden Reichskanzlers von August bis November 1923 und Außenministers von August 1923 bis Oktober 1929, hatte bereits Anfang Februar 1919 angestrebt, eine Rheinische Republik außerhalb der zu erwartenden Reichsverfassung zu etablieren.

Er hatte gehofft, den Schwerpunkt des Reichs vom agrarisch bestimmten Osten in den industrialisierten Westen verlagern und sowohl den gebrochenen Einfluß der ostelbischen Großgrundbe-

[58] Ebert hatte nicht nur Stresemanns erneute Berufung und die Fortsetzung der großen Koalition durchgesetzt, sondern der SPD auch das Zugeständnis abgerungen, künftig mit Hilfe des Ermächtigungsgesetzes auch sozialpolitische Fragen – ohne ihren Einspruch – entscheiden zu können.

sitzer weiter dezimieren als auch die Macht der arbeiterschaftlich orientierten Volksbeauftragten durch die Führung des Bürgertums ersetzen zu können. Jetzt, zwischen November 1923 und Januar 1924, nutzte er die Konfusion nach dem Hitler-Putsch vom 8. und 9. November 1923 in München und verhandelte mit Poincaré und Paul Tirard, dem französischen Hohen Kommissar und Präsidenten der interalliierten Rheinlandkommission, über die Schaffung einer Konföderation, die nach französischen Vorstellungen drei autonome Staaten am Rhein (Pfalz, Hessen und Rheinland) umfassen sollte. Sie sollten mit lockerer Bindung an das Reich zwar weiterhin dem Reich angehören, im Reichstag jedoch keine Abgeordneten haben und staats- und völkerrechtlich so souverän sein, eigene Außenpolitik zu treiben und eigene Vertretungen in Paris, London und Rom zu unterhalten. Frankreich wünschte einen separaten westdeutschen Pufferstaat, über den es eine ständige und maßgebliche Kontrolle ausüben könnte, was Adenauer, in Übereinstimmung mit den Wirtschaftsprogrammen der Industriellen Haniel, Thyssen und Krupp einerseits und den Vorstellungen von Hugo Stinnes andererseits,[59] indes nicht akzeptiere. Er verlangte von Frankreich die Anerkennung seiner Forderung, anstelle der von Tirard geplanten drei kleinen Staaten, eine vom Ruhrgebiet bis zur Pfalz reichende westdeutsche Republik, die verfassungsgemäß in der Lage sei, im Reich die gleichen Pflichten und Rechte so wahrnehmen zu können, wie alle anderen deutschen Länder.

Poincaré und seine separatistischen deutschen Helfer und Hel-

[59] Die deutsche Industrie mußte sich nach dem Ende des Krieges infolge der neuen politischen Grenzziehungen und der damit unterbrochenen natürlichen Vereinbarungen zwischen lothringischem Erz und Eisen und der Ruhrkohle neu orientieren. Thyssen, Haniel und Krupp waren der Auffassung, daß das Reich die eigene Stahlproduktion durch überseeische Erzimporte ausbauen sollte, Stinnes dagegen, dessen Vorstellungen Adenauers Erwartungen und Ambitionen besonders entgegenkamen, wollte die unterbrochene enge Zusammenarbeit zwischen der lothringischen Erzindustrie und der Kohleindustrie an der Ruhr auch über die neuen Grenzen hinweg fortgesetzt und eine konzentrierte Herstellung arbeitsintensiver Produkte gesichert sehen. Frankreich sollte Kohle und Koks aus Deutschland beziehen und dafür die vom Reich benötigten Erzmengen liefern.

fershelfer gaben sich die größte Mühe, alles dies zu nutzen, die Existenz der Weimarer Republik weiter zu unterhöhlen und das Reich zu zerreißen, was so unverhüllt und so massiv geschah, daß sich die französische Regierung in der Kammer der Deputierten von kommunistischen Abgeordneten, die den Rapallo-Vertrag begrüßten, vorwerfen lassen mußte, den seit November 1918 von ihr systematisch geschürten bayerischen Separatismus als Instrument gegen das Deutsche Reich zu benutzen. Georg Fuchs, der Führer des Blücherbundes, dem auch französische Offiziere angehörten, Hugo Machaus, ein rechtsextrem orientierter Journalist, Kühles, ein Schwager des prominenten Separatisten Karl Graf Bothmer und dieser selbst, Hans Adam Dorten, Freiherr Hubert von Leoprechting und andere reichsfeindliche separatistische Exponenten und Gruppen wurden von Frankreich nicht nur ideell, sondern auch finanziell unterstützt. 92 000 Goldmark erhielten allein Fuchs und Machaus, die im Frühjahr 1923 fanalhaft Synagogen in Frankfurt, Leipzig und Breslau zerstörten, eine „nationale Erhebung" auslösten und ein bayerisches Königreich ausrufen wollten, aus einem Sonderfonds der französischen Rheinarmee und aus Mitteln des Pariser Außenministeriums zur Unterstützung separatistischer Umtriebe.

Und dabei blieb es nicht. Im August, September, Oktober und November putschen Separatisten im besetzten Rheinland und in der Pfalz. Landau, Mainz, Wiesbaden, Andernach und Trier erlebten Umsturzversuche und „Regierungsbildungen". Bewaffnete Haufen besetzten die Rathäuser, vertrieben die gewählten Kommunalvertretungen und genossen den „neutralen" Schutz der französischen Sicherheitskräfte. Hans Adam Dorten und Josef Friedrich („Franz") Matthes riefen, von Fankreich massiv unterstützt, in Aachen und in Koblenz eine sowohl vom Reich als auch von Preußen unabhängige „Rheinische Republik" aus, die in Frankreich ihren Bündnispartner sah. Eine „Pfälzische Republik" folgte Mitte November in Speyer. Zwar wurden die putschenden Separatisten im Laufe der Zeit wieder von deutschen Zivilisten davongejagt; aber die Behörden sahen sich nun unüberwindbaren Barrieren gegenüber. Frankreich und Belgien hatten nicht nur

Zollschranken zwischen dem besetzten und dem unbesetzten Territorium errichtet, sondern kassierten auch die Ausfuhrzölle für die im Ruhrgebiet und im Rheinland produzierten Waren und nahmen den staatlichen deutschen Instituten die Möglichkeit, in den besetzten Gebieten Steuern einzutreiben.

Die Reichsregierung sah sich im Herbst 1923, als bereits eine von Gustav Stresemann geführte Große Koalition aus SPD, Zentrum, DDP und DVP regierte, kaum noch imstande, die Bevölkerung in den von den Franzosen und Belgiern besetzten Gebieten finanziell zu unterstützen. Anfang Oktober, als die deutsche Lage hoffnungslos erschien, wurde von rheinischen Separatisten die Gründung eines provisorischen rheinischen Verwaltungsgebildes erwogen. Mit eigener Finanzhoheit ausgerüstet, sollte das Rheinland von Preußen und vom Reich abgetrennt und praktisch Frankreich zur Disposition gestellt werden.

Doch es kam schließlich weder zur Bildung eines selbständigen und reichsfreien Rheinlandes noch zur Realisierung des Planes, den Karl Jarres als Essener Oberbürgermeister und DVP-Innenminister der vom 30. November 1923 bis zum 14. Februar 1925 amtierenden Regierung Marx verfocht. Er wollte, von zahlreichen namhaften Deutschen unterstützt, den Besatzungsmächten, die die souveräne Gewalt auf deutschem Boden ausübten, auch die Lasten übertragen, was Frankreich nicht akzeptierte, obwohl ihm deutsche Gebiete dadurch faktisch voll zugefallen wären. Die Sorge, sich den Aufwand nicht leisten zu können, ließ Poincaré auf der bis dahin von Frankreich praktizierten Methode und deren Begründung beharren.

Deutschland schien restlos am Ende zu sein, der Verlust seiner Einheit endgültig besiegelt.

Doch die nicht vorhergesehene Erstarkung der Rentenmark, die im November 1924, als ein US-Dollar 4,2 Billionen Mark wert war, durch die offiziell durch Gold und wertbeständige Devisen gedeckte „Reichsmark“ ersetzt wurde, die allerdings nur der landwirtschaftliche und industrielle Grundbesitz deckte (der wiederum nicht in Gold verwandelt und zur wirklichen Währungsdeckung benutzt werden konnte) und die am 20. November 1923 beendete Inflation retteten die Kontinuität des Deutschen Reiches – in den Grenzen von Versailles – durch die Erhaltung des Rheinlandes als Bestandteil Deutschlands. Am 11. August 1923 forderte die an der Regierung nicht beteiligte, seit Oktober 1922 wieder mit der USPD vereinigte und im Reichstag mit 171 von 486 Abgeordneten vertretene SPD den Rücktritt Cunos. Cuno, der zwar in England, in der deutschen Wirtschaft und Industrie und in den gemäßigten Rechtsparteien über besondere Sympathien verfügte, hatte in seiner – eigentlich nur von Stresemanns Deutscher Volkspartei unterstützten – Regierungsführung eklatante politische Schwächen gezeigt und ständig zwischen nationalem Gewissen und republikanischer Vernunft geschwankt.

Ebert, der über den Schritt der sozialdemokratischen Reichstagsfraktion äußerst verärgert war, jedoch einsah, daß der total entnervte, resignierende, müde und von seiner Verantwortung förmlich erdrückte Cuno nicht länger zu halten war, berief am 13. August 1923 (seitdem auch als Außenminister amtierend) Gustav Stresemann zum neuen Regierungschef, dessen Kabinett dank Eberts Einflußnahme vier SPD-Minister angehörten: Vizekanzler Robert Schmidt, Innenminister Wilhelm Sollmann, Finanzminister Rudolf Hilferding und Justizminister Gustav Radbruch. Einen Sozialdemokraten als Reichskanzler hatten die bürgerlichen Parteien jedoch nicht akzeptiert. Die sozialdemokratische Fraktion, die schon wegen der Zustände, die im sozialdemokratischen-kommunistisch regierten Sachsen herrschten, schlecht beraten gewesen wäre, wenn sie das Kanzleramt ernsthaft angestrebt hätte, mußte ihre personalpolitischen Wünsche unter dem Druck der bürgerlichen Parteien insgesamt reduzieren.

Nachdem der farblose Kabinettschef Cuno am 13. August 1923 durch Stresemann ersetzt worden war, der seinen Weg zum Kanzleramt innerhalb der Parteien systematisch vorbereitet und infolge seiner Bereitschaft zur Beendigung des passiven Widerstandes am Rhein und an der Ruhr, seiner angestrebten Neuorientierung der deutsch-französischen Beziehungen und seines Engagements für die von den Sozialdemokraten geforderte Währungssanierung auch das Wohlwollen der SPD auf seiner Seite wußte, hatte Ebert die Weichen für die Zukunft der Weimarer Republik in vielfacher Hinsicht entscheidend gestellt.

Stresemann, der 1878 geborene Berliner Gastwirtssohn, der Wirtschaftswissenschaften studiert und – von seinen politischen Gegnern hämisch hervorgehoben – eine Doktorarbeit über den Flaschenbierhandel geschrieben hatte, 1922 als eindrucksvollster politischer Exponent einer Kooperation sowohl von Industrie und Arbeit als auch als besonders werbeträchtige Integrationsfigur für wirtschaftspolitische Kompromisse galt und dank seiner ungewöhnlichen Überzeugungskraft mehrfach bereits als „Wunsch"-Kanzlerkandidat für eine Große Koalition im Gespräch gewesen war, bezog die SPD in eine große Koalitionsregierung ein. Infolge der Tatsache, daß die französisch-belgischen Soldaten durch Streiks nicht aus Deutschland entfernt werden konnten, daß der Winter vor der Tür stand und Hilfen von nirgendwo zu erwarten waren, erklärte die Reichsregierung am 26. September formell den Abbruch des Ruhrkampfes.

Vor dem Reichstag sagte Stresemann am 6. Oktober 1923: „. . . Zu wissen, daß man recht hat, daß man nicht anders handeln konnte, als man handelte – auch sich auf einmal ganz allein zu finden, verhaßt, geschmäht, verleumdet – sich zu fragen, wie soll man dem Irrtum eines ganzen Volkes standhalten – wie soll man beweisen, daß man als einzelner sich nicht geirrt hat . . . Der Mut, die Aufgabe des passiven Widerstandes verantwortlich auf sich zu nehmen, ist vielleicht mehr national als die Phrasen, mit denen dagegen angekämpft wurde. Ich war mir beuwßt, daß ich in dem Augenblick, wo ich das tat, als Führer meiner Partei, die nach einer ganz anderen Richtung eingestellt war, damit nicht nur vielleicht die eigene politische Stellung in der Partei, ja das Leben auf das Spiel setzte. Aber was fehlt uns im deutschen Volke? Uns fehlt der Mut zur Verantwortlichkeit."

Der „passive Widerstand" war teuer gewesen und hatte sich nicht gelohnt. 132 Tote, elf Todesurteile, fünf lebenslängliche Zuchthausstrafen, ungezählte Freiheits- und Geldstrafen, 150 000 Ausweisungen deutscher Staatsbürger und 3,5 Millionen Goldmark für Schäden und Verluste standen unter dem Strich, als Stresemann den Ruhrkampf abbrach. Dennoch überhäuften die Linksradikalen ihn ebenso mit Schimpf und Schande wie die Rechtsradikalen. Über Nacht gab es in ihrem Vokabular den Begriff des „Verzichtspolitikers" und in ihren Vorlesungen den politischen Exponenten, dem aus „nationalen" Erwägungen kein Recht auf Ehrenschutz zugestanden werden dürfte. Deutschnationale Reichstagsabgeordnete diffarmierten ihn ungestraft als „Verräter" und Feind Deutschlands. Erich Ludendorff nannte ihn, was in rechtsextremen Kreisen besonders engagiert registriert wurde, verächtlich einen freimaurerischen „Pazifisten" und „künstlichen Juden". Parteiaustritte prominenter DVP-Mitglieder wurden angedroht.

Hätte Hugo Stinnes, der in der Aufgabe des passiven Widerstandes die Rettung der deutschen Industrie in letzter Stunde erblickte, nicht seinen ganzen Einfluß geltend gemacht, die DVP wäre gespalten worden. Was immer auch die deutschen Kanzler und Regierungen taten: Immer mußten sie damit rechnen, mehr überflüssige Gegner zu haben, als sie und das Reich es sich leisten konnten.

Hitler und die Republik

Hatten im Frühjahr noch helle Empörung und sachlich fundierter Zorn gegen Frankreich und Belgien die Gemüter der Deutschen erhitzt, beherrschten ihre Überlegungen im Sommer hauptsächlich Denkmuster, die danach fragten, wie dem zermürbenden Zustand eine Ende gesetzt werden könnte. Kaum war jedoch die Frage gelöst, vollzog Hitler, erst neun Jahre später deutscher Staatsbürger, einen Kurswechsel um 180 Grad. Seit der Demissionierung Cunos klagte er die Reichsregierung an, den nationalen Widerstand gegen die von ihm bis dahin verbal unterstützten Franzosen und Belgier verraten und auch der fortschreitenden Inflation freien Lauf gelassen zu haben. Effektvoll, aufwendig und von großen Teilen der Bevölkerung nicht nur im monarchistisch, preußenfreundlich und separatistisch eingestellten Bayern unterstützt, forderte Hitler Sühne für den „Hochverrat" der „Novemberverbrecher", den Sturz der amtierenden Reichsregierung, die Entfernung der Juden aus Deutschland, die Annulierung oder Mißachtung des Versailler Vertrages, die Aufhebung des Repulikschutzgesetzes in Bayern und eine militant radikale „Nationalisierung" Deutschlands.

Er sah sich mit seinen Plänen auf gänzlich anderen Ebenen nicht nur als Wirth, Cuno und Stresemann, sondern beispielsweise auch als der von Frankreich unterstützten rheinischen und bayerischen Separatisten. Angesichts der latenten Bayern-Reich-Spannungen auf Regierungsebene war er überzeugt, es im November 1923 mit einem so schwachen Staatsapparat zu tun zu haben, daß er die Berliner Regierung mit 15 000 Mann seiner SA, der Unterstützung der bayerischen Monarchisten, Preußen und Reichsfeinde in der Ministerialbürokratie, in der Reichswehr und in der Polizei, der bayerischen Separatisten und der zahlreichen bodenständigen bayerischen Honoratioren mit politisch artikulierten Anti-Berlin-Reminiszenzen die Reichsregierung durch einen kühnen Streich von München aus stürzen und sich selbst an die Spitze eines nationalen neuen Reichskabinetts setzen könnte.

Daß der parlamentarische Sturz des bis dahin erfolgreichen Kanzlers Stresemann, der im Reichstag selbstbewußt die Vertrauensfrage zu stellen wagte, in der Luft lag, ermunterte nicht nur Hitler, hoch- und landesverräterische Ziele zu verfolgen. Obwohl Stresemann sich weigerte, moralisch-politische Verpflichtungen hinsichtlich der verlorenen Westgebiete einzugehen, den Siegermächten keinerlei Zugeständnisse hinsichtlich der im Osten durch den Versailler Vertrag geänderten Grenzen zu machen bereit war und eine Sonderstellung für das Reich forderte, wie sie der Schweiz eingeräumt worden war, war er der Kanzler der Radikalen nicht. Für sie wog – im Gegensatz zu der Auffassung der deutschfeindlichen Franzosen, die Ende Mai 1924 Poincarés Rücktritt und den Sieg der französischen Linksparteien mit dem zum Ausgleich neigenden Edouard Herriot als Nachfolger bedauerten – zuwenig, daß Stresemann darüber hinaus auch die Räumung der Kölner Zone, Erleichterungen in den noch besetzten deutschen Gebieten, entsprechende rückwirkende Bestimmungen auch für das Saargebiet und die Zulassung Deutschlands zur Zivilluftfahrt verlangte.

Die Deutschnationalen, die rund acht Wochen nach seinem Sturz ihre ersten Minister für das Reichskabinett stellen konnten, hatten ihm schon den Abbruch des Ruhrkampfes übelgenommen und ihn am 23. November 1923 schließlich mit Hilfe der Sozialdemokraten gestürzt, was Ebert zu der prophetischen Bemerkung veranlaßte: „Was euch veranlaßt, den Kanzler zu stürzen, ist in sechs Wochen vergessen, aber die Folgen eurer Dummheit werdet ihr noch zehn Jahre spüren."

Zehn Jahre später war Hitler Reichskanzler. Eine SPD gab es in Deutschland offiziell nicht mehr.

Mit Stresemann, der bis zu seinem Tode im Oktober 1929 Reichsaußenminister blieb, dem liberal-imperialistischen, gleichermaßen wirtschaftlich und machtpolitisch denkenden und eine parlamentarisch regierte deutsche Großmacht mit voller außenpolitischer Souveränität anstrebenden Berliner Kleinbürgersohn, war 99 Tage lang ein Politiker Reichskanzler gewesen, ohne den die Geschichte Deutschlands sehr wahrscheinlich einen anderen Verlauf genommen hätte. 1918 als Exponent einer wirtschaftlich akzentuierten deutschen Großmachtpolitik im Zeichen eines nationalen „Volkskaisertums" politisch hervorgetreten, hatte er 1923 auch politischen Gegnern die Gewähr geboten, am ehesten die größte Not von Staat und Nation abwenden zu können. Doch als die empfindliche Krise als überstanden galt, war Undank auch sein Lohn. Dennoch: wenn einem Staatsmann der Republik – außer Rathenau – ohne Beigeschmack Kränze gewunden worden sind, dann ihm, Gustav Stresemann.

Friedrich Ebert hat sich Glanzlosigkeit nachsagen lassen müssen, Erzberger anrüchige Geschäftstüchtigkeit, Wirth übertriebene und undurchsichtige Sowjetfreundlichkeit. Otto Braun, Otto Wels und dem eigentlich unpolitischen Politiker Heinrich Brüning stigmatisierten Zeichen des Versagens der Republik und der

Auflösung der Demokratie, die mit Brüning begann und mit Franz von Papen im Sommer 1932 schließlich besiegelt wurde. Und an Paul von Hindenburg, der im Anhang der Versailler Liste mit den Namen der auszuliefernden deutschen Kriegsverbrecher stand, sich als „Statthalter der Monarchie" empfand, Hitler 1933 zum Kanzler berief, wird soviel Schuld geheftet, daß sehr vielen Chronisten immer noch unmöglich erscheint, ihn fair und aus seiner Zeit heraus zu beurteilen.

Stresemann indes, der Friedensnobelpreisträger von 1926, Architekt einer deutsch-französischen Aussöhnung und Wegweiser zu einem geeinten Europa, ist unbeschädigt und „rein" auf den Ehrenschild der Geschichte gehoben worden. Zwar insgesamt nur rund drei Monate Kanzler, jedoch fast auf den Tag genau sechs Jahre durchgehend alles überstrahlender Außenminister, hatte er – im Sinne beider Reichspräsidenten – die deutsche Wirtschaft nach dem Abbruch des Ruhrwiderstandes wieder angekurbelt, einen neuerlichen deutschen Anschluß an die „große Politik" eingeleitet und mit der Unterzeichnung des Locarno-Vertrages im Oktober 1925 zwischen Großbritannien, Frankreich, Belgien, Italien, Polen, der Tschechoslowakei und Deutschland schließlich sogar erfolgreich die emphatisch herbeigesehnte Revision des Versailler Vertrages durch einen Ausgleich mit den einstigen Feindmächten und eine Annäherung von Siegern und Besiegten betrieben.

Bevor Hitler im November 1923 in Bayern putschte, wo seit dem Kapp-Putsch Staatsführungen fungierten, die den Rechtsradikalismus mit all seinen „nationalen" Verbänden und Organisationen mehr als nur duldeten, versuchten beispielsweise in Hamburg, Sachsen und Thüringen die Linksradikalen, im Rheinland und in der Pfalz Separatisten und anderswo Rechtsradikale und Ultrakonservative dies ebenso – und auf ihre Weise und mit ihren Argumenten. Einer von ihnen war der demobilisierte Major Bruno Ernst Buchrucker. Den desolaten Zustand des Reiches nutzend, dessen Leitung nicht nur weiterhin mit den nicht abgerückten Franzosen und Belgiern ihr Mühe hatte, sondern über Bayern, Thüringen und Sachsen nur noch dem Namen nach zu gebieten vermochte, putschte die finanziell vor allem von der Reichswehr und von ostelbischen Großgrundbesitzern unterstützte „Schwarze Reichswehr" unter seiner Führung in Berlin, wo sie erfolglos die Regierungsgebäude zu besetzen versuchte. In die Festungen Küstrin, Spandau und Hahnenberg bei Spandau ausgewichen, mußten die Putschisten von der legalen Reichswehr blutig niedergeworfen werden. Walter Stennes, Hitlers späterer Oberster SA-Führer für Ostdeutschland, kapitulierte im Fort Hahnenberg erst, nachdem ihm und seinen Landsknechten vom Reichswehr-Oberstleutnant Fedor von Bock, später unter Hitler Generalfeldmarschall, Straffreiheit zugesichert worden war. Für die bewußtseinsmäßige Haltung sowohl der legalen als auch der illegalen Soldaten war bezeichnend, daß die Offiziere der Freikorps Bocks Ehrenwort als Offizier der Reichswehr der Republik nicht akzeptierten. Sie verlangten seinen Eid als königlich-preußischer Offizier, und der Oberstleutnant, der verpflichtet war, die schwarz-rot-goldene Kokarde der Republik zu tragen, leistete ihn.

In Bayern unterband Gustav von Kahr, seit dem 26. September 1923 Generalstaatskommissar und faktisch Herr über ganz Bayern, reichseinheitliche Maßnahmen. Er verbot den Abtransport des Reichsbankgoldes aus Nürnberg, die Abführung der Reichssteuern aus Bayern nach Berlin und verbot den bayerischen Verkehrsanstalten, die Bestimmungen der Reichsverkehrsbehörde den in Bayern gültigen voranzustellen. Demonstrativ entzog er die bayerische Reichswehr dem Berliner Oberbefehl, nahm sie für die bayerische Staatsführung in Pflicht und ließ seinen Hochverrat als nationale Tat erscheinen. Mit Hitler jedoch der Auffassung, daß die Aufgabe des passiven Widerstandes den Rechtsradikalen die Chance nehmen mußte, weiterhin öffentlich Gehör zu finden, waren Kahr, Ludendorff und der Großteil der bayerischen politischen und militärischen Prominenz überzeugt, daß rasch in ihrem Sinne gegen Berlin gehandelt werden müßte.

Adolf Hitler, dessen NSDAP im November 1923 55 787 eingeschriebene Mitglieder zählte, nutzte die Gunst der Stunde. Am Abend des 8. November, an dem Gustav von Kahr vor geladenen

Proklamation

an das deutsche Volk!

Die Regierung der November-verbrecher in Berlin ist heute für abgesetzt erklärt worden.

Eine provisorische deutsche National-Regierung ist gebildet worden.

Diese besteht aus

General Ludendorff, Adolf Hitler General von Lossow, Oberst von Seisser

Proklamation der Hitler-„Regierung“ nach dem Putsch vom 9. November 1823 in München, der Hitlers unmittelbare Beteiligung an der Tagespolitik bis zu seiner vorzeitigen Haftentlassung Ende 1924 einschränkte. Am 26. Februar 1925, nach seiner Versicherung, von nun an „legal“ zur Macht kommen zu wollen und fünf Monate vor dem Erscheinen des – in der Haft verfaßten – 1. Bandes von „Mein Kampf“ (der 2. Band kam im Juli 1926 heraus), durfte er die durch Gerichtsurteil verbotene NSDAP neu gründen und seit Juli 1926 in Nürnberg wieder seine alljährlichen „Reichsparteitage“ der NSDAP veranstalten. Die 1925 gegen ihn verhängten Redeverbote wurden im Frühjahr 1926 in Bayern und Sachsen und im September 1928 in Preußen aufgehoben.

Gästen im Münchener „Bürgerbräukeller“ darüber sprach, wie er sich die Befreiung der Massen aus der geistigen Herrschaft des Marxismus und dessen Ausstrahlung auf bürgerliche Schichten vorstellte, ließ Hitler das Gebäude von SA umstellen, vor dem Eingang ein Maschinengewehr postieren und drang an der Spitze seiner SA-Leute in den Saal ein, wo er mit seiner Pistole in die Decke schoß, den Sturz der Reichsregierung verkündete und erklärte, daß das Reich von nun an von einer nationalen Regierung geführt werden würde. Auf einem Tisch stehend, erklärte er der irritierten Honorationenversammlung: „Die nationale Revolution ist ausgebrochen. Der Saal ist von 600 Schwerbewaffneten besetzt, niemand darf den Saal verlassen. Die bayerische Regierung und die Reichsregierung sind abgesetzt, eine provisorische Reichsregierung wird gebildet, die Kasernen der Reichswehr und Landespolizei sind besetzt, Reichswehr und Landespolizei rücken bereits unter den Hakenkreuzfahnen heran.“ Er ernannte sich selbst zum „Reichskanzler“, stellte in einem Nebenzimmer – mit der Pistole in der Hand – sein Kabinett zusammen und drohte seinen „Ministern“, sie und sich selbst zu erschießen, wenn „die Sache schiefgehen“ sollte. General Ludendorff sollte Reichsverweser und Führer der zu bildenden Nationalarmee, General Otto Hermann Lossow Reichswehrminister Hans Ritter von Seißer, der Chef der Landespolizei, Reichspolizeiminister und Gottfried Feder Reichsfinanzminister sein. Für Gustav von Kahr war das Amt des Landesverwesers für Bayern und für Wilhelm Frick, Hitlers späteren Innenminister, der Posten des Polizeipräsidenten vorgesehen.

Hitler hatte geblufft. Weder war der Saal von 600 bewaffneten SA-Männern besetzt noch war dies bei den Kasernen der Fall, und auch die Reichswehr und die Polizei marschierten nicht zum Bürgerbräukeller. Doch der Bluff hatte ausgereicht, Kahr, Seißer und Lossow angesichts des Revolvers zur Zusage zu bewegen, sich seiner „Regierung“ zur Verfügung zu stellen. Daß sie, kaum vom neuen „Reichskanzler“ auf „Ehrenwort“ in ihre Wohnungen entlassen, gegen ihn aktiv werden und die bayerische Reichswehr und die Landespolizei gegen ihn einsetzen würden, hatte Hitler nicht eingeplant. Vom Beifall berauscht, den ihm die Versammlungsteilnehmer frenetisch spendeten, nachdem er ausgerufen hatte: „Der Morgen findet entweder in Deutschland eine deutsche nationale Regierung oder uns tot“, hatte er sich der trügerischen Hoffnung hingegeben, daß alles wunschgemäß verlaufen würde. Doch zuviel war zu dilettantisch organisiert, zuwenig sorgsam durchdacht und differenziert vorbereitet worden. Hitler unternahm nicht einmal einen ernsthaften Versuch, die wichtigsten öffentlichen Gebäude in seine Hand zu bekommen. Das Telegrafenamt, das Telefonamt, die Regierungsgebäude, der Hauptbahnhof, die Kasernen der Landespolizei und der Reichswehr, Machtschaltstellen, die sofort hätten besetzt werden müssen, lagen außerhalb des Gesichtskreises der NS-Usurpatoren.

Daß Hitler, der erfahrene Propagandist, im Gegensatz zu Kahr nicht einmal daran dachte, die Zeitungsredaktionen unter seine Kontrolle zu bekommen, zeigt deutlich, wie wenig er zu der Zeit der Rolle gewachsen war, in die er sich hineinmanövriert hatte. Schon um 2,50 Uhr empfingen die militärischen Funktstationen von Kempten, Nürnberg und Augsburg von der Funkstelle des Münchner 19. Infaterieregiments die Entscheidung Kahrs: „Mit Waffengewalt erpreßte Stellungnahmen in der Bürgerbräuversammlung ungültig.“ Auswärtige Truppeneinheiten wurden mobil gemacht und in Richtung München in Marsch gesetzt. Nicht einmal einen Tag lang gab es die „Regierung Hitler“, die in München sofort plakatiert hatte: „Die Regierung der Novemberverbrecher in Berlin ist heute für abgesetzt erklärt worden. Eine provisorische deutsche National-Regierung ist gebildet worden. Diese besteht aus General Ludendorff, Adolf Hitler, General von Lossow, Oberst von Seißer.“

Hitler hatte sich mehr zugetraut, als er zu der Zeit zu leisten vermochte. Total überfordert, erwog er inmitten der sich überstürzenden Ereignisse sogar, zu dem in Berchtesgaden weilenden und in diesem Augenblick weder ihm noch Ludendorff gewogenen Kronprinzen Rupprecht zu fahren und ihm mitzuteilen, daß das seinem „hochseligen Vater“ angetane Unrecht „wiedergutgemacht“ worden sei. Er ließ die Zeit – falsch genutzt – verstreichen. Erst eigentlich der in der Mittagszeit des 9. November veranstaltete „Erkundungs- und Demonstrationszug" der Hitler-Ludendorff-Anhänger zur Feldherrnhalle sah ihn wieder als Führer. Doch da brauchte er nur zusammen mit Ludendorff an der Spitze der rund 2 000 zum Teil bewaffneten „Demonstranten" zu marschieren und den Ereignissen ihren Lauf zu lassen.

Der sozialdemokratische Politiker Wilhelm Hoegner war noch 1927 ebenso wie der mit der Untersuchung des Hitler-Ludendorff-Putsches beauftragte Parlamentsausschuß überzeugt, daß nicht eigentlich Hitler, sondern der in Deutschland viel gerühmte Weltkriegsgeneral Ludendorff der Führer der Putschisten gewesen sei, die von der bayerischen Landespolizei schließlich vor der Feldherrnhalle in München zusammengeschossen wurden und 16 Tote auf dem Platz zurücklassen mußten.

Friedrich Ebert, der instinktsicher ahnte, was sich in Bayern zusammenbraute, hatte Reichskanzler Gustav Stresemann rechtzeitig auf die Gefahr aufmerksam gemacht und ihn beauftragt, umgehend Sicherheitsmaßnahmen, auch militärischen Charakters einzuleiten. Doch Stresemann hatte, wie er später zugab, die Besorgnis des Reichspräsidenten für überzogen gehalten und dessen Anweisungen vernachlässigt.

Ebert erklärte am 9. November in einem Aufruf: „In der Zeit größter außen- und innenpolitischer Bedrängnis haben sich Verblendete ans Werk gemacht, um das Deutsche Reich zu zerschlagen. In München hat eine bewaffnete Horde die bayerische Regierung gestürzt, den bayerischen Ministerpräsidenten von Knilling verhaftet und sich angemaßt, eine Reichsregierung zu bilden, den General Ludendorff zum angeblichen Befehlshaber der deutschen Armee, Herrn Hitler ... zum Leiter der Geschicke Deutschlands zu bestimmen. Es bedarf keines Hinweises darauf, daß diese Putschbeschlüsse null und nichtig sind. Wer diese Bewegung unterstützt, macht sich zum Hoch- und Landesverräter. Statt unseren Brüdern im Rheinland und an der Ruhr zu helfen, die für Deutschland kämpfen, stürzt man Deutschland ins Unglück, gefährdet die Ernährung, bringt uns in die Gefahr eines feindlichen Einmarsches und zerrüttet alle Aussichten auf die Anbahnung wirtschaftlicher Gesundung ... Alles ist dahin, wenn das wahnwitzige Beginnen Erfolg hat, das in München versucht wird. In der Schicksalsstunde des deutschen Volkes und Deutschen Reiches fordern wir alle Freunde des Vaterlandes auf, sich einzusetzen für die Bewahrung der deutschen Reichseinheit, deutscher Ordnung und deutscher Freiheit."

Am 23. November 1923 wurden Hitlers NSDAP und die KPD im ganzen Reich verboten, am 30. November Stresemann als Reichskanzler vom Zentrumsführer Wilhelm Marx abgelöst. Der Versuch rechtsradikaler Gruppen, an die Stelle Hitlers, der erst Ende 1924 wieder als Parteiführer und Führer des sogenannten „völkischen Deutschlands" an die Öffentlichkeit treten konnte, den durch seine maßgebliche Rolle im Kapp-Lüttwitz-Putsch von 1920 bekannt gewordenen Korvettenkapitän Ehrhardt zu stellen, blieb erfolglos. Der Appell des in den Kreisen nach wie vor besonders verehrten Generals Ludendorff, der sich 1920 noch hinter Kapp und Lüttwitz gestellt und jetzt neben Hitler gestanden hatte, auf die Rückkehr Hitlers zu warten, wirkte sich bis kurz vor Eberts Tod positiv aus. Hitler, der rabiateste Feind Eberts und der Demokratie, der absolute Herr über Tausende straff organisierter Schläger und Terroristen, befand sich im Landsberg am Lech in Haft. Seine Anhänger waren führerlos.

Der Reichspräsident als Klammer

Kaum war der Hitler-Ludendorff-Putsch jedoch niedergeworfen, Hitler verhaftet und in Bayern wieder die unsichere Ruhe auf reichsfeindlicher Basis eingezogen, als der von Mitgliedern seiner eigenen Partei zum nicht mehr tragbaren Genossen abgestempelte und zum Rücktritt aufgeforderte Reichspräsident mit einem neuerlichen Rheinland-Problem konfrontiert wurde. Das Rheinland geriet in Gefahr, aus dem Reich herausgebrochen zu werden. Nicht ohne Grund gilt das Jahr 1923 als das „Schicksalsjahr" der Republik. Eberts Funktion als Nothelfer, Retter, Prellbock und

Stabilisator, die er seit dem Beginn des Ersten Weltkrieges auf verschiedenen Ebenen unter souveräner Mißachtung von Popularitätsverlusten ununterbrochen wahrgenommen hatte, war noch einmal total gefordert worden. Die Gemeinsamkeit des demokratischen Bekenntnisses und die Bereitschaft zu seiner Verteidigung über parteipolitische Interessen und Taktiken stellend und persönliche Antipathien ignorierend, hatte er im August 1923 Gustav Stresemann zum Kanzler berufen und sich mit ihm arrangiert, obwohl er ihm persönlich keineswegs sympathisch war.

Daß die zu Koalitionen nicht mehr bereite SPD Stresemann seit Sommer 1920 nicht zuletzt wegen seiner persönlichen Verwicklung in verbotene Auslandsgeschäfte mit Waffen und anderem Kriegsmaterial anfeindete, die eine von dem – mit Unterstützung Stresemanns 1916 eingebürgerten – russisch-jüdischen Unternehmer Paul Litwin gegründete „Deutsche Evaporator AG" betrieb, deren Aufsichtsratsmitglied Stresemann (neben Hjalmar Schacht) war, nahm Ebert in Kauf. Die nach 1918 revidierte politische Haltung und der Sachverstand des bis zum Kriegsende expansiv nationalistisch orientierten DDP-Führers Stresemann, der seit dem November 1923 – wie seine Nachfolger Marx und Luther vom 30. November 1923 bis lange nach Eberts Tod auch – ohne Sozialdemokraten regieren mußte, wogen ihm mehr. Was beide einte, hat Stresemann in Worte gekleidet, die von Ebert stammen könnten: „In diesen Zeiten großer bewegender Fragen, von denen unsere Zukunft abhängt", sagte er, „gibt es nur einen Leitstern, die Ansprüche der Zeit zu befriedigen: frei von Illusionen in nützlicher, nüchterner Arbeit zu jeder Realpolitik zu stehen, die in Wirklichkeit das höchste an Idealismus ist, weil sie das heiße Herz da bändigt, wo nur der kühle Verstand uns vorwärtszubringen vermag. Bismarck hat einmal gesagt, zu einer ruhigen, dauernden Regierung führt nur der Verzicht auf extreme Gesinnungen."

Eberts große politische Karriere hatte den Zenit überschritten. Mit dem von der SPD erzwungenen Sturz Stresemanns als Reichskanzler, der Niederwerfung der sozialdemokratisch-kommunistischen Regierung Sachsens und der glimpflichen Behandlung Bayerns nach dem Hitler-Ludendorff-Debakel, den Querelen um die drei Kabinettsbildungen und mit der Annullierung der Achtstundentagregelung sowie der Aufhebung der Demolibilisierungsverordnungen verlor der Reichspräsident 1923 nicht nur in der SPD merklich an politischem Einfluß. Der gegen den Reichspräsidenten erhobene Vorwurf, der Zunahme der konkreten Machtfülle des Generals von Seeckt, der offen eine Umgestaltung der Verfassung und eine Diktatur anstrebte, nicht Einhalt geboten zu haben, ist sicher berechtigt. Allerdings wurde – und wird – übersehen, daß Ebert den General klug an die Zügel genommen hatte, als Hitler putschte. Er hatte Seeckt während des Hitler-Ludendorff-Putsches im November 1923 in Bayern die gesamte vollziehende Gewalt übertragen, nachdem er ihn gezwungen hatte, ihm seine Loyalität zu bekunden. Kritiker, die Ebert vorwarfen, einen mächtigen Feind der Verfassung damit beauftragt zu haben, sie zu schützen, wodurch eine Gefahr für das ganze Reich heraufbeschworen worden sei, mußten sich bald belehren lassen, daß Ebert recht gehabt hatte. Durch seine Entscheidung war Seeckt von den Militärs im Reichswehrministerium getrennt worden, die nach einer Diktatur riefen. In der ihm von Ebert verliehenen Funktion konnte er sich nicht mehr auf die Seite der Putschisten stellen, sondern mußte sie niederwerfen.

Die Tatsache, daß sich die politische Lage infolge der Politik Eberts 1924 gravierend besserte und auch die SPD nach ihrer schweren Wahlniederlage im Mai 1924 schon Ende des Jahres wieder die Möglichkeit erhielt, einige ihrer Zielvorstellungen zu realisieren, änderte wenig an seiner derzeitigen Position. Sein Versuch, auch ohne Demokraten eine Demokratie zu schaffen, war 1923 besonders drastisch zutage getreten.

Am 31. Dezember 1923 hatte der britische Botschafter Edgar Vincent d'Abernon in sein Tagebuch geschrieben: „Nun geht das Krisenjahr zu Ende. Die inneren und äußeren Gefahren waren so groß, daß sie Deutschlands ganze Zukunft bedrohten. Eine bloße Aufzählung der Prüfungen, die das Land zu bestehen hatte, wird einen Begriff davon geben, wie schwer die Gefahr, wie ernst der Sturm war . . . In den zwölf Monaten, von Januar bis heute, hat

Deutschland die folgenden Gefahren überstanden: Die Ruhrinvasion; den kommunistischen Aufstand in Sachsen und Thüringen; den Hitler-Putsch in Bayern; eine Wirtschaftskrise ohnegleichen; die separatistische Bewegung im Rheinlande. Jeder einzelne dieser Faktoren, falls er sich ausgewirkt hätte, würde eine grundlegende Veränderung entweder in der inneren Struktur des Landes oder in seinen Beziehungen nach außen herbeigeführt haben. Jeder dieser Gefahrenmomente, falls er nicht abgewendet worden wäre, hätte jede Hoffnung auf eine allgemeine Befriedgung vernichtet. Politische Führer in Deutschland sind nicht gewohnt, daß ihnen die Öffentlichkeit Lorbeeren spendet, und doch haben diejenigen, die das Land durch diese Gefahren hindurchgesteuert haben, mehr Anerkennung verdient, als ihnen zuteil werden wird."

Der militante Radikalismus beider politischer Flügel, die am aktivsten für Deutschland zu kämpfen wähnten, ihm jedoch auf deutscher Seite am meisten schadeten, war gebrochen, die Einheit des Reiches erhalten, die Konjunktur verbessert worden. Am „sonst düsteren Horizont" zeigte sich, wie Stresemann es nannte, ein „Silberstreifen". Die Rechten, von denen die nicht nur bis zur Reichspräsidentenwahl im März 1925 noch maßgeblich im Spiele bleibenden Deutschnationalen zu den Reichstagswahlen im Dezember 1924 mit dem Slogan „Frei von Versailles! Los von jüdisch-sozialistischer Front" warben, hatten zwar zahlenmäßig ebenso zugenommen wie die extrem linken Gegner der Republik, doch ihnen waren die militant aktivistischen Politikmethoden durch den inzwischen erstarkten Staat verbaut worden.

In Großbritannien waren 1923 erstmals die Labour Party und die Liberalen an die Macht gekommen, und im Mai 1924 hatten auch in Frankreich die Linksparteien die Rechten abgelöst, was in Deutschland mit Erleichterung aufgenommen werden konnte. Die britische Regierung lehnte die Fortsetzung der am 31. Juli 1925 beendeten Ruhrbesetzung nahezu ebenso scharf ab wie die Reichsregierung. Vernunft begann in die internationale Politik einzuziehen. Die englische Regierung, der Unterstützung der USA sicher, hatte vorgeschlagen, nicht länger politische, sondern wirtschaftliche Kriterien sprechen und von einer internationalen Sachverständigenkonferenz für einen im September 1924 in Kraft tretenden und nach Charles Gates Dawes, den späteren US-Vizepräsidenten der USA, benannten sogenannten Dawes-Plan feststellen zu lassen, was Deutschland an Reparationen leisten und zahlen könnte.

Frankreich mußte sich wohl oder übel fügen. Der Sturz Poincarés kam dem Bestreben entgegen, die Praxis an die Stelle der feindlich artikulierten Theorien zu setzen. Stresemann war es als Außenminister nach langen und eindringlichen Bemühungen im August 1924 schließlich gelungen, den Poincaré-Nachfolger Herriot von der Notwendigkeit der Räumung des Ruhrgebietes zu überzeugen und innerhalb eines Jahres den vollständigen Abzug der Franzosen zu veranlassen.

Zwar wurde immer noch keine von Deutschland zu zahlende Endsumme festgesetzt; die Reichsregierung erfuhr konkrete Zahlen. Für das erste Jahr war ein Betrag von einer Milliarde Mark vorgesehen, die im fünften Jahr auf 2,5 Milliarden erhöht werden und danach mindestens auf der gleichen Höhe bleiben sollte, wobei vom Wohlstand Deutschlands abhängig gemacht wurde, was darüber hinaus geleistet werden könnte. 16 Milliarden Goldmark, 11 Milliarden von der als selbständige Gesellschaft organisierten Reichsbahn und fünf Milliarden von der deutschen Industrie wurden den aus ordentlichen Haushaltsmitteln des Reiches zu zahlenden Schulden hinzuaddiert.[60] Das Reich erhielt Auslandsanleihen in Höhe von 800 Millionen Goldmark, um die erste Jahresleistung aufbringen zu können.

Der Dawes-Plan, der Deutschland einerseits zwar die Zahlungsfähigkeit garantierte und ihm die Überweisung der Jahresra-

[60] Bis 1927/28 sollte Deutschland jährlich 1 bis 1,75 Milliarden Mark zahlen. Am 1. September 1928 begann das Normaljahr mit einer Belastung von 2,5 Milliarden. Die endgültige Höhe der deutschen Kriegsentschädigung und ihre Dauer wurde nicht angegeben. Nur die Verzinsung und Tilgung der Reichsbahn-Obligationen mit 660 Millionen Mark und der Industrie-Obligationen mit 330 Millionen Mark wurde auf 37 Jahre begrenzt. Festgelegt wurden Sanktionsmöglichkeiten für den Fall, daß Deutschland seinen Verpflichtungen nicht nachkäme.

ten erleichterte, griff andererseits auch tief in die deutsche Souveränität ein, was es den Rechtskreisen leicht machte, die Reichsregierung der Bereitschaft zu zeihen, der Nation und dem Staat zu schaden. Die DVP, Stresemanns Partei, zog in der Öffentlichkeit zwar gegen den Plan zu Felde, stimmte im Reichstag, wo zur Annahme eine Zweidrittelmehrheit nötig war, jedoch mit so vielen Stimmen für ihn, daß er realisiert werden konnte. Sie bekämpfte das Abkommen, besaß aber nicht die Courage, sein Scheitern zu verantworten. Hitler, infolge seiner Festungshaft von November 1923 bis Weihnachten 1924 vorübergehend aus dem politischen Geschehen ausgeklammert, konnte gegen die am 29. August 1924 im Reichstag angenommenen Dawes-Gesetze öffentlich und außerhalb des Parlaments erst wieder nach seiner Haftentlassung im Februar 1925 propagandistisch zu Felde ziehen.

Symbolgestalt Friedrich Ebert

Wie der Sozialdemokrat Kurt Schumacher nach 1945 als Sinnbild des zerstörten Deutschen Reiches und der geschundenen und gespaltenen Nation angesehen werden konnte, so hatte auch die Weimarer Republik bis 1925 eine sozialdemokratische Symbolgestalt: Friedrich Ebert. Doch andere ernteten, was Ebert gesät und kultiviert hatte, anderen hat die Geschichtsschreibung viele der Verdienste zugesprochen, die ihm gebühren. In seinem Sinne bestimmte Stresemann, der zwar nur bis zum 30. November 1923 Reichskanzler war, bis Oktober 1929 jedoch durchgehend als Reichsaußenminister fungierte, seit dem 13. August 1923 die Außenpolitik der Weimarer Republik. Zu enge Allianzen sowohl mit dem Osten als auch mit dem Westen vermeidend, forcierte er – wie von Ebert teilweise schon 1918 vorgezeichnet – die gesellschaftliche und wirtschaftliche Bindung an den Westen und traf politische Ausgleichsabkommen mit Sowjetrußland, um dem Reich eine zwischen West und Ost balancierende Möglichkeit zu schaffen, den Versailler Vertrag schließlich auf friedlichem Wege zu den Akten legen zu können. Die ersten tatsächlich großen Erfolge dieser Politik zeigten sich bereits 1924.

Der Reichsetat war ausbalanciert, eine vorläufige Großkreditbank zur Überführung ausländischer Kredite errichtet. Die am 15. November 1923 ausgegebene und nach Schachts und Helfferichs Plänen vom industriellen und landwirtschaftlichen deutschen Grundbesitz gedeckte „Rentenmark“ (= eine Billion der bis dahin gültigen Reichsmark) blieb stabil, während die Preise sanken, die Arbeitslosigkeit zurückging und die deutsche Produktion an Gütern und Erzeugnissen unterschiedlichster Art anstieg. Mehr als 70 Verordnungen zur Währungs- und Haushaltssanierung waren bis zum Ablauf des von Ebert mit Augenmaß gehandhabten Notstandsartikels der Verfassung im Frühjahr 1924 erlassen worden. Ein „Wirtschaftswunder“, wie es nach dem Zweiten Weltkrieg in Westdeutschland herrschte, kündigte sich nicht zuletzt auch dank des US-Dawes-Planes an.[61]

Die demokratische Mitte war gestärkt aus den Wahlen hervorgegangen. Selbst die Monarchisten schienen sich allmählich an die Republik zu gewöhnen. Ausländische Beobachter meinten, in Deutschland Ansätze zu einer weltbürgerlichen Euphorie entdecken zu können. Die Reichsfarben Schwarz-Rot-Gold hatten unantastbaren Symbolcharakter bekommen, die Verfassungsfei-

[61] Nach dem – der US-Regierung am 12. Oktober 1923 unterbreiteten – Vorschlag der englischen Regierung, zur Lösung der Reparationsfrage eine internationale Konferenz einzuberufen, wurde am 30. November beschlossen, zur Untersuchung der deutschen Währungsstabilisierung und Kapitalflucht zwei Sachverständigenausschüsse zu bilden. Am 14. Januar 1924 trat eine Sachverständigenkommission unter dem Vorsitz des amerikanischen Bankiers Charles Dawes in Paris zusammen. Nach dem Abschluß der Untersuchungen in Berlin, deren Ergebnisse Barthou, dem französischen Außenminister und Vorsitzenden der Reparationskommission, am 9. April 1924 vorgelegt und am 16. April von der deutschen Regierung als „Dawes-Plan“ akzeptiert wurden, galt: „Business, not politics“. Die deutsche Zahlungsfähigkeit für die Reparationsschulden sollte die Rückzahlung der europäischen Schulden an die USA sichern. Als deutsche Reparationsquellen galten die Industrie, die Eisenbahnen und die Einnahmen des Reiches aus bestimmten Zöllen und indirekten Steuern und die Reichsbank nach deren Umgestaltung zur unabhängigen Notenbank in Berlin. Bis 1927/28 hatte das Reich 1 bis 1,75 Milliarden, ab 1928 2,5 Milliarden Mark jährlich zu zahlen.

ern ein Engagement offenbart, wie es bis dahin geradezu unvorstellbar erschienen war. Das erst im Frühsommer 1924 als Wehrorganisation der Koalitionsparteien der Republik gegründete „Reichsbanner Schwarz-Rot-Gold“ zählte im Februar 1925, als Ebert starb, bereits mehr als zwei Millionen Mitglieder.

Zwar übertrug der Reichstag der Exekutive wesentliche Rechte, soweit es sich aber um die Herstellung gesetzgeberischer Mehrheiten handelte, wurde die Verfassung zunehmend ausgehöhlt, während der Parlamentarismus wieder spürbar versiegte; aber das Ende der Krisen war in greifbare Nähe gerückt. Daß die SPD, deren Repräsentant für die Wähler nach wie vor Ebert blieb, nach ihren großen Verlusten bei den Maiwahlen zum Reichstag am 7. Dezember 1924 wieder 31 Sitze gewann und damit erneut die stärkste Fraktion des Reichstags stellte, ohne sich allerdings an der Regierung zu beteiligen, bedrückte Ebert zwar, ließ ihn jedoch nicht aufgeben. Die bis Mai mit 171 von 486 Sitzen im Reichstag vertretenen Sozialdemokraten hatten im Mai 71 Abgeordnete verloren, während die Kommunisten (durch die Zuwanderung der mit der SPD nicht einverstandenen alten USPD-Anhänger) 45 Sitze gewannen und ihre Fraktion von 17 auf 62 Abgeordnete verstärkten. Stresemanns DVP und das Zentrum, die mit der DDP unter Eberts Schirm auch weiterhin ohne SPD zu regieren gezwungen waren, weil die SPD-Führung es gegen Eberts Rat vorzog, auch jetzt in der Opposition zu bleiben, hatten 6 und 7 Sitze hinzugewonnen.

Anstatt sich bei Ebert für die überraschend positive Wende in der Entwicklung der Verhältnisse zu bedanken, kehrten seine Parteigenossen sich gegen ihn. Sie warfen ihm – unberechtigterweise – vor, im Zusammenhang mit der gewaltsamen Niederwerfung der legal zustande gekommenen sozialdemokratisch-kommunistischen Regierung Sachsens, der sie zuletzt selbst zugestimmt hatten, die Verfassung ebenso gebrochen zu haben wie hinsichtlich der Behandlung Bayerns, dessen Regierung, wie das sächsische Kabinett auch, außerhalb der Reichsverfassung agierte und den Sturz der Reichsregierung betrieb.

Den von den bürgerlichen Regierungsparteien initiierten Verlust des zur Zeit des Scheidemann-Kabinetts 1919 beschlossenen Achtstundentag und der Aufhebung der Demobilisierungsverordnungen hatte er nach Ansicht der SPD-Führung, deren Kritik die jeweiligen Voraussetzungen ignorierte, gleichermaßen zu verantworten, obwohl eine sozialdemokratische Regierungsbeteiligung beides hätte verhindern können. Daß Ebert sich angesichts der negativen Haltung seiner Partei im Zusammenhang mit Kompromissen und Koalitionsbildungen häufig im Sinne der regierenden bürgerlichen Parteien gegen die Erwartungen und Forderungen der SPD entschied und bestimmte Maßnahmen auf dem Wege der durch den Artikel 48 der Reichsverfassung legitimierten Rechtsverordnung durchgesetzt hatte, mußten sich die Sozialdemokraten, die beispielsweise sozialpolitische Fragen ausschließlich durch ordentliche Gesetzgebungsverfahren geregelt sehen wollten, ebenfalls selbst vorhalten; aber sie taten es nicht. Die SPD wollte zwar nicht regieren, infolge ihrer Reichstagsmehrheit bestimmte Fragen aber gegen die bürgerlichen Regierungen – was durchaus verständlich und legitim war – auf dem Wege des ordentlichen Gesetzgebungsverfahrens durchsetzen.

Gustav Hoch, ein langjähriges Mitglied des Parteivorstandes der SPD, sprach nach den debakelhaften Querelen von Oktober und November 1923 aus, was die Parteiführung dachte: „. . . nach meiner Ansicht“, meinte er lakonisch, „ist Ebert erledigt“. Die gegen energische Widerstände aus den eigenen Reihen von Ebert aus der konspirativen Phase herausgeführte und in die Position einer Regierungspartei gebrachte SPD hatte dem Nachfolger August Bebels, kaum daß er im Februar 1919 nicht nur von den 163 SPD-Abgeordneten, sondern auch von den Deutschen Demokraten und den Abgeordneten des Zentrums mit 277 der insgesamt 379 votierenden Abgeordneten der Nationalversammlung zum Reichspräsidenten gewählt worden war, sofort spüren lassen, daß sie seine Macht empfindlich beschnitten sehen wollte. Alle drei der Ebert im Kanzleramt folgenden sozialdemokratischen Kabinettchefs, Philipp Scheidemann, Gustav Adolf Bauer und Hermann Müller-Franken, die Eberts Engagement infolge seiner – nicht gerade als sozialdemokratisch zu bezeichnenden –

Politik gern auf Repräsentationspflichten beschränkt hätten, haben sich 1919 und 1920 geweigert, dem sozialdemokratischen Staatsoberhaupt die Räume, das Personal und die technischen Mittel zur Verfügung zu stellen, die er zur Bewältigung seiner Aufgaben benötigte. Erst die Zentrums-Kanzler Constantin Fehrenbach und Josef Wirth taten es. Seit Ende März 1920 stellte die SPD unter Ebert keinen Reichskanzler mehr, seit Mitte November 1923 auch keinen Reichsminister. War die Person des Reichspräsidenten während der Parteitage der SPD von 1919 bis 1923 stets aus den Debatten herausgehalten worden, änderte sich dies 1924 plötzlich. Die 1922 vollzogene Wiedervereinigung der SPD mit der USPD und die außerordentlich schwere Niederlage der Sozialdemokraten bei den Reichstagswahlen vom 4. Mai 1924 hatten nicht nur die Änderung des Stils und des Inhalts der Parteitagsdiskussionen, sondern auch des sozialdemokratischen Staatsoberhauptverständnisses in entscheidendem Maße bewirkt.

Der während des Krieges zum unbestrittenen Führer der Sozialdemokratie avancierte Ebert, der als Reichspräsident zunächst allein schon durch seine Gegenwart Entscheidungen der Nationalversammlung und der obersten Parteiführung der SPD gravierend beeinflußt hatte, ohne öffentlich angefochten zu werden, sah sich nun, wie von 1916 bis 1922 von der USPD, mit Argumenten und Gegnern aus den Reihen der wiedervereinigten Sozialdemokratie konfrontiert, deren linker Flügel seinen Einfluß zurückzudrängen und sein Ansehen nicht nur ganz allgemein, sondern vor allem speziell in den Schichten zu reduzieren versuchte, aus deren Umfeld er einst selbst gekommen war.

Meinungsverschiedenheiten über bestimmte politische Fragen und Probleme, die ursprünglich intern ausgetragen worden waren, hatten Grundsatzcharakter und eine Ebenenverlagerung erfahren, wobei Ebert von der Warte des sich von Parteiinteressen distanzierenden Staatsoberhauptes argumentierte, das den Fortbestand des demokratisch-parlamentarischen Systems garantieren mußte, während die sozialdemokratische Parteiführung konkrete Parteiinteressen in den Vordergrund stellte und (primär auf Betreiben ihres linken Flügels) Eberts beharrliches Bemühen nicht länger honorieren wollte, durch ihre Beteiligung an Koalitionsregierungen die Kompromißstruktur der Republik zu erhalten.

Daß Ebert der SPD allerdings gelegentlich Opfer zumutete, die sie als politische Massenpartei nicht schadlos akzeptieren konnte, übersah er geflissentlich. Aus der Perspektive konnte der von Sozialdemokraten erhobene Vorwurf, einen Reichspräsidenten zu haben, der nur noch von seinem Amt her denke und seine parteipolitische Herkunft völlig vergessen habe, durchaus ignoriert werden. Daß es, zumal anfänglich, nicht selten so schien, als habe Ebert nicht begriffen, daß die Position Deutschlands seit 1918 nicht mehr mit der Rolle vergleichbar war, wie sie die Monarchie im Spiel der internationalen Kräfte innegehabt hatte, resultierte aus seinem unbeugsamen Patriotismus.

Bewußt nahm er zeitweilig in Kauf, als naiver Utopist zu erscheinen, der nicht wahrhaben wollte, was geschehen sei. Er, der unentwegt für die Erhaltung der Einheit des Reiches und der Nation eintrat, wollte nicht nur angesichts der demoralisierend wirkenden Besatzungsmächte, der separatistischen Bestrebungen, vor allem am Rhein, und der augenfälligen Notlage auf nahezu allen Gebieten Hoffnung suggerieren, Zuversicht multiplizieren und an die Stelle der weit verbreiteten und spezifische Entwicklungen hemmende Resignation gesetzt sehen.

Doch Ebert war längst nicht mehr der Führer der SPD, sondern der Reichspräsident, der sich an sein Versprechen hielt, das er nach seiner Wahl gegeben hatte, nämlich: „Ich gelobe, daß ich die Verfassung . . . getreulich beachten und schützen werde. Ich will und werde als der Beauftragte des ganzen deutschen Volkes handeln, nicht als Vormann einer Partei."

Daß sich der Parteivorstand 1924 während des Parteitags weigerte, ihn aus der SPD auszuschließen, die Ausschlußanträge zu drucken und an die Delegierten zu verteilen, war nicht viel mehr als ein Akt der Kosmetik zur Wahrung des eigenen Ansehens. Wer Eberts Politik mit dem späteren Scheitern der Weimarer Republik identifiziert, die doch vor allem seine historische Leistung war, fälscht die Geschichte in einer Weise, die sich selbst richtet.

Die Geschichte hat Eberts Vorstellungen nicht widerlegt, sondern eindeutig bestätigt. Ebert, der nach seiner Wahl zum Reichspräsidenten erklärte, daß er „ein Sohn des Arbeiterstandes" sei, war nicht nur von der ersten Stunde an das Staatsoberhaupt aller Deutschen, denen er die Chance eröffnete, ihre Interessen und Wertvorstellungen durchzusetzen, sondern er hat in seiner sechsjährigen Amtszeit auch die Einheit des Reiches und der Nation bewahrt, was ihm allein schon einen immerwährenden Ehrenplatz unter den Großen der Geschichte garantieren muß.

Eberts Tod

Der „Sattler auf dem Präsidentenstuhl" des Reiches, das war für bestimmte Schichten der Bevölkerung ein Symptom für eine Situation, die sie ablehnten und bekämpften, wobei Ebert oft nur als personifizierte Angriffsfläche diente. Rasch hatten die alten Führungsschichten ihre Loyalitätserklärungen vergessen und ihre anachronistischen Zeitanalysen und einen gesellschaftspolitischen Koordinatenraster wieder parat. Ebert, der die Zuneigung und Liebe des ganzen Volkes nicht zuletzt um des Ansehens des höchsten Staatsamtes willen ständig suchte und geradezu inbrünstig ersehnte, hat besonders darunter gelitten, daß sie ihm versagt blieben, weil gerade diejenigen, die ihn einzuordnen vermochten, es öffentlich nicht taten. Charakteristisch dafür war beispielsweise die Haltung des Hofrats Lehmann, der sich als Übersetzer der antisemitischen Ford-Publikation der „Internationale Jude" einen Namen gemacht hatte. „Ich war", schrieb er am 6. Oktober 1923 an Hitler, „bis zur Revolution Beamter des Auswärtigen Amtes ... Nach der Revolution ließ ich mich pensionieren, um nicht S. M. (Seiner Majestät) Ebert den Treueid leisten zu müssen."

Die Angehörigen der alten monarchischen Besitz- und Führungsschicht, die trotz des Sturzes der Monarchie weiterhin ihren Besitz, ihre Einflußsphären und vielfach selbst ihre Ämter und unmittelbaren Schalthebel der Macht behalten hatten und an sich

Französische Panzerwagen am 11. Januar 1923 vor geschlossenen Geschäften und Fenstern in Essen

Friedrich Ebert mit Familie: Ehefrau Louise und die Söhne Karl und Friedrich

Hitler-Putsch am 8./9. November 1923 in München. Nationalsozialisten mit verhafteten Stadträten

Reichspräsident Ebert empfängt am 22. August 1924 den designierten mexikanischen Präsidenten Plutarco Elias Calles

4. März 1925: Überführung des Sarges Friedrich Eberts von Berlin nach Heidelberg

Der zweite Reichspräsident der Republik: Paul von Hindenburg

Paul von Hindenburg mit seinem Sohn Oskar vor dem Herrenhaus seines Gutes Neudeck in Ostpreußen

Der Reichspräsident begrüßt russische Offiziere während eines Manövers der Reichswehr. Links neben Hindenburg der 1937 auf Stalins Befehl hingerichtete Marschall Michail Tuchatschewski

selbst erlebten, daß der Vorsitzende der SPD in wesentlichen Positionen auf ihrer Seite stand und als konsequenter Wahrer gerade ihrer Ansprüche, Ambitionen und Interessen angesehen werden konnte, vergalten ihm dies nicht. Tragisch für die Republik war, daß sie sich nicht bereit zeigte, dem Präsidenten, der überzeugt war, nur mit ihrer Unterstützung das durch den Krieg erschütterte Reich erhalten zu können, auch öffentlich zu danken. Nur intern haben sie es manchmal getan – und dann bezeichnenderweise in Situationen, die ihre Kräfte und Fähigkeiten überforderten.

Die „über Nacht" mit der maßgeblichen Führungsrolle im Staat betraute SPD war auch daher nicht in der Lage, dem auf eine besondere Weise autoritätsgebundenen und auf den Wechsel von der Monarchie zur Republik nur unzureichend vorbereiteten deutschen Volk effektvolle und Sicherheit suggerierende neue Identifikationsmuster zu liefern. Daß ohne sie zwangsläufig auch der Umgang mit den alten Machteliten problematisch bleiben und negative Konsequenzen nach sich ziehen mußte, war logisch.

Pure Häme, böswillige Arroganz und beschämende Niedertracht bestimmten auf allen maßgeblichen Ebenen die systematisch kolportierten und multiplizierten „Urteile" über die sozialdemokratischen Führer, deren Exponent Friedrich Ebert zuweilen nur noch als üble Karikatur erschien. Bösartig und zynisch artikulierte, erfundene, armselige Witze über Verwechslungen von Fremdwörtern in Reden und Gesprächen und mangelnde Beherrschung der Rechtschreibung hatten am Beginn gestanden, Angriffe auf die Würde und Ehre am Ende. Als Säufer und Trunkenbold stellten ihn die einen dar, als Egoisten, der in seine eigene Tasche wirtschafte, die anderen, ohne für solche Schmähungen von den Gerichten angemessen bestraft zu werden. Aus dem Reitpferd, das der gut und gern reitende Präsident von der in Berlin stationierten Reichswehr gelegentlich für Ausritte zur Verfügung gestellt bekam, wurde ein privater Ebert-„Rennstall" gemacht, aus einer Blockhütte in den staatlichen preußischen Forsten ein Ebert-„Jagdschloß".

173 mal hat Ebert während seiner Zeit als Reichspräsident al-

lein innerhalb von fünf Monaten Gerichte angerufen, 173 mal enttäuschende Konsequenzen registriert. Lappalien waren es oft, die ihn veranlaßten, sich um der Unantastbarkeit seines Amtes willen der Justiz zu bedienen, aufgebauschte, umgelogene und nicht selten pervertiert entstellte, öffentlich verbreitete Darstellungen die Ursachen gewesen. Daß Gerichte ihn, den Reichspräsidenten, vor ihre Schranken luden, um sich selbst gegen meist leicht durchschaubare Diffamierungen zu verteidigen, war bezeichnend. Allerdings hat er es seinen Feinden infolge seines außergewöhnlich sensiblen Ehrgefühls nicht schwergemacht, ihn herauszufordern. Da genügte beispielsweise die Behauptung, daß der Präsident „besoffen" gewesen sei und dabei seinen „speckig-dreckigen" Hut verloren habe. Der „Hut Eberts", „speckig" und „dreckig", wie gehässig kolportiert worden war, lag dann schließlich auf dem Tisch des Gerichts, das den wahren Sachverhalt durch eine „Hut-Anprobe" an den Tag brachte: Der Hut paßte und gehörte einem Hausangestellten. Liebschaften und intime Verhältnisse mit Frauen, die ihn gar nicht kannten, wurden erfunden, Amtsmißbrauch im „Umgang mit Sekretärinnen" des Präsidialamtes erdacht.

Nach dem Hitler-Putsch vom 8./9. November 1923 in München schloß der Verband der Sattler, der seinem einstigen Kollegen, der noch als Reichstagsabgeordneter „Sattler" als Beruf angab, außerordentlich viel zu verdanken hatte, den Reichspräsidenten als „unwürdig" aus seinen Reihen aus. Die Berliner SPD stellte an den Berliner Parteitag den formellen Antrag, es den Sattlern gleichzutun und Ebert aus der Partei auszuschließen, was selbst Scheidemann, der Ebert keineswegs besonders gewogen war, nach dessen Tod als beschämend charakterisierte. Im April 1921 allerdings hatte auch er, immer noch schmollend, weil nicht er, sondern Ebert Reichspräsident geworden war, den Ausschluß Eberts aus der SPD oder aber seinen Rücktritt vom Amt des Reichspräsidenten gefordert. Eberts Stellungnahme, die er seinem alten Freund Otto Wels brieflich mit der Bitte zuleitete, sie dem Parteivorstand zur „Kenntnis" zu bringen, spricht für sich – und für Ebert.

Am 13. April 1921 schrieb er ihm:

„Lieber Otto!

In unserer gestrigen Besprechung habe ich nur nebenbei auf die Scheidemannsche Bemerkung in einer Volksversammlungsrede in Mannheim hingewiesen, wonach er meine amtliche Stellung als unhaltbar betrachtet. Die Partei – so sagte er – müsse zwar auf mich Rücksicht nehmen. ‚Aber diese Rücksicht muß da ihre Grenze finden, wo die Interessen einer Partei . . . gefährdet werden.'

Da die Bemerkung in der Presse einiges Aufsehen machte, muß ich noch einmal auf sie zurückkommen.

Du wirst Dich erinnern, daß ich bei den Unterhaltungen, die ich mit Dir und anderen Parteivorstandsmitgliedern in den letzten Monaten führte, immer wieder auf die steigenden Schwierigkeiten meiner amtlichen Tätigkeit hinwies und wünschte, bald aus ihr befreit zu werden. Ich habe auch alles mögliche getan, um die Neuwahl des Reichspräsidenten baldigst herbeizuführen.

Ich weiß nicht, wie der Parteivorstand zu der Scheidemannschen Äußerung steht. Von einer weiteren öffentlichen Erörterung der aufgeworfenen Frage, die für mich zunächst eine innere Parteiangelegenheit ist, verspreche ich mir für die Partei nichts. Ich bin aber gern bereit, mich darüber mit dem Parteivorstand auseinanderzusetzen, wobei ganz selbstverständlich jede persönliche Rücksicht auf mich auszuscheiden hat. Würde sich dabei eine Möglichkeit finden, die mich schnellstens von meinem Amte entbindet, so wäre ich dem Parteivorstand aufrichtig dankbar.

Du bist wohl so freundlich und gibst dem Parteivorstand von diesem Schreiben Kenntnis.

Mit freundlichstem Gruß an Dich und den ganzen Bau

Dein Fr. Ebert."

Zwar war Friedrich Ebert im Sommer 1923 vom Reichstag mit 314 gegen 76 Stimmen bis zum 30. Juni 1925 in seinem Amt bestätigt worden, was als überwältigender Vertrauensbeweis angesehen werden mußte; aber die Verleumdungen seitens der meist beruflich, politisch oder sonst irgendwie gescheiterten und irregeführten Fanatiker nahmen kein Ende. Gerichte ließen sich zu peinlichen Schaubühnen degradieren und schützten die Verleumder. So konnte Hitler beispielsweise in der Nr. 51 seines „Völkischen Beobachter" ungestraft schreiben, daß es für „die Gesellschaft der . . . Ebert und Scheidemann nur eine Strafe: den Strick" gebe und der Oberlandesgerichtsrat Ernst Pöhner, immerhin Mitglied des obersten bayerischen Gerichtshofes, im sogenannten „Hitler-Ludendorff-Prozeß" vor dem Münchener Volksgericht Hitlers gescheiterten Staatsstreich gegen die Reichsregierung in eine nationale Tat ummünzen und die angeklagten Hochverräter als Helden der Nation erscheinen lassen. „Was war denn das für ein Staat, der geschaffen worden ist im November 1918?", fragte er und erklärte, von niemandem korrigiert: „Es ist kein Staat geschaffen worden . . . sondern es ist ein Staat zertrümmert worden, denn was wir im November 1918 erlebt haben, war Volksbetrug übelster Art . . . der von Juden, Deserteuren und bezahlten Landesverrätern am deutschen Volk verübt worden." Zwar verurteilte ein Magdeburger Gericht im Dezember 1924 einen Journalisten zu zwei Monaten Gefängnis, weil er, ein enger Vertrauter Hitlers, Ebert öffentlich des Landesverrats bezichtigt hatte, aber es erklärte gleichzeitig auch, daß der Reichspräsident nach strafrechtlichen Gesichtspunkten tatsächlich Landesverrat begangen habe.

Obwohl Ebert von namhaften Persönlichkeiten des öffentlichen Lebens, von renommierten Professoren und Schriftstellern, von Landesregierungen und Städteparlamenten zuletzt demonstrativ versichert wurde, daß er sich um das Vaterland verdient gemacht habe, fühlte Ebert sich zu Recht diffamiert und verleumdet. Vieles hätte er „geschluckt" und auf sich beruhen lassen, den Vorwurf des Landesverrats jedoch konnte er, der leidenschaftliche Patriot, nicht ignorieren. „Der seelische Schmerz", gestand er, „peinigt schlimmer . . . Sie haben mich politisch umgebracht, nun wollen sie mich auch moralisch morden." Und es war in der Tat so. Links- und Rechtsradikale entfachten 1924 eine Hetze, die alles übertraf, was es bis dahin gegeben hatte.

Am 9. Februar 1925 brach Ebert mit Leibschmerzen zusammen. Dem Rat der Ärzte, nun endlich in die Klinik zu gehen und sich einer harmlosen Blinddarm-Operation zu unterziehen, folgte er nicht. „Es geht nicht“, sagte er zu Noske, „ich muß um meine Ehre kämpfen, oder nein – um die Ehre des Staatsoberhauptes ... Ich kann nicht mehr. Du verstehst mich. Dich hetzen sie ja auch. Wie einen Galgenvogel verunglimpfen sie mich. Daß sie sich nicht schämen, in ihrer moralischen Verlotterung, sie, die für eine sittliche Erneuerung Deutschlands zu kämpfen vorgeben, das ist mein Schmerz, diese Schmutzflut, die mich umbrandet.“

Ebert stellte die Ehre des Staatsoberhauptes über alles – und zerbrach. Verzweifelt bäumte sich der nach außen hin so robuste Mann noch einmal auf – für Deutschland, für das „Vaterland“, dem er seit jeher und unentwegt mit heißem Herzen gedient hatte; aber er war mit 54 Jahren am Ende seines Weges angekommen.

Am 28. Februar 1925, um 10.15 Uhr früh, erlosch sein Leben. Eine verschleppte Blinddarmentzündung hatte eine Bauchfellentzündung hervorgerufen, gegen die die Ärzte machtlos waren.

Daß er in seiner Heimatstadt Heidelberg wie ein Fürst bestattet wurde, machte nichts wieder gut an ihm. In der „Frankfurter Zeitung“ schrieb Thomas Mann: „Die Todesnachricht hat mich tief ergriffen ... Meine Sympathie ist grenzenlos ... Sieben Jahre der Gewöhnung an seine klug zurückhaltende Repräsentation, seine stille, vermittelnde und mäßigende Tätigkeit haben viel Vertrauen, viel ruhige Zuneigung, kurz, eine unausgesprochene Popularität gezeitigt, die jetzt als Gefühl der Entbehrung sich ihrer bewußt wird. Die Frage der Nachfolge ist schwierig, aber ich halte den Wunsch für vorherrschend, der neue Präsident möchte dieselben Eigenschaften aufweisen, die Ebert auszeichneten.“

Und Gustav Stresemann, der einstige Anhänger eines Volkskaisertums – und langjährige Außenminister, rief ihm nach: „Der Tod des ersten deutschen Reichspräsidenten reißt eine Lücke, von der bis heute niemand weiß, wie sie ausgefüllt werden soll. Dabei denke ich nicht in erster Linie an das Amt des Reichspräsidenten.

Der verstorbene Reichspräsident hat nie ein Hehl daraus gemacht, daß er nicht beabsichtigte, sich noch einmal zur Wahl zu stellen ... Man hat das Wort ‚national' in die Parteinamen eingeführt und manchmal auch in den Parteikampf. Wenn man von diesem Kampf der Parteien absieht und sich auf den Standpunkt stellt, daß derjenige vaterländisch ist, der sein Bestes gibt, um dem Vaterlande zu dienen, dann ist der Reichspräsident sicherlich eine durch und durch vaterländische Natur gewesen, und er hat seine Aufgabe mit einer Gewissenhaftigkeit aufgefaßt, die unbestreitbar aus deutschem Wesen geboren war ... Liebe zum deutschen Vaterlande ist nicht Vorrecht einer Anschauung oder einer Partei. Es war wohl nicht ohne persönliche symbolische Bedeutung, daß er das Lied des Dichters Hoffmann von Fallersleben zum Deutschen Liede machte. Denn in seinem Wirken verkörpert sich der Dreiklang der Schlußstrophe dieses Liedes: in seinem Eintreten und Wirken für Einigkeit und Recht und Freiheit."[62]

Friedrich Ebert ist nicht von „oben" gekommen, ist immer ein Mann des Volkes geblieben, worauf er stets stolz war und stolz sein konnte. Wenn die Geschichte fair urteilt und historische Größe gerecht attestiert, dann kann sie Friedrich Ebert nicht übergehen.

[62] Während der linke Flügel des politischen Spektrums Ebert des Verrats der Arbeiterklasse und der Revolution zieh, agierten Unternehmer und Industrielle, die seine Bemühungen um die Erhaltung der staatlichen Einheit uneingeschränkt begrüßten, in seinem Sinne auf ihre Weise. So trafen sich beispielsweise am 28. Februar 1920 im Düsseldorfer Industrie-Club unter strengster Geheimhaltung unter anderem Karl Gerstein, Alfred Haniel, Karl Haniel, Emil Kirdorf, Wilhelm Marx (zu der Zeit Oberbürgermeister), Georg Solmssen, Julius Forster und die einflußreichen Generaldirektoren Pattberg, Vögler und Minzesheimer, um über die Gründung einer parteiübergreifenden und sowohl die Arbeitgeber als auch die Arbeitnehmer ansprechende Institution zur Weckung des Nationalbewußtseins zu beraten." ... alle gegen den Kommunismus, den Bolschewismus und Syndikalismus vereinigten Kreise" sollten „zu gemeinsamer Arbeit mit den rechtsstehenden Parteien herangezogen werden."

Teil II
Gescheiterte Illusionen

„Auf dem Feldherrn und dem Staatsmann lastet eine besonders große Verantwortung, weil ihr Denken und Tun nicht über das Wohl und Wehe einzelner Personen, sondern ganzer Völker entscheiden soll. Sie werden daher mehr noch als andere Menschen Ursache haben, ihre Sorgen und Entschlüsse vor Gottes Thron niederzulegen, um sich von ihm Kraft und Weisheit für ihr schweres Amt zu erbitten"

(Paul von Hindenburg)

Der zweite Reichspräsident

Am 29. März 1925, einen Monat nach Eberts Tod, wählte das deutsche Volk erstmals einen Reichspräsidenten. Erstmals konnte sich zeigen, wie tief die politischen Parteien und ihr Wirken im Bewußtsein der Deutschen tatsächlich wurzelten, wie intensiv sie der Demokratie und der Republik die Wege gebahnt, wieweit die Deutschen bereit wären, sich mit dem neuen Staat zu identifizieren und wie sie ihn künftig geführt und vertreten zu sehen wünschten. Die sieben Präsidentschaftskandidaten kannte jeder der mehr als 39 Millionen Wahlberechtigten, denen die Reichsverfassung das Recht zugestand, ihr Staatsoberhaupt selbst zu wählen.

Einer von ihnen war der Zentrumspolitiker Wilhelm Marx, der von Ende November 1923 bis Anfang Juni 1924 als Kanzler regiert hatte und dies von Mitte Mai 1926 bis Ende Juni 1928 wiederum tat. Sein Konkurrent Karl Jarres von der Deutschen Volkspartei – und zugleich auch Kandidat der DNVP – hatte sich im ganzen Volk 1923 einen Namen durch seinen Vorschlag gemacht, den Franzosen schließlich auch die Lasten aufzubürden, die das von ihnen teilweise besetzte Reich tragen mußte. Als Vizekanzler der Regierungen Luther von 1923 und 1924 galt er als populär und mutig. Otto Braun, der „gestandene" preußische Sozialdemokrat und renommierte preußische Ministerpräsident, war ein weiterer Kandidat, dem nicht nur die SPD zutraute, das Werk seines Genossen Ebert mit Würde, Beständigkeit und Erfahrung nationalbewußt fortsetzen zu können. Die Kommunisten hatten ihren Vorsitzenden Ernst Thälmann „ins Rennen" geschickt, während für die Nationalsozialisten, deren Führer Hitler erst im Februar 1932 deutscher Staatsbürger wurde, der Kriegsheld Erich Ludendorff kandidierte. Der badische Staatspräsident und Demokrat (DDP) Willy Hellpach und der bayerische Ministerpräsident Heinrich Held als Exponent der BVP beschlossen die breite Palette der Kandidaten für das höchste Staatsamt.

68,9 Prozent der Wähler gingen zur Urne, was bereits vor der

Auszählung signalisierte, daß das Engagement für die Republik mäßig sein und sich die Republikaner in der Minderheit befinden würden. Zwar ging Jarres mit 38,8 Prozent aller abgegebenen gültigen Stimmen als Sieger hervor; aber ihm fehlten mehr als zehn Prozent für die nötige absolute Mehrheit. Für Braun hatten sich 29 und für Marx 14,5 Prozent der Wähler entschieden, so daß Thälmann (7), Hellpach (5,8), Held (3,7), Ludendorff (1,1) und die unter „Verschiedene" registrierten Kandidaten zusammen weit weniger als 20 Prozent der Stimmen auf sich vereinigen konnten.

Die Wahl war so als „totes Rennen" ausgegangen. Die Stimmenaddierungen in sogenannten „Blöcken", dem „Reichsblock" (mit den Exponenten Jarres, Held und Ludendorff mit insgesamt 11 709 895 Stimmen) und dem „Volksblock" (mit den dort maßgeblichen Wortführern Braun, Marx und Hellpach mit zusammen 13 258 628 Stimmen), hatten nichts zu ändern vermocht.

Ein zweiter Wahlgang wurde notwendig. Die Kommunisten blieben weiterhin bei ihrem Kandidaten Thälmann. Den Wahlkampf leiteten die im „Volksblock" zusammengeschlossenen politischen Parteien SPD, Zentrum und DDP mit Wilhelm Marx als gemeinsamem Kandidaten, am 9. April mit einem Aufruf ein, in dem es hieß: „An die Parteien des Volksblocks! Die Stunde der Entscheidung naht. Alle Kräfte müssen zusammengefaßt werden, um am 26. April einen glänzenden Sieg zu erringen. Es werden daher die Parteien des Volksblocks und die republikanischen Organisationen im ganzen Reiche aufgefordert, sich zusammenzuschließen und den Kampf für die Kandidatur Marx' gemeinsam zu führen. Im Zusammenschluß liegt die Stärke, im einheitlichen Vorgehen die Kraft. Die Parteien des Volksblocks dokumentieren durch das gemeinsame Vorgehen das große Ziel, das sie verfolgen: für das Vaterland, für den Volksstaat, für die Republik. Schließt Euch daher gemeinsam mit den verfassungstreuen Organisationen zusammen ... denn nur Geschlossenheit im Kampfe verbürgt den Sieg."

Die andere Seite, die im „Reichsblock" vereinigten Parteien DNVP, DVP, BVP und Bayerischer Bauernbund, setzten auf einen Kandidaten, der sich zunächst beharrlich sträubte, die Kandidatur anzunehmen und Wahlreden zu halten: auf Paul von Beneckendorf und von Hindenburg, den – auf eigenen Wunsch – seit 1919 im Ruhestand in Hannover lebenden 77jährigen weltberühmten Feldherrn des Ersten Weltkrieges.

Nachdem es dem im Volk hoch angesehenen Großadmiral Alfred Tirpitz, dem Organisator der kaiserlichen Marine und Vater der einstigen „Vaterlandspartei" während des Krieges, schließlich gelungen war, den knorrigen Alten für die Kandidatur zu gewinnen, erklärten sie am 8. April: „Deutsche Männer, deutsche Frauen, deutsche Jugend! Am 29. März haben sich 10½ Millionen Deutsche durch ihre Stimmabgabe zur Reichspräsidentenwahl in dem Willen vereinigt, an die Spitze des Reiches einen nationalen, christlich und sozial empfindenden Mann zu stellen. Für den 26. April steht der zweite Wahlgang bevor. An diesem Tage den Endsieg für den vaterländischen Gemeinschaftsgedanken zu erringen ist das Ziel aller guten Deutschen, die das Vaterland über die Parteien stellen. Diesem Gedanken folgend, haben die Bayer.(ische) Volkspartei, der bayer.(ische) Bauernbund und die Deutsch-Hannoveranische Partei sich bereit erklärt, sich auf Hindenburg als gemeinsamen Kandidaten mit den im bisherigen Reichsblock zusammengeschlossenen Parteien und Verbänden vereinigen zu wollen. Von Anfang an hat Dr. Jarres betont, daß eine Einigung auf breiterer Grundlage an seiner Person keineswegs scheitern dürfe. Er hat damit wieder das Vorbild eines wahrhaft deutschen Mannes gegeben. Hindenburg hat als der getreue Eckehard des deutschen Volkes sich diesem Rufe nicht entzogen, sondern sich in bewährter Pflichterfüllung bereit erklärt, das große Opfer zur Kandidatur zu bringen. Wir betrachten es als die ganz selbstverständliche Pflicht aller Deutschen in Stadt und Land, ohne Unterschied des Standes und Berufes, sich mit ganzer Kraft und Hingabe für unseren Hindenburg einzusetzen. Hindenburg war Euer Führer in großer und schwerer Zeit, Ihr seid ihm gefolgt, Ihr habt Ihn geliebt! Er hat Euch nie verlassen. Kämpft für ihn auch jetzt, wo er in alter Führertreue wieder an Eure Spitze treten will, um seinem Vaterlande in friedlichem Aufbau zu dienen! Unsere Losung lautet deshalb: Mit Hindenburg zum Sieg für die Einheit aller Deutschen, für christliche Art und sozialen Fortschritt, für des Vaterlandes Größe und Freiheit! Hindenburg der Retter aus der Zwietracht!"

Vier Tage später meldete Hindenburg sich mit einer „Botschaft" zu Wort. Er, der mit Steuergeldern bezahlte Berufspolitiker gering schätzte, verbeugte sich vor dem ersten Präsidenten der Republik, indem er ihm attestierte, niemals seine Herkunft verleugnet zu haben. „Vaterländisch gesinnte Deutsche aus allen Gauen und Stämmen", sagte er, „haben mir das höchste Amt im Reich angetragen. Ich folge diesem Rufe ... in Treue zum Vaterlande. Mein Leben liegt klar vor aller Welt. Ich glaube auch in schwersten Zeiten meine Pflicht getan zu haben. Wenn die Pflicht mir nun gebietet, auf dem Boden der Verfassung, ohne Ansehen der Partei, der Person, der Herkunft und des Berufes als Reichspräsident zu wirken, so soll es nicht an mir fehlen. Als Soldat habe ich immer die ganze Nation im Auge gehabt, nicht die Parteien. Sie sind in einem parlamentarisch regierten Staate notwendig, aber das Staatsoberhaupt muß über ihnen stehen und unabhängig von ihnen für jeden Deutschen walten. Den Glauben an das deutsche Volk und den Beistand Gottes habe ich nie verloren. Ich bin aber nicht mehr jung genug, um an einen plötzlichen Umschwung der Dinge zu glauben. Kein Krieg, kein Aufstand im Innern kann unsere gefesselte, leider durch Zwietracht zerspaltene Nation befreien. Es bedarf langer, ruhiger, friedlicher Arbeit. Es bedarf vor allem der Säuberung unseres Staatswesens von denen, die aus der Politik ein Geschäft gemacht haben. Ohne Reinheit des öffentlichen Lebens und Ordnung kann kein Staat gedeihen. Der Reichspräsident ist besonders dazu berufen, die Heiligkeit des Rechts hochzuhalten. Wie der erste Präsident auch als Hüter der Verfassung seine Herkunft aus der sozialdemokratischen Arbeiterschaft niemals verleugnet hat, so wird auch mir niemand zumuten können, daß ich meine politische Überzeugung aufgebe."

Dem rheinischen, katholischen und republikanischen Politiker Marx wurde der preußische, protestantische und monarchistische

Feldmarschall gegenübergestellt. Bemerkenswert ist, daß der zweite Wahlgang 8,7 Prozent mehr Wähler (statt 68,9 im März 77,6 Prozent) mobilisierte. Während die Parteien des Volksblocks bei den Märzwahlen zusammen über 49,3 Prozent der gültigen Stimmen verfügten, konnten sie bei der zweiten Wahl mit Hindenburg als Gegner nur noch 45,3 Prozent auf sich vereinigen. Von den mehr als 3,5 Millionen zusätzlichen Wählern hatten sich weniger als 500 000 für den „Volksblock" entschieden, wenn die bloße Statistik als Urteilsgrundlage gelten kann.

Am 12. Mai 1925 trat Paul von Hindenburg, der nach 1919 prominenteste Exponent der gescheiterten Monarchie, das Amt des Reichspräsidenten der Republik an.

Die Einheit des Reiches galt bereits vor Eberts Tod als gesichert, die staatszerstörende Putschgefahr als überwunden, der zahlenmäßige Rückgang der Radikalen seit der Dezemberwahl von 1924 als statistisch erwiesen und die vom Ausland aufgezwungene Demokratie und Republik als zumindest einigermaßen etabliert. Die Inflation war überstanden, der Ausnahmezustand aufgehoben, der Dawes-Plan angelaufen, die aus den USA „hereinbrechende" und als Wunder empfundene „prosperity" ausgelöst. Hindenburg hatte es schon infolge seiner Herkunft und der ihm in weiten Teilen des Volkes entgegengebrachten mystischen Verehrung in vieler Hinsicht erheblich leichter als sein Vorgänger, dem Ende 1918 keine „Schonfrist" zugestanden werden konnte. Doch auch an ihm zausten Kritiker hämisch vehement. Da er sich – wie ein Teil des Volkes auch – als Statthalter der Monarchie sah und seine Biographie vor „aller Welt" offen lag, was bei seinem Vorgänger anders gewesen war, hatten seine von Vorurteilen geprägten Gegner es nicht schwer, Wahrheiten mit Halbwahrheiten und Lügen zu verbinden.

Doch anders als Friedrich Ebert, den diffamierende Kritiken schmerzten, begegnete Hindenburg den primär von bürgerlichen Intellektuelle sarkastisch artikulierten negativen Werturteilen, die ihm vorweg attestierten, unfähig zu sein und die „neue Zeit" weder zu verstehen noch sie akzeptieren zu wollen, souverän und mit selbstsicherer stoischer Gelassenheit. Der „vaterlandslose Ge-

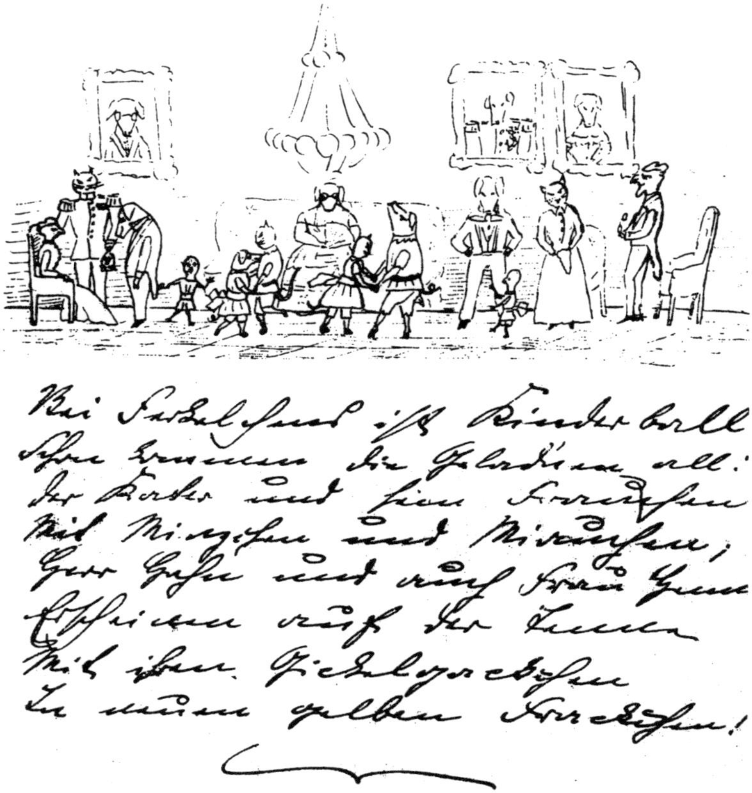

„Kinderball bei der Familie Hindenburg"
Eine der vielen witzigen Skizzen Hindenburgs.

„Bei Ferkelchens ist Kinderball!
Schon kommen die Gelad'nen all:
Der Kater und sein Frauchen
Mit Miezchen und Miauchen;
Herr Hahn und auch Frau Henne
Erscheinen auf der Tenne
Mit ihren Gichelgachchen
Im neuen gelben Frackchen!"

selle" Ebert hatte sein Vaterland, das ihm nicht zufällig (seit dem 11. August 1922) das „Deutschlandlied" als Nationalhymne verdankt, „über alles" gestellt. Daß der knapp 78-jährige, immer maskenhaft vierschrötig-titanenhaft und unpolitisch wirkende Feldmarschall das republikanische Deutschland ebenso konsequent in den Mittelpunkt seines Denkens und Handelns stellen könnte, paßte nicht in das Bild, das zu eilfertig über ihn verbreitet worden war. Ihn, der an der Übernahme des Präsidentenamtes sowenig interessiert war wie 1848 der Preußenkönig Friedrich Wilhelm IV. es im Zusammenhang mit der Kaiserwürde gewesen ist, konnten sich als für Deutschland positiven Präsidenten nur diejenigen vorstellen, die nicht bereit waren, die Vergangenheit einfach auf den Kehrichthaufen der Geschichte zu werfen. Daß die Mehrzahl der Deutschen 1925 nicht daran dachte, dies zu tun, bewies das Wahlergebnis vom 26. April. Daß der alte und eingefleischte preußisch-monarchistische Militär, der sich nach der Auswertung der Reichspräsidentenwahl darüber ärgerte, von seinem Sohn Oskar eine Stunde früher als gewöhnlich aus dem Schlaf geholt worden zu sein, nur damit er rasch erführe, daß er Reichspräsident geworden sei, der Nation auch in der Republik nützen könnte, ging über das politische Vorstellungsvermögen vieler Deutscher hinaus, die nicht die Bereitschaft aufbrachten, als primäres Ziel Hindenburgs nicht die Restauration der Hohenzollern-Monarchie, sondern die Erhaltung des Reiches zu sehen.

„Die Republikaner", so schrieb beispielsweise der liberale jüdische Chefredakteur Theodor Wolff im „Berliner Tageblatt" vom 27. April 1925, „haben eine Schlacht verloren, der bisher monarchistische Feldmarschall von Hindenburg wird Präsident der deutschen Republik. Landbündler und Offiziersbündler lassen heute Sektpfropfen knallen wie nach der Ermordung Rathenaus, und die in der gesellschaftlichen Rangordnung etwas tiefer stehenden Leserinnen und Leser des ‚Lokal-Anzeigers' berauschen sich teils an Kaffee und teils an Bier ... Was soll man mit einem Volke anfangen, das aus seinem Unglück nichts lernt und sich immer wieder, auch zum zehnten und zum zwölften Male, von den gleichen Leuten am Halfterbande führen läßt?" Ähnlich klang der Kommentar der Pariser Zeitung „Le Temps" vom selben Tage. „Deutschland", so hieß es da ebenso vorschnell und effekthascherisch, „hat die Maske abgeworfen, durch die es an die Aufrichtigkeit seiner demokratischen Gefühle glauben machen will, und es zeigt nun sein altes Gesicht, in dem sich seine kriegerischen Instinkte und seine Herrschsucht ausdrücken. Die ganze Politik der Versöhnung hat damit moralisch Bankrott gemacht."

Daß Hindenburg, der kaiserlich-preußische Feldmarschall das Amt des Reichspräsidenten mit der gleichen Hingabe ausfüllen würde, wie Ebert es getan hatte, schien seinen Gegnern und Kritikern zu der Zeit offenbar unvorstellbar. Am 21. April 1925, unmittelbar vor den Reichspräsidenten-Wahlen, hatte der Berliner Vertreter des amerikanischen Heartpresse-Konzerns Hindenburg – stellvertretend für das ganze Ausland – gefragt: „Im Ausland hat man den Gedanken aufgeworfen, ob durch Ihre Reichspräsidentschaft, Herr Generalfeldmarschall, eine Beunruhigung Europas eintreten könnte?" Hindenburg, der seit der legendären Schlacht bei Tannenberg im August 1914 ungezählte Interviews gegeben hatte und mit Medienvertretern souverän umzugehen wußte, antwortete militärisch knapp. „Soweit dabei an militärische Dinge gedacht ist", sagte er, „kann ich versichern, daß mir als altem Soldaten die militärische Ohnmacht Deutschlands viel zu genau bekannt ist, als daß ich kriegerische Abenteuer irgendwie befürworten kann. Eine Kriegspartei unter Führung alter Offiziere gibt es in Deutschland nicht."

Getäuscht sahen sich die Leser, die der weit verbreiteten Version geglaubt hatten, daß „der alte Hindenburg" nicht nur kriegslüstern und politisch weltfremd, sondern darüber hinaus auch nicht gerade geistig beweglich sei.

Schon ganz Staatsmann, erklärte Hindenburg dem Journalisten, der offenbar gemeint hatte, den Feldmarschall in Verlegenheit bringen zu können: „Selbst wenn die Entwaffnung unserer Nation weniger rücksichtslos betrieben worden wäre, müßten wir unsere Kräfte zum friedlichen Wiederaufbau sammeln. Wir brauchen Frieden im Inland und geordnete Rechtsbeziehungen zu unsern Nachbarn. Ich habe in diesen Jahren immer wieder zur

Vernunft gemahnt. Der Friede Europas und der Welt wird am besten dadurch gewahrt, daß man uns den Lebensatem gönnt, dann hören auch die deutschen Parteien allmählich auf, sich zu befehden, und Deutschland wird in Gemeinschaft mit den anderen Völkern seiner friedlichen Arbeit nachgehen können." Auf die Frage, „Ihre Kandidatur wird vielfach als eine monarchistische aufgefaßt. Wie denken Sie darüber?", reagierte der Präsidentschaftskandidat mit einer Antwort, die sowohl seine Kritiker als auch die eingefleischten Monarchisten irritieren mußte. Eine Änderung „der verfassungsmäßigen Grundlagen des Deutschen Reiches", sagte er, „halte ich weder für möglich, noch für erwünscht; denn die dabei unvermeidliche Fehde würde dem Programm der inneren Eintracht widersprechen. Meine Herkunft aus einer monarchischen Welt verleugne ich ebensowenig, wie Herr Ebert seine Herkunft aus der alten sozialdemokratischen Kampfatmosphäre verleugnet hat. Ein Reichspräsident, der allen Ständen und Gliedern des Volkes dienen muß, darf . . . nicht Vertreter des Kampfgedankens irgendwelcher Klassen sein."

Hindenburg, bis zu dessen Amtsübernahme am 12. Mai 1925 der Präsident des in Leipzig ansässigen Reichsgerichts verfassungsgemäß die Geschäfte des Staatsoberhauptes wahrgenommen hatte, belehrte seine Kritiker bald. Stresemann beispielsweise, der sich 1925 anfänglich ebenfalls öffentlich gegen Hindenburgs Wahl engagiert hatte, änderte seine Einstellung rasch. Kaum, daß Hindenburg im Reichspräsidenten-Palais residierte, herrschte Übereinstimmung in jeder Hinsicht. Der zeitlebens durch sein streng preußisch artikuliertes moralisches Verhalten, seine Fähigkeiten und außergewöhnlichen militärischen Leistungen aus dem alltäglichen Rahmen gefallene, am 4. Oktober 1847 als Sohn eines aktiven preußischen Hauptmanns in Posen geborene (keinem der parteipolitisch gebundenen „Blöcke" angehörende) Paul Ludwig Hans Anton von Beneckendorff und von Hindenburg, den seit der von ihm im August 1914 gewonnenen Schlacht bei Tannenberg in Ostpreußen alle Welt kannte, hielt zur Verblüffung seiner Kritiker auch als Staatsmann mehr, als selbst seine 14 655 600 Wähler sich von ihm versprochen hatten.

Herb enttäuscht allerdings wurden die Rechtsradikalen, die meinten, daß mit der Wahl des Mannes zum Reichspräsidenten, dessen Name sich im Anhang der Versailler Kriegsverbrecherliste befand, zwangsläufig auch schon die „Abenddämmerung des Versailler Vertrages" angebrochen sei. Alle Prophezeiungen, die in Deutschland bald eine Militärdiktatur als Staatsgewalt erwarteten, erwiesen sich als Spekulationen ohne Wert. Nicht zufällig wünschte Hindenburg bei der Übernahme seines Amtes im Mai 1925, daß die im Januar 1925 von Ebert berufene Regierung Hans Luther, der drei Zentrums-Minister, drei Minister aus den Reihen der Deutschen Demokraten und zwei Ressortleiter aus der Deutschen Volkspartei angehörten, weiterhin im Amt bleiben solle. Daß er auch die unter Ebert begonnene Außenpolitik kontinuierlich fortsetzen würde, deutete bereits die Tatsache an, daß er den seit August 1923 als Außenminister fungierenden Gustav Stresemann im Amt beließ. Mehr noch als die Pragmatiker Ebert und Stresemann war Hindenburg jedoch darauf bedacht, in der Außenpolitik des Reiches Tradition und Kontinuität (und dies keineswegs primär rückwärts orientiert) sichtbar werden zu lassen. Der gravierende Bruch trat im Oktober 1933 mit Hitlers Austritt aus dem Völkerbund ein.

Unter der Präsidentschaft Hindenburgs schlossen die von den Kanzlern Hans Luther, Wilhelm Marx, Hermann Müller, Heinrich Brüning, Franz von Papen und Kurt von Schleicher geführten Reichsregierungen bis zum 26. Januar 1933 zum Nutzen des Reiches mehr als ein Dutzend internationale Verträge, von denen Gustav Stresemann als Außenminister rund die Hälfte kontinuierlich vorbereitet hatte. Kontinuität wahrten auch Stresemanns Nachfolger Julius Curtius, Heinrich Brüning und Konstantin von Neurath. Hindenburg, der souveräne Herr der Exekutive, garantierte dafür, daß die am nationalen Interesse orientierte deutsche Außenpolitik in verläßlichen Bahnen fortgesetzt wurde. Wie hoch dieser Sachverhalt anzusiedeln ist, bezeugt die Tatsache, daß bis zu Hitlers Machtübernahme nahezu kein einziges zentrales reichspolitisches Problem ohne außenpolitischen Bedingungszusammenhang geblieben ist. Nicht nur die meisten der zahlreichen

Regierungsrücktritte waren mit außenpolitischen Problemkomplexen verknüpft, die im engen Wechselverhältnis zur Innenpolitik standen.

Hindenburgs außenpolitisches Ziel, das die Außenminister des Reiches zu verfolgen hatten, war von Gustav Stresemann schon unter Friedrich Ebert anvisiert worden: Wiederaufstieg Deutschlands zur souveränen und im internationalen System voll akzeptierten gleichberechtigten Großmacht. Daß dies, anders als zur Kaiserzeit, nicht militärische „Großmacht", sondern wirtschaftspolitische „Großmacht" bedeutete, brauchte nicht besonders definiert zu werden. Die Reichswehrkreise, Exponenten des Auswärtigen Amtes und der Industrie, denen die Idee vorschwebte, zusammen mit Rußland auf militärischem Wege eine Revanchepolitik gegen die Westmächte zu betreiben, konnten auf Hindenburgs Unterstützung nicht rechnen. Bald wichen die Vorbehalte, die ihm in Deutschland zunächst nicht nur von den Sozialdemokraten entgegengebracht wurden, einer breiten und engagierten Zustimmung – auch seitens der SPD, die sich 1932 bei seiner Wiederwahl zum Reichspräsidenten voll für ihn einsetzte. Und auch im Ausland, wo nach seiner Wahl besorgte Stimmen nach der Zukunft Deutschlands und Europas gefragt hatten, beruhigten sich die Kritiker relativ rasch. Wer vorausgesetzt oder befürchtet hatte, daß Hindenburg das Parlament und die Demokratie schlechthin mißachten würde, sah sich eines Besseren belehrt.

Im Gegensatz zu Friedrich Ebert, der während seiner Präsidentschaft mehr als 130 mal den Artikel 48 der Reichsverfassung in Anspruch genommen und mit Diktaturgewalt regiert hatte, tat Hindenburg dies im entsprechenden Zeitraum nicht ein einziges Mal. Und als er sich schließlich vom Reichstag löste, tat er dies, weil im Parlament keine regierungsfähigen Mehrheiten mehr zustande zu bringen waren.

Nur wenn Hindenburg als Oberbefehlshaber der Reichswehr auftrat, trug er die Uniform eines Feldmarschalls. Der als Autor einer Geschichte des Atheismus bekannt gewordene geistvolle Jude Fritz Mauthner, der Kaiser Wilhelm II. 1908 während der

„Daily Telegraph"-Affäre öffentlich hatte zum Rücktritt auffordern wollen, sah in Hindenburg einen „musterhaft großen Soldaten", einen geistigen Menschen, „der tragisch geworden" sei und von ihm „nicht als Feind" betrachtet werden könnte. Gewiß, Hindenburg wurde auch als Reichspräsident kein Antimilitarist, wie sein Bruder es war, der kultivierte Schöngeist und romantische Dichter Bernhard von Hindenburg; aber er hatte den Krieg hinter sich gelassen. Die Verständigungspolitik der Reichsregierung erfuhr nicht nur seine Duldung, sondern war von ihm gewollt. Konsequent hielt er sich an die Weimarer Reichsverfassung.

Wie sehr sich beispielsweise die Deutschnationalen in ihrem Wunschpräsidenten getäuscht hatten, zeigte sich nicht zuletzt am 25. Oktober 1925, als ihre Minister wegen des Abschlusses des Locarno-Vertrages aus der Regierung Luther ausschieden, nachdem sich herausgestellt hatte, daß Hindenburg den von Gustav Stresemann initiierten Vertrag mittragen und die deutsch-französischen Kriegsverzichterklärungen deutscherseits mit seinem Namen decken und ihm auch im Ausland ein besonderes Gewicht verleihen würde.

Entrüstet hatten die Deutschnationalen im Reichstag erklärt: „Die deutschnationale Reichstagsfraktion vermag in dem Ergebnis der Verhandlungen von Locarno nicht die Erfüllung der Forderungen zu sehen, die den Lebensnotwendigkeiten des deutschen Volkes gerecht werden. Die Fraktion vermißt außerdem die Erfüllung der Voraussetzungen für einen Vertragsschluß sowie die Gegenleistungen der anderen beteiligten Mächte, die den Deutschland angesonnenen Opfern entsprächen. Angesichts dieses Ergebnisses erklärt die Fraktion schon jetzt, daß sie keinem Vertrage zustimmen wird, der den deutschen Lebensnotwendigkeiten nicht gerecht wird und insbesondere einen Verzicht auf deutsches Land und Volk nicht ausschließt."

Der Reichspräsident, auch von den Nationalsozialisten, die noch im April für ihn gestimmt hatten, der Deckung einer deutschfeindlichen Politik und nationalen Phrasendrescherei geziehen, stand zu seinem Wort. Immerhin mußte Deutschland mit dem am Lago Maggiore unweit der schweizerisch-italienischen

Grenze in Locarno geschlossenen Vertrag, der zwar den Abzug der Besatzungsmächte bewirkte und damit die Souveränität des Reiches wiederherstellte, noch einmal und zusätzlich den territorialen Status quo, wie er am 28. Juni 1919 durch den Versailler Vertrag festgelegt worden war, als verbindlich anerkennen und der Entmilitarisierung des Rheinlandes zustimmen, endgültig auf Elsaß-Lothringen verzichten und die Rückgliederung der Belgien zugesprochenen Kreise Eupen und Malmedy abschreiben. Hinzu kamen Sonderrechte für Frankreich, das seinen Bündnispartnern Polen und der Tschechoslowakei im Falle eines von Deutschland ausgehenden Krieges militärisch zur Seite stehen durfte und seinen Durchmarsch durch das Reich dann nicht als „Angriff" im Sinne des Vertrages zu verstehen brauchte. Zwar befanden sich Franzosen und Belgier immer noch als Besatzungsmächte im Reich, das nicht über die volle Souveränität an Ruhr und Rhein verfügte, doch der Vertrag garantierte die „Unverletzlichkeit der Grenzen zwischen Deutschland einerseits, Belgien und Frankreich andererseits", was Deutschland die Sicherheit gab, in absehbarer Zeit nicht gegen Frankreich Krieg führen zu müssen.

Angesichts der internationalen Lage hatten Stresemann, Luther, der britische Schatzkanzler Joseph Austen Chamberlain und der französische Regierungschef Aristide Briand erreicht, was noch im Frühjahr 1925 kaum als realisierbar erschienen war. Am 31. Juli 1925 war das Ruhrgebiet geräumt, am 25. August 1925 Duisburg und Düsseldorf, am 31. Januar 1926 die Kölner Zone. Stresemann ging davon aus, daß bestimmte deutsche Garantien für den Status quo der deutschen Westgrenze die einstigen Feindmächte bewegen müßten, Normalisierungen zuzustimmen. So schlug er vor, den „gegenwärtigen Besitzstand am Rhein" seitens des Reiches zu garantieren, dem Sicherheitspakt der am Rhein interessierten Mächte beizutreten, mit ihnen Schiedsverträge abzuschließen und die Entmilitarisierung des Rheinlandes zu gewährleisten. Doch diese Vorschläge trafen in London und Paris nicht so auf offene Ohren, wie der Außenminister es sich vorgestellt hatte; denn Frankreich durfte Polen und die Tschechoslowakei, seine Bündnispartner im Osten, nicht verprellen.

Briands Vorschlag, einen deutsch-polnischen Schiedsvertrag zu schließen, auch Polen die Garantien zu geben, die den Westmächten von Stresemann angeboten wurden, konnte die Reichsregierung nicht schadlos akzeptieren. Sie konnte den zwischen der Sowjetunion und Deutschland liegenden Staat, dem in Versailles deutsche Territorien zugesprochen worden waren, nicht in das Sicherheitssystem einbezogen sehen wollen. Dies aber ließ vor allem die Briten skeptisch nach Berlin blicken, wo sie eine Regierung wähnten, die im Westen nur zu so weitgehenden Zugeständnissen bereit gewesen sei, weil sie bei ihrem Bemühen um die Wiedereingliederung der deutschen Ostgebiete nicht wie 1914 wieder einen Zweifrontenkrieg riskieren wolle.

Die Widerstände im Inneren des Reiches, wo vor allem die Rechten die Regierung anklagten, ohne Zwang deutsche Interessen zu verraten, erschwerten die deutschen politischen Entscheidungen, die auch hinsichtlich des deutschen Beitritts zum Völkerbund eine wesentliche Rolle spielten. Wie die Reichsregierung darauf bedacht sein mußte, die derzeitigen Ostgrenzen des Reiches nicht zum Dauerzustand werden zu lassen, so konnte sie sich – auch als Mitglied des Völkerbundes[1] – nicht leisten, auch nur

[1] Austen Chamberlain, mit dem Stresemann und der Kanzler Luther in Locarno verhandelten, hatte den Locarno-Pakt auf die Formel „Es gibt von jetzt ab weder Sieger noch Besiegte“ gebracht, was Stresemann mit der Wendung ergänzte: „Mit Locarno muß eine neue Epoche anfangen, sonst ist es eine leere Geste gewesen.“ Am 9. September 1926 wurde Deutschland in den Völkerbund aufgenommen. Nach der am 29. April 1919 angenommenen Verfassung des Anfang 1920 in Kraft getretenen Völkerbundes sollte der Bund eine Organisation des Friedens und der Sicherheit für das in den Friedensverträgen festgelegte politische System sein. Sämtliche Mitglieder (Vertreter der Großmächte und vier jeweils von der Vollversammlung gewählte Mächtevertreter) hatten sich zur gegenseitigen Hilfe gegen Friedensverletzungen zu verpflichten, bei Streitigkeiten die Schiedssprüche des Haager Ständigen Internationalen Gerichtshofes und Sanktionen anzuerkennen, die die Völkerbundsversammlung oder der Völkerbundsrat verhängen konnten. Am 10. September erklärte Stresemann, dessen außenpolitische Vorstellungen von der Überzeugung ausgingen, daß der Bolschewismus sich nicht mehr lange in Rußland halten würde, vor der Versammlung des Völkerbundes: „Deutschland tritt mit dem heutigen Tage in die Mitte von Staaten, mit denen es zum Teil seit langen Jahrzehnten in ungetrübter Freundschaft verbunden ist, die zum anderen Teil im letzten Weltkrieg gegen Deutschland verbündet waren. Es ist von

indirekt die Kriegsschuldthese des Versailler Vertrages anzuerkennen. Deutsche Forderungen nach einem Sonderstatus im Rahmen des Völkerbundes waren daher nur konsequent. Durch den Versailler Vertrag zur Abrüstung gezwungen, sollte akzeptiert werden, daß das Reich entsprechend geringere wirtschaftliche und militärische Verpflichtungen übernehmen müsse. Zudem wollte Stresemann sich nicht dazu bereit finden, Vereinbarungen einzugehen, Deutschland und die Sowjetunion gegeneinander in Konflikte zu verwickeln. Seine Locarnoer Erklärung, „für uns gibt es keine Option zwischen Ost- und Westpolitik. Wir wollen nach beiden Seiten gute Beziehungen unterhalten", erklärte jedoch nicht, was ihm vorschwebte, nämlich ein Status quo im Westen – mit dem Verzicht darauf, „auf kriegerischem Wege Elsaß-Lothringen zu gewinnen" –, im Osten jedoch keinerlei Zugeständnisse solcher Art zu machen.

Deutschland wollte zwar auf kriegerische Mittel zur Wiederherstellung des deutschen Vor-Versailles-Territoriums verzichten, nicht jedoch auch bereit sein, die in Versailles festgesetzten Grenzen als endgültig anzuerkennen. In den Artikeln 1 bis 7 des Vertrages und in den Schiedsverträgen von Locarno verpflichteten sich die Signatarmächte zur individuellen und gemeinsamen Garantie der Unverletzlichkeit der Grenzen zwischen Deutschland einerseits und Belgien und Frankreich andererseits. Deutsch-

geschichtlicher Bedeutung, daß Deutschland und diese letzteren Staaten sich jetzt im Völkerbund zu dauernder, friedlicher Zusammenarbeit zusammenfinden ... Die grundstürzenden Ereignisse eines furchtbaren Krieges haben die Menschheit zur Besinnung über die den Völkern zugewiesenen Aufgaben gebracht. Wir sehen in vielen Staaten den Niederbruch wertvollster, für den Staat unentbehrlicher geistiger und wirtschaftlicher Schichten. Wir erleben die Bildung von neuen und das Hinsinken von alten Formen der Wirtschaft. Wir sehen, wie die Wirtschaft die alten Grenzen der Länder sprengt und neue Formen internationaler Zusammenarbeit anstrebt." Briand entgegnete: „Es ist ein ergreifendes Schauspiel, daß einige Jahre nach dem grauenvollsten Krieg, der jemals die Welt durchrast hat, während die Schlachtfelder noch feucht sind vom Blut der Völker, die gleichen Völker in dieser friedlichen Versammlung die Beteuerung ihres gemeinsamen Willens austauschen, miteinander am Werk des Weltfriedens zu arbeiten ... Weg mit den Gewehren, weg mit den Maschinengewehren und weg mit den Kanonen. Platz für die Vermittlung der Schiedsrichter, für den Frieden!"

land verzichtete in aller Form auf Elsaß-Lothringen und erkannte die Bestimmung an, die Rheingrenze gemäß Artikel 42 und 43 des Versailler Vertrages von 1919 zu entmilitarisieren. Nach Artikel 2 verpflichteten sich Deutschland und Belgien und Deutschland und Frankreich gegenseitig, „in keinem Falle zu einem Angriff oder zu einem Einfall oder zum Kriege gegeneinander zu schreiten." Hinsichtlich der deutsch-polnischen Grenzen wurde in der Präambel des Schiedsvertrages festgelegt, daß die Signatarmächte ebenso entschlossen seien, „den Frieden zwischen Deutschland und Polen (Deutschland und der Tschechoslowakei) aufrechtzuerhalten, indem sie die friedliche Regelung der zwischen beiden Ländern etwa entstehenden Schwierigkeiten sichern", und „daß die aufrichtige Beobachtung des Verfahrens zur friedlichen Regelung der internationalen Streitigkeiten die Möglichkeit gibt, ohne Anwendung von Gewalt die Fragen zu lösen, die die Staaten entzweien könnten".

Deutschland verpflichtete sich ferner, die polnisch-deutschen Grenzen nicht mit Gewalt zu ändern und erkannte Frankreichs Defensivverträge mit Polen und der Tschechoslowakei an. Im Artikel 2 des Vertrages zwischen Deutschland und Belgien und Deutschland und Frankreich codifizierten die Signatare, daß die Bestimmungen keine Anwendung zu finden hätten, wenn es sich um die Ausübung des Rechtes der Selbstverteidigung handelte; es sei denn, Angriffe würden vorsätzlich provoziert, Streitkräfte in der demilitarisierten Zone zusammengezogen oder Aktionen infolge von Entscheidungen der Versammlung oder des Rates des Völkerbundes nicht akzeptiert. Die Partner verpflichteten sich, Verletzungen des Vertrages von Locarno oder der Artikel 42 und 43 des Versailler Vertrages unverzüglich „vor den Völkerbundsrat zu bringen", die Durchsetzung einzelner Bestimmungen von Locarno zu garantieren, den Versailler Vertrag und die ergänzenden Vereinbarungen nicht zu verletzen und schließlich nichts zu unternehmen, was den Aufgaben des Völkerbundes zuwiderliefe oder sie einschränkte.

Um das Mißtrauen der Sowjetunion gegen einen Anschluß Deutschlands an einen antisowjetische Mächtekoalition durch seinen Beitritt zum Völkerbund im September 1926 zu zerstreuen, schloß Stresemann am 24. April 1926 ein deutsch-russisches Neutralitätsabkommen, das eine Intensivierung der wirtschaftlichen und militärischen Zusammenarbeit im Sinne des Rapallo-Vertrages vereinbarte.

Daß Hindenburg als Staatsoberhaupt keine eigenen Ideen und Initiativen entwickelt, sondern unter einem „unseligen" Einfluß seines Kriegskameraden Kurt von Schleicher, seines Sohnes Oskar von Hindenburg und seines Staatssekretärs Otto Meißner gestanden und lediglich entschieden habe, was dieses Triumvirat ihm empfohlen habe, ist eine Legende. Nahm er an Kabinettssitzungen teil, leitete er sie stets souverän und mit gediegener Sachkenntnis. Selbst Gustav Stresemann, der international renommierte, selbstbewußte und erfahrene Außenminister und vormalige Reichskanzler, mußte sich Belehrungen und Anweisungen gefallen lassen. So wies Hindenburg ihn beispielsweise am 4. Juni 1925, knapp vier Wochen nach seinem Amtsantritt, knapp militärisch an, ihn ab sofort stets über alle Details zu informieren, die mit dem Auswärtigen Amt und der Außenpolitik zusammenhingen. „Bei der großen Bedeutung, welche die Geschäftsführung des Auswärtigen Amtes für unsere gesamte Politik hat, lege ich", schrieb er dem Außenminister, „besonderen Wert auf eine ... eingehende Information dieses Ressorts". Kategorisch verlangte er, daß ihm sämtliche Telegramme, „Cirkulardepeschen" und Weisungen vor ihrer Herausgabe ebenso zur Genehmigung vorzulegen seien wie die Berichte der Missionschefs. Selbst die „beabsichtigten Personalveränderungen" innerhalb des Auswärtigen Amtes mußten ihm zuvor zur Bewilligung vorgetragen werden. Welch bewundernden Respekt ihm zum Beispiel Josef Stalin noch Jahrzehnte später zollte, bezeugt eine Überlieferung seines Biographen Dmitri Wolkogonow (deutsche Fassung 1990: „Triumpf und Tragödie. Politisches Porträt des J. W. Stalin"). So hat Stalin im Mai 1942 auf eine Bitte Mechlins, eines maßgeblichen Militärs des sowjetischen Hauptquartiers, der von ihm einen Feldherrn „vom Schlage" Paul von Hindenburgs für die sowjetische Krimfront zur Verfügung gestellt zu bekommen hoffte,

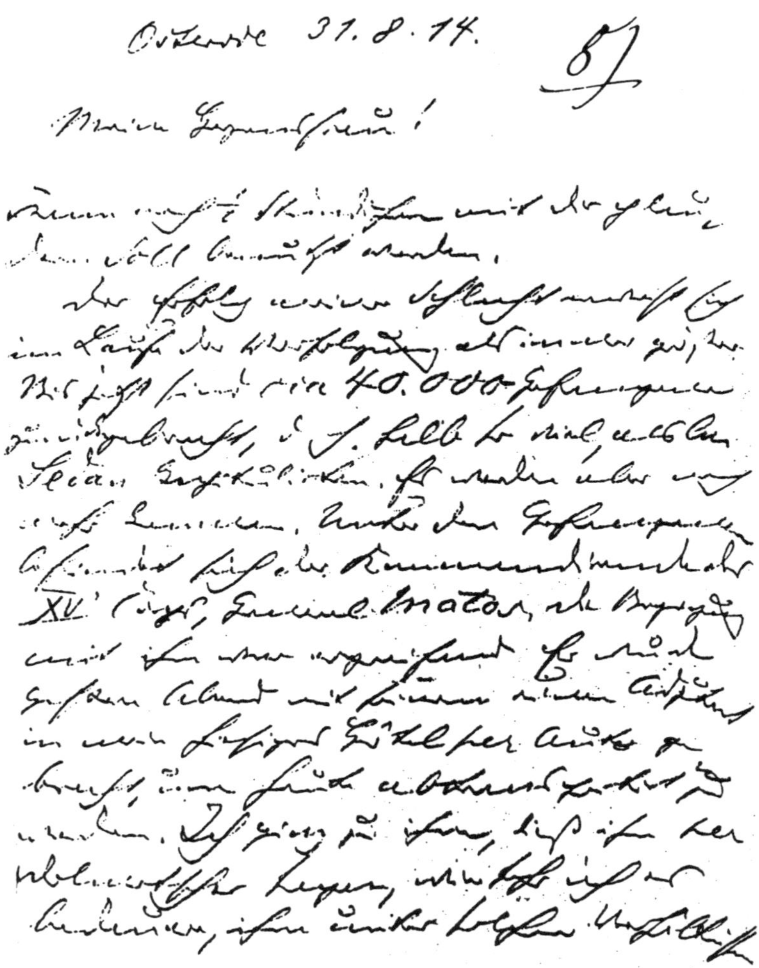

Auszug aus einem Brief Paul von Hindenburgs vom 31. August 1914 (unmittelbar nach der Schlacht bei Tannenberg) an seine Frau.

Text des vollständigen Briefes:

Osterode 31. 8. 14.

„Meine Herzensfrau!

Kann noch ein 1/2 Stündchen mit Dir plaudern. Soll benutzt werden. Der Erfolg meiner Schlacht erweist sich im Laufe der Verfolgung als immer größer.

Bis jetzt sind ca. 40.000 Gefangene zurückgebracht, d.h. halb so viel, als bei Sedan kapitulieren. Es werden aber noch mehr kommen.

Unter den Gefangenen befindet sich der Kommandierende des XV. Korps, General Matos. Die Begegnung mit ihm war ergreifend. Er wurde gestern Abend mit seinem einen Adjutant in mein hiesiges Hotel per Auto gebracht, um heute abtransportiert zu werden. Ich ging zu ihm, ließ ihm per Dolmetscher sagen, wie sehr ich es bedaure, ihm unter solchen Verhältnissen zu begegnen, wie es ihm aber dabei als Trost dienen möge, daß wir die Tapferkeit seiner Truppe bewundert hätten, und nahm seine Hand in meine beiden Hände. Da wandte sich der arme, alte, mit Ehrenzeichen der Tapferkeit geschmückte Mann um und weinte bitterlich.

Die Zahl der eroberten Kanonen läßt sich kaum feststellen. Außer dem, was auf dem Gefechtsfelde gewonnen ist, ist viel in den Waldungen stekken geblieben und wird erst nach Jahren vielleicht gefunden werden.

Heute macht der Gegner einen Verzweiflungslauf. Er scheint noch ein Corps mit der Bahn bis Mlawa gebracht zu haben und läßt das auf Neidenburg vorgehen, aber Francois steht dort bereit und ist so verstärkt, daß er ihn mit Gottes Hilfe endgültig abweisen wird.

Gestern hat mir der Kaiser von Österreich als dem „siegreichen Führer des deutschen Ostheeres“ das Großkreuz des St. Stephans-Ordens (entspricht unserem Schwarzen Adler) und das Militärverdienstkreuz mit der Kriegsdekoration telegraphisch verliehen.

Aber übermütig werde ich nicht; das brauchst du nicht zu fürchten. Ich gebe Gott die Ehre!

Für heut Schluß. Innige Grüße Euch allen; meinem kleinen Herzblättchen einen Kuß.

In treuer Liebe Dein alter

Bis auf den Brief, den mit (unleserlich) mitbrachte, habe ich von Dir noch keinen erhalten. Karl (unleserlich) gratulierte mir gestern Abend telegraphisch zum Siege und teilte mir mit, daß der Kaiser beim Frühstück ein dreifaches doch auf mich ausgebracht habe. Ich glaube, sie waren doch sehr besorgt, daß ganz Preußen bis zur Weichsel verloren gehen würde.“

unmißverständlich erklärt: „Sie fordern, Koslow durch jemanden vom Schlage eines Hindenburg ablösen zu lassen, obwohl Ihnen doch klar sein muß, daß wir keine Hindenburgs in der Hinterhand haben."

„Fürstenenteignung" und Flaggenstreit

Während sich von außen her nicht nur als Folge der Verträge von Rapallo und Locarno, des Abzuges der französisch-belgischen Besatzungstruppen, des Dawes-Planes und der Aufnahme Deutschlands in den Völkerbund, Normalisierungen auf internationaler Ebene anbahnten und das Nationalbewußtsein der Deutschen zunehmend stärkten, entwickelte sich der innere Friede der Nation nicht im gleichen Maße. Die deutschen Fürsten, deren Vermögen während der Revolution beschlagnahmt worden war, forderten nach der Sanierung der Währung – und der Etablierung der Staatsrepräsentanz durch Hindenburg – die freie Verfügungsgewalt über ihren Besitz zurück, erwarteten Renten und teilweise auch Zinsen für entgangene Gewinne. Da die Reichsverfassung im Artikel 153 das Privateigentum garantierte, konnten sie nicht aus der Volksgemeinschaft ausgeklammert werden. Daß die kommunistisch-sozialistische Landesregierung von Gotha 1919 ein Gesetz erließ und die Enteignung durchsetzte, war eine Ausnahme, die jedoch 1927 vom Reichsgericht als verfassungswidrig bezeichnet und aufgehoben wurde.

In verschiedenen Ländern des Reiches verhandelten die Fürsten 1926 mit den Landesregierungen, die sich teilweise außerstande sahen, die geforderten Abfindungen zu zahlen und finanzielle Vergleiche zu leisten, zumal nicht überall ohne Schwierigkeiten entschieden werden konnte, wo die Grenzen zwischen tatsächlichem privatem und öffentlichem Eigentum lagen, das verschiedene Fürsten als Privateigentum zu deklarieren versuchten. Der sächsische König hatte den Revolutionären 1918 empfohlen, ihren „Dreck" dann „eben alleene" zu machen, der Großherzog von

Baden seine Liegenschaften freiwillig und großzügig und in wirklich fürstlicher Manier dem Land übereignet.

Doch dies waren Ausnahmen. Die Hohenzollern mußten sich von dem sozialdemokratischen Reichstagsabgeordneten Hermann Müller am 10. Juni 1926 im Reichstag fragen lassen: „Entspricht es dem Recht und der Moral, daß Wilhelm II., der ein Millionengut in Holland besitzt, nochmals 300 000 Morgen deutsches Land, Schlösser und Vermögensobjekte im Werte von 183 Millionen Goldmark beansprucht, während 100 000 deutsche Familien durch die Kriegsfolgen in die schwerste Not gestürzt werden?"

Die deutschen Fürsten, die Ernst Moritz Arndt so sarkastisch und wortgewaltig vor das Tribunal seines gesamtdeutsch artikulierten Patriotismus gefordert hatte, konnten sich beileibe nicht einhellig überall in der Gunst ihrer Landeskinder sonnen. Erst 1918, nachdem ihre Macht gewaltsam gebrochen worden war, brauchten ihre „Herrschaftsbefohlenen" nicht mehr zu fürchten, für Vergehen geprügelt und ausgepeitscht zu werden. Das noch während des Krieges, in dem der Kaiser „nur noch Deutsche" zu kennen vorgegeben hatte, emphatisch diskutierte Dreiklassenwahlrecht in Preußen hatte Wunden hinterlassen. Die Not der Landbevölkerung und der für Stundenlöhne von durchschnittlich zehn Pfennigen schuftenden Saisonschnitter in den ostelbischen Gebieten war noch ebenso gegenwärtig wie die penetranten Allüren einiger Großgrundbesitzer, die nicht wahrhaben wollten, daß es das Kaiserreich nicht mehr gab. Die Fürsten rührten an ein Problem, das sie um ihres Platzes in der Geschichte willen besser anders angefaßt hätten. Offenbar der Überzeugung, daß Reichspräsident Paul von Hindenburg, der treue Diener preußischer Könige und deutscher Kaiser bis November 1918, ihre Intentionen maßgeblich stützen würde, meinten sie, es gegebenenfalls – gegen den Willen knapp der Hälfte der Deutschen – darauf ankommen lassen und vermeintliche Rechte durchsetzen zu können.

Einige Formulierungen eines am 7. Juni 1926 veröffentlichten Briefes, den Hindenburg am 22. Mai 1926 an den einstigen preußischen Innenminister Friedrich von Löbell geschrieben hatte, der als Vorsitzender eines rasch ins Leben gerufenen Reichsbürgerrates die Stimmung der Bevölkerung gegen den Volksentscheid einnehmen und den von der KPD und einem demokratischen Aktionsausschuß initiierten und von der SPD schließlich organisatorisch angestrebten Volksentscheid zur entschädigungslosen Enteignung[2] der fürstlichen Vermögen zu Fall zu bringen versuchte, konnten sie ermuntern.

„Was die . . . von mir persönlich zu treffenden Entscheidungen anlangt, so muß ich mir – wie es die Verfassung vorsieht – meine Entscheidung vorbehalten, bis das Ergebnis des Volksentscheids und das sich hierauf gründende Ausführungsgesetz vorliegt und die Frage der Vollziehung dieser Gesetze an mich herantritt", hieß es im Brief Hindenburgs, der zwar ausdrücklich hervorhob, daß es sich bei seiner Stellungnahme um eine „persönliche Auffassung" handele, gegen deren Publizierung er jedoch nichts einzuwenden hatte. Hindenburg schrieb unter anderem weiter: „Daß ich die von Ihnen geäußerten Besorgnisse in vollem Umfange teile und die gleichen Bedenken wie Sie auch schon von Anfang dieser Entwicklung der Dinge an auch der Reichsregierung gegenüber zum Ausdruck gebracht habe. Daß ich . . . dieses Volksbegehren zunächst als ein großes Unrecht, dann aber auch als einen bedauerlichen Mangel an Traditionsgefühl und als groben Undank empfinde, brauche ich . . . nicht näher auszuführen. Ich will mich aber bemühen, den Enteignungsantrag hier nicht als eine politische, sondern lediglich als eine moralische und rechtliche Angelegenheit zu betrachten. Ich sehe in ihm unter diesem Gesichtspunkt einen sehr bedenklichen Vorstoß gegen das Gefüge des Rechtsstaates, dessen tiefstes Fundament die Achtung vor dem Gesetz und dem gesetzlich anerkannten Eigentum ist. Er verstößt gegen die Grundlagen der Moral und des Rechts. Würde dieses Volksbegehren Annahme finden, so würde einer der Grundpfeiler, auf denen der Rechtsstaat beruht, beseitigt und ein Weg eröffnet, der auf abschüssiger Bahn haltlos bergab führt,

[2] Die Sozialdemokraten waren allerdings der Überzeugung, daß es besser wäre, bestimmte Abfindungen zu leisten.

wenn es der Zufälligkeit einer vielleicht noch dazu leidenschaftlich erregten Volksabstimmung gestattet sein soll, verfassungsmäßig gewährleistetes Eigentum zu entziehen oder zu verneinen. Es könnte aus dem ... Einzelfall die Methode entstehen, durch Aufreizung der Instinkte der Massen und Ausnutzung der Not des Volkes mit solchen Volksabstimmungen auf den Wegen der Enteignung weiterzugehen und damit dem deutschen Volke die Grundlage seines kulturellen, wirtschaftlichen und staatlichen Lebens zu entziehen ... Ich bin überzeugt, daß trotz der starken, vielfach wenig schönen Agitation für das Volksbegehren das ruhige Urteil und der gesunde Sinn unseres Volkes diese moralische und rechtliche Seite der Frage nicht verkennen und die unabsehbare Gefahr, die allen Schichten des Volkes hier droht, nicht übersehen wird."

Die Wogen der Empörung in breiten Kreisen der Bevölkerung nutzend, hatten die Kommunisten und die Sozialdemokraten am 19. Januar 1926 im Reichstag gefordert, die Fürsten zugunsten der Arbeitslosen, der Kriegsbeschädigten und Kriegsbehinderten, der Sozial- und Kleinrentner, der bedürftigen Opfer der Inflation, der Landarbeiter, Kleinpächter und Kleinbauern durch Gesetz auf dem Wege über ein Volksbegehren und einen ihm folgenden Volksentscheid zu enteignen. Nur zur Zeit des Kapp-Putsches, des Rathenau-Mordes, der Ruhrbesetzung und des Hitler-Putsches, hatten die Kommunisten eine für ihre Propaganda so günstige Situation vorgefunden. Und sie nutzten sie so vehement, daß die SPD befürchtete, große Teile ihrer Wählerschaft an die KPD zu verlieren.

Die politischen Fronten links und rechts standen einander nicht als politische Gegner innerhalb einer Nation gegenüber, sondern als Feinde, die sich nicht verständigen wollten und auch zu ernsthaften Kompromissen nicht bereit waren. „Das ganze Proletariat marschierte auf. Es war eine Lust zu leben", erinnerte sich 1927 beispielsweise der auf dem linken Flügel der SPD angesiedelte Reichstagsabgeordnete Kurt Rosenfeld auf dem Kieler Parteitag der SPD. 12 523 939 gültige Unterschriften für die Enteignung wurden vom 4. bis 17. März 1926 im Rahmen des ersten Volksbegehrens geleistet, nahezu zwei Millionen mehr, als die Initiatoren des Antrages, die SPD und die KPD, im Dezember 1924 bei den Reichstagswahlen als Wählerstimmen zusammen erhalten hatten. Am 20. Juni 1926 schließlich hatten sich 15 551 218 Deutsche entschieden, den Volksentscheid zur Enteignung der Fürsten zu fordern.

Das briefliche Bekenntnis Hindenburgs, das von links sofort als möglicherweise verfassungswidrig angeprangert wurde, hatte nicht nur den Gegnern des angestrebten Volksentscheids genützt. Dennoch: das Ergebnis reichte nicht aus, dem Willen der rund 15,5 Millionen protestierenden wahlberechtigten Deutschen zu willfahren.[3] Im Reichstag war entsprechend entschieden und ein am 6. Mai eingebrachter Gesetzentwurf durch das Veto der bürgerlichen Mehrheit zu Fall gebracht worden. Der Volksentscheid war gescheitert. Rund fünf Millionen stimmberechtigter Deutscher zuwenig hatten die Chance erkannt, die Geschichte ihrer Nation positiv beeinflussen zu können.

Daß die Last der Inflation vor allem von der Arbeiterschaft, von den Handwerkern, den kleinbürgerlichen Gewerbetreibenden und von all denen getragen worden war, zu deren Gunsten die Fürsten hatten enteignet werden sollen, wog im Widerstreit der Argumente der An- und Beschuldigungen nicht genug. Daß die Inflation keine Verluste an Volksvermögen bedeutete, den Vermögensverlusten jedoch entsprechende Gewinne gegenüberstanden, der Staat durch die Inflation seine inneren Schulden abschreiben und die teilweise geradezu hektisch aufblühende Industrie große Gewinne einstreichen konnte (weil der Wert der Papiermark immer weitaus höher war, als sie auf dem Weltmarkt gehandelt wurde und deutsche Waren, Löhne und Rohstoffe mit eben dieser Papiermark bezahlt und zu Schleuderpreisen expor-

[3] 50 Prozent der Wahlberechtigten hätten unterschreiben müssen. Da die Wahlbeteiligung niemals 100 Prozent beträgt, ist die Bestimmung problematisch. Doch auch bei 80 Prozent der Wähler als Durchschnittsnorm hätten die Unterschriften nicht ausgereicht. Beim I. Wahlgang der Reichspräsidentenwahl im März 1925 beispielsweise hatten 68,9 Prozent der Wahlberechtigten gewählt; im 2. Wahlgang waren es 77,6 Prozent.

tiert worden waren), ahnte der „Mann auf der Straße“ nur bestenfalls.

Die Industrie und die Landwirtschaft zahlten ihre Schulden und sonstigen Belastungen mit dem ständig rapide abgewerteten Geld zurück und finanzierten wertbeständige Investitionen mit dem im Grunde wertlosen Papiergeld. Nicht zufällig erklärte der Großindustrielle und DVP-Politiker Hugo Stinnes am 9. November 1922, daß er jede Stabilisierung der Mark auch weiterhin unerbittlich bekämpfen würde. Die SPD und die KPD haben gehofft, auch diese Fakten in den Dienst ihrer Propaganda stellen zu können. Wieweit sie tatsächliche Früchte trugen, ist nicht feststellbar.

Erwiesen ist: 20 Millionen Unterschriften hätten für den Volksentscheid ausgereicht; aber es gab sie nicht.[4] Die auf besondere Weise geschichtsbelasteten Deutschen waren weder fähig noch willens, gravierende Signale zu setzen und die traditionellen sozialen Verhältnisse fortschrittlich demokratisch umzuformen. Die deutschen Fürsten, deren Vermögen von ihren Familien in Jahrhunderten auf den gebeugten Rücken ihrer geschundenen Untertanen angehäuft worden waren, hatten – anders als die enteigneten österreichischen Fürsten – dank der Haltung der immer noch überwiegend obrigkeitshörigen deutschen Bevölkerung und der Auffassung deutscher Juristen, die Verfassung und das Gesetz buchstabengetreu auslegten, über die Republik gesiegt und das Volk, dem derartige Leistungen nicht zuteil wurden, nachträglich noch einmal beraubt.

1926 blieb nicht nur der Versuch auf der Strecke, einen historisch würdigen Ausgleich zwischen den Ländern des Reiches und den Fürsten zu schaffen, sondern auch die Illusion, daß die Fürsten Deutschland mehr als ihr Geld und ihre Liegenschaften geliebt hätten. Das Eigentum der deutschen Staatsbürger garantierte die Weimarer Reichsverfassung, die Enteignungen nur gegen

[4] Die absolute Mehrheit der stimmberechtigten Deutschen war Voraussetzung. Bei den Reichspräsidentenwahlen im März und April 1925 waren es 39 414 300 Deutsche gewesen.

Entschädigungsleistungen – oder durch besondere Reichsgesetze – zuließ. Die Etablierung einer von der Wurzel her demokratischen Republik und die Identifizierung mit ihr konnte sie jedoch nicht erzwingen.

Wieweit Hindenburgs Brief vom 22. Mai 1926 zum Scheitern des Volksentscheids beigetragen hat, ist nicht meßbar. Als einigermaßen erwiesen aber kann gelten, daß es vor allem „nationale Phrasen" gewesen sind, die die Mehrheit der Deutschen davon abhielten, die ihnen von Kindheit an eingebleute Geschichte plötzlich respektlos durch einen Federstrich ins Unrecht zu setzen und abzutun. Nicht zufällig entzündeten sich die national besonders engagierten Gemüter zur gleichen Zeit auch an der seit der Verkündung der Verfassung schwelenden Diskussion über die nach Artikel 3 der Verfassung als offizielle Reichsfarben Schwarz-Rot-Gold[5], die (nach einem vom Kanzler gegengezeichneten Hindenburg-Erlaß vom 5. Mai 1926) als Gösch auch in der inneren oberen Ecke der schwarz-weiß-roten Handelsflagge des Reiches vorhanden sein sollten, sobald deutsche Schiffe europäische und außereuropäische Seehäfen anliefen.

Hindenburg hatte am 5. Mai 1926 (eigentlich verfassungswidrig) angeordnet, daß die Gesandtschaften und Konsulate im außereuropäischen Ausland und in europäischen Ländern, deren Seehäfen von deutschen Handelsschiffen angelaufen wurden, die schwarz-weiß-rote Handelsflagge zu führen hatten. Daß die schwarz-weiß-rote Flagge nach Artikel 55 der Reichsverfassung nicht das Reich und die Nation, sondern nur deren Kriegs- und Handelsmarine symbolisierte, akzeptierten große Teile des deutschen Volkes nicht. Wie die Mehrheit der Deutschen 1925 den kaiserlichen Feldmarschall dem republikanischen Politiker Marx

[5] Schwarz-Rot-Gold waren (abgesehen vom Feldzeichen des Lützowschen Freikorps) die eine gesamtdeutsche Nation versinnbildlichende Farben der Burschenschaften ebenso gewesen wie die Symbole der gesamtdeutschen Vormärz-Bewegung, des Hambacher Festes von 1832 und der Frankfurter Nationalversammlung von 1848, die sie zu den Farben des Deutschen Bundes erhob. Die Farben des (kleindeutschen) Norddeutschen Bundes seit 1871 dagegen waren Schwarz-Weiß-Rot.

vorgezogen und 1926 die Enteignung der Fürsten abgelehnt hatte, so bleiben für sie auch die Farben Schwarz-Weiß-Rot die Nationalfarben.

Da die Verfassungsbestimmung über die Reichsfarben keinen verbindlichen Rechtssatz für deutsche Staatsbürger und Länderregierungen und deren Behörden darstellte, wurden bis 1933 Fahnen diverser Couleur und Gestaltung gehißt und als Ausdruck der Identifikation mit Deutschland verstanden. Im Ausland zeigten Deutsche nahezu ausnahmslos die Fraben Schwarz-Weiß-Rot. 17 verschiedene Landesflaggen und geradezu bündelweise Gemeindefahnen und katholisch-kirchliche Symboltücher in Flaggenform waren es im Inland. Daß das Republikschutzgesetz vom 26. Juni 1922 die öffentliche Beschimpfung der Reichsfarben Schwarz-Rot-Gold und der jeweiligen Landesfarben unter Strafe stellte und bei Vergehen bis zu fünf Jahre (oder 500 000 Mark) androhte, hielt viele nicht davon ab[6], dies dennoch öffentlich zu tun und die republikanischen Reichsfarben beispielsweise hämisch als „Schwarz-Rot-Hennadreck" (Hühnerdreck) zu bezeichnen, wie es beispielsweise im bayerischen „Miesbacher Anzeiger" geschah, dessen maßgeblicher Sprecher der mit Hitler befreundete bayerisch-chauvinistische katholische Priester Joseph Stempfle war, der 1934 während der Röhm-Affäre ohne Hitlers Wissen erschossen wurde. Die Farben Schwarz-Weiß-Rot symbolisierten zwar die kleindeutsche Lösung, blieben aber in der Vorstellung auch derjenigen, die ein Großdeutschland wollten, die zeichenhafte Kombination ihrer Weltanschauung. Da sie sie auch in der Seedienst- und Reichskriegsflagge wiederfanden, was sie nicht zuletzt dem Reichspräsidenten verdankten, sahen sie in eben diesen Farben – nicht unbedingt in der Republik – die ideellen Werte, für die es zu kämpfen lohnte.

So haben die „Kaiserfarben" letztlich einen Teil der Deutschen mit der demokratischen Republik – zumindest hinsichtlich des

[6] Dennoch trifft nicht zu, daß die deutsche Justiz zur Zeit der Republik im Zusammenhang mit Strafverfahren wegen Flaggenbeschimpfung eine prinzipiell republikfeindliche Haltung bezeugt habe.

Engagements für Deutschland – ebenso versöhnt, wie Hindenburg es als ihr eigentlicher Exponent auch getan hat. Daß die Deutschen, für die geradezu symptomatisch ist, daß sie ihre politischen Energien seit jeher zu oft in Nebensächlichkeiten verschwenden, dokumentierten Mitte der zwanziger Jahre auf drastische Weise so etwas wie ein Sonderbewußtsein. Sie, die glorreichen Sieger über Österreich und Frankreich, litten seit 1918 traumatisch unter den Folgen des Ersten Weltkrieges, und sie ignorierten bestimmte Tatsachen mit teilweise geradezu erschreckenden Konsequenzen.

Die politische Führung der Republik, die sich um ihres Ansehens und ihrer Selbsterhaltung willen nicht leisten zu können meinte, bestimmten Tendenzen nachzugeben, sah sich in ein unausweichliches Dilemma verstrickt. Die Reichspräsidentenwahlen, die nach „Volkes Willen" gescheiterte Fürstenenteignung und der Flaggenstreit, der eine Regierung stürzte, waren Menetekel, die letztlich aus spezifischem Geschichtsbewußtsein resultierten. Daß die Demokratie und die Führung der Republik dies nicht schadlos ignorieren konnten, lag auf der Hand.

Entscheidungen der Reichsführung, bestimmte Traditionen nicht mehr akzeptieren oder auch nur einkalkulieren zu wollen, obwohl stets mehr als die Hälfte der Bevölkerung eine ausgesprochene Traditionsverbundenheit bezeugte, mußten konsequenterweise scheitern. Das Volk, das die Flaggenproblematik für so bedeutsam hielt, daß es selbst den nach einem demokratischen Mißtrauensantrag mit 176 gegen 146 Stimmen (bei Enthaltung der Deutschnationalen und der Völkischen) inszenierten Sturz der (Zentrum-DDP-DVP-DNVP-)Regierung Luther im Mai 1926 als eine selbstverständliche Folge des Flaggenstreites registrierte, bezeugt treffend, wie tief seine Verbundenheit in nationaler Hinsicht in historischen Fakten wurzelte.

Daß dies auch heute noch der Fall ist, beweisen die demoskopischen Befragungen. Immer noch korrespondiert die Identifizierung mit den Nationalfarben mit dem Bekenntnis zu Deutschland und der Bereitschaft, die Bundesrepublik Deutschland gegebenenfalls mit der Waffe in der Hand zu verteidigen. Im Reichstag sagte der sozialdemokratische Abgeordnete Koch-Weser im Mai 1926 auf dem Höhepunkt der Krise inmitten einer heftigen Debatte: „Wenn diese durch den Herrn Reichskanzler (Luther) unnötig heraufbeschworene Krise allgemein zu der Erkenntnis führt, daß derjenige, der die Gefühlswerte der neuen Zeit nicht voll versteht und würdigt, kein deutscher Kanzler sein kann, dann ist diese Krise nicht umsonst gewesen."

Wäre diese Einsicht nicht nur Programm und Theorien deutscher Nationalisten linker Observanz geblieben, würde die Geschichte Deutschlands – und auch der Welt – heute eine andere Bilanz vorweisen. Die Luther-Regierung wurde von den Linken zwar gestürzt, doch die Flaggenverordnung behielt – wenn auch nur stillschweigend – weiterhin Gültigkeit. Wie dünn die schwarz-rot-goldene Decke war, zeigte sich auch jetzt wieder auf eine zur Zeit der Republik geradezu traditionelle Weise. Als auch nur der Eindruck entstand, daß der Staat sich nicht angemessen gegen rechts wehren würde, wurden Putschgerüchte laut. In Preußen ließ der sozialdemokratische Ministerpräsident Otto Braun Haussuchungen bei Verdächtigen vornehmen. Was die Polizei bei den offenbar rechtzeitig gewarnten Personen fand, reichte allerdings nicht für weitere polizeiliche Maßnahmen aus. Und die konfiszierten Belege über Wahlgelderverteilungen seitens der Schwerindustrie eigneten sich bestenfalls für Skandalberichte.

Pikant und über Umwege politisch belastet, wurden vor allem Albert Vögler, der Generaldirektor der Vereinigten Stahlwerke, und Heinrich Claß, der rechtsradikale Voristzende des Alldeutschen Verbandes, der besonders aktiv für die Präsidentschaftskandidatur Hindenburgs eingetreten war. Pläne sogenannter „Vaterländischer Verbände" und ihrer Sportabteilungen wiesen nach, daß monarchistische Kreise Staatsstreichabsichten hegten und diese über „einen kommunistischen Aufstand" hofften in die Wege leiten zu können. Sie wollten einen kommunistischen Putsch abwarten oder eventuell gar selbst provozieren, der Reichswehr bei der Niederschlagung behilflich sein und danach politische Ansprüche geltend machen, die in der Forderung nach der Beseitigung der parlamentarischen Verfassung und der gegenwärtigen Staatsmänner mündeten, wobei Hindenburg selbstverständlich ausgenommen war. Er sollte sogar gegebenenfalls mit Hilfe des Artikels 48 der Reichsverfassung helfen, diese Pläne durchzusetzen. Unkontrollierbare Gegenaktionen wurden befürchtet, Demonstrationen besorgt geduldet. Die Reichswehr patrouillierte vor Regierungsgebäuden in der Berliner Wilhelmstraße. Doch selbst die Unterlagen über die systematisch vorbereitete Gefährdung der Republik reichten dem Oberreichsanwalt zur Verurteilung rechtzeitig entdeckter Staatsfeinde nicht aus. 1927 wurden die Untersuchungen eingestellt.

Verabschiedung des „Großdeutschland"-Planers Hans von Seeckt

Inzwischen hatte ein weiteres innenpolitisches Ereignis die Gemüter vieler Deutscher erregt. Generaloberst Hans von Seeckt, der Chef der Heeresleitung und bis zu Hindenburgs Präsidentschaftsantritt der eigentliche militärische Repräsentant der Staatsführung, war im Herbst 1926 zum Rücktritt genötigt worden. Bei seiner Verabschiedung sagte er am 14. Oktober 1926 verbittert: „Was war also der Grund? Der Gegensatz zwischen dem demokratisch-parlamentarischen System und einer nicht von ihm innerlich abhängigen Persönlichkeit und letzten Endes der nicht zu überbrückende Gegensatz zwischen dem Repräsentanten des alten Deutschlands und der überragenden Stellung seiner Armee und dem Machtgefühl der republikanisch-parlamentarischen Zivilgewalt. Am klarsten tritt diese Auffassung zutage in Zeitungsartikeln, welche meine Entfernung als einen Sieg und eine Befestigung der Republik bezeichneten. Ob diese Auffassung richtig ist, mag zweifelhaft sein, vielleicht wäre es die festeste Bürgschaft für die Republik, wenn auch Persönlichkeiten und innere Anhänger des alten Deutschlands dem Staat um des Staates willen ehrlich dienen könnten. Die Republikanisierung der Armee war das begreifliche Ziel der demokratischen Kreise, wobei nicht an parteipolitische Abgrenzung zu denken ist, und die Einflußnahme auf die Entwicklung und politische Gesinnung der Armee. Die erste sachliche Frage, die aufgeworfen wird, wird die des Offizier-, dann des Mannschaftsersatzes sein."

Seeckt, der seine Macht und Vollmachten auch nach Hindenburgs Wahl zum Reichspräsidenten überschätzte, stets Eberts Teilnahme an den Herbstreichsmanövern der Reichswehr verhindert und dies 1926 auch bei seinem Intimfeind Paul von Hindenburg zu tun versuchte, jedoch ohne Kenntnis des Reichspräsidenten und des Reichswehrministers Geßler den ältesten Sohn des Kronprinzen zum Herbstmanöver in Württemberg eingeladen hatte, war zu weit gegangen. Der Eklat mit heftigen Reaktionen in der gesamten Parteienlandschaft war nicht zu verhindern. Augenblicklich kursierte die Textstelle eines seiner Briefe aus der Umbruchphase des Reiches, in dem er unter anderem geschrieben hatte, daß er „mit dem Ekel im Herzen und mit dem Fluch auf der Zunge" bereit sei, am Wiederaufbau und der Erhaltung Deutschlands mitzuarbeiten. Die republikanisch orientierte Presse spielte die Manöveraffäre mit dem Kronprinzensohn in einer Weise politisch hoch, daß der Reichswehrminister nur noch die Verabschiedung des selbstherrlichen Generals fordern konnte, der stets alles getan hatte, den Einfluß der Politiker von der auf ihn eingeschworenen Truppe fernzuhalten.

Mit dem Generalfeldmarschall als Reichspräsidenten änderte sich das Militär-Staat-Verhältnis bald zwangsläufig. Die Loyalität der Reichswehr hing seitdem nicht mehr primär von der obersten militärischen Kommandogewalt ab, wie es zu Seeckts (und damit auch zu Eberts) Zeiten der Fall gewesen war, sondern zunehmend von der sozialen Zusammensetzung und der politischen Einstellung der Truppe, die im neuen Staatsoberhaupt zwar vor allem den legendären Feldherrn sah, ihm jedoch auch seine demonstrativ bekundete und militärisch artikulierte Treue zur Verfassung der Republik verargte. Offiziere der als besonders konservativ-reaktionär geltenden ostpreußischen Standorte Allenstein und Ortelsburg drückten aus, was das Offizierskorps insgesamt dachte, das (wenn selbstverständlich auch nicht geschlossen und einhellig) am Kapp-Putsch gegen die Republik beteiligt gewesen war. „Der Fall des Kronprinzensohnes", erklärten sie am 18. Oktober 1926 im Rahmen einer Offiziersbesprechung, „gibt den Linksparteien wieder Anlaß, die Frage des Offz.- und Mannschafts-Ersatzes ins Rollen zu bringen. Das Streben der Linksparteien geht darauf hinaus, Zentralisation des Offz.- und Mannschafts-Ersatzes und damit unmittelbaren Einfluß auf die Einstellung zu erreichen. Welche Elemente man beim Erreichen dieses Zieles der Linksparteien in die Reichswehr bekommen würde, ist ja klar. Es ist eine starke Bewegung im Gange, den Regts.-Kommandeuren das Recht zu nehmen, den Offizier-Ersatz selbst auszusuchen und dem Ministerium in Vorschlag zu bringen."

Für die Republik erwies sich die Entscheidung Hindenburgs und Geßlers als politisch nützlich. Das Deutschlands militärische Potenz immer noch mißtrauisch beobachtende und teilweise auch fürchtende Ausland erblickte in der Entlassung des renommierten reaktionären Militärs Seeckt einen wesentlichen Schritt in Richtung auf die Demokratisierung Deutschlands hin und leistete teils offen, teils verdeckt Abbitte gegenüber Hindenburg, den es bei seinem Amtsantritt nahezu ausnahmslos falsch eingeschätzt hatte. Die politische Hinterlassenschaft Seeckts, der zusammen mit der Sowjetunion Polen zerschlagen, Frankreich zur Revision der in Versailles codifizierten Grenzen zwingen und die Voraussetzungen für ein Großdeutschland schaffen wollte, machte deutlich, wie souverän und selbstherrlich er hatte entscheiden können.

Am 16. Dezember 1926, nachdem der „Manchester Guardian" vom 3. und 6. Dezember publiziert hatte, was er über Seeckts militärische Zusammenarbeit mit der sowjetischen Roten Armee gehört hatte, die mit deutschen Luftwaffen- und Panzersoldaten operierte, erklärte der Sozialdemokrat Philipp Scheidemann leidenschaftlich engagiert im Reichstag: „Alle militärischen Sachverständigen sind sich darüber einig, daß das entwaffnete Deutschland keinen Krieg führen kann und daß an dieser Tatsache durch geheime Rüstungen auch nichts geändert werden kann. Geheime, mit dem Friedensvertrag unvereinbare Rüstungen bergen die schwerste Gefahr in sich, sie schädigen die Auslandspolitik unverantwortlicherweise, sie zwingen zur Lüge, zur Heuchelei, und ... keine List kann verhüten, daß eines Tages doch alle Welt, wenn man uns bei irgendeiner solchen Sache erwischt, sagt: So ist also der Partner, der ist nicht ehrlich! Das kann unserer deutschen Republik nichts nützen. Wir wollen in der Welt als anständiges Volk dastehen, das seinen Verpflichtungen nachkommt." Zu den schwer kompromittierten Kommunisten gewandt, rief er aus: „Wir hegen keinen Haß gegen Rußland, wir wünschen dringend ein gutes Verhältnis zu Rußland; aber dieses Verhältnis muß ehrlich und sauber sein. Es ist kein ehrliches und sauberes Verhältnis, wenn Rußland die Weltrevolution predigt und zugleich die deutsche Reichswehr bewaffnet ... Wer es fertigbringt, gleichzeitig mit den Kommunisten und den Offizieren der Reichswehr Brüderküsse auszutauschen, der ist verdächtig."

Erstmals Arbeitslosenversicherung

Die Regierung (Zentrum, DVP und DDP) überstand die Folgen der Seeckt-Politik nicht. 249 Abgeordnete der SPD, KPD, DNVP, der Völkischen Arbeitsgemeinschaft, der Deutschvölkischen Freiheitspartei und der NSDAP stürzten Marx, für dessen Regierung sich 171 Abgeordnete ausgesprochen hatten. Eine Restauration der Koalition der bürgerlichen Mitte als Regierung erschien in diesem Augenblick so unmöglich wie eine Wendung nach links, was zur Folge hatte, daß die ab Ende Januar 1927 amtierende neue Regierung Marx, der Exponenten des Zentrums, der Bayerischen Volkspartei, der Deutschen Volkspartei und der Deutsch-Nationalen Volkspartei als Minister angehörten, eine maßgebliche Stärkung der Autorität des Reichspräsidenten und damit einen Schritt nach rechts bedeutete. Zwar blieb Stresemann Reichsaußenminister; aber in Kabinettssitzungen sah er sich wieder (wie 1925 zur Zeit der Luther-Regierung) mit Deutschnationalen konfrontiert. Ihre Wortführer waren nicht nur der Vizekanzler und der Innenminister, sondern auch der Justizminister.

Daß die politisch weiter nach rechts gerückte neue Regierung Marx bei überzeugten Anhängern der SPD nicht gerade auf ungeteilte Sympathie stoßen würde, war vorauszusehen. Doch gerade diese Regierung brachte zustande, was die SPD und die Gewerkschaften seit dem Stuttgarter Gewerkschaftskongreß von 1902 unentwegt gefordert hatten: Eine gesetzliche Arbeitslosenversicherung[7] und Arbeitslosenvermittlung.

Bismarck hatte zwar im Rahmen seiner beispielhaften Sozialpolitik 1883 die gesetzliche Krankenversicherung, 1884 die Unfallversicherung und 1889 die Invalidenversicherung geschaffen, die 1911 zusammen mit einigen anderen Einzelversicherungen in der „Reichsversicherungsordnung" zusammengefaßt wurden, doch der soziale Schutz blieb lückenhaft, und wer arbeitslos war, hatte – trotz der seit der Kaiserzeit existierenden kommunalen Armenpflege – oft Mühe, sein „nacktes Leben" zu bewahren.

Jetzt, unter der Regierung des Zentrums-Kanzlers Wilhelm Marx, wurde am 7. Juli 1927 vom Reichstag das Gesetz zur Arbeitsvermittlung und Arbeitslosenversicherung angenommen. 356 Abgeordnete hatten für das Gesetz, 47 dagegen gestimmt. 16 Mandatsträger hatten sich ihrer Stimme enthalten. Daß die Völkischen dagegen stimmten, schien verständlich, daß aber ausgerechnet auch die Kommunisten dagegen waren, die doch stets vorgaben, die Interessen der „Ärmsten der Armen" zu vertreten, vermochte zu der Zeit nur noch wenige zu irritieren. Das Gesetz garantierte nicht nur die volle Durchsetzung des Versicherungsprinzips, sondern auch des Rechtsanspruchs. Rund 1 300 000 Arbeitslose (Arbeitslosenstatistiken gibt es erst seit 1928) kamen erstmals in den staatlicherseits garantierten Genuß des Gesetzes.

[7] Vorausgegangen waren während des Krieges Unterstützungsmaßnahmen für diejenigen, die durch den Krieg erwerbslos geworden waren. Nach dem Ende des Krieges gab es (bis 1927) allgemeinere Regelungen des Arbeitslosenproblems, die jeweils nur für ein Jahr galten und verschiedentlich modifiziert wurden.

16,5 Millionen Deutsche wurden nun versicherungspflichtig. 26 Wochen hindurch, notfalls auch 39 Wochen lang, erhielten Arbeitslose Beträge, deren Höhe von ihren Verdiensten der letzten 13 Wochen abhängig waren. Wer beispielsweise einen Wochenlohn von bis zu 10 Mark bekommen hatte, bekam 6 Mark für die Woche, wer 24 bis 48 Mark verdient hatte, 10,80 Mark bis 17,85 Mark. Als maximaler Ausgleich wurden (für Wochenlöhne über 60 Mark) 22,05 Mark festgesetzt. Die Erweiterung des Versicherungsnetzes durch die Arbeitslosenversicherung erwies sich einerseits als wohltuend, andererseits aber auch als verhältnismäßig teuer. Vor dem Ersten Weltkrieg hatten die Beiträge für die drei seit Bismarck traditionellen Sozialversicherungen 8 Prozent des Bruttolohnes (1913: 2 Prozent des Volkseinkommens) ausgemacht. 1929 waren es 12,5 Prozent, wozu noch 3 Prozent für die Arbeitslosenversicherung hinzukamen. Ein Problem, über das Ende 1930 schließlich sogar eine Reichsregierung stürzte.

Mit der offiziellen Zählung der Arbeitslosen wurde 1928 begonnen. Von 1921 bis 1927 waren die Behörden auf Schätzungen angewiesen. Danach waren 1921 = 0,354 Millionen Deutsche arbeitslos, 1922 0,213, 1923 = 0,751, 1924 = 0,978, 1925 = 0,636, 1926 = 2,000 und 1927 = 1,300 Millionen.
Die offiziellen Zahlen von 1928 bis 1933:

1928: 1,353 Millionen = 7,0 % der Arbeitnehmer,
1929: 1,892 Millionen = 9,6 % der Arbeitnehmer,
1930: 3,076 Millionen = 15,7 % der Arbeitnehmer,
1931: 4,520 Millionen = 23,9 % der Arbeitnehmer,
1932: 5,575 Millionen = 30,8 % der Arbeitnehmer,
1933: 4,804 Millionen = 26,3 % der Arbeitnehmer

Höchstzahlen während der Wirtschaftskrise:

Februar 1929	= 3,05 Millionen,
Dezember 1930	= 4,384 Millionen,
Dezember 1931	= 6,668 Millionen,
Februar 1932	= 6,128 Millionen,
Januar 1933	= 6,014 Millionen,
Januar 1934	= 3,773 Millionen.

Am 31. Oktober 1927 hatte Stresemann in einer Rede anläßlich des traditionellen Jahresessens der Ressource der Dresdener Kaufmannschaft erklärt: „Wenn auch die Wirtschaftsentwicklung in den letzten Jahren günstiger geworden ist und wenn wir heute auf einen Tiefstand der Erwerbslosenziffern zurückblicken können, wie er in Vorkriegszeiten nicht erreicht wurde, so darf doch kein Zweifel darüber bestehen, daß diese Entwicklung erhebliche Gefahren in sich birgt, weniger Gefahren für die Gegenwart als Gefahren für die Zukunft. Wir brauchen die Milliarden, die in Gestalt von Auslandskrediten in unsere Wirtschaft geflossen sind, und die Tatsache, daß durch diese Kredite das Schicksal anderer Nationen mit der wirtschaftlichen Entwicklung Deutschlands verbunden wird, ist zu begrüßen. Aber nur die Milliarden, die hundertprozentig für produktive Zwecke Verwendung finden, sind eine gerechtfertigte Kapitalaufnahme, während nichtproduktive Auslandsanleihen eine schwere Belastung für uns bedeuten."[8]

Die soziale Sicherung, die der Staat von Weimar durchsetzte, kostete viel Geld. Während die Staatszuschüsse 1913 rund eine Milliarde Mark ausgemacht hatten, waren es 1929 mehr als vier Milliarden Mark, was infolge des Anstiegs des Preisniveaus um rund 50 Prozent eine Vermehrung um das Eineinhalbfache bedeutete. Und noch etwas bedeutete eine außerordentlich große Belastung: Im Gegensatz beispielsweise zu den Gegebenheiten in der Bundesrepublik Deutschland konnten die zusätzlichen Sozialleistungen nicht mit einem Zuwachs zum Sozialprodukt bestritten, sondern mußten durch gravierende „Umverteilungen" des geschrumpften Sozialprodukts aufgebracht werden, was automatisch die Rentabilität der Unternehmen senkte, die Erholungs- und Wachstumskräfte der erschütterten Wirtschaft schwächte und die volkswirtschaftliche Kapitalbildung erschwerte. Dies

[8] Stresemann war besorgt, daß die innere Finanzpolitik des Reiches – trotz des Funktionierens des Dawesplanes – außenpolitische Probleme nach sich ziehen konnte.

wiederum hatte zur Folge, daß die Unternehmer nicht nur die soziale Sicherung, das Tarif- und Schlichtungswesen ablehnten, sondern auch das politische System, das sie trug: Die parlamentarische Demokratie der Weimarer Republik. Ob sie ihren Frieden mit der demokratischen Republik und deren Sozialpolitik gemacht hätten, wenn die Große Depression ausgeblieben und sie und die Gewerkschaften bereit gewesen wären, die Republik zu erhalten, ist ungewiß.

Die verheerenden Auseinandersetzungen über die politische Verfassung der Republik jedenfalls wurden in spürbarem Maße ebenso auch von der Sozialpolitik verursacht wie die Depression. Der Streit um die Arbeitslosenversicherung, eine der bedeutendsten sozialpolitischen Leistungen der Republik, stand am Beginn.

Renaissance und Modifizierung nationaler Identifikationsvehikel

Wilhelm Marx, der am 29. Januar 1927 zum vierten Male Kanzler geworden war, kündigte nach dem Sturz Seeckts an, nun auch die Verbindung zwischen der Reichswehr und den Wehrverbänden konsequent durchschneiden zu wollen. Wie im März 1920, so ängstigte diese Erklärung diejenigen, die sich als Soldatenbündler und paramilitärisch organisierte Zivilisten immer noch als aktive Soldaten in des Reiches Diensten fühlten. Jetzt hießen sie nicht mehr „Brigade Ehrhardt“, „Organisation Consul“, „Freikorps Oberland“ oder „Organisation Escherich“. Nun trugen sie andere Namen.

Der sich als „Bund der schlachterprobten, unbesiegt heimgekehrten deutschen Frontsoldaten und der von ihnen zum Geiste der Wehrhaftigkeit erzogenen deutschen Jungmannen“ bezeichnende „Stahlhelm“ war einer der am meisten als „halbstaatlich“ angesehenen Bünde von ihnen. Er, der im November 1928 von dem späteren Hitler-Minister Franz Seldte gegründete „Bund der

Frontsoldaten", der bis 1923 zusammen mit den Freikorps auf der rechten Seite der politischen Fronten kämpfte und schließlich mit den Deutschnationalen und den Nationalsozialisten die sogenannte „Habsburger Front" bildete, gab vor, seine Existenz angesichts der linken Publikationen und demokratisch artikulierten Argumente besonders gefährdet zu sehen. Am 23. September 1928 rief er erfolglos zu einem Volksbegehren auf, das die Vermehrung der Macht des Reichspräsidenten erzwingen sollte, der durch diese Aktion besonders ins Schußfeld der Kritik geriet.

„Wir hassen mit ganzer Seele", so hieß es in jenem Aufruf, „den augenblicklichen Staatsaufbau, weil er uns die Aussicht versperrt, unser geknechtetes Vaterland zu befreien, von der erlogenen Kriegsschuld zu reinigen, den notwendigen Lebensraum im Osten zu gewinnen." „Wir kämpfen", so lautete ihre Proklamation, die von der Verfassung der USA als Modell für das Reich ausging, „gegen die Souveränität eines Parlaments, das wegen seiner Abhängigkeit von der Masse die schlechteste aller nur möglichen Regierungen ist ... Wir kämpfen gegen dieses System, weil es das deutsche Leben an die Korruption und an eine Form des Staatssozialismus ausliefert, die sich auf legalen Bolschewismus hinbewegt." Der „Stahlhelm" weigerte sich demonstrativ, den Versailler Vertrag und seine Folgen anzuerkennen und forderte am 8. April 1927, die Alliierten konterkarierend, die „Regelung und Wiedergutmachung der Weltkriegsschäden aufgrund der solidarischen Haftung aller für den Weltkrieg verantwortlichen Völker", was letztlich auf alliierte Reparationsleistungen an Deutschland hinauslief.

Zwar bemühte Hindenburg sich bei öffentlichen Auftritten, die einstigen Feindmächte nicht unnötig verbal zu provozieren, doch immer, wenn es um die Frage der Kriegsschuld ging, tat er es – der breiten öffentlichen Zustimmung gewiß – mit Nachdruck. So sagte er beispielsweise am 18. September 1927 in einer Rede am Tannenberg-Denkmal in Ostpreußen: „Die Anklage, daß Deutschland schuld sei an diesem größten aller Kriege, weisen wir, weist das deutsche Volk in allen seinen Schichten einmütig zurück ... Reinen Herzens sind wir zur Verteidigung des Vaterlandes ausgezogen, und mit reinen Händen hat das deutsche Heer das Schwert geführt. Deutschland ist jederzeit bereit, dies vor unparteiischen Richtern nachzuweisen!"

Jetzt zeigte sich in ganz besonderem Maße, daß Bismarcks Deutsches Reich durch die Revolution von 1918 alles andere als komplettiert worden war. Die Polizei befand sich in den Händen der zu der Zeit besonders ausgabefreudigen Länder, so daß das Reich im Grunde nur Preußens „Kostgänger" blieb, wie der Historiker Michael Freund es 1979 phantasievoll charakterisiert hat. Die Forderung der Deutschnationalen vom 9. Dezember 1927, den Dualismus Reich-Preußen dadurch aufzuheben, daß der Reichspräsident zugleich auch preußischer Staatspräsident werden müsse, um das Dilemma aus der Welt zu schaffen, traf denn auch nicht nur bei Rechtsradikalen auf offene Ohren. Aber es blieb nicht nur bei solchen Programmen und Plänen.

Am 17. Dezember 1927 forderte ein jungdeutsches Manifest, das „Frontgeschlecht" zum „Träger der Revolution des 20. Jahrhunderts" zu machen, den Reichspräsidenten auf Lebenszeit zum „Reichsführer" zu küren und das „schöpferisch Bejahende" zu einem der tragenden Elemente deutscher Politik zu erheben. Hans Luther, der parteilose Reichskanzler von Januar 1925 bis Januar 1926, führte einen Bund der Erneuerung des Reiches, der am 6. Januar 1928 die Stärkung des Reiches auf Kosten der Länder und die Reduzierung des Länderföderalismus verlangte und das „Dritte Reich" zu schaffen forderte. „Das Dritte Reich", so proklamierte der Bund, „gilt es zu zimmern, das die ganze Nation in gesunder Gliederung zusammenschließt nach dem Worte des Freiherrn vom Stein: ‚Ich habe nur ein Vaterland, das heißt Deutschland!' "

Aus Bayern kamen traditionsgemäß zwar Widersprüche gegen die „Politik" des Bundes zur Erneuerung des Reiches; aber dies geschah vor allem, weil Bayerns Rolle nach bajuwarischer Auffassung nicht proportionsgerecht berücksichtigt worden war. Bayerische Großdeutsche wollten ein Reich „bis an die Adria und weit die Donau hinunter". Einige Vertreter der Reichsregierung und der Länder waren der Ansicht, wie sie es während der im

Grund erfolglos tagenden Länderkonferenz formulierten, daß „die Weimarer Regelung des Verhältnisses zwischen Reich und Ländern unbefriedigend“ sei, womit die Weimarer Reichsverfassung zumindest zur Disposition gestellt wurde. Ende 1927 und Anfang 1928 stritten deutsche Lehrer und Erzieher über die Aufgabe der deutschen Schule, die den „Willen zum Deutschtum“ fördern und im Sinne von Fichtes „Reden an die deutsche Nation“ von einer großen deutschen Kulturnation ausgehen sollte.

Der dabei entbrannte und für das „deutsche Wesen“ bezeichnende Streit über Gegensätze, die auf dem Gebiet des Schulwesens in der Existenz der Konfessions- und Gemeinschaftsschulen gegeben war, hätte beinahe die Reichsregierung auseinandergebrochen. Zwar war auf der Reichsschulkonferenz von der „Wiedervereinigung“ die Rede; aber das blieb eine rhetorische Formel.

Hindenburg, der einmal ironisch witzelnd erklärte, zeitlebens nur zwei Bücher gelesen zu haben, die Bibel und die Heeresdienstvorschrift,[9] war schließlich zu verdanken, daß es nicht zum Scheitern der Reichsregierung kam. Am 9. Februar 1928 wies er den – die letzte Regierung der Großen Koalition führenden – sozialdemokratischen Reichskanzler Hermann Müller-Franken darauf hin, daß es in Deutschland wichtigere Probleme gebe, die es zu lösen gelte. Im Mai 1928 mußte der Reichstag neu gewählt werden.

Die Tatsache, daß das seit dem 7. Dezember 1924 tagende Parlament niemals aufgelöst und keine Neuwahlen ausgeschrieben werden mußten, beweist trotz der fünf Regierungen, die in der Legislaturperiode des Reichstages (teils ohne parlamentarische Mehrheiten) fungierten, daß die Innenpolitik relativ stabil gewe-

[9] Tatsächlich aber war Hindenburg außerordentlich belesen. Er dichtete, entwarf Architekturprojekte, Bühnenbilder für Opern- und Operettenaufführungen, illustrierte eigene Texte für Kinder, zeichnete und malte und galt unter Insidern als besonderer Kenner nicht nur des Werkes von Hans Thoma.

sen ist.[10] Die parteipolitische Landschaft hatte sich jedoch gewandelt. Die Sozialdemokraten, bis dahin mit 131 Vertretern in der Opposition, zogen mit 153 Abgeordneten (28,7 Prozent) in den Reichstag ein. Die Kommunisten, seit 1924 mit 45 Funktionären (8,9 Prozent) vertreten, erhielten 54 Mandate (10,6 Prozent). Die Deutschnationale Volkspartei, 1924 mit 103 Abgeordneten (20,4 Prozent) in den Reichstag gewählt, hatte Einbußen von mehr als sechs Prozent hinnehmen müssen. Hitlers NSDAP, seit dem 7. Dezember 1924 (als NS-Freiheitsbewegung) mit 14 Abgeordneten (2,9 Prozent) vertreten, hatte ebenfalls Wähler eingebüßt. Zwölf ihrer exponierten Mitglieder (2,6 Prozent) vertraten neben den Deutschnationalen und einigen kleinen Parteien und Gruppierungen den extrem rechten Flügel der Parteipolitik.

Wie wenig tatsächlich politisch engagiert die Deutschen zur Zeit der Weimarer Republik waren, spiegelte das Wahlergebnis wider. Die bürgerlichen Mittelparteien, das Zentrum, die Deutsche Demokratische Partei und die Deutsche Volkspartei, die 1928 zusammen insgesamt nur 51 Mandate erringen konnten und damit im Reichstag schwächer waren als die KPD-Fraktion, verloren ihre Wähler zugunsten kleiner Splittergruppen mit vorwiegend wirtschaftlichen Interessen. Die Hoffnung der Rechten auf einen Ruck zum Konservatismus hin war ebenso gescheitert wie der Versuch der Deutschnationalen, sich dem Weimarer Staat anzunähern und dennoch reaktionär zu bleiben. Der Versuch der DNVP, seit Oktober 1928 mit dem stockreaktionären, parlamentsfeindlichen und außenpolitisch chauvinistisch orientierten Geheimrat Alfred Hugenberg[11] anstelle des gemäßigten Grafen

[10] Innenpolitisch stabilisierend hatte 1927 das (auf Initiative des Zentrumspolitikers und Reichsarbeitsministers Heinrich Brauns erlassene) Gesetz über Arbeitsvermittlung und Arbeitslosenversicherung gewirkt. Volle Durchsetzung des Versicherungsprinzips und des Rechtsanspruches, das Recht auf Unterstützung für alle unfreiwillig Arbeitslose und Krisenfürsorge brachten sozialpolitische Sicherheiten, die sich auf die individuelle politische Haltung auswirkten.

[11] Hugenberg, der vielfache Millionär und Besitzer eines einflußreichen Presse- und Filmimperiums, machte sich bei der Arbeiterschaft unter anderem auch dadurch äußerst unbeliebt, daß er die gesamte Sozialversicherung

Westarp als Parteichef an Boden zu gewinnen, bewirkte das Gegenteil. Die Annäherung an die NSDAP, die Bekämpfung des Young-Planes und damit auch Hindenburgs führte zu ihrer Zersplitterung und schließlich dazu, daß sie als DNVP seit September 1930 (statt über 73 Reichstagsmandate wie im Mai 1928) nur noch über 41 Abgeordnete verfügen konnte. Daß die von abtrünnigen Deutschnationalen ins Leben gerufenen Kleinparteien (wie der Christlich-Soziale Volksdienst, die Christlich-Nationale Bauern- und Landvolkpartei und die Volkskonservative Reichsvereinigung) bedeutungslos blieben, schadete der von Hugenberg geführten und trotz ihrer Verluste weiterhin als politische Macht nicht zu unterschätzenden alten Mutterpartei insofern, als ihr Stimmen verlorengingen.

Hugenberg, der die demokratischen Institutionen in seiner Antrittsrede als „Plunder" bezeichnete, forderte programmatisch: „Die Splitterparteien sind im Grunde ein Ausdruck der Verzweiflung über den Mangel an Führern und Einheit. Die Herzen werden aus der Not heraus bald dem Gedanken des Zusammenschlusses zugänglich werden. Parteien sind nicht Selbstzweck, sondern Mittel zum Zweck ... Bebel hat einmal von dem großen bürgerlichen Brei gesprochen, zu dem schließlich alles, was vom Bürgertum noch übrig sei, in der Angst vor der Sozialdemokratie zusammenlaufen werde. Ein solcher Brei ist weder Schutzdamm noch Wehr und Waffe. Was wir brauchen, ist nicht Brei, sondern ein Block." Doch es waren nicht Hugenberg und die DNVP, die die versprengten Gruppierungen Verzweifelter und Suchender zuletzt um sich scharten und den „Block" zustande brachten, nicht die um Hugenberg versammelten Geheimräte und Generale, sondern Hitler und die NSDAP. Und dort klangen – trotz mancher grundsätzlicher Übereinstimmungen – andere Saiten an, wurden andere Argumente feilgeboten.

Hitler lehnte die vom ganzen Volk ständig als erstrebenswert diskutierte Wiedergewinnung der Reichsgrenzen von 1914 nicht

als überflüssig bezeichnete und sie durch einen allgemeinen Sparzwang zu ersetzen forderte.

nur ab, sondern bezeichnete derartige Forderungen sogar als „Verbrechen". Schon in seinem Buch „Mein Kampf" hatte er 1925 formuliert: „Die Forderung nach Wiederherstellung der Grenzen des Jahres 1914 ist ein politischer Unsinn von Ausmaßen und Folgen, die ihn als Verbrechen erscheinen lassen. Ganz abgesehen davon, daß die Grenzen des Reiches im Jahre 1914 alles andere eher als logische waren. Denn sie waren in Wirklichkeit weder vollständig in bezug auf die Zusammenfassung der Menschen deutscher Nationalität noch vernünftig in Hinsicht auf ihre militärgeographische Zweckmäßigkeit. Sie waren nicht das Ergebnis eines überlegten politischen Handelns, sondern Augenblicksgrenzen eines in keinerlei Weise abgeschlossenen politischen Ringens, ja zum Teil Folgen eines Zufallsspieles."

Er forderte die Errichtung eines Großreiches über die Okkupation russischen und anderen fremden Landes im Osten und schrieb in „Mein Kampf": Wir „Nationalsozialisten (ziehen) bewußt einen Strich unter die außenpolitische Richtung unserer Vorkriegszeit. Wir setzen dort an, wo man vor sechs Jahrhunderten endete. Wir stoppen den ewigen Germanenzug nach dem Süden und Westen Europas und weisen den Blick nach dem Land im Osten. Wir schließen endlich ab die Kolonial- und Handelspolitik der Vorkriegszeit und gehen über zur Bodenpolitik der Zukunft. Wenn wir . . . heute in Europa von neuem Grund und Boden reden, können wir in erster Linie nur an Rußland und die ihm untertanen Randstaaten denken. Das Schicksal selbst scheint uns hier einen Fingerzeig geben zu wollen. Indem es Rußland dem Bolschewismus überantwortete, raubte es dem russischen Volke jene Intelligenz, die bisher dessen staatlichen Bestand herbeiführte und garantierte. Denn die Organisation eines russischen Staatsgebildes war nicht das Ergebnis der staatspolitischen Fähigkeiten des Slawentums in Rußland, sondern vielmehr nur ein wundervolles Beispiel für die staatenbildende Wirksamkeit des germanischen Elementes in einer minderwertigen Rasse . . . Seit Jahrhunderten zehrte Rußland von diesem germanischen Kern seiner oben leitenden Schichten. Er kann heute als fast restlos ausgerottet und ausgelöscht angesehen werden. An seine Stelle ist der Jude getreten. So unmöglich es dem Russen an sich ist, aus eigener Kraft das Joch des Juden abzuschütteln, so unmöglich ist es dem Juden, das mächtige Reich auf die Dauer zu erhalten. Er selbst ist kein Element der Organisation, sondern ein Ferment der Dekomposition. Das Riesenreich im Osten ist reif zum Zusammenbruch."

Ähnlich wie Gustav Stresemann 1928, war Hitler 1925 überzeugt, daß die Sowjetherrschaft dem unmittelbaren Ende entgegenginge. Während Hitler allerdings in den russischen Juden den Keim des bevorstehenden Zusammenbruchs erblickte, meinte Stresemann gerade in einem Juden den einzigen Mann zu sehen, der das Unheil verhindern könnte: Leo Trotzki.

Hitlers Prophezeiung, deren Erfüllung er 1941 zu erzwingen versuchte, enthielt im Kern den politischen Wunsch nahezu aller Deutschen, den Bolschewismus und Kommunismus von den deutschen Grenzen fernzuhalten. Die SPD, die beispielsweise während des Streites um die Fürstenenteignung vorübergehend mit der KPD Hand in Hand gegangen war, bediente sich 1930 aggressiv antibolschewistischer Plakate, die zur Reichstagswahl aufriefen, die SPD zu wählen empfahlen und die „Feinde der Demokratie" symbolhaft stilisiert darstellten: Einen Bolschewisten oder Kummunisten mit einem Sowjetstern, einen Hitler-Anhänger mit einem Hakenkreuz und einen Stahlhelmträger. Hitlers Bilanz: Das „Ende der Judenherrschaft in Rußland wird auch das Ende Rußlands als Staat sein. Wir sind vom Schicksal ausersehen, Zeugen einer Katastrophe zu werden, die die gewaltigste Bestätigung für die Richtigkeit der völkischen Rassentheorie sein wird. Unsere Aufgabe, die Mission der nationalsozialistischen Bewegung, aber ist, unser eigenes Volk zu jener politischen Einsicht zu bringen, daß es sein Zukunftsziel . . . in der emsigen Arbeit des deutschen Pfluges (sieht), dem das Schwert nur den Boden zu geben hat."

Unmöglich ist, die Motive der Deutschen zuverlässig zu erforschen, die Hitler und der NSDAP im September 1930 durch ihr Votum 107 Mandate (statt zwölf im Jahre 1928) eintrugen und sie damit zur zweitstärksten Partei im Reichstag werden ließen. Karl

Dietrich Bracher führt den horrenden Stimmenzuwachs auf die Vermutung zurück, daß sich ein Großteil der rund fünf Millionen potentiellen „Nichtwähler", die durch massive Appelle zur Wahl motiviert wurden, für die NSDAP entschieden habe. „In einem ‚Spartakusaufstand der politischen Dummheit'", meint er, „war ein politisch interesseloser Bevölkerungsanteil mobilisiert worden, nur um der stärksten Agitation anheimzufallen, besonders der hemmungslosen Agitation gegen Versailles ... Dazu kam das Votum der Jugend, der die ‚jungen Parteien' voraussetzungslose Gläubigkeit, eine irrationale Philosophie der ‚Tat' und die Protestideologie der Jugendbewegung boten."

Was auch immer die Ursachen für das Votum zum Extremismus gewesen sein mögen, gegen den die bürgerlichen Mittelparteien im Wahlkampf am intensivsten zu Felde gezogen waren, die Wahl brachte sofort negative Folgen für das Reich. Deutsche Werte erlebten an ausländischen Börsen augenblicklich alarmierende Kurseinbrüche. Ausländische Kredite, die Länder und Gemeinden erhalten hatten, wurden kurzfristig gekündigt und zurückgezogen. Eine zweite Welle der Weltwirtschaftskrise erfaßte Deutschland, wo 1929 1.892 Millionen und 1930 3.076 Millionen Arbeitslose registriert wurden. Doch zu der Zeit hatte sich die Parteienlandschaft in einer Weise verändert, wie es zur Zeit des Regierungsbeginns der Großen Koalition Ende Juni 1928 nicht vorauszusehen gewesen war.

Stresemann, zuletzt in seiner Partei so etwas wie ein Einzelgänger, der sein Amt als Außenminister nur behielt, weil im Falle seiner Ablösung empfindliche Auslandsreaktionen befürchtet wurden, war 51jährig am 3. Oktober 1929 gestorben. Ernst Scholz, sein Nachfolger als Parteivorsitzender, wandte sich mit der DVP sofort von der SPD ab und ließ sie, von DVP-Delegierten begeistert honoriert, deklamatorisch wissen, daß seine Partei keine liberale Volkspartei mehr sei und auch nicht daran denke, sich noch länger zum „Schrittmacher sozialistischer Wirtschaftsforderungen" benutzen zu lassen. Im Zentrum war Ende 1928 an die Stelle des christlichen Gewerkschaftlers Adam Stegerwald der Prälat Ludwig Kaas getreten, der ähnlich wie Scholz, der SPD sofort den Kampf ansagte und erkennen ließ, daß er und seine Partei sich künftig mit der DNVP zu arrangieren gedächten.

Heinrich Brüning, der hochgebildete, rechts orientierte Finanzexperte des Zentrums, der Kaas ein Jahr später im Vorsitz ablöste, besaß zwar kein besonderes intensives Verhältnis zur Macht; aber er meinte, den Rechtsstaat auch ohne Demokratie erhalten zu können und spielte mit dem Gedanken einer friedlichen Wiedereinführung der Monarchie nach britischem Vorbild. Daß er danach schwerlich geeignet erschien, die Entfernung des Zentrums von den Mitte-Links-Kräften der Republik zu stoppen oder gar ins Gegenteil zu verkehren, lag auf der Hand. Daß diese Parteienlandschaft dem sozialdemokratischen Reichskanzler Müller-Franken den Boden entziehen mußte, war selbstverständlich. Der vorbeugende Versuch der SPD, sich besonders der Arbeiterschaft zu widmen, schon um den Kommunisten nicht unnötig Anhänger zuzuführen, entpuppte sich als deprimierter Rückzug der stärksten deutschen demokratischen Partei aus dem politischen Machtinstrumentarium.

Große Koalition, Panzerkreuzer „Deutschland" und das Geld aus den USA

Hermann Müller-Franken, ein biederer sozialdemokratischer Parteimann ohne Charisma und ohne besonderen Ehrgeiz, hatte die Große Koalition von Ende Juni 1928 bis Ende März 1930 zwar glanzlos, aber doch nicht erfolglos geführt. Daß die nennenswertesten Erfolge außenpolitischer Art waren, resultierte aus der Tatsache, daß der von der SPD als Außenminister besonders geschätzte DVP-Führer Gustav Stresemann bis Oktober 1929 der eigentliche Kopf der Reichsregierung war. Daß der Mechanismus der Fünfparteienregierung unter SPD-Führung trotz der sich grundlegend wandelnden Parteienlandschaft und der erheblichen Probleme, mit denen die Sozialdemokraten es zwar durch eigene Schuld, aber gegen den Willen des Regierungschefs sofort zu tun bekamen, mehr als 600 Tage lang relativ geräuschlos funktionierte, lag dennoch nicht zuletzt am Kanzler. Aus übertriebenem Respekt vor seinem – über den Wahlerfolg erfreuten und von Entscheidungen des Allgemeinen Deutschen Gewerkschaftsbundes abhängigen – Parteivorstand, der sich mit der Gewerkschaftsführung identifizierte, verleugnete er zuweilen seine persönlichen Vorstellungen, agierte kantenlos und funktionärhaft wendig und vermochte, nach allen Seiten hin geschickt lavierend, nicht wenige der überflüssigen Hindernisse zu beseitigen. Über Ambitionen, große und kluge Reden zu halten und sich neben Hindenburg womöglich als historischer Staatsmann zu profilieren, verfügte er nicht. Hindenburg sagte über ihn, daß er zwar ein recht ordentlicher Mann, aber eben doch nur ein Sozialdemokrat sei, der sich selbst erniedrigte, nur um seiner Partei nicht zu schaden.

Hermann Müller-Franken wäre es schwerlich möglich gewesen, das Gesicht der Reichsregierung vor dem totalen Verlust zu retten, wenn nicht der Reichspräsident hinter ihr und dem Kabinettschef gestanden hätte. Die SPD hatte ihren Wahlkampf nämlich mit dem Schlagwort „Kinderspeisung statt Panzerkreuzer" geführt und ihn, wie sie meinte, damit auch gewonnen. Der angesichts des Abflauens der wirtschaftlichen Konjunktur und eines allgemeinen Stimmungsumschwungs gewählte Slogan war gegen die öffentlich heftig diskutierte Absicht der nach Heilung des Versailler Traumas strebenden Reichsregierung Marx gerichtet gewesen, einen Panzerkreuzer zu bauen, dessen Wasserverdrängung unter 10 000 t lag – und laut Versailler Vertrag auf Stapel gelegt werden durfte. Nun an der Macht, wäre es redlich gewesen, sich an das Versprechen zu halten; aber die SPD tat dies nicht. Die Fraktion beschloß, ihre Minister im Reichstag für den Antrag der Partei (also gegen den Bau des Schiffes) stimmen und sich damit selbst widersprechen zu lassen.

So kam es denn dazu, daß der sozialdemokratische Reichskanzler Müller, der – wie der sozialdemokratische Finanzminister Rudolf Hilferding auch – auf Drängen des Reichswehrministers Groener am 10. August im Kabinett für den Bau eingetreten war, sich am 17. November 1928 in den Plenarsaal begeben und dort vor aller Augen gegen sich selbst votieren mußte. Hindenburgs Vorschlag, Müller und Hilferding die Stimmenthaltung zuzubilligen, akzeptierten die Linken nicht, so daß der Kanzler und sein Finanzminister dieses stillos-schamlose Manöver vor aller Öffentlichkeit aus Parteiräson mitmachen mußten.

Der „Panzerkreuzer A", der den großen – und den Geist der Zeit ausdrückenden – Namen „Deutschland" erhielt, wurde nach einem von der SPD-Fraktion um ein Jahr verschobenen Baubeginn auf Stapel gelegt. Am 10. August hatte das Kabinett die erste Rate von neun Millionen Mark mit den Stimmen des Kanzlers und des Finanzministers für den Bau bewilligt, so daß die SPD-Fraktion für die Verschiebung des Produktionsbeginnes um ein Jahr nur um ihres Images willen eingetreten war. Ein nicht nur irritierendes „Spiel" wurde getrieben. Die Sozialdemokraten stimmten im Reichstag (mit den Kommunisten) für die Streichung des Neun-Millionen-Etats für den Panzerkreuzer, obwohl sich ihre Minister bereits für ihn entschieden und die Fraktion selbst ihn aus propagandistischen Gründen erst ein Jahr später auch zu bauen wünschte.[12]

Ein von den Kommunisten vom 3. bis 16. Oktober arrangiertes Volksbegehren gegen den Bau des Panzerkreuzers scheiterte, weil nur insgesamt 1 216 501 Deutsche bereit waren, das Begehren mit ihren Unterschriften zu unterstützen, was bewies, daß selbst weit mehr als die Hälfte der KPD-Wähler von 1928 für den Panzerkreuzer waren. So entschied sich die SPD trotz heftiger Positionskämpfe mit recht unklaren Fronten innerhalb ihrer Partei angesichts des Volkswillens zuletzt vor allem auch aus außenpolitischen Erwägungen für den Panzerkreuzerbau, für eine Umgestaltung der Reichswehr und für die Wiederbewaffnung des Reiches im Rahmen der erlaubten Grenzen.

Am 15. August 1928, fünf Tage nach der Zustimmung der

[12] Der Antrag der Linken wurde mit 257 (gegen ihre 202 von 207) Stimmen abgelehnt. Ein von der SPD-Fraktion im November 1928 eingebrachter Antrag, den Bau des Panzerkreuzers wieder einzustellen, wurde am 16. November mit 257 gegen 202 bei 8 Enthaltungen) abgewiesen.

Reichsregierung (mit ihren beiden SPD-Ministern) für den Panzerkreuzerbau, hatte der Fraktionsvorstand der SPD erklärt, daß seine Partei „mit Rücksicht auf das Gesamtinteresse der Arbeiterschaft" handelte. Da sie, wie das Ergebnis des KPD-Begehrens bewies, nichts gegen den vor allem von Hindenburg und Groener gewünschten Schiffsbau einzuwenden hatte, war die Politik der Partei der breiten Masse nahezu überhaupt nicht plausibel zu erklären,[13] zumal selbst ein erheblicher Teil der Politiker und Parlamentarier noch neun Jahre nach der Gründung der Republik über zu geringe verfassungsrechtliche Kenntnisse verfügten.

Auf dem Parteitag der SPD stimmten am 28. Mai 1929 244 gegen 147 Delegierte für die „Richtlinien der Wehrpolitik", in denen es unter anderem hieß: „Der wirksamste Schutz der deutschen Republik beruht auf einer deutschen Außenpolitik, die auf die Verständigung der Völker und die Erhaltung des Friedens gerichtet ist. Noch droht aber die Machtpolitik imperialistischer und faschistischer Staaten mit konterrevolutionären Interventionen und neuen Kriegen. Deutschland kann als Aufmarschgebiet mißbraucht und wider Willen in blutige Verwicklungen hineingerissen werden. Solange diese Gefahren bestehen, braucht die deutsche Republik eine Wehrmacht zum Schutze ihrer Neutralität und der politischen, wirtschaftlichen und sozialen Errungenschaften der Arbeiterklasse. Die Wehrmacht kann ihre Aufgabe nur erfüllen, wenn sie in ihrem Denken und Fühlen mit dem Volke verbunden ist und sich – im Gegensatz zu allen militärischen Tendenzen, die auf die Beherrschung des Staates durch das Militär hinauslaufen – als dienendes Glied in die demokratische Republik einordnet."

Inzwischen waren der Briand-Kellog-Pakt und die Vorbereitungen für die Verabschiedung des (auf den amerikanischen Bankier Owen D. Young vom Bankhaus Morgan zurückgehenden) Young-Planes abgeschlossen, der an die Stelle des Dawes-Planes

[13] Bei den Reichstagswahlen vom 14. September 1930 (nach der Reichstagsauflösung vom 18. Juli 1930) verlor die SPD 10 Mandate, während die KPD 23 Sitze und die NSDAP sogar 95 hinzugewannen.

treten sollte und am 12. März 1930 durch die Annahme der nach ihm benannten Gesetze durch den Reichstag in Kraft trat. Infolge der Aufhebung der bis dahin von den Dawes-Plan-Behörden praktizierten Kontrollen, des Transferschutzes und der deutschen Finanzpolitik wurde der Young-Plan zu einem nationalen deutschen politischen Anliegen. Die Festlegung des Endes und die Höhe der deutschen Zahlungsverpflichtungen lösten engagiert geführte öffentliche Diskussionen aus.

Deutschland sollte in den folgenden 37 Jahren 30,95 Milliarden und bis 1988 insgesamt 34,5 Milliarden Mark als Reparations- und Kriegsschulden zahlen. Daß das Reich dabei auch die mit 5,5 Prozent verzinsten 22,8 Milliarden Mark begleichen mußte, die sich die Alliierten von den USA zur Kriegführung von 1914 bis 1918 geliehen hatten, ließ den Plan in breiten Kreisen der deutschen Bevölkerung nicht gerade als begehrenswert erscheinen, zumal er die deutsche Verpflichtung einschloß, jährlich bedingungslos und unaufschiebbar durchschnittlich mindestens 660 Millionen Mark – ohne Schutz für den deutschen Handel – zu bezahlen.

Dies bedeutete für die nächsten Jahrzehnte zwar eine große Belastung für Deutschland, doch es war ein Ende der Ungewißheiten und Irritationen abzusehen. Doch wie oft in der Geschichte, so wurde auch hier dem Staatsoberhaupt von verschiedenen Seiten ein Teil der Schuld für negative finanzielle Konsequenzen zugeschrieben. Hindenburg wurde hauptsächlich gerade von denen attackiert, die 1925 in ihm ihren Sachwalter zu sehen geglaubt hatten. Schon im Frühsommer 1929 waren die landwirtschaftlichen Spitzenverbände und der „Stahlhelm" auf die Straße gegangen, hatte die rheinisch-westfälische Schwerindustrie gegen den Plan argumentiert.

Die deutsche Außenpolitik mußte sich vom „Stahlhelm" auf Flugblättern vorwerfen lassen, in ihrer „geschichtswidrigen Unnatürlichkeit" zusätzliche Reparationsverpflichtungen akzeptiert, mit Hilfe des parlamentarischen Systems ihre „unehrlichen Kompromisse", die „wahren Ursachen" des deutschen „Niedergangs", verschleiert und das Volk irregeführt zu haben. Von den

Alldeutschen, vom „Landbund", vom „Stahlhelm", von der in einer empfindlichen inneren Krise steckenden DNVP und im Nachzug auch von der NSDAP, die sich bis dahin von den Monarchisten distanziert hatten, war ein Volksbegehren für ein Gesetz „gegen die Versklavung des deutschen Volkes" inszeniert und ein „Freiheitsgesetz" angekündigt worden, das alle Bestimmungen des Versailler Vertrages als nichtig erklären und dem Reichskanzler und den Reichsministern Zuchthausstrafen für den Fall androhen sollte, daß sie dem Young-Plan zustimmten. Doch wie das Volksbegehren für die Fürstenenteignung scheiterte, so gelangte auch dieser Protest nicht an das erhoffte Ziel.

Nicht einmal 14 Prozent der stimmberechtigten Deutschen waren bereit, den Young-Plan durch ihre Unterschrift für das „Freiheitsgesetz" zu verhindern. 50 Prozent wären bei einer Wahl nötig gewesen. Dennoch bot die Garde der entschiedenen Gegner ein bedenkliches Bild. Abgeordnete des Reichstages, wo im November 1929 ein Gesetzentwurf gegen den Young-Plan zu Fall kam, ostelbische Großagrarier, Industrielle, Militärs und leitende Beamte der Ministerialbürokratie, verteufelten den Plan. Die Tatsache, daß die Abwicklung und Sicherung der Leistungen des Reiches keiner ausländischen Kontrolle mehr unterworfen waren und Deutschland damit seine wirtschaftliche und finanzielle Souveränität zurückbekam, änderte wenig an den deutschen Vorbehalten gegen den Young-Plan, der sich – wie sein Vorgänger Dawes-Plan auch – letztlich infolge der Weltwirtschaftskrise als untauglich erwies, die festgesetzten Reparationsverpflichtungen zu erfüllen.[14]

Mit dem Beginn der Weltwirtschaftskrise und dem Bankenkrach vom 29. Oktober 1929 in den USA versiegte der amerikanische Geldstrom nach Deutschland, so daß der Young-Plan zu einem ungedeckten Scheck wurde. Deutschland war nicht nur nicht mehr in der Lage, seinen Young-Plan-Verpflichtungen nachzukommen, sondern stand (spätestens seit dem „Schwarzen

[14] Dem Young-Plan folgte das sogenannte „Hoover-Moratorium" vom 30. Juni 1931.

Freitag" vom 29. Oktober 1929 in den USA) darüber hinaus ganz offensichtlich auch unmittelbar vor einer neuerlichen Inflation.

Daß der Young-Plan zuvor den Rang eines bedeutenden historischen Experiments gehabt hatte, war ebenso schnell in Vergessenheit geraten oder verdrängt worden wie die Würdigung der Verdienste Hindenburgs in diesem Zusammenhang. Die Baseler „National-Zeitung" vom 19. März 1930 brachte diesen Sachverhalt unter der Leitartikel-Überschrift „Hindenburg und die Zukunft" auf die Formel: „Daß die Young-Gesetze mit verhältnismäßig großer Mehrheit schließlich angenommen werden konnten, daß der Etat für 1930, bescheidener Anfang der Finanzreform, auch unter Dach gebracht wird, daß eine Regierungs- und Staatskrisis vermieden ist und daß Deutschland nun endlich wieder etwas Ruhe und Stetigkeit haben kann, ist zum guten Teil das persönliche Verdienst des alten Staatsoberhauptes. Wie zuverlässig bekannt wird, ist die Proklamation vom Reichspräsidenten persönlich verfaßt (worden). Aus ihr spricht eine Würde und eine Größe der Gesinnung, der sich auch ein Nichtdeutscher kaum verschließen wird; das Echo draußen in der Welt beweist das. Nur Deutschen blieb es vorbehalten, den besten Mann, den Deutschland seit Bismarck hat, zu beschimpfen!"

Während der Laufzeit des Dawes-Planes hatten die Deutschen damit begonnen, sich Geld aus den USA zu leihen, die alle Reparationszahlungen empfingen und darauf bestanden, daß auch ihre Kriegsschuldner Großbritannien und Frankreich ihren Rückzahlungsverpflichtungen nachkämen. Das Reich zahlte an die USA mit dem aus den USA geliehenen Geld aus gewöhnlichen Anleihen, was als „Kommerzialisierung" der Reparationsschuld galt, so daß die Kriegsschulden auf dem Umweg schließlich als Handelsschulden erschienen, die der Gläubiger USA dem seit der Laufzeit des Young-Planes wirtschaftlich und finanziell souveränen Deutschen Reich gewährte. Privates Kapital als Anleihe war allerdings nicht ausschließlich aus den USA nach Deutschland gelangt, wo die Reichsbank die ausländischen Devisen in deutsche Währung umtauschte und sie an die Empfänger in Deutschland auszahlte. Aus dem Devisenfonds wurden die Reparationszahlungen geleistet. Das Reich mußte nicht nur die Anleihen zurückzahlen, sondern zusätzlich auch laufende Zinsen. So zeigte sich bald, daß die deutschen Reparationszahlungen nicht aus Exportüberschüssen, sondern primär aus Anleihen bezahlt wurden. Mit dem Versiegen der Anleihen mußten zwangsläufig auch die Reparationszahlungen aufhören. Daher hatte sich bereits Ende 1927 die Einsicht verbreitet, daß neue Regelungen gefunden werden müßten, was schließlich zum Entstehen des Young-Planes führte. Industrieanlagen, Fabriken, Städteumgestaltungen, Sportanlagen, Schul- und Theaterbauten und andere Leistungen ähnlicher Art, basierten auf US-amerikanischen finanziellen Hilfen, die zu Wirtschaftswunderjahren führten, wie es nach dem Zweiten Weltkrieg in Westdeutschland auch der Fall gewesen ist.

Folgen des „Wirtschaftswunders" und Versäumnisse der politischen Führung

Mit dem Dawes-Plan, dem Young-Plan und dem Geld, das bis zum „Schwarzen Freitag" Ende Oktober 1929[15] aus den USA ins Reich gelangte, kam – wie nach dem Zweiten Weltkrieg mit dem Marshall-Plan, der zwei Drittel Europas „zusammenschloß" – zugleich zwangsläufig auch etwas anderes nach Deutschland. An die Kredite war automatisch die den Deutschen relativ fremde amerikanische Zivilisation gekoppelt, die von überzogenen Stilisierungen strotzte und alles grell übertraf, was die durch den Krieg an biedere Bodenständigkeit, Sparsamkeit und triste Sachlichkeit gewöhnten Deutschen aus der Wilhelminischen Ära

[15] Ursache der Weltwirtschaftskrise waren übermäßige Investitionen und landwirtschaftliche Überproduktionen, die Absatzkrisen, fallende Preise, eine rasante Steigerung der Arbeitslosigkeit und einschneidende wirtschaftliche und finanzpolitische Maßnahmen zur Folge hatten. Aus Deutschland konnte nahezu kein Roggen mehr ausgeführt werden, was einen gefährlichen politischen Zündstoff in sich barg. Die Krise (von 1929 bis 1932) bildete in der Geschichte des 20. Jahrhunderts einen gravierenden Einschnitt und erschütterte das labile politische Gefüge der noch jungen Demokratien in Europa.

kannten. Deutsche Zeitungen und Illustrierte berichteten über Lebensumstände in den USA, als handelte es sich bei den USA um ein einziges Wunderland. „Kein Mittel bleibt unversucht", hieß es beispielsweise in der „Berliner Illustrirten" vom 13. April 1924 über amerikanische Werbegepflogenheiten, die in Deutschland auch infolge der Wirtschafts- und Währungsverhältnisse fremdkörperhaft bleiben mußten. An „die Urinstinkte des Menschen", erläuterte die „Illustrirte", „appelliert fast jedes Inserat: Eitelkeit, Bequemlichkeit, Sicherheit, Liebe zu den Kindern, guter Eindruck auf Mitmenschen, Erfolg – das alles sind Triebkräfte, die als Motor zum Abschluß irgendeines Geschäfts dienen müssen. Der Appell an die Vernunft ist so häufig wie das verlockende Bild . . . Der unablässige Wettbewerb hat dazu geführt, daß aus dem alten primitiven Inserat . . . eine kunstvoll geschliffene Waffe im Geschäftskampf wurde . . . so ist das Durchblättern amerikanischer Zeitschriften auch beim Inseratenteil ein Vergnügen."

Kritiker, meistens natürlich Männer, bemängelten die amerikanische Frauenmode und die „Vermännlichung der Frau", die nun ebenfalls machtvoll aus den USA nach Deutschland drängte. Die Garderobe, der Haarschnitt, alles „Ausschreitungen", die nach Europa „verpflanzt" würden und den europäischen Traditionen und Vorstellungen nicht entsprächen. „Welch ein Abscheu für jeden richtigen Mann", empfanden deutsche Zeitungsmacher, die den ebenfalls aus den USA kommenden Starkult um Schauspieler, Sensationsdarsteller und Sportler zwar als wesensfremd darstellten, ihn jedoch übernahmen, den „billigen Kunstschmalz" in amerikanischen Schlagern karikierten, den Wohnungskitsch glossierten und zur Rückbesinnung auf gediegene deutsche Werte „unserer Großväter" aus der Zeit des Wiener Kongresses aufforderten.

Die Amerikanisierung des deutschen Lebens wurde zwar ähnlich kritisiert und beklagt, wie es nach dem Zweiten Weltkrieg der Fall gewesen ist; aber im Gegensatz zur diesbezüglichen „Entwicklung" nach 1945 erwies sich jener „Amerikanismus" als Episode ohne bleibende Folgen. Die Hitler-Diktatur rottete von 1933 bis 1945 konsequent alles aus, was sie nicht als Ausdruck „deutschen Wesens“ anerkannte. Besorgt klangen die Kommentare, die nach der Zukunft nicht nur der Deutschen fragten und die Gegenwart mit der Vergangenheit konfrontierten. Kurt Pinthus beispielsweise schrieb am 28. Februar 1928: „Der Krieg begann sich über Erde, Luft und Wasser zu verbreiten, mit Vernichtungsmöglichkeiten, die die Phantasie auch der exzentrischsten Dichter zu ersinnen nicht imstande gewesen war. Unsere Heere überfluteten Europa; Dutzende von Millionen Menschen hungerten jahrelang, aus Siegesbewußtsein stürzten wir in Niederlage und Revolution; Kaiser, Könige und Fürsten wurden dutzendweise entthront. Wer soll noch durch Menschenunglück erschüttert werden, der erlebte, daß vier Millionen Menschen durch Menschenhand im Krieg umgebracht wurden? Die Länder erbebten von Attentaten und Revolten; politische und soziale Ideen, von denen unsere Großeltern noch nichts ahnten, wuchsen über die Menschheit und veränderten das Antlitz der Völker und der Erde. Das Geld, einziger Maßstab realen Besitzes, verlor seinen Wert und eroberte ihn wieder. Staatengebilde brachen zusammen; Konferenzen versuchten vergeblich der Welt eine Neuordnung zu geben. Die urälteste Monarchie der Erde, China, ward Republik ... und Maschinen, Maschinen erobern unsere Planetenkruste. Zusammengeballt in zwei Jahrzehnte erlebten wir mehr als zwei Jahrtausende vor uns. Was haben wir noch zu erwarten, zu erleben? Vermögen wir uns noch zu wundern?“

Am selben Tag forderte die „Berliner Illustrirte“: „Zurück zum geistigen Erlebnis.“ Die Frage, „ob wir überhaupt noch etwas erleben werden, klingt nur dann hoffnungsvoll“, meinte der Kommentator und fuhr fort, „wenn man die Erwartungen immer wieder nach der Richtung wendet, woher fast alle Erlebnisse der letzten zwei Jahrzehnte gekommen sind: aufs Technisch-Dynamisch-Mechanistische. Die letzten Jahrzehnte gehörten ausschließlich der ungeheuren und unglaublichen Entwicklung der materialistischen Technik. Rekorde und Sensationen dieser technischen Zivilisation, ja selbst die Katastrophen dieser technischen Zivilisation ... erfaßt man nur mit dem Qualitätssinn und mit den reizbaren Nerven. Herz, Seele, Gemüt schweigen bei diesem Erleben still ... Die ungewöhnlich lange Periode einer einseitig technischen Entwicklung hat eine seelische Unterernährung ... verschuldet. Nun meldet sich das seelische Hungergefühl, das Warnungs- und Abwehrgefühl gegen ein völliges Verdorren unseres geistigen Lebens ... Noch zwingt die materialistische Verdorbenheit der Menschen diese Sehnsucht auf eine falsche Bahn, noch stürzen sich Millionen ... in Aberglauben, in Okkultismus, in Schwärmerei, in Sektiererei. Aber dies wird sich nur als ein unvermeidlicher Umweg zu einer neuen Periode des menschlichen Erlebens erweisen."

Nach der Reichstagswahl vom 20. Mai 1928, aus der die SPD, wie aus allen vorausgegangenen Wahlen seit Januar 1919, als Siegerin hervorgegangen war, regierte seit Ende Juni der sozialdemokratische Kanzler Hermann Müller mit einer großen Koalition aus SPD, DVP und DDP. Die SPD mit 29,8 Prozent der Wählerstimmen, stellte neben dem Kanzler zunächst drei Minister, die DVP mit 8,7 Prozent der Stimmen, 2 Minister und die DDP mit 4,9 Prozent der Wählerstimmen, ebenfalls 2 Minister. Doch die Hoffnungen auf eine Stärkung der parlamentarischen Demokratie, die seit 1926 an Auszehrung litt, wurden enttäuscht.

Kaum zwei Jahre später, im März 1930, traten der Kanzler und die Große Koalition zurück.[16] Die Auflösung der Demokratie

[16] Der SPD-Fraktionsvorsitzende Rudolf Breitscheid hatte seine Parteigenossen schon im Mai 1929 gewarnt: „Wenn diese Regierung (das Kabinett Müller) fällt, was kommt? – Auflösung ... Aber glauben Sie, daß die Demokratie auf die Dauer bestehen kann, wenn man alle paar Jahre zur Auflösung schreitet? Was ist anders möglich ... wenn wir das Kunststück fertigbringen, die Parteien von den Demokraten bis zu den Nationalsozialisten unter einen Hut zu bringen! Und was sonst? Dann wirklich eine Krise des Parlamentarismus ... die Ausnutzung gewisser Verfassungsbestimmungen, die dem Sinn der Demokratie nicht entsprechen, die aber ... in die Verfassung gekommen sind, und die Ausnutzung ... der Bestimmungen, die unter Umständen dem Reichspräsidenten ein Recht geben könnten, das im Grunde mit der Demokratie nicht in Einklang steht. Dann könnten wir eine Art Beamtenkabinett erhalten, das an sich vielleicht schon die verschleierte Diktatur wäre."

war eingeläutet. Danebengegriffen hatte auch die „Berliner Illustrirte Zeitung“ mit ihrer Prophezeiung vom 28. Februar: „Man kann schon heute fast mit Bestimmtheit voraussagen, daß die nächsten zwei Jahrzehnte damit ausgefüllt sein werden, unsere geistige Kultur auf die Höhe zu bringen, auf die unsere technische Kultur in solchen Riesensprüngen vorausgeeilt ist, und daß wir die Wunder des wiedererwachenden Geistes mit ebenso unverbrauchter Aufnahmefähigkeit erleben werden wie ehedem die Sensationen der technischen Epoche.“

Die großen literarischen Erfolge Waldemar Bonsels mit seiner Naturidylle Biene Maja, Hermann Keyserlings mit dem „Reisetagebuch eines Philosophen“ und Bernhard Kellermanns mit seinem 1913 erschienenen Roman „Der Tunnel“, der die phantasievoll zukunftsträchtig artikulierte Technik der Zeit effektvoll widerspiegelte und im Nachkriegsdeutschland ebenso einem Bedürfnis der Deutschen nach einer neuen Identifikation mit der Gegenwart entgegenkam wie Georg Hermanns 1906 erstmals publiziertes „Jettchen Gebert“, hätten derartige Urteile legitimieren können. Doch die schier unübersehbare Flut von Pamphleten und deren teilweise ungewöhnlich hohe Auflagen und breite Leserschaft, die weder Thomas Mann noch Walter Molo oder Jakob Wassermann las, sprachen seit Versailles dagegen. Hitlers „Mein Kampf“ beispielsweise erschien bereits in bemerkenswerten Auflagen. 36 000 Exemplare einer Volksausgabe wurden allein 1930 verkauft.

Daß Hitlers NSDAP bis September 1930 mit nur zwölf Abgeordneten im Reichstag vertreten war, paßte ins Bild. Seitdem waren es „plötzlich“ 107 und vom 31. Juli bis zum 6. November 1932 sogar 230. Die Geschichte beweist, daß in Deutschland bestimmte Traditionen und Vorstellungen letztlich nicht ausrottbar waren und daß zu ihnen vor allem das Bedürfnis nach Identifizierung mit dem Nationalstaat gehörte.

Wie falsch es vom Staat und von den politischen Parteien war, die diesbezüglichen Bedürfnisse der breiten Masse zur Zeit der Weimarer Republik nicht zu berücksichtigen, zeigte sich einerseits an der Existenz und an den Argumenten der zahlreichen

Splitterparteien[17] und andererseits an dem Stimmenzuwachs, den Hitlers NSDAP seit 1930 verzeichnen konnte. Von den 39,34 Prozent der Wähler, die ihm im März 1933 ihre Stimme gaben, ist ein nicht geringer Teil dem falschen Propheten nur gefolgt, weil es keine angemessene Alternative gab.

Zwar fanden Phrasendrescher aller Couleurs offene Ohren, doch das national artikulierte Bestreben, das allgemeine Trauma Versailles zu heilen und zu übertönen, apodiktische Schuldzuweisungen vorzunehmen und das nationale Selbstverständnis von der Niederlage von 1918 zu befreien, hat niemand so wirkungsvoll – und politisch umsetzbar – darzustellen verstanden wie Hitler. Daß er dies mit demagogischen Absichten tat, wie ihm im Mai 1930 in der „Berliner Börsen-Zeitung" selbst der einstige monarchistische Freikorpsführer Hermann Ehrhardt vorwarf, dessen Marinebrigade sich im März 1920 Wolfgang Kapp zur Verfügung gestellt hatte, kam der allgemein verbreiteten Bereitschaft entgegen, im Zusammenhang mit nationalen Fragen lieber mit Lügen leben als nüchterne Tatsachen akzeptieren zu wollen. Alles, was die Führung der Republik geleistet hatte, wurde negativ dargestellt und rabulistisch bekämpft. So hieß es im „Völkischen Beobachter" vom 20. Mai 1930 beispielsweise: „Völkerbund, Locarno, Kellogg-Pakt, Young-Plan, Paneuropa. Im Grunde alles nur verschiedene Etappen auf dem Wege der Entnationalisierung des deutschen Volkes und der Sicherung der französischen Vormachtstellung in Europa."

Hitler brauchte keine geschlossenen Türen einzulaufen, und er konnte auch sicher sein, daß ihn weder alle politischen Parteien

[17] So kandidierten beispielsweise im November 1929 bei den Berliner Kommunalwahlen Vertreter folgender 21 Parteien: SPD, DNVP, KPD, DDP, DVP, Reichspartei des Deutschen Mittelstandes, Zentrum, Deutschvölkische Freiheitspartei, Christlicher Volksdienst, USPD, Volksrecht-Partei, Linksradikale Antikorruptions-Partei, Freibund des Handwerks, Kleinhandels und Gewerbes, Evangelische Wähler und Wählerinnen, Allgemeine Volkspartei, NSDAP, Reichspartei für Handel, Handwerk und Gewerbe, Leninbund, Nationalrevolutionäre Volkspartei, Christlich-Soziale Reichspartei und Partei der Mietreform (Reichspartei der Mieter und Wohnungsuchenden).

noch der Staat angemessen zur Rechenschaft ziehen würden. Nicht nur in Deutschland, sondern auch im Ausland genoß er den Ruf, ein außergewöhnlicher Politiker zu sein, der die Dinge beim richtigen Namen nennen würde. Die amerikanische Zeitschrift „Vanity Fair" meinte Ende 1931, daß es in Deutschland nur zwei Redner gäbe, über die man am meisten spräche: Brüning und Hitler. Brüning, als nüchtern-„sachlicher" Redner charakterisiert, war seit dem 30. März 1930 Reichskanzler und hatte angesichts der politschen und wirtschaftlichen Situation anderes zu tun, als Reden zu halten und Volksaufklärung zu betreiben. Hitler dagegen, von den Amerikanern als Agitator mit hypnotischer Wirkung bezeichnet, konnte im Sinne seiner Weltanschauung tätig sein und ungehemmt und demagogisch nicht nur einem besonderen Großdeutschland das Wort reden, sondern auf seine Weise auch die Fragen beantworten, die das Volk bewegten.

Die Verhöhnung der Republik, die von Gewaltakten – bis zu Morden hin – begleitete Philosophie des Terrors, die Diffamierung der Demokratie als lebensunfähiges und nicht wünschbares Intermezzo oder als „Kind des Hoch- und Landesverrats", die Pervertierung der wissenschaftlich anerkannten Rassengesetze und des Antisemitismus, die Unausweichlichkeit der Diktatur, die Befreiung von Versailles und dem internationalen Finanzkapital und die Notwendigkeit der Errichtung eines Großdeutschen Reiches, gingen mit der staatlicherseits ebenso ohne ernsthafte Gegenwehr hingenommenen programmatischen Forderung einher, das „provisorische System" zu stürzen.

Ungehindert und nicht nur von seinen Parteimitgliedern hoffnungsfroh und laut ermuntert, durfte Hitler unmittelbar nach den Reichstagswahlen im September 1930, durch die seine Partei als zweitstärkste Fraktion in den Reichstag einzog, öffentlich erklären: „Ich darf Ihnen aber versichern, wenn die nationalsozialistische Bewegung in ihrem Kampf siegt, dann wird ein nationalsozialistischer Gerichtshof kommen, und der November 1918 wird seine Sühne finden, und es werden auch Köpfe rollen."

Mit allem, was Demokraten teuer oder gar heilig war, trieben Hitler und seine Partei und Anhänger Schindluder. Die Reichsfarben, der Reichspräsident, der Reichskanzler und die Reichsminister, Gesetze und Erlasse, Verordnungen und Anordnungen staatlicher Institutionen, alles das repräsentierte für sie einen Staat, gegen den nach ihrer Ansicht weder Hoch- noch Landesverrat begangen werden könnte. Kaum an der Macht, setzten sie radikal um, was sie zur Zeit der Weimarer Republik erfahren und gelernt hatten. Eingedenk der Drohung Hitlers vom 17. Oktober 1932, daß er und die NSDAP die Macht niemals wieder aus den Händen legen würden, sobald sie erst einmal über sie verfügten, wurden Gesetze erlassen und Präventivmaßnahmen getroffen, die Angst erzeugen und brachial verhindern sollten, daß der Staat noch einmal so unterhöhlt, gefährdet und seinen Bürgern entfremdet werden würde, wie es bis 1933 durch sie geschehen war.

Daß sehr vieles von dem, was von 1933 bis 1945 geschah, von Hitler und dessen engsten Mitarbeitern schon zur Zeit der Weimarer Republik – und mit ihr als Exerzierfeld – nicht nur programmatisch festgelegt, sondern auch ungeniert angedroht werden konnte, worauf vor allem Hitler sich später gern berief, war eine der Konsequenzen des bis 1933 in Deutschland herrschenden Machtvakuums und der Tatsache, daß die Verfassung und die Gerichte die Gegner und Feinde der Republik ebenso in Schutz nahmen wie ihre Verteidiger.

„Unfähig zur Staatsführung“

Nachdem die Regierung Müller am 27. März 1930 zurückgetreten und die ersten gravierenden Folgen des Regierungswechsels sichtbar geworden waren, konstatierte der 1945 von den Nationalsozialisten hingerichtete sozialdemokratische Journalist und Reichstagsabgeordnete Julius Leber, daß die deutsche Demokratie sich selbst „widerlegt“ und die Sozialdemokratie demonstriert habe, „immer (noch) unfähig zur Staatsführung“ zu sein. Daß dies trotz der relativ zuverlässigen Stabilität der Großen Koalition und der erfolgreichen Außenpolitik Stresemanns zutreffend war, bewiesen die vorausgegangenen Ereignisse.

Angesichts der rapide zunehmenden Arbeitslosenzahlen hatte die Regierung vor der unausweichlichen Alternative gestanden, entweder die Beiträge für die Arbeitslosenversicherung um 0,5 Prozent zu erhöhen oder aber die Sozialversicherung zu reduzieren. Der sozialdemokratische Reichsfinanzminister Hilferding, der sich einerseits dem Druck des Allgemeinen Deutschen Gewerkschaftsbundes beugen und andererseits im Interesse seiner von der Gewerkschaft als Teil ihrer Organisation empfundenen Partei davor hüten mußte, der KPD neue Anhänger zuzuführen, war politisch in eine Sackgasse geraten. Seinen Plan, die Beitragszahlung zur Arbeitslosenversicherung von 3,5 auf 4 Prozent zu erhöhen und die Erhöhung zu gleichen Teilen (von je 1/4 Prozent) von den Arbeitgebern und Arbeitnehmern tragen zu lassen, lehnte die nach Stresemanns Tod rasch unter den Einfluß ihres großindustriellen und den Deutschnationalen nahestehenden Flügels geratene Koalitionspartei DVP ab. Sie weigerte sich, mehr als 3,5 Prozent zu akzeptieren und forderte eine Begrenzung der Zuschüsse des Reiches an die Reichsanstalt für Arbeitsvermittlung, was wiederum die SPD nicht billigen zu können meinte. Einem Kompromißvorschlag Brünings vom 27. März stimmten das Zentrum und die DDP unmittelbar zu, die DVP nach längeren Debatten mit neun Stimmen Mehrheit (bei 45 Abgeordneten) ebenfalls. Die SPD dagegen blieb bei ihrer Haltung. Die Bayerische Volkspartei, die bei der Annahme des Vorschlages zugleich auch die Erhöhung der Biersteuer hätte akzeptieren müssen, lehnte den Brüning-Vorschlag ab.

Wie für das Verhalten der politischen Parteien zur Zeit der Weimarer Republik geradezu exemplarisch, so wurde auch hier aus einem strittigen sozialen Problem eine ideologische Grundsatzdiskussion, die rasch die Flügelparteien der Koalition, die SPD und die DVP, so voneinander trennte, daß die seit dem 29. Juni 1928 praktizierte Gemeinsamkeit auf der Strecke bleiben mußte. Bald ging es nicht mehr um eine Auseinandersetzung über eine Beitragserhöhung oder um den Abbau der Sozialversicherung, sondern vehement und konträr artikuliert, um die Frage parlamentarische Demokratie oder autoritäre Ständediktatur.

Zwar waren der Kanzler und einige Minister beider Flügelparteien um der Erhaltung der Demokratie und des Staates willen zu Kompromissen und zur Annahme des Reichshaushaltsplanes bereit, der die Regierungskrise neutralisiert und den Zerfall der Großen Koalition verhindert hätte, doch der mangelnde Wille und die unzureichende Kraft ihrer Parteien, sich den hinter ihnen stehenden Gruppeninteressen zu widersetzen und einer undoktrinären Staatsgesinnung zum Durchbruch zu verhelfen, hatte die Regierungskoalition so gravierend erschüttert, daß der Bruch nicht mehr gekittet werden konnte.

Auch der Versuch des besonders sachkundigen Zentrumsführers Heinrich Brüning, der zu vermitteln versuchte und vorschlug, die Arbeitslosenversicherungsfrage bis zum Herbst zu vertagen und sich zunächst erst einmal auf die Sanierung des Reichshaushaltes zu konzentrieren, blieb erfolglos. Am 12. März 1930 erklärte er im Reichstag: „Der Grund, weshalb wir das Ziehen der wirtschafts- und finanzpolitischen Konsequenzen sofort verlangen, ist auch ein eminent politischer. An ... Hand der Erfahrungen der letzten Wochen sind uns sehr starke Bedenken hinsichtlich des Willens zur Verantwortung ... gekommen ... Es geht nicht mehr um Kämpfe im Parlament, sondern es geht um das Parlament und um die Demokratie. Weil wir diese Überlegungen seit Wochen angestellt haben, haben wir den ... Vorstoß ... unternommen. Wir wollten vor aller Öffentlichkeit auf diese Gefahren aufmerksam machen. Unser Kampf ging nicht nur um die finanziellen Forderungen, er ging um die Erhaltung und Vertiefung des demokratischen Systems. Wenn der Reichstag wegen der Uneinigkeit der Parteien über Lappalien im Rahmen des großen Ganzen nicht die Möglichkeit hat, sich zu einigen, dann werden sich – davon sind wir fest überzeugt, und wir haben auch entsprechende Stimmen aus dem Lande – die starken Zweifel an diesem System und seinen Möglichkeiten durch das ganze Land weiter fortpflanzen. Dem wollen wir begegnen, weil wir in den schwersten Zeiten der vergangenen zehn Jahre in der

Verantwortung gestanden haben, um für dieses System zu kämpfen, um es zu retten und zu verbessern!"

Umsonst, die Mehrheit der SPD-Fraktion entschied sich in der Phase der nationalen Not und Schicksalsstunde der Demokratie aus Furcht vor Verantwortung grundlegend anders, als Friedrich Ebert es getan hätte. Sie verzichtete auf die ihr demokratisch aufgetragene Macht und belastete sich zugleich mit Verantwortungen, die sie gegen keine Machteinflüsse mehr eintauschen konnte, gab dem Einfluß der Gewerkschaft nach und stellte das egoistische Parteiinteresse über die Nation und den demokratischen Staat. Brünings Kompromißvorschlag wurde von der Bayerischen Volkspartei und von der SPD abgelehnt. Die Durchsetzung ihrer Vorschläge fordernd, bekundeten die Sozialdemokraten ihre Einheit mit der Gewerkschaft und erklärten, daß die SPD und die Regierung zwar zwei Größen, die Partei und der Allgemeine Deutsche Gewerkschaftsbund jedoch eins seien.

Julius Lebers Urteil traf den Sachverhalt ebenso wie die prophetische Vision des 1945 im KZ Buchenwald umgekommenen sozialdemokratischen Volkswirtschaftlers und Außenpolitikers Rudolf Breitscheidt, der im Mai 1929 auf dem SPD-Parteitag vor einer „Art Beamtenkabinett" als „vielleicht schon . . . verschleierte Diktatur" gewarnt und ahnungsvoll erklärt hatte: „Ich sage nicht, daß wir, um das abzuwehren, jedes Opfer zu bringen genötigt wären. Ich mahne euch nur, auch an diese Möglichkeit zu denken. Es kann sein, daß einmal der Moment kommt, wo wir sagen müssen . . . wir können nicht weiter. Dann freilich müssen wir bereit sein, die Demokratie und den Parlamentarismus außerhalb des Parlaments zu verteidigen und zu vertreten."

Ahnungsvoll hatte Brüning, der Hindenburg undurchsichtig reserviert gegenüberstand, in Übereinstimmung mit dem Finanzminister Hilferding konstatiert: „Je unfruchtbarer das Parlament ist, je uneiniger die Parteien werden, desto stärker wird automatisch die Stellung des Reichspräsidenten." Als Hermann Müller durch Verschulden seiner eigenen Partei, die zu keiner Entscheidung für eine tragende Staatsgesinnung und zu keinem Kompromiß um der Demokratie willen bereit war, am 27. März 1930 zurücktrat, war er todkrank. Die Demokratie und die Republik waren es auch. Die Chance zu ihrer Rettung war vertan. Die Demokratie stand vor einer der schwerwiegendsten Zäsuren ihrer Geschichte, auch wenn dies im März 1930 noch nicht für jedermann erkennbar war.

Wer gehofft hatte, daß die Reichsverfassung in Richtung auf britische Vorbildversionen entwickelt werden könnte, wie es bis dahin zuweilen – namentlich zur Zeit der Großen Koalition – hatte scheinen können, mußte nun bald erkennen, daß die deutsche Geschichte anderen Bahnen folgte. Karl Dietrich Brachers Feststellung, daß die Geschichte des Jahres 1930 „durchaus" als „Vorgeschichte des ‚Dritten Reiches'", Ausgangspunkt und Ermöglichung der Diktatur Hitlers bezeichnet werden könne, ist an dieser Stelle nichts hinzuzufügen, seinem Urteil, daß die Revolution von 1918 die Entwicklung traditioneller obrigkeitsstaatlicher Strömungen lediglich blockiert habe, ebenfalls nicht. 1930 bereiteten die SPD und der Allgemeine Deutsche Gewerkschaftsbund dieser „Blockade" ein Ende.

Es erfüllte sich, was Hilferding unmittelbar nach dem Sturz der Großen Koalition vorausgesagt hatte: „Es unterliegt keinem Zweifel, daß, wenn das Parlament in seiner grundlegenden und wichtigsten Funktion versagt, nämlich eine Regierung zu bilden, die Macht des Reichspräsidenten sich auf Kosten und durch Schuld des Parlaments erweitert und der Reichspräsident Funktionen ausüben muß, die zu erfüllen sich der Reichstag versagt. Nimmt man hinzu, daß diese Lähmung des Parlaments von sehr starken Gruppen direkt gewünscht und gefördert wird, so wird man verstehen, daß die eigentliche Gefahr für die Zukunft des deutschen Parlamentarismus nicht von außen, nicht von einem gewaltsamen Putsch her droht, sondern von innen her: Ajax fällt durch Ajax' Kraft."

Der erste sichtbare Schritt zur Auflösung der Demokratie war bereits getan, als der 45jährige Zentrumsvorsitzende Heinrich Brüning am 30. März 1930 auf Betreiben der Generale von Schleicher und Wilhelm Groener von Hindenburg zum Kanzler des ersten Präsidialkabinetts der Republik – ohne Bindungen an die Reichstagsfraktionen – ernannt wurde. Doch schon nachdem Stresemann gestorben und Scholz sein Nachfolger geworden war, Hugenberg die Geschicke der DNVP auch offiziell in die Hand genommen hatte und Luther ein „Drittes Reich" zum Ziel erkor, die Deutschnationalen, der Stahlhelm, die Alldeutschen und Nationalsozialisten ein Volksbegehren gegen „die Versklavung des deutschen Volkes" inszeniert hatten, war verschiedentlich – nicht nur von Breitscheid, Hilferding und Brüning – eine derartige Entwicklung menetekelhaft prophezeit worden. Zwar wäre auf der anderen Seite eine vom Zentrum bis zur Deutschnationalen Volkspartei (ohne NSDAP) reichende Minderheiten-Rechtsregierung rein rechnerisch durchaus vorstellbar und möglich gewesen, doch die zerstrittene DNVP-Fraktion und Hugenbergs demokratiefeindliche Demagogie und sein Starrsinn, der sich nur argumentativ von der Einstellung der Linken unterschied, ließen eine solche Lösung auch zu einer Illusion werden. Die zwölf Sitze (1928) der NSDAP hätten das arithmetische Bild nur wenig verändert. Doch allemal besser als eine Regierung, die neben Hugenbergs DNVP womöglich auch die NSDAP einbezog, erschien nicht nur der SPD, der nach wie vor stärksten Partei, ein von Hindenburg ernanntes Brüning-Beamtenkabinett, das mit Hilfe des Artikels 48 ohne parlamentarische Unterstützung regierte. Die Sozialdemokraten behielten ihren sozialdemokratischen Ministerpräsidenten in Preußen – und damit weiterhin ihr „Bollwerk" und einen bemerkenswerten Einfluß in der Republik auf das Geschehen im Reich.

Heinrich Brünings Präsidialkabinette

Nach seinem Regierungsantritt erklärte Brüning am 1. April 1930 vor dem Reichstag: „Das neue Reichskabinett ist entsprechend dem mir vom Herrn Reichspräsidenten erteilten Auftrag an keine Koalition gebunden. Doch konnten selbstverständlich die politischen Kräfte dieses Hohen Hauses bei seiner Gestaltung nicht unbeachtet bleiben. Das Kabinett ist gebildet mit dem Zweck, die nach allgemeiner Auffassung für das Reich lebensnotwendigen Aufgaben in kürzester Frist zu lösen. Es wird der letzte Versuch sein, die Lösung mit diesem Reichstage durchzuführen. Einen Aufschub der lebensnotwendigen Arbeiten kann niemand verantworten. Die Stunde fordert schnelles Handeln ... Innenpolitisch gibt unsere Lage angesichts der sozialen und wirtschaftlichen Notstände und der mit ihnen verbundenen radikalen Strömungen Anlaß zu besonderer Wachsamkeit. Diesen Strömungen läßt sich nicht nur mit dem Einsatz staatlicher Mittel begegnen, sie müssen in erster Linie durch wirtschaftliche Aufbauarbeit behoben werden. Die Reichsregierung fühlt sich stark genug, mit den Mitteln, welche das Grundgesetz unserer staatlichen Ordnung, die Weimarer Verfassung, der deutschen Republik zur Verfügung stellt, allen gefahrvollen Bedrohungen entgegenzuwirken."

Bis auf die Sozialdemokraten hatte er die meisten Minister der Großen Koalition übernommen und sein Kabinett, wie von den Generalen Groener und Schleicher seit längerer Zeit tätig angestrebt, durch die Einbeziehung der Deutschnationalen Gottfried Reinhold Treviranus und Martin Schiele als Reichsminister nach rechts ausgeweitet. Nach den Vorstellungen des Doktors der Staats- und Wirtschaftswissenschaft, der vom Primat der Außenpolitik überzeugt war, hatten sich die Wirtschafts- und Finanzpolitik der Außenpolitik unterzuordnen. Mit Hindenburgs Zustimmung übernahm er denn auch am 9. Oktober 1931, nach der Bildung seines zweiten Präsidialkabinettes, zusätzlich das Amt des Reichsaußenministers. Die Ziele Eberts und Hindenburgs für jedermann sichtbar im Visier, was ihm in der Parteienlandschaft sogleich Pluspunkte eintrug, versuchte er den Westmächten gegenüber zu demonstrieren, daß Deutschland zahlungsunfähig sei, die Reparationslasten nicht länger tragen könnte und daher von ihnen befreit werden müßte. Schaffung „ausreichenden Lebensraumes", Durchsetzung der deutschen militärischen Gleichberechtigung als Basis zur Verwirklichung des machtpolitischen Wiederaufstiegs des Reiches, Deflationspolitik, Einschränkung der Staatsausgaben, Stärkung der Exportfähigkeit der deutschen Wirtschaft und Schaffung von Arbeitsplätzen lauteten seine wesentlichsten Ziele. Vom Reichspräsidenten gestützt, hoffte er nicht zuletzt infolge seiner mehrfach mit Erfolg ausgeübten „Scharnierfunktion" zwischen den politischen Parteien, daß der übergangene Reichstag sein Präsidialkabinett tolerieren und seine wichtigsten Machtbasen, das Zentrum und die Bayerische Volkspartei, ihre Anziehungskraft nicht einbüßen würden.

Eine Legende ist, daß die Sozialdemokraten die Anwendung des Artikels 48 der Reichsverfassung prinzipiell abgelehnt haben. Wäre es nach der SPD gegangen, hätte der Reichspräsident den Artikel 48 nämlich bereits zur Zeit der Großen Koalition bemüht und den Reichstag ausgeschaltet. Zwar trug Hindenburg sich schon im März 1929 und im Januar 1930 mit dem Gedanken, ein Präsidialkabinett einzusetzen, doch dem SPD-Kanzler Hermann Müller, der ihn darum gebeten hatte, verweigerte er (nach Brünings Angaben) die diesbezügliche Unterstützung. Daß Hindenburg vom Ansehen des flexiblen, asketischen Weltkriegsoffiziers Brüning, der sich als Tarif- und Finanzexperte einen Namen gemacht hatte, profitieren würde, konnte als einigermaßen sicher vorausgesetzt werden.

Hindenburgs bekundete Absicht, dem von ihm bemängelten Parteienstaat und dem „Parteiengezänk" durch ein Präsidialkabinett eine verfassungsmäßig legitimierbare oberste Autorität entgegenzusetzen und eine konservative politische Kultur zu etablieren, begrüßten zu der Zeit viele Deutsche ebenso, wie seine Entscheidung für Brüning. Brüning argumentierte den Alliierten gegenüber, wie Josef Wirth es schon 1921 und 1922 getan hatte. Auch er versuchte, ihnen zu suggerieren, daß das Reich die Reparationen leisten möchte, es jedoch infolge seiner Finanz- und Wirtschaftslage nicht zu tun vermöchte. Tatsächlich aber leitete ihn die Überzeugung, daß eine deutsche Revisionspolitik hinsichtlich des Versailler Vertrages von Erfolg gekrönt werden könne. So erklärte er am 6. Oktober 1930 beispielsweise gegenüber Hitler, daß der Versailler Vertrag „ohne darüber zu reden", im Laufe „von anderthalb bis zwei Jahren ... ins Wanken" zu bringen sein werde. Da der Young-Plan nicht so funktionierte, wie seine Väter es erhofft hatten, konnte des deutschen Kanzlers Politik der „Erfüllung durch Nichterfüllung", wie Wirth sein Taktieren genannt hatte, durchaus als Ausdruck der tatsächlichen Lage verstanden werden.

Obwohl im Artikel 431 des Versailler Vertrages festgelegt worden war, daß das Rheinland unmittelbar nach der Erfüllung der Vertragsverpflichtungen durch Deutschland von Besatzungstruppen geräumt werden würde, hatten sich die Alliierten – nach Auffassung der weitaus meisten Deutschen – nicht daran gehalten. Die Tatsachen sahen indes nicht ganz so eindeutig aus. Deutscherseits wurde behauptet, daß die Ratifizierung des Londoner Paktes vom 30. August 1924 durch Deutschland als „Erfüllung" angesehen werden müßte. Daß Deutschland seine Vertragsverpflichtungen jedoch keineswegs erfüllt, sondern lediglich Zahlungszusicherungen gemacht hatte, wurde dabei übersehen. Da die Besetzung des Rheinlandes nach Artikel 428 des Versailler Vertrages bis zum 10. Januar 1935 andauern sollte, konnte seine Räumung 1930 immerhin als Erfolg der deutschen Regierung bezeichnet und gefeiert werden.

Doch für die meisten Deutschen blieb Frankreich auch weiterhin die Feind-Nation in Europa. Der Verbleib der französischen Truppen im Rheinland bis zum 30. Juni 1930 hatte die Atmosphäre vergiftet und traumatische Bewußtseinshaltungen ausgelöst, zumal die NSDAP, die DNVP und der Stahlhelm ständig Berichte über Ausschreitungen französischer Soldaten ausfindig machten und hetzerisch überzogen anprangerten. Allein im „Völkischen Beobachter" vom 29./30. Juni 1930, dem letzten Tag der Besetzung, lauteten die Überschriften „Landesverräter unter Frankreichs Schutz", „Wir werden eure Töchter besitzen", „Wie sie mit Frauen und Kindern umgingen", „Unter der weißen Negerherrschaft", „Wie sie Beamte, Geistliche und Arbeiter mißhandelten", „Ein Liter Vollmilch täglich für den Franzosenhund" und „Aus einem Spucknapf mußte er trinken". Täglich wurde das Trauma der Deutschen, eine seit 1918 zu Unrecht bevormundete und unterdrückte Nation zu sein, neu belebt.

Der später als Freund Deutschlands hervorgetretene französische Botschafter André François-Poncet beschuldigte die Deutschen, im Zusammenhang mit der Freigabe des Rheinlandes seit 1929 unlautere Politik betrieben und die Westmächte getäuscht zu haben.[18] „Das also ist", sagte er, „der Grund der Verständigungspolitik! Deutschland verfolgt einen eigennützigen Zweck. Die Verständigung soll das Mittel sein, sich den Verpflichtungen zu entziehen. Das ist ein heuchlerischer Kunstgriff." Viele Deutsche aber rechneten dem nicht gerade auf die Popularisierung seiner Leistungen bedachten Regierungschef die – am 30. Juni 1930 abgeschlossene – restlose Räumung des Rheinlandes von französischen Besatzungstruppen als persönliches Verdienst ebenso an wie später eine Reihe von Konferenzergebnissen auf internationaler Ebene.[19] Und auch die positiven Folgen beispielsweise des von (dem englischen Wirtschafts- und Finanzfachmann) Lord Layton of Dunhill ausgearbeiteten und am 19. August 1931 von einem Ausschuß der Bank für Internationalen Zahlungsausgleich vorgelegten Berichts, der die Feststellung des beratenden Ausschusses der Bank für Internationalen Zahlungsausgleich vom 23. Dezember 1931 zur Folge hatte, daß der (am 12. März 1930 im Reichstag mit 263 gegen 174 Stimmen angenommene)

[18] Während der Ersten Haager Konferenz vom 6. bis 31. August 1929 hatte Stresemann, von England unterstützt, die französische Zusicherung zum Abzug der eigenen Besatzungstruppen aus dem Rheinland bis zum 30. Juni 1930 erreicht. Im Vorfeld waren erhebliche Spannungen vor allem zwischen Frankreich und England aufgetreten, woraus die deutsche Außenpolitik Vorteile zu schlagen versucht hatte. Stresemanns bekundete Absicht, während der Konferenz nicht lediglich wirtschaftlich-finanzielle Ergebnisse zu erzielen, sondern vor allem für Deutschland günstige „politische Resultate", war von französischer Seite mit starkem Mißfallen aufgenommen worden.

[19] Hitler allerdings bekämpfte ihn verbissen. Bereits zwei Tage nach seiner Amtsübernahme (30. März 1930) wurde an Schulen und Berufsschulen in Hannover die Hitler-Jugend verboten. Der bayerische Ministerpräsident Held erließ am 5. Juni 1930 ein Uniformverbot für politische Verbände, das einseitig gegen die NSDAP gehandhabt wurde. Preußen (wo am 25. Juni 1930 den staatlichen Beamten die Zugehörigkeit zur NSDAP verboten wurde) folgte am 11. Juni, Baden am 14. Juni.

Young-Plan – ohne Verdoppelung der deutschen Exporte – undurchführbar sei,[20] wurden ihm „gutgeschrieben".

Die Hoffnungen Hindenburgs und seiner engsten Mitarbeiter, in Brüning, dem Hauptmann des Ersten Weltkrieges, späteren Geschäftsführer in Adam Stegerwalds christlichen Gewerkschaften und nachmaligen Fraktionsvorsitzenden des Zentrums, den Politiker gefunden zu haben, der am besten geeignet sei, als Kanzler die politische Situation in den Griff zu bekommen, schienen sich erfüllt zu haben.

Vieles sprach dafür. Der von einem geradezu asketischen Arbeitsethos beseelte 45jährige Westfale preußischer Prägung, der wie eine Mischung aus preußischem General, katholischem Priester und preußischem Beamten aussah, war – im Gegensatz nicht nur zu seinem unmittelbaren Vorgänger – ein hervorragender Finanzfachmann. Er verfügte über die Begabung, souverän und nüchtern organisieren und dank seiner sachlich-wissenschaftlichen Mentalität komplizierte Vorgänge analysieren zu können.

Zwar hatte er sich im Verlauf der Revolution rasch ein unabhängiges politisches Urteil gebildet, doch ließen ihn, wie Karl-Dietrich Bracher 1984 in seinem Buch „Die Auflösung der Weimarer Republik" schrieb, „romantische Erinnerungen und patriotischer Stolz . . . den Traditions- und Symbolreichtum der Monarchie nicht vergessen und (in ihm) Gedanken an eine konservativ-autoritäre Reform der krisenerschütterten Republik . . . wachsen."

Daß Brüning, den selbst seine Gegner ob seiner Lauterkeit, Sachlichkeit, Zurückhaltung und Integrität achteten, aber nur sehr wenige – selbst aus seiner unmittelbaren Umgebung – liebten, eine friedliche, „raumfüllende" und stattlich aussehende „Null" als Reichspräsidenten gebraucht habe, wie seine Widersacher behaupteten, ist eine Mär. Soviel politischen Instinkt wie Brüning besaß Hindenburg allemal, zumal er frei von den sentimentalen Gefühlen war, die den intelligenten und klugen Kanzler

[20] Das damit verbundene Problem der Verschlechterung der wirtschaftlichen und marktpolitischen Situation der Empfängerländer stützte die deutsche Position.

hinderten, bestimmte Tatsachen so zu sehen, wie sie wirklich waren. Mit Hindenburgs Autorität im Rücken wagte Brüning ab Ende 1930, was angesichts des Sturzes der Großen Koaliton geradezu unwahrscheinlich erscheinen mußte. Er setzte, ohne allerdings den Haushalt ausgleichen zu können, die Erhöhung der Arbeitslosenversicherung nicht nur um 0,5 Prozent hinauf, was im März nicht möglich gewesen war, sondern erhöhte sie auf 6,5 Prozent, kürzte die Gehälter und Pensionen der Beamten um 9 Prozent, reduzierte die Überweisungen an die Länder und Gemeinden, ließ die Steuern für Ledige trotz zahlreicher Widerstände weiterhin bestehen, erhob Zuschüsse zur Einkommensteuer, erhöhte parallel zum Lohn- und Preisabbau die Umsatzsteuer und unterstützte die notleidende Landwirtschaft – vor allem in ostelbischen Gebieten – und das Kleingewerbe, was ihn zwangsläufig nicht überall populär machte.

Im Herbst 1931 schrieb François-Poncet: „Der Kanzler glaubt", den wirtschaftlichen Problemen „durch eine scharfe und methodisch durchgeführte Deflation (Geldverknappung) begegnen zu können. Er kürzt die Löhne, die Gehälter und Pensionen und erregt damit die Unzufriedenheit der Arbeiter, der Beamten und Pensionsempfänger. Er führt eine Preiskontrolle ein, die die Bauern verärgert, eine Kontrolle der Banken, die ihm die Feindschaft der Finanzleute einträgt. Er macht sich bei der Industrie unbeliebt, weil er die Herabsetzung der Rohstoffpreise verlangt, die die Kartelle festgesetzt haben. Seine Beliebtheit leidet darunter, sie nimmt ab. Jedermann ist unzufrieden mit ihm, selbst die Sozialdemokraten verhehlen nicht, daß sie nur an ihm festhalten, weil sie Schlimmeres fürchten."

Brüning sah dies freilich anders. „Wir hatten", sagte sein Vizekanzler Hermann Robert Dietrich von der DDP, „nicht die Absicht, das Steuer des Staates aus der Hand zu geben, wir sind entschlossen, uns durch den ungeheuren Irrsinn, der in großen Teilen des Volkes umgeht, nicht irremachen zu lassen, sondern den Kampf ebenso mit Ruhe wie mit Energie zu führen in dem Bewußtsein, daß es nicht auf die Anerkennung der Gegenwart, sondern darauf ankommt, wie unsere Arbeit sich in der Zukunft auswirkt."

Zunächst jedoch hatten Brüning und das Präsidialkabinett im September 1930 eine Reichstagswahl zu überstehen, die nach der Auflösung des Parlaments vom 18. Juli 1930[21] infolge des vom Reichstag angenommenen Antrages der NSDAP, der KPD und eines Teiles der DNVP-Fraktion das von Brüning mit Hilfe des Artikels 48 der Reichsverfassung auf dem Wege über eine Notverordnung[22] durchgesetzte Sonderbesteuerungsprogramm aufzuheben, nötig geworden war. Brünings Hoffnung, daß das Zentrum und damit auch seine Position als Kanzler durch neue Wählerstimmen nennenswerten Machtzuwachs erfahren würden, erfüllte sich nicht. Zwar erhielt das Zentrum sechs Abgeordnete mehr als im Mai 1928; aber der Stimmenanteil ging trotz der Stimmengewinne des Zentrums von 3,71 auf 4,13 Millionen von 12,1 auf 11,8 Prozent zurück. Doch schlimmer war, daß die NSDAP am 14. Oktober 1930 nicht mehr mit nur 12, sondern mit 107 Abgeordneten in den neuen Reichstag einzog und damit zweitstärkste Partei des Parlaments wurde. Zwar blieben die Sozialdemokraten, die zehn Mandate (143 statt 153) eingebüßt hatten, stärkste Partei des Hauses; aber die NSDAP, die DNVP, die KPD und die BVP zusammen verfügten über 241 von insgesamt 577 Sitzen, was dem ohnehin desolaten Parlament außergewöhnliche Schwierigkeiten bereiten konnte. Eine klare Mehrheitsbildung war nach keiner Richtung hin mehr möglich. Hatten die SPD, das Zentrum, die DDP, die DVP und die BVP bis dahin noch über insgesamt 301 Abgeordnete von 491 Sitzen verfügt, waren es nach der Septemberwahl des Jahres 1930 nur noch 280 von 577.

So erschienen die Auflösung und die Neuwahl des Reichstages im nachhinein als Ereignisse, die weder der Opposition noch der Reichsregierung zugute gehalten werden konnten. Der preußische Ministerpräsident Otto Braun urteilte in seinen 1949 erschienenen Erinnerungen: „Versagten schon die Parteien aus Verant-

[21] Der Reichstag hatte mit 236 gegen 222 Stimmen für die Aufhebung der Notverordnung votiert, was Hindenburg veranlaßte, den Reichstag aufzulösen und Neuwahlen (14. September 1930) auszuschreiben.

[22] 1930 wurden 5 Notverordnungen und 51 Gesetze verabschiedet.

wortungsscheu, dann durfte die Regierung nicht auch den Kopf verlieren und wegen unpopulärer Steuer- und Sparmaßnahmen bei fast vier Millionen Arbeitslosen das durch hemmungslose Agitation der Kommunisten und Nationalsozialisten ohnehin stark aufgewühlte Land in einen Wahlkampf stürzen."

Daß die Deutschnationalen nun endgültig zerfielen und die nach Stresemanns Tod in radikale Hugenberg-Anhänger (DNVP) und gemäßigte Volkskonservative des Grafen Westarp gespaltene DNVP 32 Sitzverluste hinnehmen mußten, erwies sich als schwacher Trost. Die sensationelle Zunahme der NSDAP-Wähler von 0,8 Millionen im Jahre 1928 auf 6,4 Millionen, die schockartigen Kursstürze deutscher Werte an den Börsen, die Zurückziehung kurzfristiger ausländischer Kredite und das neu entfachte Mißtrauen gegenüber Deutschland im Ausland waren Folgen, die Brüning weitaus wichtiger erscheinen mußten.

Eine parlamentarische Regierungsbildung erschien nun gänzlich illusorisch. Eine „parlamentarisch tolerierte Präsidialregierung, ein mit der Autorität des Reichspräsidenten regierendes und von der SPD geduldetes Kabinett, begann sein „Geschäft" – ohne jeweilige Bindung der Minister an ihre Fraktionen und Parteien. Zwar war die Bindung der Kabinettsmitglieder an ihre Fraktionen schon zur Zeit der Großen Koalition aufgehoben worden; aber es bestand für die Parteien doch die Möglichkeit, auf ihre Exponenten Einfluß zu nehmen und die parlamentarische Kontrolle auszuüben. Daß die SPD, die Gewerkschaften und die Reichswehr-Führung bereit waren, diesen Versuch zu akzeptieren, resultierte nicht etwa aus der Einsicht, bis dahin Fehler begangen zu haben, sondern basierte auf der Befürchtung, daß nach Brüning womöglich die Radikalen, die Nationalsozialisten und Hugenbergs DNVP, an die Macht kommen könnten. Daß der Reichstag durch seine Tolerierung der Notverordnungspolitik des Kanzlers seine Initiative verlor, auf seine ihm verfassungsmäßig zustehenden Rechte und Pflichten weithin verzichtete und das vollparlamentarische Prinzip der Gewaltenteilung gegen eine Art Semiparlamentarismus eintauschte, waren Folgen des praktizierten Systems.

Der von 1955 bis in die achtziger Jahre andauernde Gelehrtenstreit über die Frage, ob das Präsidialkabinett Brüning die erste Stufe zur Auflösung der Weimarer Republik gewesen sei, wie Karl Dietrich Bracher meint, oder ob es als letzter Versuch interpretiert werden kann oder muß, den demokratischen Rechtsstaat zu retten, wie Werner Conze konstatierte, braucht an dieser Stelle nicht neu belebt zu werden.[23] Entscheidend ist, daß die erste deutsche Demokratie Ende Januar 1933 mit Hitlers Machtübernahme erlosch.

Brüning, der wahrscheinlich der letzte Kanzler der Weimarer Republik war, der die Auflösung ernsthaft zu verhindern suchte, wollte weder eine NS-Diktatur noch eine Wiederholung der Revolution von 1918/19, doch lag ihm kaum daran, den Reichstag und den Parlamentarismus zu stärken. Die gelegentlich geäußerte Behauptung, daß er einen dezentralisierten Einheitsstaat mit starker monarchischer Spitze angestrebt habe, ist nicht eindeutig zu belegen. Als Kanzler jedenfalls legte er Wert darauf, sich auch po-

[23] Brachers Buch „Die Auflösung der Weimarer Republik" löste 1955 heftige Kritik hinsichtlich der Methoden Brachers und seiner politischen Motive aus. Im Vorwort hatte er festgestellt: „... jene Epoche, die der Zeitgeschichte angehört und zugleich so überaus spürbar in unser Dasein hineinwirkt", umschließt „ein echtes Problem der politischen Wissenschaft, die in der Weimarer Republik ein in bestimmten Grenzen ‚typisches' Modell für die Probleme der Erringung und Erhaltung des Abbaus und Verlusts politischer Macht erfaßt". Werner Conze warf ihm 1957 in der Historischen Zeitschrift unter anderem vor: „Ist die Weimarer Republik wirklich ein ‚typisches Modell' für die Auflösung einer Demokratie? Sofern sich der Verfasser nicht wiederholt selbst verbessert, wird mit einem weitgehend unhistorischen Begriff der Demokratie gearbeitet." Die Kontroverse, in die sich unter anderem Historiker wie Karl Dietrich Erdmann, Rudolf Morsey, Josef Becker und Udo Wengst einschalteten, betraf weniger eine politisch motivierte nachträgliche Rettung Brünings als ein Grundproblem der Methode der zeitgeschichtlichen Forschung, des Nachvollzugs und der Darstellung. Einer absonderlichen Definition des Präsidialkabinetts bedienten sich die DDR-Historiker, die Brüning beschuldigten, die „faschistische Diktatur" eingeleitet zu haben. „Angesichts der wachsenden Kampfentschlossenheit der Arbeiter", so hieß es beispielsweise im „Lehrbuch für Geschichte der 9. Klasse der Oberschule und der erweiterten Oberschule" (1964), „war die Bourgeoisie schon nicht mehr in der Lage, ihre Politik mit den Mitteln der bürgerlichen Demokratie durchzusetzen".

litisch links von der Mitte zu orientieren, mit der SPD ein gutes Verhältnis anzustreben und einem geordneten und überschaubaren Pluralismus das Wort zu reden.

Auch bei der Bildung seines zweiten Kabinetts, das sich als „Fachkabinett" verstand und auf Hindenburgs Weisung völlig frei von parteimäßigen Bindungen sein sollte,[24] nachdem die Zersplitterung des Reichstages in gegensätzliche Fraktionen keine tragfähige Koalitionsregierung möglich erscheinen ließ, ging es Brüning darum, sowohl auf die passive Unterstützung des Reichstages als auch auf die Tolerierungspolitik der SPD rechnen zu können. In dieser Regierung, die ihre Tätigkeit im Oktober 1931 am Tage nach Hitlers erster Begegnung mit Hindenburg aufnahm, hatte Brüning zugleich auch das Amt des Außenministers übernommen.

Sein außenpolitisches Programm, das er am 13. Oktober 1931 im Reichstag vortrug, spiegelte seine Hoffnung wider, mit seiner Revisionspolitik tatsächliche Erfolge erzielen und die Deutschen vom Trauma Versailles befreien zu können. „Ich werde", erklärte er, „die Außenpolitik im Geiste der Besprechungen der letzten Monate, vor allem der jüngsten deutsch-französischen in Berlin, fortführen. Die Reichsregierung erwartet das Heil nicht allein durch internationale Verhandlungen oder Hilfe des Auslandes. Aber Deutschland hat im letzten Jahrzehnt am eigenen Leibe mehr als alle Nachbarn gespürt, wie die ungelösten politischen Fragen der Welt die innere Not bis zur Grenze des Erträglichen gesteigert und wachsende Verzweiflung in allen Schichten des Volkes genährt haben. Deshalb hat Deutschland das Recht, an die Völker der Welt den Appell zu richten, die Bemühungen zu der unerläßlichen solidarischen Zusammenarbeit endlich zur praktischen Tat werden zu lassen. Ich glaube, daß in den vergangenen Monaten ein gewisser Fortschritt in solcher Gesinnung erzielt worden ist. Allen Völkern sollte inzwischen lebendig vor Augen

[24] Das Kabinett: Brüning (Zentrum), Hermann Robert Dietrich (DDP), Wilhelm Groener (parteilos), Hermann Warmhold (parteilos), Martin Schiele (Landvolkpartei), Moldenhauer (DVP), Adam Stegerwald (Zentrum), Johann Viktor Bredt (Wirtschaftspartei).

geführt sein, daß das Schicksal jedes Staates mehr denn je in der Vergangenheit mit dem Schicksal der Nachbarn verflochten ist. Kein Staat kann auf die Dauer einen wirklichen Vorteil aus der Not der anderen Länder erwarten . . . Deutschland fordert bei aller verständnisvollen Rücksichtnahme auf die Lebensnotwendigkeiten der Nachbarn die Verwirklichung des Grundsatzes der Gerechtigkeit und Gleichberechtigung unter den Völkern."

Seit Mitte September 1930 drängte Hindenburg den Kanzler, das Kabinett nach rechts zu erweitern und den rechten Parteien, vornehmlich den Deutschnationalen, Regierungspositionen anzubieten. Doch Brünings entsprechende Bemühungen blieben – zu Hindenburgs Mißfallen – erfolglos. Als er im Sommer 1931 den Reichspräsidenten auf dessen Gut Neudeck in Ostpreußen aufsuchte, wies er ihn ungeduldig an, den nach seiner Auffassung „für die Rechte schwer" tragbaren Außenminister Julius Curtius von der Deutschen Volkspartei und die ebenso eingestuften Josef Wirth und Theodor von Guérard vom Zentrum aus dem Kabinett zu entlassen und durch profilierte andere Rechte zu ersetzen.[25] Und auch damit ließ er es noch nicht genug sein. Der ihm vor allem von General Schleicher seit Februar 1930 suggerierten Überzeugung, durch eine deutliche Verlagerung der Regierung nach rechts, Hitlers negative Haltung gegenüber dem Staat und dessen Regierung positiv beeinflussen zu können, verlangte er vom Reichskanzler entsprechende Entscheidungen. Schleichers Auffassung, daß es gut wäre, Hitler in eine Regierung einzubeziehen, dessen 400 000 Mann starke SA in eine Miliz zu integrieren und sie von der Reichswehr beaufsichtigen zu lassen, teilte Hindenburg indes nicht. Soweit nach rechts wollte er die Regierung nicht verlagert sehen. Zudem war Hitler ihm persönlich zuwider. Doch auch Brüning, der auf die Tolerierung seiner Regierung durch die SPD angewiesen war, konnte Schleichers Ansinnen nicht akzeptieren.

Im November und Dezember 1931 forderte Hindenburg Brün-

[25] Am 9. Oktober 1931 entließ Brüning diese Minister aus seinem Kabinett.

ing auf, sich wegen einer „Erweiterung der Regierung nach rechts“ mit dem „Stahlhelm“ ins „Benehmen zu setzen“ und Deutschnationale als Reichsminister zu verpflichten. Doch das „Liebeswerben“ Brünings, der im Sinne einer Hindenburg-Notiz von 1927[26] zunehmend parteigebundene Minister durch Beamte ersetzte und vom Reichstag nicht Mitbestimmung sondern nur Zustimmung erwartete, blieb erfolglos, was Hindenburg allerdings als mangelnde Bereitschaft des Kanzlers deutete. Daß ihm, der sich zur Verärgerung der SPD gern rühmte, der einzige Mann gewesen zu sein, der die Revolution 1918 mit der Waffe in der Hand bekämpft habe, nicht gelang, was Hindenburg erwartete, war nicht allein von ihm abhängig.

Bezeichnend für Brünings Einstellung war, was er vor den Reichspräsidentenwahlen im März 1932 erklärte, an denen sich erstmals auch der im Februar 1932 in Braunschweig zum Regierungsrat ernannte Adolf Hitler[27] als Kandidat beteiligte. Trotz

[26] In einer „Notiz zur politischen Lage hatte Hindenburg bereits am 10. Dezember 1927 ein „entschlossenes Beamtenkabinett“ für die beste Lösung gehalten und die Innen- und Außenpolitik ebenso scharf kritisiert wie die Gewerkschaften und die SPD.

[27] Hitler hatte 1925 auf seine österreichische Staatsbürgerschaft verzichtet und war seitdem „staatenlos“. Um für das Amt des Reichspräsidenten kandidieren zu können, mußte er (nach den Vorgaben der Weimarer Reichsverfassung) deutscher Staatsbürger sein. Nachdem sein Versuch, in Bayern eingebürgert zu werden, infolge eines Einspruchs des bayerischen Innenministers Stützel (BVP) gescheitert war, ließ er Wilhelm Frick, der seit 1930 in Thüringen als nationalsozialistischer Staatsminister fungierte, den Boden für eine Ernennung zum Beamten sondieren, was zur Folge hatte, daß er formell zum Gendarmeriekommissar im thüringischen Hildburghausen ernannt wurde, (und ihn nach dem Reichs- und Staatsangehörigkeitsgesetz vom 23. Juli 1913 automatisch zum deutschen Staatsbürger machte), was er jedoch nicht wahrnahm, weil ihm die subalteren Position eines Polizisten nicht behagte. Die Übernahme einer Professur für Politik an der Technischen Hochschule Braunschweig akzeptierte er dagegen. Infolge der rasch zunehmenden Befürchtung, daß Hitler NS-Parteipolitik lehren und die Lehrkanzel für seine Politik mißbrauchen würde, zerschlug sich das „Projekt“, nachdem die Ernennungsurkunde bereits ausgeschrieben war. Am 26. Februar 1932 wurde er dann „Regierungsrat im Braunschweigischen Staatsdienst“ (mit einem Jahresgehalt von 5 091,20 Mark, zu dem 3 Prozent vom 4 400 Mark betragenden Grundgehalt als Ortszuschlag kamen) ernannt. Am 5. März bewilligte das Braunschweigische Staatsministerium das Urlaubsgesuch des nunmehrigen

der Vorbehalte, die Hindenburg zunehmend gegenüber Brüning hegte, hatte dieser Reichspräsident in ihm einen Kanzler, der sich, wie seine Kritiker nach seinem Sturz im Mai 1932 behaupteten, als gehorsamer Soldat des Generalfeldmarschalls fühlte und den Sinn und Charakter der Weimarer Reichsverfassung entsprechend auslegte, so daß der Reichspräsident ihm, dem Offizier, der 1918 bei der Rückführung der deutschen Truppen eine maßgebliche Position bekleidet hatte, zu allererst als Oberster Kriegsherr erschienen sei. Jedenfalls füllte Hindenburg nach Brünings Auffassung das Vakuum aus, das der Sturz des Kaisers und Königs von Preußen hinterlassen hatte. „Wenn ich", sagte er, „während der vergangenen zwei Jahre neben meinem Vertrauen auf eine größere Macht immer wieder Hoffnungen schöpfen konnte,

deutschen Staatsbürgers Adolf Hitler für den Wahlkampf, der am 10. November schriftlich auf „die Zahlung meiner Dienstbezüge" während „der Beurlaubung" verzichtete. Auch sein Urlaubsgesuch für die Zeit des zweiten „Reichspräsidenten-Wahlkampfes" wurde genehmigt. Am 16. Februar 1933, zwei Wochen nach seiner Berufung zum Reichskanzler, schrieb er dem Braunschweigischen Staatsministerium des Inneren: „Hiermit bitte ich das Staatsministerium um meine Entlassung aus dem Braunschweigischen Staatsdienst." Im dienstlichen Vermerk des (mit der Angelegenheit befaßten) Gesandten Boden für das Braunschweigische Staatsministerium vom 26. Februar 1932 hieß es unter anderem: „Der Herr Minister führte . . . folgendes aus: Die Einbürgerungsangelegenheit Hitler's spiele in Braunschweig bereits seit einigen Wochen (eine Rolle), indem es der entschiedene Wunsch der nationalsozialistischen Partei in Braunschweig gewesen sei, Herrn Hitler . . . von Braunschweig aus . . . die Wege zu ebnen und ihm endlich zur Erlangung des Staatsbürgerrechtes zu verhelfen. Nachdem dieser Wunsch grundsätzlich bei den übrigen Regierungsparteien auf Billigung gestoßen sei, habe zunächst die Lösung im Vordergrund gestanden, dass Herrn Hitler eine Professur an der Technischen Hochschule in Braunschweig übertragen werden solle. Diese Lösung sei dann aber nach weiteren Überlegungen auf sich beruhen geblieben, da einmal über den Punkt der Vorbildung für die Übertragung einer Professur nicht habe hinweggesehen werden können, und da man sich habe sagen müssen, dass die Ausübung der Professur Herrn Hitler doch wohl auf die Dauer geeignet wäre, Unruhe in das Leben der Technischen Hochschule in Braunschweig zu tragen, die man besser fernhalten wolle. Infolgedessen sei eine andere Lösung gesucht worden . . . dass Hitler eine etatsmäßige Beamtenstelle im braunschweigischen Staatsdienst erhalten solle, und zwar sei das eine Regierungsratsstelle im Kultur- und Vermessungsamt, und dass er zu der braunschweigischen Gesandtschaft in Berlin zugeteilt werden solle mit Sonderaufgaben der Regierung . . ."

dann war es aus der einen Tatsache, daß ich einem Mann dienen konnte wie dem Reichspräsidenten von Hindenburg. Vergessen Sie nicht: Von der Wiederwahl des Reichspräsidenten von Hindenburg hängt es ab, ob die Welt glaubt, daß im deutschen Volke noch Ehrfurcht und Achtung vor der Geschichte und der geschichtlichen Person besteht!"

Die von der Außenpolitik bestimmten Probleme, die deutschen Young-Plan-Verpflichtungen, waren inzwischen an Grenzen gelangt, die das Reich nicht mehr bewältigen konnte. Deutschland stand unmittelbar vor einer neuerlichen Inflation. In Österreich war am 11. Mai 1931 die Credit-Anstalt zusammengebrochen, in Deutschland am 11. Juli die Darmstädter und Nationalbank geschlossen worden. Ganz Europa, tief verschuldet, war alarmiert und fürchtete eine totale Wirtschaftskatastrophe. Der Strom des bis dahin aus den Vereinigten Staaten nach Deutschland fließenden Geldes war schlagartig versiegt. Die 1924 begonnene Kreditverflechtung hatte eine Produktionskrise produziert, der Krisen auf den Rohstoffmärkten und in der Landwirtschaft folgten. Die kurzfristig zur Verfügung gestellten Darlehen waren optimistisch langfristig angelegt. Die zum großen Teil mit ausländischen Krediten arbeitende deutsche Wirtschaft sah sich dem Ruin ausgeliefert. Die seit September 1930 sprunghaft zugenommenen Plebiszite für Hitlers NSDAP lösten auf den internationalen Geldmärkten panikartige Folgen aus. Nur Großbritannien und Frankreich, die Hauptschuldner der USA, konnten Deutschland vor der Katastrophe bewahren. Wenn sie bereit und in der Lage waren, Berlin hinsichtlich der Reparationsfrage entgegenzukommen, konnte die Wirtschaftskatastrophe vermieden werden. Doch dies erschien wiederum nur möglich, wenn Amerika London und Paris Rückzahlungserleichterungen einräumte. Die Regierung der USA zögerte jedoch.

Jetzt waren es nicht nur die Deutschen, die hilfesuchend auf den legendären „Retter" Hindenburg blickten. Und er enttäuschte die Hoffnungen nicht. Am 20. Juni 1931 richtete er ein persönliches Schreiben an den US-Präsidenten Herbert Clark Hoover und bat ihn, „Deutschland dringend" und „sofort" zu helfen. „Die Not des deutschen Volkes", so schrieb er, „zwingt mich zu dem ungewöhnlichen Schritt, mich an Sie, Herr Präsident, persönlich zu wenden. Das deutsche Volk hat Jahre hindurch schwerste Notzeiten durchgemacht, die im vergangenen Winter ein Höchstmaß erreicht haben. Die wirtschaftliche Erholung, die man für diesen Frühling erwartet hat, ist nicht eingetreten. Ich habe daher jetzt Schritte unternommen, unter Berufung auf die außergewöhnlichen Befugnisse, die mir die deutsche Verfassung verleiht, die Durchführung der dringendsten Aufgaben, denen sich die Regierung gegenübersieht, sicherzustellen und die notwendigen Subsistenzmittel für die Arbeitslosen bereitzustellen. Diese von mir getroffenen Maßnahmen ziehen in radikaler Weise alle wirtschaftlichen und sozialen Verhältnisse in Mitleidenschaft und fordern die größten Opfer von allen Teilen der Bevölkerung. Alle Möglichkeiten, die Lage durch innere Maßnahmen zu verbessern, ohne Hilfe vom Auslande, sind erschöpft. Wie die Entwicklung in den letzten Tagen zeigt, mangelt es der ganzen Welt an Vertrauen in die Fähigkeit des deutschen Wirtschaftssystems, unter den gegenwärtigen Lasten weiterzuarbeiten. Der Arbeitswille und die Disziplin des deutschen Volkes rechtfertigen das Vertrauen in die strikte Erfüllung der großen privaten Schuldverpflichtungen aus Anleihen, mit denen Deutschland belastet ist. Aber um seinen Weg im Völkerleben weiter fortgehen zu können und das Vertrauen der Welt in die Leistungsfähigkeit Deutschlands zu erhalten, braucht Deutschland dringend Hilfe. Die Hilfe muß sofort kommen, wenn wir schweres Unglück für uns und andere vermeiden wollen. Das deutsche Volk muß weiter die Möglichkeit haben, unter erträglichen Lebensbedingungen zu arbeiten. Sie, Herr Präsident, als Vertreter des großen amerikanischen Volkes, sind in der Lage, die Schritte zu unternehmen, durch die eine sofortige Änderung der Lage, die heute drohend für Deutschland und die Welt ist, herbeigeführt werden könnte."

Was kaum jemand ernsthaft zu hoffen gewagt hatte, geschah augenblicklich. Der amerikanische Präsident reagierte auf Hindenburgs Bitte mit einem Moratorium, das die sichere Katastrophe zunächst einmal für ein Jahr abwendete. Die amerikanische

Regierung schlug einen einjährigen Aufschub „aller Zahlungen auf Schulden der Regierungen, Reparationen und Wiederaufbauschulden" vor und erklärte, daß dies sowohl für das Kapital als auch für die Zinsen gelten würde.[28] Doch im Inneren gärte es weiter.

Die seit 1918 zährende Wunde „verlorene Identität" wurde von parallel laufenden anderen außenpolitischen Vorgaben erneut problematisiert. Zwischen Ende März und Anfang September 1931 waren der deutsch-österreichische Plan einer Zollunion von außen zu Fall gebracht und die Deutschen über Nacht wieder drastisch daran erinnert worden, daß sie den Krieg verloren hatten und in ihrer Außenpolitik nach wie vor auf das Wohlwollen der einstigen Siegermächte angewiesen waren. Am 20. März 1931 hatte die Regierung den deutsch-österreichischen Zollunionsplan veröffentlicht, der augenblicklich vor allem in Frankreich, in Italien, in Jugoslawien, in der Tschechoslowakei, in Rumänien und in Polen Proteste auslöste und den britischen Außenminister Henderson bewog, den Haager Gerichtshof mit der Untersuchung der als vertragswidrig bezeichneten Zollunion zu beauftragen. Am 3. September 1931 mußte das Zollzusammenschlußprojekt, das zwei Tage später nach einer 8 zu 7-Entscheidung des Haager Gerichtshofes als unzulässig und als unvereinbar mit den Bestimmungen des Vertrages von St. Germain erklärt wurde, fallengelassen werden.

Frankreichs Mißtrauen gegenüber eventuellen geheimen Vereinbarungen über einen deutsch-österreichischen Zusammenschluß war unüberwindbar. Daß den nationalistischen Parteien und Organisationen damit neue Argumente für demagogische Propagandaaktionen geliefert, den in Versailles geborenen deutschen Minderwertigkeitskomplexen zu neuerlichem Auftrieb verholfen und die Autorität der deutschen Regierung noch mehr geschwächt wurden, störte weder den französischen Ministerpräsidenten Pierre Laval noch dessen Außenminister Briand. Brün-

[28] Schuldverpflichtungen von Regierungen gegenüber Privatbanken allerdings wurden dabei nicht berücksichtigt.

ing, der nach dem Scheitern des Zollabkommens anstelle des demissionierten Außenministers Curtius auch das Amt des Reichsaußenministers übernahm und seine Regierung – nicht nur durch die Vereinigung der wichtigsten Ministerien in Personalunion – eher einengte als erweiterte, hatte der nationalistischen Opposition den Wind aus den Segeln nehmen, der wirtschaftlichen Notlage der beiden Staaten durch besondere Abkommen abhelfen und natürlich auch „offensive" Außenpolitik in Richtung auf vernünftige Revisionspolitik treiben wollen. Daß er dabei Briands utopischen Traum von den Vereinigten Staaten von Europa ebenso ignorieren mußte wie die von Stresemann eingeleitete strikte Politik des deutsch-französischen Einvernehmens und des damit verknüpften deutschen Verzichts auf Revisionswünsche beispielsweise hinsichtlich des Versailler Vertrages, hatte er bewußt in Kauf genommen.

Inzwischen war es den Nationalsozialisten – trotz der abschirmenden Bestrebungen des Reichswehrministers Wilhelm Groener – gelungen, auch die Reichswehr ideologisch zu durchsetzen und vor allem junge Offiziere für ihre Weltanschauung einzunehmen. Der Wahlerfolg der NSDAP von 1930 trug seine Früchte. Gerichte, vor denen sich Reichswehrangehörige wegen unerlaubter nationalsozialistischer Betätigung und damit hochverräterischer Machenschaften verantworten mußten, gaben Hitler die Möglichkeit, sie als Plattformen für Propagandareden zu nutzen. Publizistisch effektvoll konnte er vor Gericht erklären, grundsätzlich legal – nicht mehr gewaltsam wie im November 1923 – zur Macht kommen und sein Regime über Wahlerfolge errichten und etablieren zu wollen. Brünings vorübergehenden Überlegungen, die Nationalsozialisten durch Einbeziehung in die Regierung „abzunutzen" und zu „zähmen", blieben ebenso illusionäre Irrtümer wie die Hoffnungen einiger bürgerlicher und rechter Parteien, die NSDAP für eine Koalitionsregierung ködern zu können.

Hitler versagte sich derartigen Anträgen, demonstrierte souveräne Unabhängigkeit und ließ sich schmeicheln und umwerben. Am 11. Oktober 1931, einen Tag nachdem er erstmals Hindenburg vorgestellt worden war, beteiligte er sich an einem Treffen demokratiefeindlicher Aktivisten und Illusionisten und zeigte sich zusammen mit Hugenberg und Schacht, mit Friedrich Prinz zu Schaumburg-Lippe und den Kaisersöhnen Eitel-Friedrich und August Wilhelm, mit Hans von Seeckt, dem Kapp-Putschisten von Lüttwitz und anderen Exponenten des Adels und vermögenden Großbürgertums, des ehemaligen kaiserlichen Heeres und der Wirtschaft und Industrie. Wie zu einem Requiem auf die Demokratie waren teilweise zu Tausenden zählende Abordnungen der NSDAP, der DNVP Hugenbergs, des Stahlhelm, des Alldeutschen Verbandes, der DVP, der Wirtschaftspartei, des Reichslandbundes und einer Reihe sogenannter Vaterländischer Verbände erschienen.

Daß es Streit hinter den Kulissen gab, daß Hitler störrisch blieb, den Stahlhelm brüskierte, sich Hugenberg und dessen Ambitionen nicht fügte und nicht daran dachte, ihm womöglich die Führung der „Nationalen Front" zu überlassen, tat dem Bild von einer harmonisch erscheinenden Machtbasis nationalen Charakters keinen Abbruch. In seinen Erinnerungen resümierte Brüning zwar, daß seine Regierung die „Harzburger Front", wie sich der „Zusammenschluß" bezeichnete, „im allgemeinen ignorieren" konnte; aber den Fehdehandschuh Hugenbergs und Hitlers konnte er nicht übersehen, auch wenn sich die demokratische Linke noch einmal zur Verteidigung der Republik aufraffte und die „Eiserne Front" zur Abwehr der „Harzburger Front" und der diversen rechtsradikalen Totengräber der Demokratie ins Leben rief.

Der einflußreiche „Medienzar" Hugenberg,[29] Hitler und Schacht, hielten Reden. „Hier ist die Mehrheit des deutschen Volkes", behauptete Hugenberg und drohte den Regierungsparteien

[29] Die vielfach wiederholte Behauptung, daß Alfred Hugenberg (bis 1918 Direktor bei Krupp) unter den Industriellen so etwas wie ein weißer Rabe ohne Einfluß gewesen sei, ist durch nichts zu belegen. Er verkehrte mit den „Großen" von Rhein und Ruhr. Sein Konzern war finanziell eng mit der rheinisch-westfälischen Schwerindustrie verflochten. In seiner Dachgesellschaft saßen Albert Vögler (Vereinigte Stahlwerke), Emil Kirdorf (Gelsenkirchner Bergwerks AG) und Fritz Winkhaus (Hoesch-Konzern), die in bestimmten Fällen offene Taschen für Parteien hatten.

und Demokraten: „Sie ruft den Pächtern der Ämter und Pfründen, den Machtgenießern und politischen Bonzen, den Inhabern und Ausbeutern absterbender Organisationen, sie ruft den regierenden Parteien zu: Es ist eine neue Welt im Aufstieg! Wir wollen Euch nicht mehr!" Zwar repräsentierte die Harzburger Front eine sich feindlich artikulierende Opposition[30], aber eine Bewegung mit einheitlichen Revolutions- oder Reformzielen stellte sie nicht dar. Um was es diesen Feinden der Demokratie primär ging, notierte Goebbels pointiert in sein Tagebuch. „Man wollte", schrieb er, „Brüning stürzen und weiter nichts. Man wollte eine feindliche Macht zur Auflösung bringen und überließ die Sorge darüber, was danach kommen mußte, einer näheren und ferneren Zukunft."

Reichspräsidentenwahlen 1932 und Brünings Entlassung

„Nur" die Regierung Brüning sollte gestürzt werden. Was ihr folgte, war den Radikalen egal. Doch Brüning nahm den Fehdehandschuh auf. Am 8. Dezember 1931 verkündete er die 4. Notverordnung zur „Sicherung von Wirtschaft und Finanzen und zum Schutze des Inneren Friedens" und verbot, für das ganze Reich verbindlich, das Tragen politischer Uniformen, was besonders die NSDAP und ihre paramilitärischen Organisationen traf.[31]

[30] Während des Harzburger Treffens war unter anderem vereinbart worden, gemeinsam gegen die Regierung und die von ihr verkündeten Notverordnungen vorzugehen. Bereits am 16. Oktober stellte die Fraktion der NSDAP im Reichstag einen Mißtrauensantrag, der mit 295 gegen 270 Stimmen abgelehnt wurde.

[31] Die Notverordnung „zur Bekämpfung politischer Ausschreitungen" vom 31. März 1931 hatte Hitlers Völkischer Beobachter mit dem Vorwurf kommentiert: „Der Sinn der neuen Notverordnung: Tod der NSDAP, die Staatsbürgerrechte der Deutschen sind aufgehoben."

Für Hitler und seine Partei war das Harzburger Treffen vor allem eine Veranstaltung, die Hitlers Stellenwert innerhalb der Rechtsfront klären und demonstrativ publik machen sollte. Demonstrativ weigerte er sich angesichts der rund 10 000 Gäste und Zuschauer, der 2 000 SA-Leute und der 3 000 Angehörigen des von Franz Seldte geführten „Stahlhelm", die Parade der „Stahlhelmer" abzunehmen, die dies ebenso demonstrativ als „Degrdierung" und provokative Geringschätzung und Kränkung interpretierten. Vor der breiten Öffentlichkeit, die Hugenbergs Presse auf dieses Heerlager aufmerksam gemacht hatte, weigerte er sich, den „verkalkten" Exzellenzen und Geheimräten, die Referenz zu erweisen, auf die sie innerhalb der „Nationalen Opposition" Anspruch zu haben meinten.

Angesichts der desolaten Zustände, die dieser Teil des rechten Lagers mit großem Eifer förderte, multiplizierten sie, wie die sogenannten Boxheimer Dokumente[32] beweisen, daß die Kommunisten die Weimarer Republik beseitigen und so den Weg für die nationalsozialistische Herrschaft ebnen würden. Die Kommunisten waren der gegenteiligen Auffassung. Sie setzten, wie ihr Abgeordneter Obuch nach den preußischen Landtagswahlen vom 24. April 1932 im preußischen Landtag erklärte, daß die „Herrschaft der Nazis . . . nicht lange dauern" und sie, die Kommunisten, dann „die Erben" sein würden. Notverordnungen mit Gesetzeskraft, von der SA und von „Landeswehren" erlassen, sollten nach Hitlers Vorstellungen augenblicklich als Netz über die Nation geworfen werden und ihr einen neuen Rechtszustand und

[32] Am 25. November 1931 (10 Tage nach den Landtagswahlen, aus denen die NSDAP mit 38,5 Prozent der Wählerstimmen als weitaus stärkste Partei hervorgegangen war), hatte Wilhelm Schäfer, der hessische Landtagsabgeordnete und Kreisleiter der NSDAP von Offenbach, dem Frankfurter Polizeipräsidenten die von Werner Best, dem nationalsozialistischen Rechtsberater der hessischen Gauleitung initiierten Dokumente über vorausgegangene längere Absprachen und Pläne der NSDAP-Führung im „Boxheimer Hof" bei Worms zugespielt. Denen, die gehofft hatten, mit Rechtskoalitionen unter Einbeziehung der NSDAP demokratische Politik machen und die Nationalsozialisten „zähmen" zu können, wurden schlagartig die Augen geöffnet. In Hessen bewirkten sie, daß die Koalitionsverhandlungen mit dem Zentrum augenblicklich platzten.

neue Normen aufzwingen. Feldgerichte sollten Todesstrafen gegen streikende Beamte, Angestellte und Arbeiter verhängen und Personen zum Tode verurteilen, die den Befehlen der örtlichen NS-Befehlshaber nicht Folge leisteten. Die vorläufige Aufhebung des Privateigentums, eine „nationale Arbeitsdienstpflicht" und der Ausschluß der Juden gehörten zum Sofortprogramm.

Daß eine nationalsozialistische Regierungsbeteiligung 1932 auf dem Wege über Parlamentsentscheidungen ohne Koalitionspartner und ohne Hindenburgs Zustimmung nicht möglich war, sahen nicht nur die Nationalsozialisten. Daß die DNVP und Exponenten der Schwerindustrie meinten, diese Erkenntnis gegebenenfalls in ihrem Sinne nutzen und Hitler für ihre Ziele „engagieren" zu können, war ein Irrtum, den sie nicht nur mit der DVP und dem Zentrum teilten.

Hitler jedenfalls profitierte von diesem „Wohlwollen". Emil Kirdorf unterstützte ihn und die NSDAP von 1930 bis 1933 mit mehr als 600 000 Mark. Und auch Flick (1932 = 50 000 Mark), Vögler, Thyssen, Henry Deterding der Chemie-Konzern IG-Farben (rund 250 000 Mark),[33] die Commerz- und Privatbank und die Deutsche Bank, gehörten zu seinen Mäzenen, auch wenn einige von ihnen nicht gerade als seine Parteigänger bezeichnet werden konnten.[34] Andere wiederum, wie beispielsweise Gustav

[33] Der IG-Farben-Konzern mit Carl Bosch an der Spitze, der gewiß nicht als Parteigänger Hitlers bezeichnet werden konnte, unterstützte Hitler und die NSDAP ebenso, wie er es bei anderen politischen Parteien auch tat.

[34] Nach Angaben beispielsweise Friedrich Flicks nach 1945 vor Gericht, daß die Nationalsozialisten von ihm anteilsmäßig lediglich 2,8 Prozent des Geldes erhalten, das er für politische Zwecke ausgegeben habe. Fritz Thyssen, der Hitler in seinem Haus bewirtete, sich in einem Wahlaufruf öffentlich für ihn als Präsidentschaftskandidaten einsetzte und dafür sorgte, daß er am 26. Januar 1932 vor dem einflußreichen Industrie-Klub in Düsseldorf sprechen konnte, sei von ihm – oder seinem Unternehmen – Geld für Hitler nicht „abgefallen". Hätten Hitler zu der Zeit nicht die monatlichen Beiträge von den rund 800 000 Mitgliedern seiner Partei zur Verfügung gestanden, wäre er mit einiger Sicherheit im Spiel der freien Kräfte nicht konkurrenzfähig geblieben.

Krupp,[35] die in der Öffentlichkeit als seine Sympathisanten mit offenen Händen galten, unterstützten ihn zu der Zeit nicht.

Auf die Unterstützung Hindenburgs, von dem sich die Radikalen, die ihn 1925 zwar gewählt, sich inzwischen aber von ihm abgewandt hatten, weil er ihren Wünschen und Erwartungen nicht entgegengekommen war, konnte Hitler unter keinen Umständen rechnen. Jetzt wollten die Nationalsozialisten, die Kommunisten, die Deutschnationalen und der Stahlhelm auch, Hindenburg durch eigene Führungsexponenten ersetzt sehen, was die SPD und die Mittelparteien mit der Formel beantworteten, daß der Deutschnationale Hugenberg lediglich von Brüning als Kanzler und der Nationalsozialist Hitler nur von Hindenburg als Reichspräsidenten verhindert werden könnten. Der Sturz des Kanzlers stand auf dem Programm. Der Reichspräsident aber brauchte nicht wieder gewählt zu werden. Daß seine siebenjährige Präsidentschaftsperiode im März 1932 auslief und Neuwahlen vorbereitet wurden, kam ihren Ambitionen entgegen. Brüning, der in Hindenburg – trotz persönlicher Enttäuschungen – nach wie vor die personalisierte staatstragende Instanz erblickte, bemühte sich erfolglos, ihm durch eine Verfassungsänderung – ohne Wahlen – weiterhin die Präsidentschaft zu erhalten.

Das Zentrum, die SPD, die Deutschen Demokraten, die Deutsche Volkspartei, das Landvolk, der Christlich-Soziale Volksdienst und andere Splitterparteien waren bereit, Brünings Plan zu unterstützen, doch der starrsinnige Widerstand Hugenbergs, der die Abberufung Brünings und die Einsetzung einer „nationalen" Regierung als Bedingung für die Zustimmung der DNVP forderte, ließ dem Kanzler geraten erscheinen, den Versuch im Sande

[35] Gustav Krupp galt als ein Hitler besonders gewogener Großindustrieller, doch als es Ende 1932 „zum Schwure" kam, war er nicht einmal bereit, bei Hindenburg auch nur mit seinem Namen für Hitler als Kanzler einzutreten. Und der rheinische „Braunkohlenkönig" Paul Silverberg, ein protestantisch getaufter Jude, der ausgerechnet in Hitler den Retter aus der politischen Situation zu erblicken vorgab, hielt den Führer der NSDAP nur mit wohlwollenden Versprechungen hin. Der seit dem 1. Juni 1932 amtierenden Präsidial-Regierung Papen dagegen spendeten Ruhrindustrielle allein im Juli 1932 für den Wahlkampf mehr als 350 000 Mark.

verlaufen zu lassen. Die Parteien begannen mit ihren Wahlvorbereitungen.

Die Nationalsozialisten hatten schon am 16. Februar 1931 erklärt: „Wir verlassen das Young-Parlament, und wir werden dieses Haus erst wieder betreten, wenn sich etwa die Möglichkeit bietet, gegen eine besonders heimtückische Maßnahme der volksfeindlichen Mehrheit noch etwas zum Wohle des Volkes auszurichten. Wir sind ... entsprechend dieser Erklärung hierher zurückgekehrt, um die Möglichkeit auszunützen, diesem ganzen volksfeindlichen System und damit der Regierung Brüning ein Ende zu bereiten ... Wir verlassen daher entsprechend unserer Erklärung vom 16. Februar dieses Haus, um durch unser weiteres Wirken draußen im Volk die letzten Stützen dieses Systems zu beseitigen und damit die Voraussetzungen für eine Gesundung der Nation zu schaffen."

Zehn Tage später, am 26. Februar 1932, wurde der seit 1925 auf eigenen Wunsch staatenlose Österreicher Adolf Hitler mit Unterstützung seines nationalsozialistischen Parteigenossen Dietrich Klagges, der seit dem 15. September 1931 in Braunschweig als Innenminister fungierte, Regierungsrat beim Landeskultur- und Vermessungsamt[36] bei der Braunschweigischen Gesandtschaft in Berlin – und damit zugleich deutscher Staatsbürger. Vor dem Braunschweigischen Gesandten und Wirklichen Geheimrat Boden leistete er in der Braunschweigischen Gesandtschaft in Berlin den seit 31. Oktober 1919 vorgeschriebenen Diensteid: „Ich schwöre Treue der Reichs- und Landesverfassung, Gehorsam den Gesetzen und gewissenhafte Erfüllung meiner Amtspflichten". Am 28. Februar bat er um Urlaub „bis zum Ende des Reichspräsidenten-Wahlkampfes", der ihm genehmigt wurde.

[36] „Die Aufgabe Hitlers", so heißt es in einem Schreiben des Vorsitzenden des Braunschweigischen Staatsministeriums vom 25. Februar 1932, „werden insbesondere darin bestehen, für die Berücksichtigung der wirtschaftlichen Interessen des Landes Braunschweig in weitestem Umfange tätig zu sein, namentlich sich auch der Erlangung von Aufträgen für die Braunschweigische Wirtschaft anzunehmen."

Reichspräsident von Hindenburg beim Verlassen des Reichstages nach der Verfassungsfeier vom 11. August 1930

Erich Kästner

Max Reinhardt

Thomas Mann

Neben Erich Kästner, einem der bedeutendsten literarischen Exponenten der Republik, gehörten Max Reinhardt und Thomas Mann, Gerhard Hauptmann, Stefan Zweig, Bernhard Kellermann und Emil Ludwig zu den erfolgreichsten Repräsentanten der Kultur von Weimar, doch ihre Wurzeln hatten sie (wie beispielsweise die Künstlergruppe „Blauer Reiter", die „Brücke"-Maler und Gropius' „Bauhaus-Stil") in der Wilhelminischen Ära. An den Universitäten, die die Krisenjahre der jungen Republik als Institutionen nahezu unbehelligt überstanden hatten, studierten – zwischen 1918 und 1933 wesentlich mehr Studenten als zur Zeit der Monarchie: 1914 hatten rund 60 000 studiert, 1931, während der Präsidentschaft Hindenburgs, waren es knapp 104 000, eine Zahl, die erst nach dem Zweiten Weltkrieg überschritten wurde

Gerhart Hauptmann mit Ehefrau Margarete im Gespräch mit Walther Rathenau 1922 während eines Empfanges bei Friedrich Ebert

Das Ende der Republik: Berliner SA am 30. Januar 1933

Braunschweigische und Anhaltische Gesandtschaft.
Mecklenburg-Strelitzsche Vertretung bei der Reichsregierung.

Berlin W. 62 26. Februar 1932
Lützowplatz 11
Fernspr.: B 2 Lützow 2887.

Nr. 710

2645 / 27/2 / 29/2

10

Sehr geehrter Herr Hitler!

Ich empfange soeben den Erlaß des Braunschweigischen Staatsministeriums, demzufolge Sie mit Wirkung vom gestrigen Tage unter Ernennung zum Regierungsrat im Braunschweigischen Staatsdienste angestellt und zugleich mit der Wahrnehmung der Geschäfte eines Sachbearbeiters bei der Braunschweigischen Gesandtschaft in Berlin beauftragt sind.

Die Braunschweigische Staatsregierung hat mich gleichzeitig ~~beauftragt~~ ersucht, wegen der Leistung des vorgeschriebenen Diensteides durch Sie und wegen Ihres Dienstantritts unverzüglich das Weitere zu veranlassen.

Ich beehre mich Sie daher zu bitten, Sich baldmöglich zu diesem Zweck bei mir auf der Gesandtschaft einfinden zu wollen. Ich stehe gern heute nachmittag um 4 ½ Uhr ~~oder zu einer~~ noch zu vereinbarenden ~~anderen Zeit~~ zu Ihrer Verfügung.

In ausgezeichneter Hochachtung

Ihr

sehr ergebener

[signature]

Gesandter, Wirkl. Geheimer Rat.

Regierungsrat Adolf Hitler

Berlin W

Am 27. Februar 1932, einen Tag nach Hitlers Ernennung zum Regierungsrat, erklärte die SPD in einem Wahlaufruf: „Das deutsche Volk steht am 13. März vor der Frage, ob Hindenburg bleiben oder ob er durch Hitler ersetzt werden soll. Die Rechte hat vor sieben Jahren Hindenburg auf den Schild gehoben. Sie hoffte, er würde sein Amt parteiisch zu ihren Gunsten führen, seinen Eid verletzen und die Verfassung brechen. Es war selbstverständlich, daß wir Sozialdemokraten einen Bewerber, auf den unsere schlimmsten Feinde solche Hoffnungen setzten, entschieden bekämpften. Hindenburg aber hat seine einstigen Anhänger enttäuscht. Weil er unparteiisch war und es bleiben will, weil er für einen Staatsstreich nicht zu haben ist, darum wollen sie ihn jetzt beseitigen. Hitler statt Hindenburg, das bedeutet Chaos und Panik in Deutschland und ganz Europa, äußerste Verschärfung der Wirtschaftskrise und der Arbeitslosennot, höchste Gefahr blutiger Auseinandersetzungen im eigenen Volk und mit dem Ausland. Hitler statt Hindenburg, das bedeutet: Sieg des reaktionären Teils der Bourgeoisie über die fortgeschrittenen Teile des Bürgertums und über die Arbeiterklasse, Vernichtung aller staatsbürgerlichen Freiheiten, der Presse, der politischen gewerkschaftlichen und Kulturorganisationen, verschärfte Ausbeutung und Lohnsklaverei. Gegen Hitler! Das ist die Losung des 13. März. Es gibt kein Ausweichen! . . . Hitler oder Hindenburg? Es gibt kein Drittes! Jede Stimme, die gegen Hindenburg abgegeben wird, ist eine Stimme für Hitler. Jede Stimme, die Thälmann entrissen und Hindenburg zugeführt wird, ist ein Schlag gegen Hitler! . . . Jetzt geht es um alles! Sieg des Faschismus ist namenlose Schande, unabsehbares Unheil. Das darf nicht sein! Setzt alle eure Kräfte ein, damit der entscheidende Schlag schon im ersten Wahlgang fällt! Befreit mit diesem einen Schlag das deutsche Volk von der faschistischen Bedrohung! Schlagt Hitler! Darum wählt Hindenburg!"

Und Otto Braun, der sehr angesehene und allgemein beliebte sozialdemokratische preußische Ministerpräsident, stellte in seinem Wahlaufruf vom 10. März 1932 im „Vorwärts" fest: „Ich habe den Reichspräsidenten kennengelernt als einen Mann, auf dessen Wort man bauen kann, als einen Menschen reinen Willens und abgeklärten Urteils ... Ich wähle Hindenburg und appelliere an die Millionen Wähler: Tut desgleichen, schlagt Hitler, wählt Hindenburg!" Haßerfüllt diffamierten die Nationalsozialisten, deren Führer nun erstmals selbst Reichspräsident werden wollte, die für Hindenburg eintretende SPD als „Partei der Deserteure". Und nahezu überall stieß er trotz seiner Haßtiraden auf die Republik und ihre Regierung auf offene Ohren. Wo immer er als Redner auftrat,[37] wurden ihm Ehrenbürgerbriefe überreicht, wurde er als der kommende Sieger gesehen, gefeiert, verflucht und bekämpft. Namhafte Exponenten aus dem Kulturleben, Nobelpreisträger wie Philipp Lenard und Johannes Stark, Schriftsteller (unter anderem Kurt Aram, Richard Euringer, Hans Grimm, Rudolf Herzog, Hanns Johst, Eberhard König, Rudolf Paulsen, Edgar Schmidt-Paul, Bogislaw von Selchow, Will Vesper, Ernst und Hans von Wolzogen), Professoren (unter anderem Adolf Bartels, Karl Berger, Hans F. K. Günther und Hermann Wirth), Verleger (Hugo Bruckmann), Theaterdirektoren und Komponisten bezeichneten ihn als den Kandidaten „der deutschen Geisteswelt" und warben öffentlich für ihn. Der Großindustrielle Fritz Thyssen erklärte unmittelbar vor dem ersten Wahlgang: „Ich wähle Adolf Hitler, weil ich ihn genau kenne und fest überzeugt bin, daß er der einzige ist, der Deutschland vor dem Abgrund und Zerfall zurückreißen kann und wird", und für Hitlers Sieg im zweiten Wahlgang, der zur großen Bestürzung Hitlers und seiner Umgebung (im November 1932) nötig wurde, warb der Hohenzollern-Kronprinz Wilhelm am 4. April 1932 ebenso öffentlich mit der proklamatorischen Feststellung: „Da ich eine geschlossene Haltung der nationalen Front für unbedingt notwendig halte, werde ich im zweiten Wahlgang Adolf Hitler wählen."[38]

[37] Um eventuelle Komplikationen auszuschließen, hielt sich die NSDAP-Führung mit der Erklärung, daß Hitler sich um das Amt des Reichspräsidenten bewerben werde, bis kurz vor dem Akt in der Braunschweigischen Gesandtschaft in Berlin zurück. Erst am 22. Februar durfte Goebbels die Öffentlichkeit informieren.

[38] Die Hohenzollernprinzen Friedrich Wilhelm und dessen fünf Jahre jüngerer Bruder August Wilhelm („Auwi") warben aktiv für Hitler und die

Der als politisch definierte Kampf verlagerte sich aus den Parlamenten in die Versammlungslokale, so daß der Zersetzungs- und Auflösungsprozeß immer mehr zutage trat und von niemandem ignoriert werden konnte. Blutige Saalschlachten zwischen der SA, dem Stahlhelm und anderen rechtsradikalen Organisationen einerseits und dem republikanischen Reichsbanner und dem kommunistischen Rotfrontkämpferbund andererseits, waren an der Tagesordnung. Die Polizei hatte Mühe, sich auch nur einigermaßen zu behaupten. Während die Arbeitslosigkeit, der Hunger, die Versorgungsmängel und die weitverbreitete allgemeine Not der Bevölkerung der Nation und dem Staat schadeten, profitierten die Nationalsozialisten von den Zuständen, die sie stets effektvoll als Anschauungsmaterial für die angebliche Richtigkeit ihrer Argumente zu nutzen wußten.

Im ersten Wahlgang, am 13. März 1932, zu dem Hindenburg, Hitler, Theodor Duesterberg und Thälmann als Präsidentschaftskandidaten antraten, erhielten Hindenburg 49,6, Hitler 30,1, der Deutschnationale Duesterberg 6,8 und der Kommunist Thälmann 13,2 Prozent der 37,65 Millionen gültigen Stimmen. Die restlichen Stimmen teilten sich einige Splitterparteien.

Beim zweiten Wahlgang, am 10. April 1932, entfielen auf Hindenburg 53, auf Hitler 36,8 und auf Thälmann 10,2 Prozent der Stimmen, so daß Hindenburg erneut Reichspräsident wurde.[39] Vor der Wahl hatte er, vom Rundfunk übertragen, den Geist von

NSDAP. Am „Tag von Potsdam" (23. März 1933) nahm August Wilhelm, der seit Dezember 1930 Mitglied der NSDAP war und den Rang eines SA-Standartenführers bekleidete, mit Erlaubnis seines Vaters, des Ex-Kaisers Wilhelm II., neben Hindenburg und Hitler sogar in SA-Uniform teil, was von den Nationalsozialisten propagandistisch besonders ausgewertet wurde. Vor der Machtübernahme hatte Hitler, wie der Kronprinz in einem Kreuzverhör vom 17. Juni 1947 gegenüber dem US-Ankläger Robert M. W. Kempner in Nürnberg erklärte, „die Wiederherstellung des deutschen Kaiserreiches unter Beseitigung der Bundesstaaten" als „die Krönung" seines Werkes bezeichnet. Unter Eid gab Friedrich Wilhelm an, Hitler nicht geglaubt zu haben. Sein Engagement für Hitler im Jahre 1932 läßt die Erklärung zumindest fragwürdig erscheinen.

[39] Duesterberg hatte nicht wieder kandidiert. Die restlichen Stimmen waren für „Verschiedene" abgegeben worden.

1914 heraufbeschworen und gesagt: „Noch stehen wir mitten im Kampf. Die Entscheidungen auf dem Felde der Außenpolitik stehen noch bevor. Wichtige Aufgaben im Innern, insbesondere die Linderung der furchtbaren Arbeitslosigkeit harren der Lösung. Das große Ziel können wir aber nur erreichen, wenn wir uns zu einer wahren Volksgemeinschaft zusammenfinden. Ich kann nicht glauben, daß wir durch inneren Hader in einen Bürgerkrieg geraten sollen, wo es gilt, im Ringen um die Freiheit der deutschen Nation zusammenzustehen. Ich erinnere an den Geist von 1914 und an die Frontgesinnung, die nach dem Manne fragte und nicht nach dem Stande oder der Partei. Wie einst im Kriege die Not des Vaterlandes alles Trennende aufhob und die Massen des Volkes, gleich, ob sie der Arbeiterschaft, dem Landvolk oder dem Bürgertum angehörten, in gleicher Weise hingebungsvoll ihre Pflicht getan haben, so gebe ich die Hoffnung nicht auf, daß Deutschland sich zu einer neuen Einigkeit im Gedanken an das Vaterland zusammenfindet . . ."

Einen Tag nach seiner Wiederwahl erklärte Hindenburg: „Getreu meinem Eide werde ich mein Amt weiterführen im Geiste der Überparteilichkeit und der Gerechtigkeit mit dem festen Willen, unserem Vaterlande zur Freiheit und Gleichberechtigung nach außen, zur Einigkeit und zum Aufstieg im Innern zu verhelfen . . . Die Zusammenfassung aller Kräfte ist notwendig, um der Wirrnisse und Nöte unserer Zeit Herr zu werden. Nur wenn wir zusammenstehen, sind wir stark genug, um unser Schicksal zu meistern. Darum: in Einigkeit vorwärts mit Gott!"

Noch einmal war Hitler – vor allem dank der Entscheidung der Sozialdemokraten – abgewehrt worden. Doch er stand bereits an der Schwelle der Macht, war Ehrenbürger zahlreicher Ortschaften und Gemeinden und konnte auf einen Teil des unzufriedenen deutschen Hochadels und auf den Kronprinzen ebenso zählen wie auf führende Vertreter der Industrie, der Wissenschaft und der Literatur und Kunst. Und wie immer, so kamen ihm, der sich unentwegt lauthals als Retter anpries, auch jetzt die sich multiplizierenden negativen wirtschaftlichen Verhältnisse und die allgemeine Notlage entgegen. Die Arbeitslosenziffern stiegen 1932 von

4,52 Millionen auf 5,575 Millionen. Selbstmorde erschütterten nur noch unmittelbare Verwandte und Angehörige. 474 Berliner nahmen sich allein 1931 das Leben. Während 1932 in England 85, in den USA 133 und in Frankreich 155 Selbstmorde auf eine Million Einwohner registriert wurden, waren es in Deutschland 260. Der dritten „Welle" der Weltwirtschaftskrise von Mai bis Juli 1931, dem Zusammenbruch der Österreichischen Kreditanstalt, der Zahlungseinstellung der Darmstädter Nationalbank (Danatbank) und der vorübergehenden Schließung aller deutschen Geldinstitute, Banken, Sparkassen und Börsen, folgten panikartige Verhältnisse. Unterernährung, vor allem bei Kindern, Krankheiten, Hygieneverfall, Hunger, Gleichgültigkeit hinsichtlich des persönlichen Erscheinungsbildes, Bettelunwesen, Falschmünzerei, Diebstahl und Raub bestimmten das tägliche Leben. Teilzahlungen für Mittagessen, von einem Berliner Gastwirt „erfunden", gehörten ebenso zu den Neuerungen der Zeit wie Konkurse, Armenküchen und Schlafsäle für Obdachlose, geschlossene Kinohäuser, Gaststätten und leere Theater. Hatte es 1929 in Deutschland 100 000 jugendliche Arbeitslose gegeben, waren es 1931 mehr als 500 000 und 1932 sogar rund eine Million. Zwar hatte das Hoover-Moratorium Linderungen zu schaffen vermocht; aber weder das drückende und ständig vor allem von den Nationalsozialisten und Deutschnationalen nationalistisch stilisiert ins Bewußtsein gerückte Reparationsproblem noch der Haushaltsausgleich des Reiches konnten auch nur annähernd bewältigt werden. Die Tage Brünings, der sich noch einmal voll für den Reichspräsidenten engagiert hatte, waren gezählt.

„Die Not ist abgrundtief", schrieb der Regensburger Bischof Michael Buchberger am 20. Mai 1932 an Kardinal Faulhaber und fuhr fort: „Es gibt Familien, die nur noch von Kartoffeln leben, die Stimmung ist fast desperat. Verstreichen noch zwei Monate wie bisher, dann ist Brüning vollständig erledigt; irgendeine Revolution (von rechts oder links) ist unausbleiblich, Chaos und Nirwana werden das Ende sein. Sollen nicht wir Bischöfe einen Aufruf an die Regierung richten, daß sie doch auf jede Weise und so bald als möglich Arbeit und Verdienst schafft? Darin liegt die ungeheure Stoßkraft des Nationalsozialismus, daß er die Stimmung des Volkes gegenüber der Ohnmacht der Reichsregierung ausgezeichnet trifft und ausnützt."

Die Wirtschaftskrise, die Arbeitslosigkeit,[40] die darbende Landwirtschaft, das Elend der Bevölkerung, die haßerfüllte und unflätige Bekämpfung durch die Radikalen und die Intrigenpolitik aus der Umgebung des 84 Jahre alten Reichspräsidenten standen wie eine undurchdringbare Wand vor ihm. Er bekam nicht die Chance, sie zu durchbrechen. Als er dem Reichspräsidenten nach dessen Wiederwahl routinemäßig den Rücktritt des Kabinetts anbot, bat dieser ihn zwar, die Regierungsgeschäfte weiterhin zu führen; aber er deutete zugleich auch an, daß er wünschte, in nächster Zeit ein Rechtskabinett berufen zu können.

Anstatt Brüning für sein umsichtiges Wahlengagement zu danken, warf Hindenburg ihm vor, durch den Einsatz der Parteien der Mitte für ihn als Präsidenten seinen Freunden und Anhängern von rechts entfremdet worden zu sein. Nicht Entspannung und Beruhigung waren die Folge, sondern eine Verschärfung der Gegensätze, an denen Brüning scheitern mußte. Sein parteiloser, aber der Demokratie ergebener Reichswehrminister Wilhelm Groener mußte am 12. Mai 1932 seinen Hut nehmen. Der offizielle Anlaß: Nach seiner Wiederwahl hatte Hindenburg Hitlers 400 000 Mann zählende SA durch eine präsidiale Notverordnung vom 13. April 1932 verboten, was geharnischte Proteste nicht nur der im Reichstag mit 107 Abgeordneten vertretenen NSDAP auslöste. Der deutsche Kronprinz beklagte sich schriftlich bei Groener. „Es ist mir unverständlich", hatte er geschrieben, „wie gerade Sie als Reichswehrminister das wunderbare Menschenmaterial, das in der SA und SS vereinigt ist und das dort eine wertvolle Erziehung genießt, zerschlagen helfen." Protestiert hatten

[40] Hatten die durchschnittlichen Arbeitslosenziffern 1930 bei 15,7 Prozent vom Gesamtanteil der Arbeitnehmer gelegen, waren es 1931 23,9 und 1932 sogar 30,8 Prozent. Im Januar waren 6,128 Millionen Arbeitslose registriert; geschätzt wurden insgesamt rund 6,900 Millionen. Kurz nach Brünings Sturz fristeten rund 36 Prozent aller Deutschen ihr Leben aus öffentlichen Mitteln.

unter anderem auch Hugenberg und seine deutschnationale Presse. Sie verlangten vom Reichspräsidenten als ein Art Gegenleistung, nun auch das republikanische Reichsbanner „Schwarz-Rot-Gold" aufzulösen, was Hindenburg am 15. April zwar bewog, das Ansinnen von Groener prüfen zu lassen, jedoch nicht dazu veranlaßte, dem Begehren zu willfahren und das Reichsbanner zu verbieten.[41]

Einen Monat später trat Groener als Reichswehrminister zurück, blieb jedoch Innenminister, um die Existenz des Kabinetts nicht zu gefährden. Zwei Wochen danach, als Franz von Papen den Reichskanzler ablöste, nahm er auch als Innenminister seinen Hut. Was Brüning als besonderes nationales Verdienst verstanden hatte, nämlich die Unterstützung der sogenannten „Osthilfe", der geplanten Aufteilung zu wenig modernisierter, seit der Weltwirtschaftskrise besonders hoch verschuldeter und nicht mehr sanierbarer ostelbischer Güter über Zwangsversteigerungen und die Ansiedlung von Kleinbauern, Landarbeitern und arbeitslosen Interessenten, erwies sich schließlich als eine der entscheidenden Ursachen für seine Demissionierung. Als Urheber eines „Siedlungsbolschewismus" und „Agrarbolschewismus" diffamiert, wurde Brüning von seinen – vor allem deutschnationalen – Gegnern vorgeworfen, die angestammten ostelbischen Grundherren von Haus und Hof verjagen und somit gegen vitale und geheiligte nationale Interessen verstoßen zu wollen. Einflußreiche Großgrundbesitzer wie der Deutschnationale Elard von Oldenburg-Januschau aus Hindenburgs Neudecker Nachbarschaft und Wilhelm Freiherr von Gayl, der Direktor der Ostpreußischen Landgesellschaft, intrigierten bei Hindenburg gegen den Kanzler. Gayl klagte am 25. Mai 1932 dem ihm besonders gewogenen Präsidenten: „Hochzuverehrender, hochgebietender Herr Generalfeldmarschall . . . Nach vielen schweren Eingriffen der früheren Notverordnungen in das Privateigentum bedeutet das neue Zwangsversteigerungsrecht der Behörde einen weiteren Eingriff und neues Abgleiten in Staatssozialismus. Durch das Bekannt-

[41] Das Verbot der SA und SS wurde am 16. Juni 1932 aufgehoben.

werden des Entwurfs sind weite Kreise des Ostens in Landwirtschaft und städtischem Mittelstand schwer beunruhigt. Die Zermürbung der Seelen macht im Osten fruchtbare Fortschritte. Sie wirkt allmählich auf die Widerstandskraft der Kreise, welche bisher Träger des nationalen Wehrwillens gegenüber Polen sind. Diese Beobachtung ist auch den militärischen Stellen nicht entgangen. In dieser kritischen Zeit müßte alles vermieden werden, was irgendwie den Widerstandswillen schwächt." Vorzeitig bekannt geworden war der besonders von Hans Schlange-Schöningen, dem Ostkommissar der Regierung Brüning, besonders forcierte Plan durch eine gezielte Unkorrektheit.

Noch bevor das Gesamtkabinett den Referentenentwurf des Landwirtschaftsministeriums gebilligt hatte, war er auf inoffiziellem Wege dem Reichspräsidenten zugespielt worden, dessen zwischenzeitliche Abkehr von Brüning nicht nur der unmittelbaren Umgebung bekannt war. Hindenburg, vorübergehend auf seinem Gut Neudeck residierend, das ihm von Großagrariern und Industriellen geschenkt worden war, hatte sich – nicht zuletzt auf Betreiben des Generals von Schleicher – von Brüning entfernt, obwohl er vor allem ihm seine Wiederwahl zum Reichspräsidenten verdankte. Inzwischen immer mehr vergreist und seit September 1931 in seiner geistigen Spannkraft vorübergehend spürbar eingeschränkt, übersah der 84jährige nicht mehr, welche Ratschläge gut und welche schlecht waren.

Bitter resümierte Otto Braun in seinen Erinnerungen: „Oldenburg-Januschau und die von ihm geschickt ausgewählten junkerlichen Pfingstbesucher in Neudeck hatten es nicht schwer, dem ... Reichspräsidenten klarzumachen, daß sie nun durch diesen ‚Siedlungsbolschewismus' alle von Haus und Hof gejagt werden, ihren angestammten, seit Jahrhunderten im Besitz der Familie stehenden Boden verlieren sollten und daß auch ihn oder seinen Nachkommen das gleiche Schicksal treffen würde. Das war ausschlaggebend für den alten Herrn. Entschlossen, mit dem ‚Katholiker' Brüning zu brechen und der siedlungsbolschewistischen Schöninger Schlange den Kopf zu zertreten, fuhr er nach Berlin."

Der prophetisch anmutende, couragierte Versuch des Ostkommissars Schlange-Schöningen vom 27. Mai 1932, den Reichspräsidenten für seine und des Kanzlers Vorstellungen zu gewinnen, blieb erfolglos. „In dem starken Willen zur inneren Kolonisation", so hatte er beschwörend geschrieben, „offenbart sich der nationale Drang zur Selbsthilfe und zur Gesundung; man kann ihn nicht mit Versprechungen abspeisen, man muß ihm schleunigst Raum und Wirkungsmöglichkeit verschaffen. Er geht – Gott sei Dank, ein Zeichen noch vorhandener Lebenskraft – durch alle Schichten und Parteien unseres Volkes; in ihm liegt unverkennbar eine Fortentwicklung jener Gedanken des Freiherrn vom Stein, die nach dem Niederbruch von 1806 ebenfalls von manchen wie mit Blindheit geschlagenen Kreisen als revolutionär bekämpft wurden und dennoch die Grundlage des neuen Aufstiegs und die psychologische Voraussetzung der Befreiung in sich trugen. Wenn Teile des Großgrundbesitzes, für den im übrigen von meinem Amt alles geschehen ist, was aus volkswirtschaftlichen Gründen gerechterweise geschehen konnte, wiederum die Zeichen der Zeit nicht begreifen wollte, so fürchte ich, sie graben sich selbst ihr Grab, und eine stürmische Entwicklung wird eines Tages über sie hinweggehen."

Hindenburg, der Brüning bei dessen Amtsantritt beschworen hatte, ihn „bis zum Ende meines Lebens" nicht zu verlassen, nahm das Schreiben ungnädig auf. Zwei Tager später empfing er den Reichskanzler, dem er nun überdies auch sehr verargte, daß er nach den April-Wahlen die in Preußen um ihre Mehrheit gebrachte Koalition aus SPD, Zentrum und DDP toleriert und darauf verzichtet hatte, ein Rechtskabinett unter Einbeziehung des Zentrums anzustreben. Brüning erkannte auf den ersten Blick, „daß es endgültig aus war", wie er in seinen 1970 erschienenen und für die Forschung – trotz einiger ungenauer Dateneinordnungen, Irrtümer und Auslassungen – aufschlußreichen Memoiren berichtete. Zwar ließ sich der Reichspräsident von ihm berichten, was er angestrebt und – auch außenpolitisch – erreicht habe; aber er überhörte die Feststellung des Kanzlers, daß es ihm gelungen sei, die „schrankenlos und planlos ausgeübte Macht des

Parlaments so weit einzuschränken ... daß es einer Regierung ... keine Schwierigkeiten mehr mache." Unwirsch las Hindenburg Brüning eine – als Antwort – vorbereitete Erklärung vor, aus der hervorging, daß die Regierung fortan nicht mehr befugt sei, Notverordnungen zu erlassen und Personalveränderungen vorzunehmen. Auf Brünings Frage, ob damit der Rücktritt der gesamten Regierung gefordert würde, entgegnete Hindenburg barsch und in militärischem Ton: „Jawohl. Diese Regierung muß weg, weil sie unpopulär ist ... Ich ersuche darum, daß es möglichst schnell geschieht."

Am nächsten Tag wurde der Reichskanzler entlassen. Drei Monate zuvor, am 25. Februar 1932, hatte Hindenburg seinen Kanzler in einem Brief an Friedrich von Berg noch als einen „außerordentlich befähigten Mann von hingebender Vaterlandsliebe" gerühmt und ihm attestiert, „in sehr schweren Zeiten Proben seines Könnens abgelegt und sich in den außenpolitischen Verhandlungen ... eine beachtliche Stellung erobert" zu haben. Brüning protokollierte in seinen Erinnerungen: „Ich wurde auf 11 Uhr 55 bestellt. Um 11 Uhr 54 wurde ich hereingeführt zum Reichspräsidenten. Ich überbrachte die Demission. Einige höfliche Worte auf beiden Seiten. Schon klang die Musik der Matrosenwache von der Hohenzollernstraße her durch den Garten. Ich erhob mich. Der Reichspräsident sagte: ‚Ich mußte Sie wegen meines Namens und meiner Ehre entlassen.' Antwort: ‚Herr Reichspräsident, auch ich habe einen Namen und eine Ehre vor der Geschichte zu verteidigen ...'"

Brüning, der sich nicht wehrte, wurde von Hindenburg wie ein subalterner Beamter ohne besondere Leistungsbilanz nach Hause geschickt. Dabei war er mit insgesamt 789 Regierungstagen nicht nur der am längsten amtierende Regierungschef der Weimarer Republik gewesen, was angesichts der Verhältnisse bereits für sich sprach. Das Ende der deutschen Reparationsleistungen war durch ihn in Sicht gekommen,[42] von den Briten, den Ita-

[42] Eine Regelung der Reparationen, die eine Restzahlung von weniger als fünf Milliarden Mark vorsah, war bereits im Prinzip erreicht", schrieb bei-

lienern und von den USA im Februar 1932 die Zustimmung erreicht worden, die zwölfjährige militärische Dienstzeit in eine fünfjährige Dienstzeit umzuwandeln, eine zusätzliche Miliz von jährlich 100 000 Mann aufstellen und damit die Stärke der bis dahin auf 100 000 Mann limitierten Reichswehr erheblich erhöhen zu dürfen. Da kaum eine andere Bestimmung des Versailler Vertrages die Deutschen so deprimiert hatte wie die aufgezwungene Einschränkung der Wehrhoheit und die Territoriumsverluste, waren mit Brünings Namen und Außenpolitik Vorstellungen verknüpft, die Hoffnungen für Deutschland und ganz Europa keimen lassen konnten. Dem Reich wurde 1932 zugesichert, daß die waffentechnischen Beschränkungen des Versailler Vertrages, dessen Revision in Fluß war, aufgehoben werden würden, so daß Deutschland wieder rüsten, Arbeitsplätze schaffen und seine Wirtschaftslage verbessern könnte. Obwohl sich der auf Brünings Sturz hoffende französische Präsident André Tardieu konsequent weigerte, die militärischen Bestimmungen des Versailler Vertrages aufheben zu lassen, soweit sie Deutschland betrafen, wurde dem Reich am 11. Dezember 1932, fünfzig Tage vor Hitlers Machtübernahme, die militärische Gleichberechtigung zugestanden.

Reichskanzler Franz von Papen

„Obschon sein Auftritt sich im Schatten Hindenburgs vollzieht, muß dieser präsumtive Chef eines Kabinetts der ‚nationalen Konzentration' erlauben", schrieb die verblüffte „Frankfurter Zeitung" vom 2. Juni 1932, „daß man sich in Deutschland zunächst einmal bei seinem Anblick die Augen reibt." Gemeint war der 53jährige und mit der Tochter des Besitzers der international renommierten saarländischen Steingutfabrik „Villeroy & Boch"

spielsweise Brüning 1947 in einem Brief an den in der DDR lebenden Schriftsteller Rudolf Pechel. Brünings Nachfolger Franz von Papen profitierte schon im Juli 1932 davon.

verheiratete Katholik Franz von Papen. Obwohl Papen während des Weltkrieges deutscher Militärattaché in Washington gewesen war und gelegentlich sowohl als – allerdings relativ erfolgloser – preußischer Landtagsabgeordneter des Zentrums sowie auch als maßgeblicher Aktionär der Zentrumszeitung „Germania" auf sich aufmerksam gemacht hatte, kannten ihn nicht einmal die Vertreter der Medien.

Er, der dem Landadel entstammende westfälische Gutsherr mit dem vornehm durchgeistigt wirkenden Habitus, der preußischen Offizierserziehung und Weltkriegserfahrung in der Türkei, verdankte sein hohes Amt vor allem den geheimen Vorbereitungen Schleichers, der am 9. Mai 1932 mit Hitler, Otto Meißner und dem in rechtsradikalen Kreisen verkehrenden Hindenburg-Sohn Oskar zu Vereinbarungen über ein von Hitler zu führendes und von den anderen Rechten zu tolerierendes Kabinett zusammengetroffen war. Da Hindenburg nicht bereit war, diesen Plan Schleichers zu akzeptieren und Hitler zum Reichskanzler zu ernennen, kam die Stunde Papens, der sich – nach eigenen Angaben – zunächst zwar sträubte, das Amt des Reichskanzlers zu übernehmen, weil er seinen Parteifreund Brüning nicht brüskieren wollte, schließlich aber doch Hindenburgs Appellen an seine vaterländischen Gefühle nachgab. Am 1. Juni 1932 bezog er die Reichskanzlei als Regierungschef. Am 3. Juni verließ er das Zentrum. Daß er nach Schleichers Meinung keinen Kopf, sondern nur „einen Hut" hatte, den er wirkungsvoll präsentieren könnte, entsprach den Vorstellungen der „Königsmacher".

Der Machtmanager Schleicher, dem öffentliche Repräsentation nicht lag, brauchte ein Medium, das in seinem Sinne wirkte. Und dies sollte Papen sein, der vermögende „Herrenreiter". Erich Eyck charakterisierte ihn 1956 in seiner „Geschichte der Weimarer Republik" wie folgt: „Da ihm parlamentarische Lorbeeren versagt blieben, benutzte er seine reichen Mittel, um den größeren Teil der Aktien der ‚Germania', des führenden Zentrumsblattes, zu erwerben. So litt er unter seinem unbefriedigten Ehrgeiz. Wenn diejenigen, die ihm eine Förderung verweigerten, seine politischen Kenntnisse und Fähigkeiten geringschätzten, so hat er ihnen noch nachträglich durch seine Memoiren den Beweis geliefert, wie sehr sie recht hatten. Selten ist politische Unkenntnis und Oberflächlichkeit mit solcher Selbstgefälligkeit zur Schau gestellt worden wie in dieser Autobiographie, und der Verfasser hat jeden Anspruch auf schonende Behandlung schon dadurch verwirkt, daß er der deutschen Ausgabe den arroganten Titel gab: ‚Der Wahrheit eine Gasse'. Tatsächlich haben die Erinnerungen des Herrn von Papen auf diesen Titel nicht viel mehr Anspruch als die Erzählungen des Freiherrn von Münchhausen."

Als Papen sein Amt antrat, übernahm er ein Kabinett, das General von Schleicher für sich und für ihn als Kanzler aus Vertretern des ostelbischen Junkertums, des preußischen Konservativismus und des politischen Militärs zusammengestellt hatte. Einer der neuen Minister war der Deutschnationale Freiherr von Gayl, der im Mai 1932 gegen Brüning intrigiert und den Reichspräsidenten gegen ihn eingenommen hatte, ein anderer der mit Hindenburg befreundete Deutschnationale Magnus Freiherr von Braun. Das durch Freiherr von Neurath, von Schleicher und Graf Schwerin von Krosigk vervollständigte „Kabinett der Barone", wie die Reichsregierung im Volksmund bald hieß, bildete eine homogene Einheit, die rein äußerlich gut zu dem ostelbischen „Junker" Paul von Hindenburg paßte. Verbittert reagierte der sozialdemokratische Reichstagsabgeordnete Julius Leber am 6. Juni 1932 mit der Feststellung: „Die altpreußische Adelsclique ist wieder da. Dieselben Kreise schicken sich an, auf dem Rücken der braunen Kamele in die Arena der politischen Diktatur zu reiten, die Deutschland unter Wilhelm in Unfreiheit und ins Elend geführt haben." Ein Großteil der deutschen Bevölkerung, die sich hinter Brüning gestellt und Hindenburg ihre Stimme gegeben hatte, reagierte nicht nur verblüfft, sondern unwillig und enttäuscht.

An der Börse kam es zu Rückschlägen. Eine Flucht in die Sachwerte setzte ein. Selbst Hindenburg fühlte sich zunächst betrogen. Gegenüber Brüning äußerte er: „Wir haben jetzt ein Kabinett, wie ich es immer gerne gehabt hätte, aber ich bin wieder betrogen worden. Dieser Kanzler (Papen) wird es niemals schaffen.

Ich bin noch nicht zu alt, um das zu sehen. Sie hätten bleiben sollen, und alles würde in Ordnung gewesen sein." Daß die Rechtsradikalen triumphierten, gefiel zwar Schleicher; aber die Antwort auf die Frage, wieso er gerade Papen zum Kanzler „machen ließ", mußte seinen Instinkt für Politik bei Demokraten in einem schlechten Licht erscheinen lassen. Wenn er sich für den westfälischen Herrenreiter nur entschieden hatte, weil er selbst einen „Strohmann" brauchte, dann zeugte dies, wie sich Theodor Eschenburg 1962 treffend ausdrückte, von einem bemerkenswerten „infantilen Leichtsinn".

Schleicher, der „Königsmacher", war bei seinem Engagement für seinen einstigen Regimentskameraden Papen offensichtlich davon ausgegangen, daß der – seit dem 3. Juni – parteilose Protegé auf ihn und seine Hilfe angewiesen bleiben würde. Weder „kannte" ihn jemand, noch besaß er eine Hausmacht. Und gefährlich konnte er, so kalkulierte der General, ihm erst recht nicht werden. Für seine Eignung zum Reichskanzler sprach nach Schleichers Auffassung die Tatsache, daß er als Repräsentant der sogenannten staatstragenden Parteien auftreten und von der politischen Mitte aus die gesamte Rechte koordinieren und massiv aktionsfähig würde machen können. Und dies hatte Papen am 2. Oktober 1931 in seiner vieldiskutierten „Dülmener Rede" selbst signalisiert. Nur ein „Konzentrationskabinett", das sowohl Hugenbergs DNVP als auch Hitlers NSDAP einschlösse, so hatte er postuliert, könne „die Zerrissenheit des Parteiwesens" aufheben und die notwendige „Synthese oberhalb jeder Irrungen und Wirrungen" darstellen. Den Vorstellungen Hindenburgs, die Schleicher berücksichtigen mußte, kam Papen nicht zuletzt dadurch entgegen, daß er im Parlamentarismus und in parlamentarischen Kompromissen nur Schwächen erblickte, die er aus der Politik ausgeklammert sehen wollte.

Allen Unkenrufen, hämisch mitleidigen und besorgten Prophezeiungen zum Trotz, blieb Papen keineswegs erfolglos. Außenpolitisch profitierte er von den Vorbereitungen Stresemanns und Brünings und konnte am 9. Juli 1932 in Lausanne nach Verhandlungen mit britischen, belgischen, kanadischen, australischen, neuseeländischen, südafrikanischen, indischen, französischen, japanischen, polnischen, portugiesischen, rumänischen, tschechoslowakischen und südslawischen Staatsmännern für sich buchen, durch eine einmalige Abfindungssumme von drei Milliarden Mark[43] endlich durchgesetzt zu haben. Daß damit nicht nur eine wirtschaftliche und finanzielle, sondern vor allem auch eine besonders negativ bewußtseinsbildende Bestimmung des Versailler Vertrages für die Zukunft von Deutschland abgewendet worden war, wurde in Deutschland von breiten Kreisen dankbar honoriert. Daß Papen in Lausanne nicht auch die Annullierung des Artikels 231 des Versailler Vertrages zu erreichen vermochte, des Artikels nämlich, der die deutsche Kriegsschuldfrage fixierte, war dem unerbittlichen französischen Einspruch zuzuschreiben. Zwar scheiterte auch sein während der Konferenz engagiert diskutierter Plan, für eine deutsch-französische Zollunion für den Fall einzutreten, daß Frankreich gänzlich auf weitere Reparationszahlungen verzichtete,[44] was der britische Premierminister James Ramsay

[43] Der Betrag sollte mit fünf Prozent verzinst und „frühestens" am 9. Juli 1935 bezahlt werden. Die Restzahlungsverpflichtungen im Zusammenhang mit der Dawes- und Young-Anleihe blieben davon unberührt.

[44] Papen hatte eigenmächtig und – abweichend von seiner rechten Klientel – Frankreich als Gegenleistungen für die Ablösung der Reparationen angeboten, Frankreich sowohl deutsche Wirtschaftshilfe zu gewähren als auch für eine enge politische Kooperation und die Zusammenarbeit mit dem französischen Generalstab einzutreten. Bewußt hatte er darauf verzichtet, die Berichte und Aktenvermerke seines Vorgängers Brüning zu studieren. Nach Äußerungen seines außenpolitischen Beraters Lutz Graf Schwerin von Krosik, der ihn zusammen mit Außenminister Constantin Freiherr von Neurath begleitet hatte, war er in Lausanne überzogen selbstbewußt und unter demonstrativer Mißachtung der eigentlichen Schwäche seiner Position (ohne Vertrauen des Reichstages) in „Herrenreiter"-Manier aufgetreten und hatte zunächst vor allem die vom Ministerpräsidenten Eduard Herriot geführte französische Delegation verprellt. Sein Versuch, den englischen Ministerpräsidenten James Ramsey MacDonald, der sich während der ganzen Konferenz engagiert sowohl um eine sachliche Atmosphäre als auch um zukunftsträchtige Ergebnisse bemüht hatte, unter Verkennung der traditionellen Konstellationen und des europäischen Gesamtzusammenhanges „diplomatisch" zu überspielen und hinter dessen Rücken mit Frankreich ein Sonderabkommen mit Bündnischarakter zu improvisieren (Version eines gemeinsamen Generalstabes – in Form eines Austausches von Generalstabsoffizieren, die Streichung der gegen Deutschland gerichteten Versailler Kriegsschuld und Abrüstungsbestimmun-

McDonald vorgeschlagen hatte; aber auch dies war nicht allein seine Schuld. Der starrsinnig verhandelnden französischen Regierung lag nichts daran, die innenpolitische Lage Deutschlands zu verbessern.

Staatsrechtlich strebte Papen einen Staat mit ständisch-autoritärer Prägung als Vorstufe zur Restauration der Monarchie an. Der Reichstag sollte entmachtet, das Wahlrecht geändert, ein Ober- und ein Unterhaus geschaffen, in Anlehnung an Bismarcks Verfassung die Unabhängigkeit des Kanzlers vom Vertrauen des Reichstags gesichert und die Vereinigung der Ämter des Chefs der Reichsregierung und des preußischen Ministerpräsidenten in Personalunion verbunden werden. Pure Verachtung und Ablehnung des Parlamentarismus als Prinzip politischer Willensbildung bestimmten seine Vorstellungen. Allerdings ging es zu der Zeit nicht mehr um Stil und Formen, sondern um Effektivität bei der Überwindung der Krise. Wie Papen selbst die Lage und seine Aufgabe sah, hatte er vier Tage nach seiner Amtsübernahme erklärt. Die „Voraussetzung jeder Gesundung“, hatte er gesagt, die „Verwaltungsreform, Finanzreform, Anpassung unseres staatlichen Lebens an die Armut der Nation – ist über schwache Ansätze hinausgekommen. Die Sozialversicherungen stehen vor dem Bankrott. Die ständig gewachsene Arbeitslosigkeit zehrt trotz allen Arbeitswillens der besten Kräfte am Mark des deutschen Volkes.“

Den verdeckten Bruch der Verfassungsordnung sollte die herrschende Notlage legitimieren. Seine anfängliche Abhängigkeit

gen, Konsultativvertrag zwischen Deutschland und Frankreich – und danach auch mit England und Italien), paßte ins Bild und schwächte die deutsche Position erheblich. Sachliche Details minderen Ranges erhielten augenblicklich den Charakter von Grundsatzfragen. Außenpolitisch kam es zu einem englisch-französischen Konsultativ-Abkommen, das entsprechende deutsche Versuche künftig prinzipiell unmöglich erscheinen lassen sollte. Die Hoffnung Papens, dem Präsidialkabinett durch die Beseitigung des Traumas „Reparationen“ eine positive Popularität eintragen zu können, erfüllte sich nicht. Und auch die Erwartungen Brünings, der an dieses Ereignis die Hoffnung knüpfte, daß sich in innenpolitischer Hinsicht doch noch einiges zukunftsträchtig verändern würde, erwies sich als trügerisch.

von Schleicher zwang Papen, die Vorgaben seines Mentors zu erfüllen. Er hatte den Nationalsozialisten zugesichert, sich beim Reichspräsidenten dafür einzusetzen, daß sowohl das Verbot der SA und SS aufgehoben, als auch der Reichstag aufgelöst werden würde, wenn sie bereit wären, Papens Regierung zu tolerieren. Gegenüber Papen hatte er am 30. Mai 1932 erklärt: „Ich möchte die Partei sehen, die ernste Opposition macht. Am allerwenigsten die Gewerkschaften, deren Kassen leer sind und denen die Mitglieder fortlaufen, weil sie hungrig auf der Straße liegen. Nur wenn wir die Nazis an die Futterkrippe lassen, werden wir sie staatsfromm machen. Mit Brünings System der negativen Aushilfen kann gar nichts getan werden. Das Zentrum wird es schon einsehen . . . Hitler hat die Tolerierung eines Kabinetts Papen zugesagt. Wir werden sehen, wie man aufatmen wird, wenn endlich diese Bürgerkriegspsychose verschwindet."

Papen, der sich bald selbstbewußt aus der Abhängigkeit Schleichers zu lösen und unmittelbaren und engen Kontakt zu Hindenburg zu knüpfen vermochte, mußte zunächst für den von Schleicher ausgestellten Wechsel geradestehen und die Versprechungen seines macht- und ränkesüchtigen Mentors einlösen. Am 16. Juni 1932 begann er dies mit Billigung Hindenburgs, der bereits am 4. Juni die Auflösung des Reichstages verfügt hatte. Er kürzte die Arbeitslosen- und Wohlfahrtsunterstützung, steuerte einen scharf antigewerkschaftlichen Kurs und ließ offen erkennen, daß er auf eine autoritäre Diktatur zusteuerte.

Unerbittliche Konflikte mit den Linken waren damit programmiert. Blutige Auseinandersetzungen vor allem mit Kommunisten, organisierter Terror auf den Straßen, auf Hinterhöfen und in Versammlungsstätten, gnadenlose Gewaltaktionen und bürgerkriegsähnliche Szenen waren seit Mitte Juni im ganzen Reich Folgen des neuerlichen öffentlichen Erscheinens der uniformierten Schlägerhorden Hitlers. Hitler, seit Mai in Hindenburgs Umgebung als eventueller Reichskanzler im Gespräch, konzentrierte seinen Terror besonders auf Preußen, wo die NSDAP bei den Landtagswahlen vom 24. April 1932 mit 162 Sitzen (anstelle der bis dahin acht Mandate) nahezu doppelt so viele Stimmen bekommen hatte wie die SPD, die bis zum 6. Juni 1932 mit Otto Braun den Ministerpräsidenten stellte.[45]

Mit Preußen, das rund drei Fünftel des Reichsgebietes einschließlich der Reichshauptstadt mit dem Sitz der Reichsregierung und der Landesregierung umfaßte und keine Parlamentsauflösungen kannte,[46] mußte die Republik fallen. Auf den Artikel 48 der Reichsverfassung gestützt, setzte der Kanzler die seit 1920 nahezu ununterbrochen amtierende sozialdemokratische preußische Regierung Braun-Severing ab, jagte die kampflos kapitulierenden Minister am 20. Juli 1932 aus ihren Ämtern und übernahm selbst als Reichskommissar für das Land Preußen die gesamte vollziehende Gewalt.[47] Nicht die NSDAP bildete in Preußen eine

[45] Am 24. Mai erklärte die Regierung Braun ihren Rücktritt. Die Kommunisten (57 Mandate) und die NSDAP (162 Sitze) verfügten mit 52 Prozent der Abgeordneten des Landtages zwar über eine Mißtrauensmehrheit, wollten jedoch nicht miteinander koalieren. Braun (der nach einem kurz zuvor gefaßten Beschluß des Landtages als Ministerpräsident selbst auch im 2. Wahlgang die absolute Mehrheit der Stimmen hätte bekommen müssen) war nicht bereit, „etwa monatelang zu amtieren" und trat am 6. Juni 1932 – nach dem Ablauf einer von ihm zur Wahl eines neuen Ministerpräsidenten erfolglos angesetzten Vierzehntagesfrist – offiziell aus „Gesundheitsgründen" zurück.

[46] Während in Preußen von 1919 bis 1932 4 Landtage durchgehend amtierten, wurden alle Reichstage (insgesamt 7) vorzeitig aufgelöst. Ähnlich verhielt es sich mit den Regierungen. 7 preußischen Regierungen standen 21 Reichskabinette gegenüber.

[47] Durch die Landtagswahlen vom 24. April 1932 waren die Regierungsparteien SPD, Zentrum und Demokraten um ihre Mehrheit gebracht worden. Die Mehrheit, Nationalsozialisten und Kommunisten, verhinderten die Bildung einer neuen Regierung, ohne allerdings ein neues Kabinett zu etablieren. Da kurz vor den Wahlen ein Gesetz verabschiedet worden war, wonach der Ministerpräsident nur noch mit absoluter Mehrheit gewählt werden durfte, was angesichts der Stimmenverhältnisse nicht möglich war, blieb das Kabinett Braun als geschäftsführende Regierung im Amt. Da das Zentrum und die NSDAP keine Koalition zustande brachten, diskutierte die Presse die mögliche Einsetzung eines Reichskommissars für Preußen, was möglich war, wenn die Sicherheit und Ordnung nicht mehr gewährleistet werden könnte. Papen hob das Demonstrations- und Uniformverbot in Preußen auf, was augenblicklich blutige Zusammenstöße zwischen Nationalsozialisten und Kommunisten zur Folge hatte. Die Voraussetzungen waren somit gegeben. Am 20. Juli bestellte Papen die preußischen Minister Severing, Hirtsiefer und Klepper in die Reichskanzlei und erklärte ihnen, daß die preußische Regierung

neue Regierung, sondern Papen. Er verkündete den Ausnahmezustand und erklärte die Regierung Braun als abgesetzt.

Ein Schritt in Richtung auf die vom Reichskanzler angestrebte neue Staatsverfassung war getan. Am 20. Juli 1932 hatte Hindenburg verfügt: „Auf Grund des Artikels 48 Abs. 1 und 2 der Reichsverfassung verordne ich zur Wiederherstellung der öffentlichen Sicherheit und Ordnung im Gebiet des Landes Preußen folgendes: § 1. Für die Geltungsdauer dieser Verordnung wird der Reichskanzler zum Reichskommissar für das Land Preußen bestellt. Er ist in dieser Eigenschaft ermächtigt, die Mitglieder des Preußischen Staatsministeriums ihres Amtes zu entheben. Er ist weiter ermächtigt, selbst die Dienstgeschäfte des Preußischen Ministerpräsidenten zu übernehmen und andere Personen als Kommissare des Reichs mit der Führung der Preußischen Ministerien zu betrauen. Dem Reichskanzler stehen alle Befugnisse des Preußischen Ministerpräsidenten, den von ihm mit der Führung der Preußischen Ministerien betrauten Personen innerhalb ihres Geschäftsbreichs alle Befugnisse der Preußischen Staatsminister zu. Der Reichskanzler und die von ihm mit der Führung der Preußischen Ministerien betrauten Personen üben die Befugnisse des Preußischen Staatsministeriums aus. § 2. Diese Verordnung tritt mit dem Tage ihrer Verkündung in Kraft."

Die von der SPD, der DDP und dem Zentrum gestellte Regierung, die als „Weimarer Koalition" hier länger als in den anderen Ländern des Reiches gehalten hatte, mußte der vom Reichspräsidenten repräsentierten Gewalt weichen. Hindenburgs Erklärung vom 12. Juni 1932 gegenüber dem Reichskanzler, dem Ministerpräsidenten von Bayern (Heinrch Held), dem Staatspräsidenten von Württemberg (Lothar Bolz), dem badischen Präsidenten Josef Schmitt und dem Staatssekretär Otto Meißner, daß er und Papen „zur Zeit" weder an eine „grundsätzliche Änderung des Verhältnisses zwischen Reich und Ländern" noch an die „Einsetzung eines Reichskommissars" dächten, war augenblicklich vergessen.

abgesetzt sei und fortan ein Reichskommissar die Regierungsgeschäfte übernehme.

Papen war es innerhalb von fünf Wochen – unter Vorspiegelung falscher Tatsachen[48] – gelungen, den sich von seiner schweren persönlichen Enttäuschung über Brüning in Neudeck erholenden und bis dahin für gravierende politische Experimente nur äußerst schwer zu gewinnenden Präsidenten zu überzeugen, daß das Interesse „des gesamten Vaterlandes auf dem Spiele" stünde, wenn in Preußen kein Machtwechsel herbeigeführt werden könnte. Mit der Umbesetzung von Beamtenstellen beginnend und mit der Neuregelung der staatlichen Pferdezucht riß Papen als „Reichskommissar für das Land Preußen" die Exekutive in Preußen gänzlich an sich.

Die viel diskutierte Frage, ob die preußische Staatsregierung in der Lage gewesen wäre, erfolgreich Widerstand zu leisten, ist heute sowenig zuverlässig zu beantworten wie 1932. An einen Generalstreik wie 1920 gegen Kapp und Lüttwitz war angesichts der fast sechs Millionen Arbeitslosen und der durch die Weltwirtschaftskrise erheblich geschwächten Gewerkschaften nicht zu denken, zumal Hindenburg mit engagierter öffentlicher Hilfe der SPD und der Gewerkschaften wieder Reichspräsident geworden war. Zudem mußte illusorisch erscheinen, sich Papens Staatsstreich zu widersetzen, da hinter ihm der Reichspräsident und Generalfeldmarschall stand, dessen Befehlen das Eliteheer, die Polizei und vermutlich auch die Beamtenschaft anders als zu Eberts Zeiten während des Kapp-Putsches im März 1920, zweifellos ohne „wenn und aber" gefolgt wären.

In Berlin, wo die Polizei dem Reichskanzler unterstellt worden war, besetzte die Reichswehr unter Führung von Generalleutnant von Rundstedt sicherheitshalber die preußischen Ministerien, während die SPD-Führung am 24. Juli 1932 beschloß, keine Gewalt anzuwenden und „bei allem, was kommen möge, die

[48] Papen legte Hindenburg (einige in Schleichers Umgebung „zusammengestellte") „Dokumente" vor, nach denen als erwiesen angesehen werden mußte, daß in Preußen vom Innenminister und dessen Polizeiabteilung ein staatsgefährdender kommunistenfreundlicher Kurs gesteuert würde, dem nach Papens Auffassung augenblicklich radikal entgegengetreten werden müßte.

Rechtsgrundlage der Verfassung nicht zu verlassen." Papen hatte nun die beiden wichtigsten Wahlhelfer Hindenburgs, Brüning und Braun, aus ihren Ämtern entfernt. Schleicher und er, denen die SA und SS ihre Wiederzulassung in Uniform verdankten, hatten innerhalb weniger Tage beängstigende Folgen registrieren müssen. So waren am 17. Juli 1932 in einer Straßenschlacht in Hamburg-Altona 19 Menschen getötet und 285 verletzt worden. Von der Aufhebung des SA-Verbots am 16. Juni bis zum 18. Juli 1932 gab es 99 Tote und 1 125 Verletzte. Und Tote wurden auch am 31. Juli 1932, dem Tag der Reichstagswahlen, nach handgreiflichen Auseinandersetzungen registriert.

Die auf Papens Veranlassung veranstalteten Reichstagswahlen bescherten den Nationalsozialisten einen totalen Triumph. Sie erhielten – nach aufwendigen Wahlkämpfen – mit 230 Abgeordneten 97 Sitze mehr als die SPD, die 133 Mandate bekam und vor den Kommunisten mit 89 Abgeordneten nur noch die zweitstärkste Fraktion des Reichstags stellte.

Hindenburg, Papen und Hitler

Hindenburg, der wieder zur parlamentarischen Regierungsform zurückkehren wollte, sah sich angesichts des Wahlergebnisses und der öffentlichen Diskussionen[49] gezwungen, zumindest ein

[49] In der Presse waren gelegentlich Beiträge erschienen, die sich mit der Frage befaßten, wieso der Führer der stärksten politischen Partei nicht zum Reichskanzler berufen würde. Am 16. August 1932 beispielsweise hatte die Hitler und der NSDAP nahestehende Industriellen-Zeitung „Rheinisch-Westfälische Zeitung" ein Interview veröffentlicht, das Hitler einem Vertreter des Blattes gegeben hatte. Hitler war gefragt worden: „Ihre Partei hat bei der Reichstagswahl einen sensationellen Sieg davongetragen. Noch nie war in Deutschland eine Partei gleicher Stärke vorhanden. In jedem anderen Lande wäre es eine Selbstverständlichkeit, daß dem Führer der größten Partei die Bildung einer neuen Regierung übertragen wird. Warum zieht Ihres Erachtens Herr von Papen nicht die selbstverständliche Konsequenz?" Hitlers Antwort: „Allerdings, früher war es auch in Deutschland so, daß der Führer der größten Partei mit der Bildung des Kabinetts beauftragt wurde. In neuerer Zeit scheinen die staatsmännischen Qualitäten nicht mehr durch die Größe als

Gespräch mit Hitler zu führen. Am 13. August 1932 tat er dies in Anwesenheit von Papens und Schleichers. Brüsk, ungnädig und kurz angebunden, bot er Hitler nicht einmal einen Stuhl an. Stehend mußte Hitler sich buchstäblich abkanzeln lassen. Hindenburg war nicht bereit, ihm die von ihm geforderte ungeteilte Macht als Reichskanzler anzuvertrauen, weil er mit Recht befürchtete, daß Hitler sie einseitig nutzen würde. Der Höhepunkt, den Hitler am 31. Juli 1932 angesichts der für ihn und die NSDAP grandiosen Wahlergebnisses hatte registrieren können, endete am 13. August im Reichspräsidialamt. In der amtlichen Mitteilung vom 14. August hieß es: „Reichspräsident von Hindenburg empfing am Samstagnachmittag ... Adolf Hitler zu einer Besprechung über die politische Lage und die Frage einer Umbildung der Reichsregierung. Der Reichspräsident richtete an Hitler die Frage, ob er bereit sei, selbst, sowie mit anderen geeigneten Persönlichkeiten der NSDAP, in die von dem Reichskanzler von Papen geleitete Regierung einzutreten. Herr Hitler verneinte dies und stellte an den Herrn Reichspräsidenten die Forderung, ihm die Führung der Reichsregierung und die gesamte Staatsgewalt in vollem Umfang zu übertragen. Reichspräsident von Hindenburg lehnte diese Forderung sehr bestimmt mit der Begründung ab, daß er es mit seinem Gewissen und seinen Pflichten dem Vaterland gegenüber nicht verantworten könne, die gesamte Regierungsgewalt ausschließlich der nationalsozialistischen Bewegung zu übertragen, die diese einseitig anzuwenden gewillt sei. ... Die Aussprache schloß alsdann in einer ernsten Mahnung des Reichspräsidenten an Hitler, die von ihm angekündigte Opposition der NSDAP ritterlich zu führen und (sich) seiner Verantwortung vor

vielmehr durch die Kleinheit der Parteien bedingt zu sein. Seit wir Nationalsozialisten groß geworden sind, muß ein Politiker, um unter diesen Meistern als Meister zu gelten, erst entweder eine Partei ruiniert, oder, was noch zweckmäßiger ist, überhaupt keine Partei mehr hinter sich haben. Politik ist damit nicht mehr die Kunst des Möglichen, sondern die Kunst des Unmöglichen geworden. Im übrigen verdankt die Bewegung ihre heutige Größe nicht der gönnerhaften Unterstützung seitens überlieferter und absterbender Gestalten unseres politischen Lebens. Sie wird daher auch künftig nicht von diesen ihre Kraft holen."

dem Vaterlande und vor dem deutschen Volke bewußt zu bleiben."[50]

Inzwischen war in Berlin, wo die Selbstmordrate 1932 knapp doppelt so hoch lag wie in den USA, ein Gesetz vorbereitet worden, über dessen Notwendigkeit in Deutschland seit mehr als zehn Jahren diskutiert wurde.[51] Zehn Tage nach Papens Staatsstreich hatten Eugeniker, Ärzte und Juristen 136 Millionen Mark als nötigen Jahresetat für die Behandlung Geisteskranker, Schwachsinniger, Fallsüchtiger, erblich belasteter Krimineller und Psychopathen in den 400 Heil- und Pflegeanstalten angesetzt und bemängelt, daß die dauernd wachsende „Fürsorgelast des deutschen Volkes" immer mehr von den Mitteln in Anspruch nehme, die „zur Erhaltung der Gesundheit und Arbeitskraft" der „gesunden und arbeitstüchtigen Familien" unentbehrlich seien, so daß künftig in bestimmten Fällen auf Sterilisierungen nicht mehr verzichtet werden dürfe. „Um im besonderen die Zunahme erblicher Belastungen in unserem Volke einzuschränken", so hieß es in der Begründung ihres Gesetzentwurfes vom 30. Juli 1932 „kommt Tötung oder Vernachlässigung lebensunwerten Lebens nicht in Frage. Auch einem Menschen mit minderwertigem Erbgut darf ein entsprechendes Maß von Fürsorge nicht vorenthalten werden. Selbst Hoffnungslose muß man menschenwürdig bis zu ihrem Tode aufbewahren. Eine Bewahrung von erblich Belasteten in Anstalten ist nur dann eugenisch wirksam, wenn man sie über die ganze Dauer der Fruchtbarkeit ausdehnt und damit zugleich die Fortpflanzung ausschaltet. In dem Maße, als es unmöglich ist, dieses Ziel zu erreichen, erscheint die Sterilisierung (nicht Kastration) als eine eugenisch gebotene Maßnahme. Da jedoch die Sterilisierung aus ethischen Gründen umstritten wird, ist an die Einführung einer Zwangssterilisierung nicht zu denken . . .

[50] In der von der Pressestelle der Reichsleitung der NSDAP veröffentlichten Erklärung, die Hindenburgs frostiges Verhalten gegenüber Hitler verschwieg, hieß es lapidar: „Da . . . der Reichspräsident von Hindenburg es ablehnt, die nationalsozialistische Bewegung mit der Führung der Regierung zu betrauen, wurden die Verhandlungen ergebnislos abgebrochen."

[51] Vgl. dazu auch S. 88

Eine Person, die an erblicher Geisteskrankheit, erblicher Geistesschwäche, erblicher Epilepsie oder an einer sonstigen Erbkrankheit leidet oder Träger krankhafter Erbanlagen ist, kann operativ sterilisiert werden, wenn sie einwilligt[52] und nach den Lehren der ärztlichen Wissenschaft bei ihrer Nachkommenschaft mit großer Wahrscheinlichkeit schwere körperliche oder geistige Erbschäden vorauszusehen sind ... Eine Beeinflussung dieser Menschen zur Enthaltung von Ehe oder Fortpflanzung ist gerade bei den unerwünschtesten nach ihrer ganzen geistigen Verfassung unmöglich. So bleibt nur die Dauerausschaltung von der Fortpflanzung. Diese könnte in der Bewahrung in Anstalten bestehen. Schon die heutige wirtschaftliche Lage macht aber eine solche Asylierung untragbar, in Zukunft bei relativ steigenden Zahlen von Fürsorgebedürftigen noch viel mehr ... Der vorstehende Gesetzentwurf soll eine Rechtsgrundlage für eine eugenisch begründete Sterilisierung schaffen und gleichzeitig ihre mißbräuchliche Anwendung ausschließen. Da es sich letzten Endes nicht um eine Frage der Strafrechtsreform, sondern der Bevölkerungspolitik handelt, ist ein Sondergesetz erforderlich, und zwar ein Reichsgesetz, da nur eine einheitliche Regelung für das ganze Reich Erfolg verspricht."

Diese Vorarbeiten brauchte Hitler ein Jahr später bei der Formulierung des NS-Gesetzes „zur Verhütung erbkranken Nachwuchses" lediglich im Zusammenhang mit den persönlichen Rechten der Betroffenen modifizieren zu lassen. Der im preußischen Entwurf mehrfach betont hervorgehobene Passus hinsichtlich der unerläßlichen Einwilligung der für die Sterilisierung vorgesehenen Personen wurde eliminiert, am 14. Juli 1933 das „Gesetz zur Verhütung erbkranken Nachwuchses" verkündet.[53]

[52] Nach § 2 des Gesetz-Entwurfes sollte die Sterilisierung beantragt werden können: Von den betroffenen Personen selbst, vom behandelnden oder „beamteten" Arzt, bei „Pfleglingen einer Kranken- oder Heil- oder Pflegeanstalt und bei Insassen von Gefangenenanstalten (vom) ... Leiter der Anstalt" und vom „Leiter des zuständigen Fürsorgeverbandes".

[53] Der Text: „Die Reichsregierung hat das folgende Gesetz beschlossen, das hiermit verkündet wird:
§ 1 (1) Wer erbkrank ist, kann durch chirurgischen Eingriff unfruchtbar ge-

Dieses Gesetz und Hitlers (auf den 1. September 1939 zurückdatierter) schriftlicher Euthanasiebefehl[54] waren letztlich die gesetzlichen Grundlagen für die Ermordung ungezählter Menschen[55] in den Euthanasieanstalten in Brandenburg, Bernburg, Grafeneck, Hadamar, Hartheim und Sonnenstein.

Um nicht womöglich in einem Bürgerkrieg unterzugehen, verfügte der Reichskanzler auf dem Verordnungswege die Todesstrafe für Gewalttaten und politischen Terror. Die Nationalsozialisten und Kommunisten waren gewarnt. Dennoch drangen einen Tag nach der Verkündung des Papen-Erlasses, in der Nacht vom 8. zum 9. August 1932, fünf uniformierte SA-Männer in Potempa in Oberschlesien in die Wohnung eines Kommunisten ein und erschlugen ihn vor den Augen seiner Mutter. Dank der Papen-Verordnung wurden sie am 22. August 1932 von einem Beuthener Sondergericht zum Tode verurteilt, sieben Wochen nach Hitlers Machtübernahme jedoch wieder freigelassen. Hitler, seit August 1932 extremer Gegner des Reichskanzlers, in dem er den Urheber seines Negativbildes bei Hindenburg erblickte, beschimpfte Papen öffentlich als „Bluthund“ und sandte den Mördern ein Telegramm, in dem es hieß: „Meine Kameraden! Angesichts

macht (sterilisiert) werden, wenn nach den Erfahrungen der ärztlichen Wissenschaft mit großer Wahrscheinlichkeit zu erwarten ist, daß seine Nachkommen an schweren körperlichen oder geistigen Erbschäden leiden werden. (2) Erbkrank im Sinne dieses Gesetzes ist, wer an einer der folgenden Krankheiten leidet: 1. angeborener Schwachsinn, 2. Schizophrenie, 3. zirkulärem (manisch-depressivem) Irresein, 4. erblicher Fallsucht, 5. erblichem Veitstanz (Hustingtonsche Chorea), 6. erblicher Blindheit, 7. erblicher Taubheit, 8. schwerer körperlicher Mißbildung. (3) Ferner kann unfruchtbar gemacht werden, wer an schwerem Alkoholismus leidet“.

[54] „Reichsleiter Bouhler und Dr. med. Brandt sind unter Verantwortung beauftragt, die Befugnisse namentlich zu bestimmender Ärzte so zu erweitern, daß nach menschlichem Ermessen unheilbaren Kranken bei kritischster Beurteilung ihres Krankheitszustandes der Gnadentod gewährt werden kann.“ Diesen Befehl diktierte und unterschrieb Hitler im Oktober 1939 auf Papier mit privatem Briefkopf vgl. Bildtafel 22.

[55] Die publizierten Zahlen schwanken zwischen „mehr als 50 000“ und „mehr als 300 000“.

dieses ungeheuerlichen Bluturteils fühle ich mich Euch in unbegrenzter Treue verbunden. Eure Freiheit ist von diesem Augenblick an eine Frage unserer Ehre. Der Kampf gegen eine Regierung, unter der dies möglich war, unsere Pflicht!“ Und Goebbels drohte in seiner Zeitung „Der Angriff“: „Es wird die Stunde kommen, da der Staatsanwalt andere Aufgaben zu erfüllen hat, als die Verräter am Volk vor der Wut des Volkes zu beschützen. Vergeßt es nie, Kameraden! Sagt es euch hundertmal am Tag vor, so daß es euch bis in eure tiefsten Träume verfolgt: Die Juden sind schuld!“ Offen gestanden die Nationalsozialisten dabei ein, daß sie gemeine Mörder nicht nur deckten und zu weiteren Verbrechen ermunterten, sondern auch, daß sie bestimmte Morde dereinst staatlich sanktionieren und durch Gesetz legalisieren würden. Dennoch ließ Hitlers Politik von 1932 ingesamt – das heißt eigentlich seine von seiner Umgebung systematisch betriebene Hinstilisierung auf das Reichspräsidentenamt oder auf die Kanzlerschaft – Hitler als kommenden Sachwalter verschiedener Gruppeninteressen erscheinen, auch wenn er sich offiziell nur auf die Anhänger der NSDAP und Teile der Deutschnationalen Volkspartei stützen konnte, deren Erwartungen sich nicht unbedingt mit den Hoffnungen deckten, die die Nationalsozialisten an eine Kanzlerschaft Hitlers knüpften.

Daß Hitler 1932 „allen alles versprochen“ habe, wie oft behauptet wird, trifft nicht zu. Im Gegenteil! Von Drohungen gegenüber den politischen Parteien abgesehen, versprach er 1932 eigentlich überhaupt nichts. Selbst den gewöhnlich stereotyp als tragendes Element der NS-Weltanschauung bemühten biologischen Antisemitismus ignorierte er – im Gegensatz zu Goebbels, Rosenberg, Streicher und anderen – 1932 bei öffentlichen Auftritten. Der Grund lag auf der Hand. Hätte er nämlich so kurz vor der Schwelle zur Macht offen die „Entfernung“ der Juden verlangt, wie er es bis 1930 in seinen Reden und Schriften stets mit Nachdruck getan hatte, wären die ihm während seiner Wahlreisen nahezu täglich angetragenen Ehrenbürgerschaften und die Werbekampagnen für ihn seitens des Adels, der Industrie, der Wissenschaft, der Literatur und Kunst, kaum so ostentativ möglich gewesen, wie es vor den Wahlen des Jahres 1932 überall der Fall war. Die rund 60 deutschen Hochschullehrer, die ihn 1932 als Erlöser und Retter Deutschlands priesen, hatten zwar in ihrem Aufruf vom 29. Juli von „international gebundenen" Kräften im Kultur- und Wirtschaftsleben gesprochen; aber dies war nur als ein Antisemitismus zwischen den Zeilen zu verstehen und konnte durchaus auch anders gedeutet werden.

Den Regierungen der Weimarer Republik warf Hitler vor, soziale Hoffnungen und wertvolle materielle und moralische Substanzen der Nation und des Reiches zerstört und sozialen Unfrieden erzeugt und gefördert zu haben. Gemäßigt auftretend, versprach er beispielsweise für den Fall seiner Wahl zum Reichspräsidenten, daß er so rasch wie möglich Reichstagswahlen ausschreiben und dem Volk zu dem Parlament verhelfen würde, das seinem „tatsächlichen Willen" entspräche. Selbst den Versailler Vertrag, seit Beginn seiner politischen Laufbahn ein Vehikel zur Entfaltung seiner offensiv artikulierten außenpolitischen Vorstellungen, wollte er 1932, wie er öffentlich erklärte, nicht „zerreißen", sondern durch einen anderen Vertrag ersetzen lassen. Daß die Revision des Versailler Vertrages dank Stresemann, Brüning und schließlich auch Papen längst im Gange war, verschwieg er. Den politischen Parteien drohte er mit ihrer Liquidierung, wie Papen es auch plante. „Die Überwindung dieser Parteien", so formulierte er es Mitte Juli auf einer Schallplatte, die für seine Wahlreisen produziert worden war, „ist . . . Pflicht, weil sie, um selbst zu leben, die Nation immer wieder zerreißen müssen." Überzeugt, dies stets und überall ungestraft sagen zu können, drohte er am 17. August 1932: „Zwölf Jahre hindurch haben die Machthaber unser Volk mit dem Gedanken erfüllt, fremde Hilfe werde uns zuteil werden. Wir erfüllen unser Volk mit der Idee: Außer unserer eigenen Kraft gibt es keine, die uns helfen wird. Solange der Parteiirrsinn möglich ist, ist die Rettung Deutschlands unmöglich. Deshalb will ich diese Parteien aus Deutschland beseitigen."

Am 16. August 1932, drei Tage nach seiner Zusammenkunft mit Hindenburg, Papen und Schleicher, die ihn nicht gerade zuvorkommend behandelt hatten,[56] gab er einem Mitarbeiter der rechtsorientierten – und ihn unterstützenden – „Rheinisch-Westfälischen Zeitung“ ein Interview. Auf die Frage, wieso die Parteien, die Papens „Kabinett der Barone“ als reaktionär und unsozial bezeichneten, die Tatsache begrüßten, daß er nicht Kanzler geworden sei, antwortete er: „Gewisse Rechtskreise bezeichnen uns als Bolschewisten, und die Bolschewisten wiederum behaupten, wir seien Reaktionäre, Barone, Großkapitalisten, Unternehmerknechte und weiß Gott was noch.“ „Die marxisistischen Feinde ... im Inneren wissen, nach ihrem jahrelangen Betrug“, erklärte er im „Völkischen Beobachter“ vom 17. August 1932, daß die nationalsozialistische Bewegung sich wirklich ehrlich der deutschen schaffenden Menschen annehmen wird. Die bürgerlichen Reaktionäre wissen, daß wir ihre Politik der Schwäche ablösen werden ... Beide ahnen, daß die Zeit der Klassen- und Standesinteressenkämpfe sich ihrem Ende nähert.“

Dies und das „Versprechen“, die politischen Parteien alsbald zu vernichten, gehörten zu den wesentlichsten programmatischen Perspektiven, mit denen Hitler 1932 die „größten Siege und Erfolge“ der NSDAP einleiten zu müssen glaubte. Daß er zu der Zeit trotz aller lauten Bekundungen, sich seiner Sache absolut sicher zu sein und nur den Willen des Volkes zu erfüllen, durchaus nicht frei von Skrupeln war, beweist seine Bemerkung vom 22. Juli 1932 im „Völkischen Beobachter“, daß er es vor der Geschichte leichter haben werde, „die Vernichtung der 30 Parteien zu verantworten, als die, welche sie gegründet haben“.

Hitler hatte im November 1932 Mandate im Reichstag verloren; aber er hatte auch etwas gewonnen, was ihm als Führer, der ursprünglich eigentlich nur „Trommler“ für die Partei hatte sein

[56] Am 13. August 1932 in Anwesenheit von Papen und Schleicher zu Hindenburg gebeten, wo mit ihm angeblich über die (eben angeblich) noch nicht geklärte Frage der Kanzlerschaft gesprochen werden sollte, erfuhr er, daß alles längst entschieden war und der Reichspräsident sich nicht in der Lage sähe, ihm den (von Hitler geforderten) Kanzlerposten zu übertragen. Er wurde buchstäblich abgekanzelt und von Hindenburg aufgefordert, seine Opposition ritterlich zu führen.

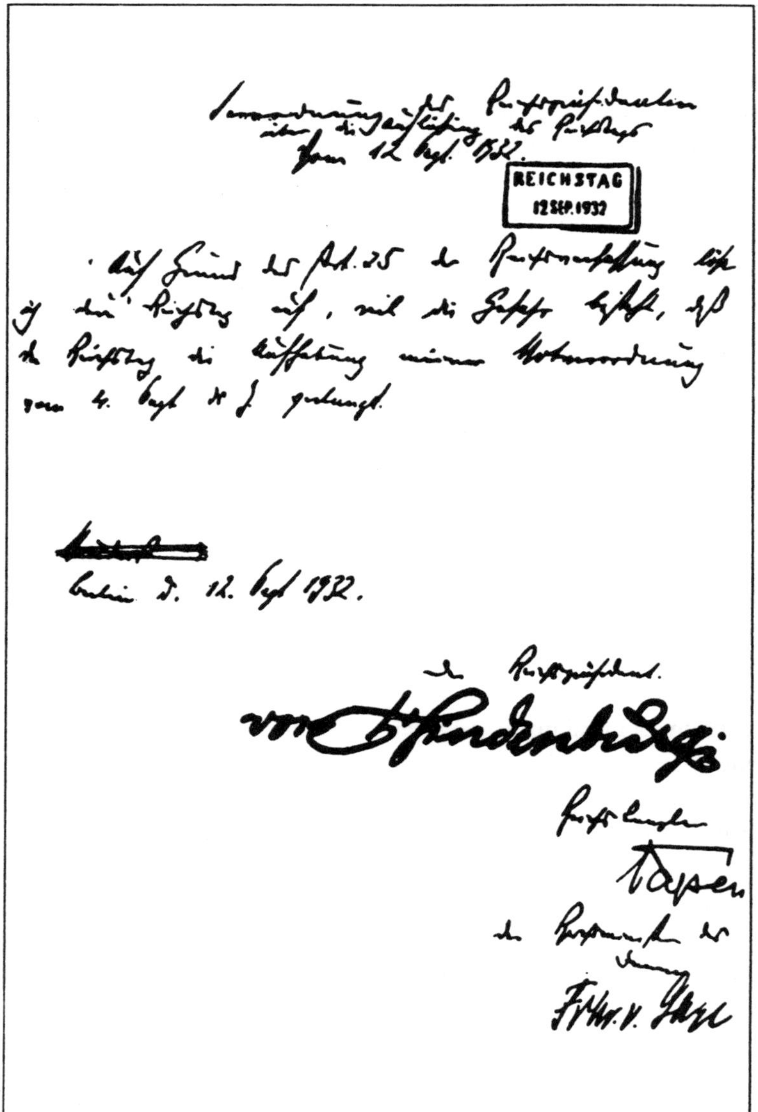

Verordnung des Reichspräsidenten
über die Auflösung des Reichstags
vom 12. Sept. 1932.

REICHSTAG
12 SEP. 1932

Auf Grund des Art. 25 der Reichsverfassung löse ich den Reichstag auf, weil die Gefahr besteht, daß der Reichstag die Aufhebung meiner Notverordnung vom 4. Sept. d. J. verlangt.

Berlin, d. 12. Sept. 1932.

Der Reichspräsident.
von Hindenburg
Reichskanzler
Papen
Der Reichsminister des Innern
Frhr. v. Gayl

Anweisung des Reichspräsidenten vom 12. September 1932 zur Auflösung des Reichstages

wollen, zunächst noch wichtiger als die Kanzlerschaft oder gar das höchste Amt im Staat erschien: Er hatte von dem Opernsänger Paul Devrient gelernt, sich bühnenreif zu bewegen und ebenso zu sprechen. Ihn selbst drängte es nicht so sehr zur Reichskanzlei, wie es den Anschein hatte. Und diejenigen, die ihn genau kannten, wußten dies. Wenn er öffentlich kompromißlos das Amt des Regierungschefs forderte, tat er es, weil er von seinen Anhängern bedrängt wurde, und weil er wußte, daß Hindenburg es ihm von sich aus nicht anvertrauen würde. „Ich weiß", entgegnete er im Oktober 1932 einem Industriellen, den er vergeblich um Geld für die Partei gebeten hatte, „daß meine Anhänger und Parteigenossen ungeduldig sind. . . Sie wollen mich an der Macht sehen."

Das Zentrum, dem Papen von sich aus den Rücken gekehrt hatte, erwog vorübergehend, mit der NSDAP eine Koalition einzugehen, das Kabinett ihres einstigen Mitgliedes Papen zu stürzen und Hitler als Kanzler zu akzeptieren. Brüning, so wurde am grünen Tisch geplant, sollte – wie schon im Oktober 1931 bis Juni 1932 – als Außenminister fungieren. Ihre Situation im Reichstag war günstig; denn bei insgesamt 608 Abgeordneten im Parlament verfügten die Nationalsozialisten mit 230 und das Zentrum mit 75 Abgeordneten über die absolute Mehrheit, so daß sie rechnerisch durchaus in der Lage waren, ein auf eine absolute parlamentarische Mehrheit gestütztes Kabinett zustande zu bringen; aber es kam nicht dazu. Angesichts der parteipolitischen Isolierung des Papen-Kabinetts, das im Grunde nur von den 37 Abgeordneten der DNVP gestützt wurde, mußte Papen den Reichstag fürchten, zumal die Nationalsozialisten ihn seit dem 13. August haßerfüllt befehdeten. Als Papen am 12. September 1932 erstmals nach den Neuwahlen vom 31. Juli 1932 den Reichstag betrat, fungierte Hermann Göring als Reichstagspräsident, der dem Kanzler eine sichtbare Niederlage bereiten wollte und ihm keine Gelegenheit gab, die in Eile vorbereitete neuerliche Reichstagsauflösungsorder des Reichspräsidenten[57] vorzutragen.

57 Die angesichts der Situation in größter Eile handschriftlich formulierte und von Hindenburg unterschriebene Begründung des Auflösungsdekrets

Als Papen, schräg rechts vor Göring in der Regierungsbank stehend, sich zu Wort meldete, was das ganze Parlament sah, blickte Göring unverwandt nach links zu den Kommunisten und tat, als habe er die Wortmeldung des Kanzlers gar nicht bemerkt. Nach dieser ostentativen Provokation blieb Papen und seinen Ministern nur übrig, protestierend den Sitzungssaal zu verlassen. Das danach Papen und seiner Regierung ausgesprochene Mißtrauen des Reichstages, der sich mit 512 zu 42 Stimmen (bei fünf Enthaltungen) gegen das „Kabinett der Barone" entschied, glich einer niederschmetternden Abfuhr, wie sie noch keinem Regierungschef der Republik zuteil geworden war. So wurde am 6. November 1932 zwangsläufig ein weiterer kostspieliger Wahlkampf auf Reichsebene nötig.

Hitler, der wegen des ihm von der Lufthansa zur Verfügung gestellten Flugzeugs in der Lage war, innerhalb von 25 Tagen in 47 weit auseinanderliegenden Städten des Reiches auf Massenversammlungen zu sprechen, redete beispielsweise am 16. Oktober in Coburg, Schweinfurt und Würzburg, am 17. Oktober in Königsberg, Tilsit und Insterburg, am 19. Oktober in Oppeln und Breslau, am 22. Oktober in Halle, Magdeburg und Stendal, am 23. Oktober in Zwickau, Eisenach und Weimar, am 1. November in Pirmasens und Karlsruhe, am 2. November in Berlin, am 3. November in Hannover und Kassel und am Tag vor der Wahl in München, Augsburg und Regensburg.

Seine Wahlkampagne eröffnete er mit heftigen Angriffen gegen

(„Auf Grund des Art. 25 der Reichsverfassung löse ich den Reichstag auf, weil die Gefahr besteht, daß der Reichstag die Aufhebung meiner Notverordnung vom 4. Sept. d. J. verlangt") war verfassungsmäßig zumindest äußerst fragwürdig. Die Auflösung wurde mit dem Verdacht begründet, daß der Reichstag die Aufhebung der Notverordnung vom 4. September 1932 zur „Ankurbelung der Wirtschaft" verlangen könnte, was am 12. September auf Antrag des kommunistischen Fraktionsvorsitzenden Ernst Torgler auch geschah. Dennoch hätte das Auflösungsdekret nicht mit der vermuteten „Gefahr" der Aufhebungsforderung begründet werden dürfen.

Papen, dem er die Schuld dafür zuschrieb, daß Hindenburg ihm nach seinem Triumph bei den Wahlen vom 31. Juli 1932 (NSDAP: 37,4 Prozent; SPD: 21,6 Prozent; KPD: 14,5 Prozent; Zentrum: 12,5 Prozent) nicht das Kanzleramt übertragen hatte. „Am gleichen Tage“, so ließ er der Redaktion des „Völkischen Beobachter“ beispielsweise am 11. Oktober 1932 von unterwegs per Funk durchgeben, „an dem Herr von Papen in München vor einem kleinen Kreis geladener Gäste um Zustimmung zu seinen Katastrophenplänen bittet, geht Adolf Hitler hinaus zum deutschen Volke ...“

Als Redner war Hitler ein schier beispielloses Phänomen. Viele besuchten seine Veranstaltungen, nicht um zu hören, was er sagte, sondern wie er „es“ sagte. Mancher seiner Anhänger wurde zu seinem Jünger, nachdem er ihn einmal als Redner erlebt hatte. Hitler, dessen Sprache stets ein ganz bestimmtes Reservoir logisch-begrifflicher Formen und Inhalte „auf Abruf“ bereithielt, hatte früh erkannt, daß bestimmte Begriffe und Namen durch stereotype Verknüpfungen mit gewünschten Vorstellungen und Gefühlswerten die angestrebten Änderungen in der allgemeinen Gefühls- und Wertassoziation erzeugen können. Ein beträchtlicher Teil seiner Erfolge als Redner beruhte auf der Tatsache, daß er über eine so außergewöhnliche Modulationsfähigkeit seiner Sprechweise verfügte, daß ihm möglich war, durch den Frequenzbereich seiner Sprechweise die logischen Denkfuntionen in der Großhirnrinde seiner Zuhörer zu hemmen und zugleich auch die emotionalen Bereiche des Hirnstammes zu aktivieren. So war er, was exakt meßbar ist, stets in der Lage, die Töne, die sich aus den rhythmischen Hervorhebungen ergeben, zwischen 200 und 300 Hertz (Hz) auszusprechen, obwohl seine normale Tonlage zwischen 170 und 160 Hertz aufwies. Seine „Führtöne“ (die Töne, die sich aus den rhythmischen Hervorhebungen ergeben) lagen im Frequenzbereich von ca. 140 bis maximal 355 Hertz, was nach der gültigen Grundtonbereichstabelle einem musikalischen Tonumfang von etwas unter đ bis etwas über f' entspricht. Bei unbetonten Silben war ein Tonabfall bis zu 60 Hertz feststellbar, so daß seine Sprechmelodik einen (sehr seltenen) Intervallumfang von ca. 2 1/2 Oktaven hatte.[58] Hitler, dessen Sprecheigenarten nicht nur habituell verankert waren, sondern von ihm auch zielgerichtet ausgenutzt wurden, gelang es mit Hilfe von Rhythmus, Gliederungseigenart und Melodik, die logischen Denkfuntionen weitgehend zu paralysieren und je nach Absicht die emotionalen Bereiche stärker zu aktivieren. Diese Einflußmöglichkeit benutzte er vor allem dann, wenn er den Zuhörern garn bestimmte Absichten, absurde oder auch unmenschliche Forderungen, entscheidende Wahrheits- und Geschichtsfälschungen oder notwendige Rechtfertigungen für unerwartete oder gar verbrecherische Taten aufzwingen wollte.

Schon als „Bildungsoffizier" im Jahre 1919, als er vor demobilisierten Soldaten Vorträge und Reden hatte halten müssen,[59] hat-

[58] In seiner Rede zum Ermächtigungsgesetz, in der er beispielsweise in dem Satz „Nur durch blitzschnelles Zuschlagen" die Hervorhebungssilben „blitz" und „Zu" in Höhen von 355 Hertz aussprach, ohne einen Registerwechsel vorzunehmen. Seine „Indifferenzlage", das heißt seine Normallage, lag unter 170 Hertz (teilweise sogar unter 160 Hertz), so daß sie sich in der unteren Hälfte gesanglich bestimmten Baritons befand (Baritonbereich: 95 bis 390 Hertz). Dennoch war es Hitler möglich, sprechmelodisch ohne Registerwechsel in das obere Drittel eines Tenorbereichs (130 bis 523 Hertz, einschließlich Falsettregister) bis zu der Stelle zwischen f' und g' vorzudringen, an der viele Tenorstimmen einen Registerwechsel in den Falsettbereich vornehmen müssen.

[59] Nach dem Sturz der bayerischen Räte-Regierung wurde Hitler im Juni 1919 vom Reichswehrkommando 4, in dessen Händen faktisch die militärische, politische und verwaltungsmäßige Macht lag, zu Aufklärungskursen an der Münchener Universität abkommandiert, wo einige der zu demobilisierenden und aus der Gefangenschaft heimkehrenden Soldaten „bestimmte Grundlagen zu staatsbürgerlichem Denken" erhalten konnten. Da er den an der Universität lehrenden Professoren (vor allem Alexander von Müller) während der Lehrveranstaltungen wegen seines außergewöhnlichen „rhetorischen Naturtalents" (A. v. Müller) aufgefallen war, wurde ihm die Funktion eines Vertrauensmannes im Rahmen der Reichswehr übertragen. An der Universität München hörte Hitler seit Juni 1919 im Rahmen der vorgeschriebenen Vorlesungen und Seminare u. a.: Die deutsche Geschichte seit der Reformation (A. v. Müller), die politische Geschichte des Krieges (Müller), der „Sozialismus in Theorie und Praxis" (Karl Graf von Bothmer), die wirtschaftliche Lage und die Friedensbedingungen (Michael Horlacher), der Zusammenhang zwischen innerer und äußerer Politik (Graf Bothmer), Auswärtige Politik seit dem Kriegsende (Bothmer), „Rußland und die Bolschewikiherrschaft" (Pius Dirr), „Zwangswirtschaft in Brot und Getreide" (Hasselberger), Deutschland

te er bemerkt, wie beispielsweise das von ihm stets negative Wertassoziationen transportierende Wort „Jude“ bei seinen Zuhörern Gefühle und Vorstellungen wie Haß und Empörung erzeugte, wozu sich unschwer schon die Vorstellung „Ausrottung“ assoziieren ließ. So erschien das Wort „Jude“ denn auch – entsprechend der Rolle des Antisemitismus in seiner Weltanschauung – als Achse der sprachlich-gedanklichen Absicherungen sowohl in seinen Reden als auch in den Reden seiner Propagandisten.

Wie in „Mein Kampf“ vorgezeichnet, beschimpfte er kritische Einzelne und Gruppen, die er als Gegner und Feinde ansah, meist mit Superlativen negativer Prägung. Intellektuelle wurden pauschal als „überzüchtet“, „blutleer“ und „weltfremd“, als „Hohlköpfe“, „Strohköpfe“ und „dummes Hühnervolk“ diffamiert, was nicht ohne Folgen bleiben konnte. Die von der nationalsozialistischen Propaganda bündelweise mißbrauchten Superlative gingen zum größten Teil zwar ebenfalls auf „Mein Kampf“ zurück, resultierten jedoch aus einem Mißverständnis. Die NS-Funktionsträger und Exponenten der institutionalisierten Propaganda wußten nicht, daß Hitler gern Superlative wie „größte Menschheitszerrüttung aller Zeiten“, „größter Wortbruch aller Zeiten“, „das grausamste Diktat aller Zeiten“, „schandbarste Unterwerfung und Ausplünderung aller Zeiten“ und aggressiv artikuliert beeindruckende Fakten- und Zahlenkolonnen verwendete, um sich vor allem an ihnen bewußt zu orientieren, wenn er sich als Redner emotional abreagierte. Während

von 1870 bis 1900 (Erich Marcks), Bedeutung der Reichswehr (Karl Mayr) und Preispolitik in der Volkswirtschaft (Zahn). 23 der ausgewählten und durch diese Lehrveranstaltungen besonders vorbereiteten Soldaten, einer von ihnen war Hitler, wurden schließlich dazu ausersehen, als „Bildungsoffiziere“ zu fungieren und vor ihren Kameraden Vorträge zu halten. Auch unter ihnen fiel Hitler als außergewöhnliches Rednertalent mit außerordentlicher Überzeugungskraft auf. Am 26. August 1921 berichtete er über seine Tätigkeit: „Ich hielt . . . zahlreiche Aufklärungsvorträge über den Wahnsinn der roten Blutdiktatur und konnte mit Freude erleben, daß aus den infolge der allgemeinen Reichswehrminderung aus dieser entscheidenden Heeresangehörige (sic!) die 1. Truppe meiner späteren Anhänger entstand.“

die traditionelle sozialistische Vorstellung davon ausging, daß der Mensch von Natur aus grundsätzlich gut sei und auf eine allseitige harmonische geistige und körperliche Entwicklung hinstrebe, „lehrte“ der Nationalsozialist Hitler, daß der Mensch von Natur aus primitiv sei, böse, leicht verführbar, träge und frei von Wissensdurst, weshalb seine Führer die in ihm auch angelegten „Werte“ bestialisch, kämpferisch, autoritätsgläubig und opferbereit, zielgerichtet instrumentalisieren müßten.

Hitler wußte, wen er wo und wie ansprechen mußte. Während die „Weimarer Koalition“ seit 1920 immer die Minderheit der Wähler repräsentiert und die Gegner der Republik sowie die ihr reserviert gegenüberstehenden Kräfte die Mehrheit gebildet hatten, dominierten seit Juli 1932 die Todfeinde des demokratischen Staates. Das Zentrum und die Bayerische Volkspartei als Repräsentanten reinen konfessionellen Hintergrundes fanden ihre Wähler eigentlich nur in den katholischen Regionen Deutschlands, während die SPD und die KPD vornehmlich in städtischen Arbeitergebieten ihre Hochburgen hatten.[60] Für die NSDAP galten andere Kriterien. Zwar profitierte sie vor allem in evangelischen Landgebieten – mit prozentual geringerem Arbeiteranteil[61] als im Reichsdurchschnitt, doch ihr hohes Wählerpotential insgesamt stammte aus allen Schichten des Volkes. Arbeiter[62] und Angehörige des Mittelstandes wählten sie ebenso wie Teile der Oberschicht, so daß sie mit Jürgen W. Falter durchaus als „moderne Integrationspartei“ charakterisiert werden konnte, „unter dem Vorzeichen der Volksgemeinschaft“ alle Sozialschichten anzu-

[60] Bei den KPD-Wählern hatte bei den Wahlen vom 20. Mai 1928 die Konfession kaum eine Rolle gespielt. Die SPD dagegen registrierte in evangelischen Kreisen durchschnittlich doppelt soviele SPD-Wähler wie in katholischen Gebieten.

[61] Weit über dem Reichsdurchschnitt hatte die NSDAP Mitglieder in Gebieten mit überwiegend kleinbürgerlicher Bevölkerung, landwirtschaftlichen Kleinbetrieben und dichter Kleinindustrie (wie z. B. in Thüringen und Sachsen). In industriellen Ballungszentren dagegen lag ihr Mitgliederanteil erheblich unter dem Reichsdurchschnitt. Vgl. auch die nächste Anmerkung.

[62] Von den 270 000 Arbeitern, die bis 1933 der NSDAP (mit zu der Zeit rund 849 000 Mitgliedern) beitraten, waren zwischen 120 000 und 150 000 arbeitslos oder ohne feste Arbeit.

sprechen. Seit 1930 veränderte sich die soziale Herkunft der Wählerschaft der NSDAP kaum noch, auch wenn sie 1932 bei den Juli-Wahlen überdurchschnittliche Zustimmungen sowohl aus evangelischen Landgebieten als auch aus katholischen Agrarterritorien hatte registrieren können. Durchschnittlich stammten 1932 drei von vier NSDAP-Wählern aus evangelischen, jeder achte aus Landgebieten mit überwiegend katholischer Bevölkerung.

Die Tatsache, daß Hindenburg im August nicht bereit gewesen war, Hitler die ungeteilte Macht zu übertragen, hoffte Hitler nach den November-Wahlen revidieren zu können. Doch die Reichstagswahlen vom 6. November 1932, bei deren Vorbereitungen die NSDAP hatte sparen müssen, weil die über Hitlers Entscheidung vom 13. August enttäuschte Industrie nicht bereit gewesen war, die Kassen aufzufüllen,[63] bescherten ihm jedoch eine herbe Überraschung. Obwohl Hitler von zahlreichen Intellektuellen öffentlich effektvoll als Retter Deutschlands gefeiert und allein am 1. Oktober 1932 – ebenso propagandawirksam – Ehrenbürger von 100 Gemeinden allein „der badischen Grenzmark" geworden war – und die Öffentlichkeit täglich neue Ehrungen solcher Art registriert hatte, waren mehr als zwei Millionen der Wähler, die ihn am 31. Juli gewählt hatten, nicht bereit gewesen, ihm wieder ihre Stimme zu geben. Er verlor 34 Sitze im Reichstag, blieb jedoch auch weiterhin Führer der zahlenmäßig stärksten Partei. Enttäuscht schrieb Goebbels am 6. November in sein Tagebuch: „... Wir haben eine Schlappe erlitten. Die Gründe: der 13. August, für den das Verständnis in den Massen noch nicht weit genug vorgeschritten ist, und die gewissenlose Ausnutzung unserer Fühlungnahme mit dem Zentrum durch die deutschnationale Propaganda ... Hauptsache ist, daß wir die Partei halten. Die Organisation muß gefestigt und die Stimmung gehoben werden."

[63] Goebbels schrieb am 8. Dezember 1932 in sein Tagebuch: „... die Geldsorgen machen jede zielbewußte Arbeit unmöglich." Die NSDAP-Führung baute die Gehälter ihrer Funktionäre ab. Hitler unterschrieb Schuldscheine im Hinblick auf die Machtübernahme. Der „Simplizissimus" unkte in der Neujahrsausgabe: „Dieses Führers Zeit ist um."

Reichstagswahl

Wahlkreis Oberbayern-Schwaben

1	Nationalsozialistische Deutsche Arbeiterpartei (Hitlerbewegung) von Epp — Reinhardt — Schwarz — Dietrich	1	◯
2	Sozialdemokratische Partei Deutschlands Dr. Hoegner — Frider — Unterleitner — Frau Haas	2	◯
3	Kommunistische Partei Deutschlands Schmitt — Buch — Schlierseder — Hausmann	3	◯
5	Deutschnationale Volkspartei Dr. Barnwolff — Pfaff — Dodl — Risthaler	5	◯
5a	Radikaler Mittelstand Kiplias — Dr. Werbelauer — Rau	5a	◯
6	Bayerische Volkspartei Dr. Horlacher — Rauch — Leibl — Schwarzer	6	◯
7	Deutsche Volkspartei Kranß — Bayer — Hanigk	7	◯
8	Deutsche Staatspartei Dr. Heuß — Dr. Luppe — Kalbskopf — Rohmeder	8	◯
9	Christlich-sozialer Volksdienst (Evangelische Bewegung) D. Strathmann — Behrens	9	◯
10	Reichspartei des Deutschen Mittelstandes (Wirtschaftspartei) e. V. Dirscherl — D. Dr. Brade — Köster	10	◯
11	Bayerischer Bauern- und Mittelstandsbund (Deutsche Bauernpartei) Dr. Fehr — Klug — Härtl — Zimmermann	11	◯
14	Volksrecht-Partei Bauser — Belak — Frau Teuffert — Pohl	14	◯
17	Sozial-Republikanische Partei Deutschlands (Hörsing-Bewegung für Arbeitsbeschaffung) Hörsing — Hauff — Frau Hartig — Eßmann	17	◯
18	Sozialistische Arbeiterpartei Deutschlands Seydewitz — Ledebour — Marx — Vogel	18	◯
26	Kleinrentner, Inflationsgeschädigte und Vorkriegsgeldbesitzer Oser — Preußischer — Stelzmann — Hahn	26	◯
27	Enteigneter Mittelstand Krämer — Hellwig — Herfurt	27	◯
28	Handwerker, Handel- und Gewerbetreibende Richter — Rößeler	28	◯

Wahlschein zur Reichstagswahl vom 6. November 1932

Profitiert hatten – außer der DNVP und der DVP mit insgesamt 19 hinzugewonnenen Sitzen – nur die Kommunisten, die in den neuen Reichstag nicht mit 89 Abgeordneten einzogen, wie es nach der Wahl vom 31. Juli der Fall gewesen war, sondern mit 100 und damit nur noch 21 Sitze weniger als die SPD erhielten, die den Verlust von 12 Mandaten und rund 700 000 Wählern verzeichnen mußte. Der seit dem Beginn seiner Kanzlerschaft parteilose Regierungschef war am Ende. Am 17. November bat er den Reichspräsidenten, der Demissionierung des gesamten Kabinetts zuzustimmen.

Hindenburg wollte es jedoch mit ihm, der sich nun allerdings mit Vorstellungen trug, deren Urheber Hitler hätte sein können, noch einmal versuchen. Zwar wollte Papen Hitlers Machtergreifung verhindern, riet aber zu so rigorosen Maßnahmen, die Hindenburg nicht akzeptierte: Ausschaltung des Reichstages, Verbot sämtlicher Parteien und gravierende Verfassungsänderungen. Darüber hinaus erwies sich seine Hoffnung, – mit Schleichers Hilfe – die Reichswehr hinter sich zu haben und mit Unterstützung der alten preußischen Führungsschicht aus Kreisen des Großagrariertums und der Industrie in der von ihm projektierten Weise regieren zu können, als Trugbild. Schleicher, der gemeint hatte, Papen wie eine Marionette manipulieren zu können, hatte sich inzwischen gegen ihn entschieden, so daß Papen nicht mehr auf die Reichswehr rechnen konnte. Papen hatte seine Rechnung ohne Schleicher und Hindenburg gemacht, der (offensichtlich Schleichers Horror-Planspiel im Kopf) ihm mündlich und freundschaftlich erklärte: „Sie werden mich, lieber Papen, für einen Schuft halten, wenn ich jetzt meine Meinung ändere. Aber ich bin zu alt geworden, um am Ende meines Lebens noch die Verantwortung für einen Bürgerkrieg zu übernehmen. Dann müssen wir in Gottes Namen Herrn von Schleicher sein Glück versuchen lassen." Am 19. November, 13 Tage nach der Reichstagswahl, bekam er Gelegenheit dazu.

Papen hatte zwar die Möglichkeit erzwungen, noch vor den Wahlen außenpolitische Erfolge bewirken zu können, doch die Realisierung seiner wichtigsten Absicht, nämlich in Genf noch rechtzeitig die völlige deutsche militärische Gleichberechtigung zugestanden zu bekommen, gelang seinem Außenminister Freiherr von Neurath nicht mehr,[64] so daß die Regierung bis November schließlich keinen Prestigegewinn registrieren konnte. Auch innenpolitisch schlug nichts mehr positiv zu Buche. Seinen reaktionären Traum vom neuen Staat, den Papen nun mit der Beseitigung der NSDAP und KPD, der Gewerkschaften und Wirtschaftsverbände, mit Hilfe von Notverordnungen schaffen wollte, mußte er ebenso aufgeben wie seine außenpolitischen Illusionen. Schleicher war nicht bereit, ihn noch länger zu stützen und mit ihm mitzugehen. Er machte Papen klar, daß er, der General und Reichswehrminister, nationalsozialistische und kommunistische Putschversuche während einer Staatsneuordnung im Sinne Papens von der Reichswehr niederwerfen lassen würde.[65] In dieser Hinsicht war er klüger und handelte realitätsnäher als Papen. Er hatte begriffen, daß sich eine Regierung im Massenzeitalter nicht ohne Unterstützung seitens der Massen dauerhaft am Ruder halten könnte. Zudem war ihm der Gedanke zuwider, das Militär gegen das eigene Volk kämpfen lassen zu sollen, wie es in den zwanziger Jahren geschehen war.

Die seit Anbeginn nur geradeso lebensfähige Republik war bereits kurz vor dem Ende der Sackgasse angekommen, aus der es keine Umkehr mehr gab. Die historisch bedingte Unfähigkeit der Deutschen zur Gemeinschaftsstiftung, die mangelnde Bereitschaft der Bevölkerung, der politischen Parteien und einzelner Verantwortlicher auf verschiedenen Ebenen, überlieferte reali-

[64] Sie wurde Deutschland am 11. Dezember 1932 zugestanden.

[65] Als das Kabinett am 1. Dezember 1932 unter Papens Vorsitz tagte, ließ Schleicher als Reichswehrminister den von ihm in die Sitzung mitgenommenen Oberstleutnant Eugen Ott seine Lage-Definition vortragen. Er ließ (was nach den Erfahrungen vom 20. Juli 1932 in Preußen abwegig war) einen Generalstreik als möglich erscheinen und erklärte, daß „die Ordnungskräfte des Reiches in keiner Weise ausreichten, um die verfassungsmäßige Ordnung gegen Nationalsozialisten und Kommunisten aufrecht zu erhalten und die Grenzen" des Reiches im Falle eines eventuellen polnischen Angriffes auf Ostpreußen (wovon nicht entfernt tatsächlich die Rede sein konnte) zu schützen. Der Reichswehrminister sei jedoch verpflichtet, „die Zuflucht der Reichsregierung zum militärischen Ausnahmezustand zu verhindern."

tätsferne Vorstellungen aufzugeben (was durchaus möglich war) und sie durch realitätsnahe, gegenwarts- und zukunftsträchtige Positionen zu ersetzen, hatten triumphiert. Überall war zwar vom Vaterland, von der Reichsverfassung, von der Nation, vom Staat, von der Demokratie und vom Volk die Rede; aber nahezu ausnahmslos handelte es sich dabei entweder um bloße Worthülsen oder aber um Begriffe, die jeweils als Termini für das Ganze aufgefaßt wurden. Die oft wiederholte These, daß die Weimarer Republik 1932 noch zu retten gewesen wäre, wenn die Führung über ein „treu ergebenes Heer" verfügt hätte, geht von Spekulationen aus, die sich der Reichsführung zu der Zeit nicht als Tatsache stellten. Die konsequente Haltung Hindenburgs, dem das Militär mit Sicherheit auch in extremen Krisenlagen gehorcht hätte, ließ Gedankenspiele, wie Schleicher sie mit Groener von Juni 1928 bis Juni 1932 gelegentlich diskutierte, illusorisch erscheinen.

Hindenburg empfing Hitler erneut – und bot ihm diesmal auch die Kanzlerschaft an, tat dies jedoch mit der ausdrücklichen Devise, daß er eine parlamentarische Regierung präsentieren müsse. Hitler, der nun trotz der 33,1 Prozent Wählerstimmen nach Koalitionspartnern suchen mußte, weil Hindenburg nicht bereit war, ihm ein Präsidialkabinett anzuvertrauen, fand bei den Parteien, auf die er rechnen zu können gehofft hatte, nicht die erwartete Unterstützung. Die DNVP, die 8,3 Prozent der Stimmen auf sich vereinigt hatte, stützte Papen und zeigte Hitler die kalte Schulter. Das – zur Koalition eventuell bereite – Zentrum mit 11,9 Prozent der Wählerstimmen, konnte die rechnerische Mehrheit nicht bringen. Am 21. November forderte Hitler daher von Hindenburg noch einmal, ihn – wie zuvor Brüning und Papen – mit einem Präsidialkabinett regieren zu lassen. Doch Hindenburg lehnte erneut ab.

Am 22. November ließ er Hitler durch Staatssekretär Otto Meißner erklären, daß er, Hitler, als „Führer einer die Ausschließlichkeit seiner Bewegung" fordernden Partei als Kanzler eines Präsidialkabinetts nicht in Frage käme. Die Vorstellungen des Reichspräsidenten im Wortlaut Meißners: „Das Präsidialkabinett – aus der Not und dem Versagen des Parlaments geboren, wird in der Regel die notwendigen Regierungs-Maßnahmen ohne vorherige Zustimmungen des Parlaments auf Grund des Artikels 48 der Reichsverfassung in Kraft treten lassen. Es bezieht seine Machtvollkommenheiten also in erster Linie vom Reichspräsidenten und braucht das Parlament im allgemeinen nur zum Sanktionieren oder Tolerieren dieser Maßnahmen. Eine parlamentarische Regierung muß alle Gesetzesentwürfe vor dem Inkrafttreten den gesetzgebenden Körperschaften zur Beratung und Genehmigung vorlegen; sie bezieht ihre Machtvollkommenheiten also ausschließlich von einer parlamentarischen Mehrheit. Daraus ergibt sich, daß der Führer eines Präsidialkabinetts nur ein Mann des besonderen Vertrauens des Herrn Reichspräsidenten sein kann. 2. Das Präsidial-Kabinett muß überparteilich geführt und zusammengesetzt sein und ein vom Reichspräsidenten gebilligtes, überparteiliches Programm verfolgen. Eine parlamentarische Regierung wird in der Regel von dem Führer einer der für eine Mehrheits- und Koalitionsbildung in Frage kommenden Parteien und aus Mitgliedern dieser Parteien gebildet und verfolgt im wesentlichen Ziele, auf die der Reichspräsident nur in geringem Maße und nur mittelbaren Einfluß hat. Hiernach kann ein Parteiführer, noch dazu der Führer einer die Ausschließlichkeit seiner Bewegung fordernden Partei, nicht Führer eines Präsidialkabinetts sein."

Eine neue Regierung mußte gebildet werden. Am 1. Dezember empfing Hindenburg Papen und Schleicher, um deren Vorschläge zu hören. Papen, der nach wie vor seinen Ideen vom Staatsstreich anhing, entwickelte vor dem Präsidenten erneut, was er wollte: Die notfalls gewaltsame Durchsetzung seiner Staatsreformpläne und die nachträgliche Billigung des Verfassungsbruches durch eine Volksabstimmung – oder durch eine neue Nationalversammlung. Schleicher suchte andere Wege aus dem Dilemma. Er empfahl, allerdings erfolglos, die NSDAP – mit Hilfe Gregor Strassers vom linken oppositionellen Flügel der Partei – zu spalten, die ausscheidenden vermutlichen (mehr als) „60 Abgeordneten" mit Vertretern der Gewerkschaft, der SPD und der bürgerlichen Parteien zusammenzufassen und sie für eine Tolerierung eines Schleicher-Kabinetts zu gewinnen. Hindenburg, der Papen den Vorzug gegeben hatte, entschied sich für den noch amtierenden Kanzler. Als dieser indes am nächsten Tage feststellte, daß das Kabinett nicht seinen, sondern Schleichers Vorstellungen den Vorzug gab, bat er den Reichspräsidenten, ihn zu entlassen. Hindenburg, der Papen zeitweilig als seinen Lieblingskanzler zu bezeichnen pflegte, tat dies schweren Herzens. Ein Hindenburg-Foto mit der sinnigen Widmung „Ich hatt' einen Kameraden" war seine vorerst letzte Auszeichnung aus der Hand des Reichspräsidenten.

Schleicher, der letzte Kanzler der Republik

Kurt von Schleicher, der sich gern als großer Mann und „sozialer General" feiern ließ und lange das Vertrauen Hindenburgs genossen und ausgenutzt hatte, war an einem Ziel angelangt, das er ursprünglich gar nicht angestrebt hatte. Und auch der Reichspräsident, der ihn nicht für sonderlich geeignet hielt, das Amt des Reichskanzlers erfolgreich auszufüllen, sah ihn nicht gern an Bismarcks Tisch. Aber der forsche Intrigant, den selbst Freunde wegen seines gnadenlosen Taktierens mieden und fürchteten, konnte nicht mehr zurück. Er gehorchte dem Feldmarschall, der keinen anderen Ausweg mehr sah. So stand seine Kanzlerschaft unter keinem guten Omen.

Der 14. und letzte Reichskanzler der Republik begann seine Tätigkeit mit einer halbherzigen Empfehlung. „Dann müssen wir", so sagte Hindenburg nachdenklich, „in Gottes Namen Herrn von Schleicher sein Glück versuchen lassen." Im Reichstag erlebte der General indes einen furiosen Auftakt, den ihm die Abgeordneten der beiden extremen Flügelparteien bescherten. Am 7. Dezember kam es nach einem Zwischenruf eines kommunistischen Abgeordneten zu wüsten Prügelszenen zwischen den Nationalsozialisten und den Kommunisten. Pultdeckel, Aschenbecher, Telefonapparate, Taschen, Spucknäpfe, und was immer sonst greifbar erschien, wurden als Schlagwerkzeuge benutzt, die Scheibe einer Verbindungstür zertrümmert und ein Kronleuchter von der Decke gerissen. Schleicher, nun nicht nur Reichskanzler, sondern zugleich auch weiterhin Reichswehrminister,[66] mag dabei zunächst an die Reichswehr als letzte intakte Ordnungsinstanz gedacht haben, doch sie durfte er nicht „benutzen". Hindenburg, der sich im November 1918 gegenüber dem Kaiser geweigert hatte, die Armee „gegen die Heimat" einzusetzen, hätte ihm dies zweifelsfrei untersagt. So mußte er sich nicht nur damit bescheiden, die Reichswehr im Hintergrund zur Kanalisierung „nationaler" Kräfte zur Verfügung zu belassen, sondern auch erkennen, daß seine alten Vorstellungen von einer Zusammenarbeit zwischen militärischer und politischer Führung mehr als nur riskant gewesen waren.[67]

Zwei Tage später vertagte sich das Parlament auf unbestimmte Zeit, nachdem es durch Mehrheitsbeschluß – mit den Stimmen der SPD – eine Amnestie und Straffreiheit für politische Verbrechen (außer Mord) verabschiedet hatte. Inhaftierte Kommunisten und Nationalsozialisten, Pazifisten (wie Carl von Ossietzky) und auch Verrätern militärischer Geheimnisse öffneten sich die Gefängnistore durch Gesetzesbeschluß. Es war die letzte Entscheidung des republikanischen Parlaments, das 1932 nicht mehr zusammentrat.

Die Hoffnungen der Deutschen, die mit Schleichers publizistischem Organ „Tägliche Rundschau" die Überzeugung teilten, daß mit dem General das „letzte Pferd . . . aus dem Stall herausge-

[66] Hitler ersetzte ihn am 30. Januar 1933 durch Werner von Blomberg.

[67] Am 26. Juli 1932, vier Monate vor der Übernahme der Kanzlerschaft, hatte er im Sinne seiner Maxime, weder dem Kapitalismus noch dem Sozialismus verpflichtet sein zu wollen, erklärt: „Der Staat muß zum aktiven Träger des Wehrgedankens werden. Der Wehrgedanke muß zum Kitt einer neuen Staatsgesinnung werden. Er muß zum heilenden Serum werden gegen die volkszersetzenden Giftstoffe eines selbstmörderischen Pazifismus, der Staatsverleumdung und des Klassenkampfes. Opferbereitschaft, Disziplin, Kameradschaft im Dienste des Vaterlandes müssen wieder nationale Tugenden werden."

holt" worden sei, der nun endgültig leer stünde, konnten nur durch innen- und außenpolitische Erfolge erfüllt werden. Und die Erwartungen brauchten Ende 1932 durchaus keine Illusionen zu sein. Die NSDAP hatte bedenklich abgewirtschaftet, was signalhaft bereits bei den Reichstagswahlen vom 6. November sichtbar geworden war. Bei den Landtagswahlen vom 4. Dezember in Thüringen beispielsweise verlor sie rund 40 Prozent der Wähler, die ihr im Juli noch das Vertrauen ausgesprochen hatten. Der Reichshaushalt hatte sich ein wenig erholt, der jahrelange Produktionsrückgang in einigen Industriezweigen war gestoppt worden. Der freiwillige Arbeitsdienst zählte bereits rund 250 000 junger Männer. Die obligatorische Zinsverringerung bei landwirtschaftlichen Darlehen, die Hitler und sein Landwirtschaftsminister Walter Darré später zu tragenden Aspekten der Wirtschaftspolitik erhoben, war im September 1932 eingeführt worden. Am 11. Dezember 1932 hatten die USA, Großbritannien, Frankreich und Italien eine wesentliche Bestimmung des Versailler Vertrages annulliert und dem Reich die militärische Gleichberechtigung zugestanden. Deutschland konnte von nun an tatsächlich in einem System allgemeiner Sicherheitsgarantien aufrüsten und die Lage auf dem Arbeitsmarkt spürbar verbessern. Die Weltwirtschaftskrise[68] ging ihrem Ende entgegen, was dem kommenden Regierungschef in Deutschland die Politik ebenso erleichtern mußte, wie es in den USA der Fall war, wo Ende des Jahres 1932 Hitlers späterer Gegenspieler Franklin D. Roosevelt zum Präsidenten gewählt wurde.

[68] Aufmerksame Beobachter (wie Ernst Wagemann, der Begründer der empirischen Konjunkturforschung) hatten bereits im Sommer 1928 das Nachlassen der Konjunktur registriert und vor Konsequenzen gewarnt. Wagemanns Prognosen stellten Optimisten die Produktions-, Beschäftigten-, Lohn- und Steuerziffern des Augenblicks gegenüber. Die ausländischen Kredite waren zumeist kurzfristig gewährt, in Deutschland jedoch langfristig verwendet worden, wobei sie häufig auch in Bereiche gelangt waren, die nicht zur gewinnbringenden Wirtschaft gehörten. Bei Ländern, Provinzen, Kreisen und Gemeinden waren sie zum Bau von Verwaltungsgebäuden, Schulen, Stadien und Badeanstalten verwendet worden, die weitere Kosten verursachten und nicht in der Lage waren, aus eigener Leistung die Kreditverzinsungen aufzubringen.

Am 23. Dezember 1932 schrieb Goebbels deprimiert in sein Tagebuch: „Das Jahr war eine einzige Pechsträhne. Man muß es in Scherben schlagen. Draußen geht der Weihnachtsfrieden durch die Straßen ... Die Vergangenheit war schwer, und die Zukunft ist dunkel und trübe; alle Aussichten und Hoffnungen vollends entschwunden." Während die „Frankfurter Zeitung" vom 1. Januar 1933 hoffnungsvoll konstatierte, daß der „gewaltige nationalsozialistische Angriff auf den Staat ... abgeschlagen" worden sei, sprach Hindenburg von der Hoffnung auf das Ende der Notzeit. Schleicher konnte davon ausgehen, die Talsohle endlich verlassen zu haben.

Wie alle Kanzler der Weimarer Republik in bestimmten Phasen, so hatte auch Kurt von Schleicher Fortüne. Sein Plan, unter Vernachlässigung der politisch handlungsunfähigen bürgerlichen Parteien und der SPD mit Hilfe der Gewerkschaften – und mit Anhängern aller politischen Schattierungen außer den Kommunisten – regieren zu können, war in Europa beispiellos. Dabei allerdings hatte der geschickt taktierende Militär die Gewerkschaften und die politischen Parteien falsch eingeschätzt.

Anders als 1930, setzte sich die SPD Anfang 1933 gegen die Gewerkschaften durch, und Hitler zwang den mit Schleicher verhandelnden Rebellen Gregor Strasser[69] Anfang Dezember 1932 die Partei zu verlassen, die durch die Wahlen vom 6. November zwar 34 Abgeordnete eingebüßt hatte, jedoch nach wie vor die stärkste Fraktion im Reichstag stellte. Am 15. Dezember erklärte Schleicher – wenig detailliert und taktisch zurückhaltend – über den Rundfunk, der seit der Zeit seines Vorgängers Papen täglich eine „Stunde der Reichsregierung" sendete, welches Programm ihm vorschwebte und wie er die bereits abflauende „große Krise" gänzlich zu beenden gedachte. „Ich habe", sagte er, „gegen die Annahme des Kanzleramtes die allerschwersten Bedenken gehabt. Einmal weil ich nicht der Nachfolger meines Freundes Papen ... sein wollte, dessen ... Wirken erst eine spätere Zeit voll anerkennen wird. Vor allen Dingen aber deshalb, weil der Wehr-

[69] 1934 wurden sie während der Röhm-Affäre erschossen.

minister als Reichskanzler nach Militärdiktatur riecht und weil die Gefahr nicht von der Hand zu weisen ist, daß durch eine Verbindung dieser beiden Ämter die Wehrmacht zu stark in die Politik gezogen werden könnte ... Ich möchte deshalb heute auch an alle Volksgenossen die Bitte richten, in mir nicht nur den Soldaten, sondern den überparteilichen Sachwalter der Interessen aller Bevölkerungsschichten für eine hoffentlich nur kurze Notzeit zu sehen, der nicht gekommen ist, das Schwert zu bringen, sondern den Frieden ... Es sitzt sich schlecht auf der Spitze der Bajonette, man kann auf die Dauer nicht ohne breite Volksstimmung hinter sich regieren."

Daß die parlamentarisch-demokratisch artikulierten Formeln für Schleicher nur Phrasen waren, offenbarte er unmittelbar. „Zunächst werde ich schon zufrieden sein", versprach er nämlich im gleichen Atemzuge drohend, „wenn die Volksvertretung ... der Regierung ohne Hineinreden und ohne die hinlänglich bekannten parlamentarischen Methoden Gelegenheit gibt, ihr Programm durchzuführen." Und dieses Programm, so erläuterte er: „besteht aus einem einzigen Punkt. Arbeit schaffen! Alle Maßnahmen, die die Reichsregierung in den nächsten Monaten durchführen wird, werden mehr oder weniger diesem Ziel dienen ... In unserm Volk lebt ein Schaffensdrang, der durch keine Enttäuschung umzubringen ist. Und in allen Bevölkerungsschichten kämpft man mit demselben Mut, derselben verbissenen Zähigkeit wie im Kriege heute gegen die schweren wirtschaftlichen Nöte unserer Zeit ... Ich habe deswegen dem Reichspräsidenten die Ernennung eines Reichskommissars für Arbeitsbeschaffung vorgeschlagen. Seine Aufgabe wird es sein, jeder Arbeitsmöglichkeit nachzuspüren, ein großzügiges Arbeitsbeschaffungsprogramm aufzustellen und seine Durchführung zu überwachen .... Das Programm muß in erster Linie auf die Instandsetzung vorhandener Produktionsgüter und auf Verbesserungen abgestellt werden, und die Vergebung der Arbeiten an Unternehmer ist der Ausführung in eigener Regie vorzuziehen. Außerdem wird sichergestellt werden, daß die bereitgestellten Geldmittel ausschließlich für die Finanzierung dieser Arbeiten verwandt werden ... Wir werden im laufenden Haushalt im Reich ohne neue Steuern und ohne weitere Kürzungen der Personalausgaben durchkommen, was immerhin einen Fortschritt gegen die beiden letzten Krisenjahre bedeutet ... Das Reich hilft Ländern und Gemeinden, deren finanzielle Verhältnisse sehr schwierig liegen, durch organisatorische und finanzielle Maßnahmen. Mit der Frage der Arbeitsbeschaffung hängt die Siedlung eng zusammen."

Der General, der nicht „nach Militärdiktatur riechen", sondern nur noch Regierungschef und „überparteilicher Sachwalter der Interessen aller Bevölkerungsschichten" sein wollte, konnte auch in dieser Situation weder seinen Beruf noch die von ihm geprägte politische Denkweise verbergen. „Gerade auch als Wehrminister muß ich auf Besiedlung unsrer Ostmark den größten Wert legen", proklamierte er und fuhr im Stile Hitlers fort: „Denn letzten Endes sind es noch immer die Menschen auf eigener Scholle gewesen, die den besten Grenzwall gegen das Vordringen fremden Volkstums abgaben. Um in der Siedlungsfrage künftig schneller vorwärtszukommen, ist innerhalb des Reichskabinetts der Reichskanzler und in seiner Vertretung dem Reichskommissar für die Arbeitsbeschaffung ein besonderer Einfluß auf das Siedlungswesen eingeräumt."

Schleicher hatte mit seiner Ansprache das Gegenteil von dem erreicht, was er anstrebte. Sie wurde allgemein als zu „quer" empfunden, als Beifall heischende „Verbeugung nach allen Seiten", als diffuses Programm ohne konkrete und politisch umsetzbare Gesichtspunkte, sobald die militärischen Aspekte ausgeklammert würden. Die Landwirte klagten Schleicher an, die Produktionsgüterindustrie zu bevorzugen und die Landwirtschaft wie ein fünftes Rad am Wagen zu behandeln. Daß er im Osten das Siedlungswesen forcieren und zum „Grenzwall" gegen „fremdes Volkstum" machen wollte, war für die Großgrundbesitzer, die schon Brünings Siedlungspläne bekämpft hatten, ein weiterer Stein des Anstoßes. Der Deutsche Industrie- und Handelstag forderte die Unterlassung zollpolitischer Maßnahmen zugunsten der Bauern, und Krupp von Bohlen empfahl mahnend, zu Papens Programm zurückzukehren. Die Reichsbank sah in Schleicher und seiner „Politik der Querfront“ nicht die Lösung, die sie bedingungslos mitzutragen bereit sei. Die Linken dagegen nahmen ihm den so provozierend zur Schau gestellten „sozialen General“, der zu den Gewerkschaftsführern Theodor Leipart und Fritz Tarnow so gute Beziehungen unterhielt, daß er ihnen Ministerposten anbot, nicht ab, auch wenn Leipart öffentlich erklärte, daß dieser Kanzler bereit sei, sich der Sorgen der Arbeiter anzunehmen.[70] Auch die SPD-Führung sah ihn anders, als er selbst gern gesehen werden wollte. Otto Wels warnte seine Freunde davor, „dem Teufel den kleinen Finger zu reichen“. Der Parteivorsitzende, der Hitler unterschätzte und meinte, daß die SPD sich nach den Novemberwahlen nicht mehr „vor den Nationalsozialisten ... zu fürchten“ brauchte, war überzeugt, daß die Gewerkschaften und die SPD „mit Schleicher nichts zu tun“ haben dürften. Selbst bei der Reichswehr, seiner eigentlichen „Hausmacht“, wurden überraschend schnell vorsichtige Stimmen gegen ihn laut. Und auch Hindenburg hat ihm seine Gunst entzogen. „Der alte Herr“, erfuhr Hitler am 19. Dezember von Wilhelm Keppler, stünde „dem Kanzler sehr ungünstig gegenüber“, was Papen bewog, sich bei Hindenburg für eine Kanzlerschaft Hitlers einzusetzen und ihn um eine „vertrauliche Aussprache“ zu bitten.

Die ungeduldigen Führermacher im Hintergrund, die auf Hitler setzten, handelten anders als Hitler und Goebbels, die sich insgeheim bereits von ihren nationalsozialistischen Herrschaftsträumen verabschiedet hatten, auch wenn sie dies öffentlich nicht eingestanden.[71] Hitlers Feststellung vom 19. Dezember 1932 igno-

[70] Der sozialdemokratische Reichstagsabgeordnete Wilhelm Hoegner bescheinigte Schleicher, daß er seine soziale Politik bislang nur deshalb nicht habe durchsetzen können, weil zu viele Widerstände sie und ihn behinderten. Selbst Schleichers Bemühungen, die NSDAP mit Hilfe Strassers zu spalten, erschienen ihm als akzeptables Mittel zur Verhinderung Hitlers.

[71] Öffentlich erklärte Hitler am 10. Dezember 1932 in Berlin: „Die Spekulationen auf den Verfall der Bewegung sind fehl am Platze“. Und am 11. Dezember sagte er in Leipzig im Hinblick auf Strassers vorausgegangene Besprechungen mit Schleicher und Hindenburg: „Den Preis für die Bewegung habe ich festgesetzt. Niemand wird sie billiger geben. Sollte sich aber jemals einer finden, so wäre er in der nächsten Stunde schon in der Partei verloren und hätte keine Bewegung hinter sich ... Die Zeit macht nicht mürbe.“

rierend, daß er und die NSDAP nicht dazu da seien, „ruinierte Staaten wieder in Ordnung zu bringen" und sich „zum Schluß einen Fußtritt geben zu lassen", halfen sie Ende 1932 massiv nach. Noch ehe die einflußreichen und finanzstarken Gesinnungsfreunde Hjalmar Schachts, Paul Reusch, Ernst Poensgen, Albert Vögler und Fritz Thyssen, ihre Idee zu verwirklichen vermochten, den Führer der NSDAP durch eine „Arbeitsstelle" Schacht einigermaßen in den Griff zu bekommen, hatte der Ingenieur Keppler, ein an wichtigen Beziehungen reicher, Hitler treu ergebener, fleißiger und sachlicher Wirtschaftsfachmann mit relativ mäßigem Durchsetzungsvermögen, Hitlers Geschicke bereits in eine andere Richtung gelenkt.[72] Ihm war es gelungen, einen Kreis von westdeutschen adeligen und bürgerlichen Industriellen und Bankiers um sich zu vereinigen, die Hitler finanziell unterstützten und schließlich auch dazu beitrugen, daß er Ende Januar 1933 Reichskanzler werden konnte.

Der weitaus größte Teil der Unternehmer lehnte den Kurs des Papen-Nachfolgers Schleicher ab, eine forcierte Arbeitsbeschaffung durch die öffentlichen Hände zu betreiben. Außerdem mißbilligten sie seine Kontakte zu den Gewerkschaften und zum linken NS-Führer Gregor Strasser. Daher zogen sie Schleicher, dem „Sozialisten in Uniform", eine Koalition Hitler-Papen vor. Am 19. Dezember 1932 wandte sich Keppler an Hitler und ließ ihn wissen, daß der Boden sondiert und eine Regierung Hitler – nach seiner Auffassung – „ohne vorherige Reichstagswahlen" realisierbar sei.

Hitler erfuhr von ihm: „Dieser Tage war ich mit Dr. Schacht und Baron Schröder in Köln zusammen, wobei ich meine Auffassung über die politischen Dinge klarlegte. Dr. Schacht schloß sich meiner Anschauungen an; Baron Schröder stand ungläubig gegenüber. Soeben hatte ich einen Anruf von letzterem; er berichtete mir, daß er mit Herrn von Papen zusammen war und daß dieser meine Darlegungen hundertprozentig bestätigt habe . . .

[72] Im Frühjahr 1933 berief Hitler ihn zum „Beauftragten des Führers und Reichskanzlers für Wirtschaftsfragen" mit Sitz in der Reichskanzlei.

Papen habe selbst langsam die Persönlichkeit seines Nachfolgers erkannt, der ständig seine Mitarbeiter getäuscht und betrogen und sein eigenes Spiel gespielt habe. Bei ihren Verhandlungen mit dem alten Herrn (von Hindenburg) habe Schleicher stets dazwischengeschossen, und auch sein eigener Sturz sei durch ein Torpedo des Herrn von Schleicher erfolgt. Die Stellung des Kanzlers (Kurt von Schleicher) sei recht schwach; denn der alte Herr sei jetzt über die ‚Manieren', [73] die zur Anwendung gekommen seien (auch bei dem Sturz von Papens), aufgeklärt und stehe dem Kanzler sehr ungünstig gegenüber, während von Papen nach wie vor sein Vertrauen besitze. Herr von Papen hält eine baldige Änderung der politischen Dinge für ... erforderlich und tritt voll für Ihre Kanzlerschaft ein. Herr von Papen wünscht mit Ihnen eine vertrauliche Aussprache zu haben, um Sie über die früheren Vorgänge aufzuklären und mit Ihnen über die weitere politische Gestaltung zu sprechen. Ich würde es außerordentlich begrüßen, wenn diese Besprechung stattfinden würde, und ich bin gerne bereit, das Erforderliche zu vermitteln, wenn Sie mir einen Ihnen genehmen Zeitpunkt mitteilen würden. Als Ort wurde das Haus des Kurt Baron Schröder ... vorgeschlagen, über dessen unbedingte Zuverlässigkeit ich mich schon früher geäußert habe. Wenn die politische Lage von vielen auch als ungünstig angesehen wird, so stehe ich auf dem Standpunkt, daß wir unser Ziel ohne vorherige Reichstagswahlen werden erreichen können ..."

Am 4. Januar 1933 erwartete der am 17. November 1932 von seinem Amt als Reichskanzler zurückgetretene Franz von Papen, in dessen Regierung Hitler nicht hatte eintreten wollen, im Hause des Kölner Bankiers Kurt Baron von Schröder die nationalsozialistischen Führer Hitler, Heß und Himmler sowie Wilhelm Keppler, um mit ihnen die Bildung einer nationalsozialistischen kon-

73 Dem stets äußerst korrekten und auf Etikette achtenden Reichspräsidenten behagten die „naß-forschen" Kadettenmanieren Schleichers nicht, der wußte, daß Hindenburg ihm aus alter „Kameradschaft" manches nachsah, solange es sich um „Verstöße" rein soldatischen Charakters handelte. Nur verwechselte der General gelegentlich seine Betätigungsfelder.

servativen Regierung unter umgekehrten Vorzeichen vorzubereiten. Papen war bereit zu tun, was Hitler im August – unter umgekehrten Vorzeichen – unmöglich erschienen war. Er erklärte sich damit einverstanden, in einer Regierung Hitler das Amt des Vizekanzlers zu übernehmen.

Die Tage des Reichskanzlers Kurt von Schleicher, dem die Linken nicht den „sozialen General" glaubten und die ostelbischen Großagrarier seine Wirtschaftssiedlungspläne ebenso verargten, wie sie es bei Brüning getan hatten, waren damit gezählt. Seine Bemühungen, sich mit der unter Hugenberg immer mehr nach rechts abdriftenden DNVP zu arrangieren, die im Reichstag über 52 Sitze verfügte und die Isolierung des Kanzlers ein wenig auflockern sollte, schlugen Mitte Januar 1933 endgültig fehl. Vorausgegangen waren unter anderem zwei Unterredungen zwischen dem Reichspräsidenten und Hitler am 19. und 21. November 1932 und eine Korrespondenz zwischen Hitler und von Hindenburg und Otto Meißner.

Anders als Hitlers Pressemeldungen, offizielle Verlautbarungen und Darstellungen klangen seine Briefe. Sie zeigten gelegentlich ungeschminkt, wie er die Dinge sah und wie er als Führer taktierte. Dominierend war – trotz aller lauten Bekundungen – die Angst vor Risiken als Folgen offensiven Handelns. Abwarten, die Dinge reifen lassen, defensiv taktieren, auf Sicherheit setzen, Mißverständnissen vorbeugen, mündlichen Aussprachen und Besprechungen über die Lage ausweichen, selbstbewußte Forderungen für den Fall der Berufung zum Regierungschef stellen, auf eigene Leistungen und auf die Stärke der NSDAP hinweisen und die Leistungen der Gegner herabsetzen, das waren Hitlers Maximen, an die er sich gehalten hatte, bevor der Reichspräsident ihn mit der Regierungsbildung beauftragte.

In einem Brief an Papen, der Hitler zu einer Besprechung eingeladen hatte, schrieb er am 16. November 1932 beispielsweise: „Ich bin nicht in der Lage, zu einer mündlichen Aussprache zu kommen, sondern bitte, daß, wenn überhaupt ein solcher Gedankenaustausch gewünscht wird, dies schriftlich geschieht." Seine Persönlichkeitsstruktur und Führungsweise erwiesen sich in dieser Situation für die NSDAP als tatsächlich beste Voraussetzungen für die Verwirklichung des Anspruches, die Regierungsgeschäfte zu übernehmen. Besser als seine politischen Gegner und Berater hatte Hitler erkannt, daß die Zeit für ihn arbeitete, auch wenn die Substanz der Partei durch sein Zaudern zu zerbröckeln schien.

Wie immer die Versprechungen der anderen Parteiführer – die Hitler zur „Mitarbeit“ ermuntern sollten – auch gemeint sein mochten, er wartete im Hintergrund und ließ sich weder von seinen Gegnern noch von seinen Anhängern aus der Reserve locken und war auch nicht bereit, Kompromisse einzugehen. Die bindenden Auflagen Hindenburgs, der Hitlers Machtbefugnisse im Falle einer Übertragung der Kanzlerschaft konsequent beschnitten sehen wollte, wies er als unannehmbar zurück, wie er im August abgelehnt hatte, sich der Regierung von Papen als Vizekanzler zur Verfügung zu stellen.

Sein Brief vom 23. November 1932 an Hindenburgs Staatssekretär Meißner sprach für sich. „Sie teilen mit“, erklärte er unter anderem, „daß der Reichspräsident nunmehr eine hundertprozentig parlamentarische Lösung wünschte. Das heißt, ich solle erst mit den Parteien ein Programm vereinbaren, dafür eine Mehrheit suchen und dann die Regierungsbildung rein parlamentarisch ... in die Wege leiten. Zunächst muß ... ich bemerken, daß man mir diese Aufgabe vor dem 12. September hätte stellen sollen ... Sie kann ... nicht gelöst werden, wenn die Stellung dieses Auftrags mit Bedingungen verbunden ist, die die Lösung an sich verhindern. Denn wenn schon der nurparlamentarische Weg beschritten werden soll, dann können dafür aber auch keine anderen Voraussetzungen zur Auflage gemacht werden, als die in der Weimarer Verfassung selbst gegebenen. Danach ist in erster Linie die parlamentarische Mehrheit maßgebend (Artikel 54) sowohl für die Beauftragung mit der Regierungsbildung als auch für die Zusammensetzung des Kabinetts und für das Regierungsprogramm. Voraussetzungen von anderer Seite können nur insoweit aufgestellt werden, als sie der Verfassung entsprechen. Da der Reichspräsident den Reichskanzler und die Reichsminister ernennt, hat er selbstverständlich die letzte Entscheidung über die Ministerliste. Aber nicht zu vereinbaren mit dem Artikel 53 der Verfassung wäre dann die Voraussetzung, daß die Besetzung des Auswärtigen Amtes und des Reichswehrministeriums Sache der persönlichen Entscheidung des Reichspräsidenten sei. Auch der Reichsaußen- und der Reichswehrminister können nur auf Vorschlag des Reichskanzlers ernannt werden. Denn nur so ist es ... diesem überhaupt möglich, die Richtlinien der inneren und äußeren Politik zu bestimmen, für die er ... gemäß ... Artikel 56 dem Reichstag gegenüber die Verantwortung zu tragen hat. Daran würde auch die Tatsache nichts ändern, daß der Reichspräsident das Reich völkerrechtlich vertritt, im Namen des Reichs Bündnisse und andere Verträge mit auswärtigen Mächten schließt, die Gesandten beglaubigt und empfängt (Artikel 45) und daß er den Oberbefehl über die gesamte Wehrmacht des Reiches ausübt (Artikel 47). Denn alle Anordnungen und Verfügungen des Reichspräsidenten, auch auf dem Gebiet der Wehrmacht, bedürfen nach der Verfassung für ihre Gültigkeit der Gegenzeichnung durch den Reichskanzler oder den zuständigen Reichsminister (Artikel 50). Festlegung des Wirtschaftsprogramms, keine Wiederkehr des Dualismus zwischen Reich und Preußen, keine Einschränkungen des Artikels 48, das sind alles Voraussetzungen, die bei einem parlamentarischen Mehrheitskabinett dem Reichspräsidenten nur nach Maßgabe der Artikel 68 ff. über die Reichsgesetzgebung zustehen ... Die Folgerungen, die sich daraus für die nationalsozialistische Bewegung ... ergeben würden, liegen auf der Hand. Ich habe in redlichstem Bemühen Auftrag und Bedingungen immer wieder miteinander verglichen, bin aber genauso wie meine sämtlichen Mitarbeiter zu der Überzeugung gekommen, daß dieser Auftrag infolge seines inneren Widerspruchs ... undurchführbar ist. Ich habe daher davon abgesehen ..., mit einer Partei Fühlung zu nehmen, und bitte Sie deshalb, Herr Staatssekretär ... dem hochverehrten Herrn Reichspräsidenten folgende ehrerbietigste Meldung übermitteln zu wollen: Den mir am Montag ... vom Herrn Reichspräsidenten erteilten Auftrag kann ich infolge seiner inneren Undurchführbarkeit nicht entgegennehmen und lege ihn daher in die Hand des Herrn Reichspräsidenten zurück."

Hitler empfand Hindenburgs Forderungen nicht nur als unbillige Zumutung. Ihn bewogen auch andere Überlegungen, den Schritt nach vorne noch nicht zu tun. Im Falle seines Scheiterns, so ließ er Meißner beispielsweise wissen, würde „man einfach mit Recht feststellen . . . die Erfüllung eines übernommenen Auftrags sei mir nicht gelungen." Um nicht in die Lage versetzt zu werden, vom Reichspräsidenten augenblicklich herbeizitiert und mit der Bildung einer Regierung beauftragt zu werden, verließ Hitler Berlin und fuhr nach Weimar. Dort hielt er am 27. November eine Rede, in der er unter anderem erklärte: „Ich habe mich den Herren in Berlin nicht aufgedrängt. Wenn sie mich aber rufen, dann bitte ich mir aus, daß man mir nur solche Bedingungen stellt, die eines Mannes absolut würdig sind, der eine neue Verantwortung übernehmen will oder soll."

Von Weimar reiste er nach München und von da aus wieder nach Weimar, wo er am 30. November 1932 eintraf. Am 1. Dezember war er in Greitz und Altenburg, am 2. in Gotha und Jena und am 3. in Eichsfeld und Sonneberg.

Die Behauptung der Nationalsozialisten, daß er „Gewehr bei Fuß" im Hotel „Kaiserhof" in Berlin geblieben sei, „um die weitere Entwicklung abzuwarten", ist in der Form eine Legende. Er blieb zwar ein paar Tage in Berlin, verschwand aber, noch ehe Hindenburg auf seine Vorschläge vom 23. November reagiert hatte. Er hatte angeboten, innerhalb von 48 Stunden nach seiner Auftragserteilung durch den Reichspräsidenten ein „kurzes Programm über die beabsichtigten innen-, außen- und wirtschaftspolitischen Maßnahmen" vorzulegen, 24 Stunden nach Billigung dieses Programms seine Ministerliste zur Verfügung zu stellen und aus der amtierenden Regierung General von Schleicher zum Reichswehrminister und von Neurath zum Reichsaußenminister vorzuschlagen. Daraufhin sollte der Reichspräsident ihn zum Kanzler ernennen und die von ihm vorgeschlagenen Minister bestätigen.

Am 30. November schrieb er aus Weimar an Meißner und teilte ihm mit, daß er sich außerstande sehe, die über Göring an ihn ergangene neuerliche Einladung des Reichspräsidenten anzunehmen. „Ich glaube", ließ er den Staatssekretär wissen, „auch vor der öffentlichen Meinung nicht mehr verantworten zu können, bei ihr durch neuerliche Besprechungen Hoffnungen zu erwecken, deren Nichterfüllung nur eine schwere Enttäuschung sein müßte." Die erste Schwelle war dennoch genommen. „Wir gehen in die Regierung in demselben Augenblick", sagte er am 11. Januar 1933 in Lemgo in Anlehnung an seine seit August häufig wiederholten Äußerungen, „in dem wir neben der Verantwortung auch die Führung erhalten." Am 18. Januar traf er sich mit Franz von Papen, den Hindenburg am 9. Januar „streng vertraulich" beauftragt hatte, seine Sondierungen fortzusetzen.

Am 6. Januar hatte der preußische Ministerpräsident Otto Braun den Reichskanzler aufgesucht und ihm angeboten, seinen ganzen Einfluß in der SPD für den Fall geltend zu machen, daß er (Schleicher) das Reichskommissariat in Preußen aufgebe und den Reichstag auf längere Sicht auflöse. Er schlug vor, die Neuwahlen bis weit in das Frühjahr hinein zu verschieben und einen einheitlichen Kampf gegen die Machtansprüche der Nationalsozialisten zu führen, die bereits bei den Novemberwahlen rund zwei Millionen Wähler verloren hatten. Doch Schleicher, der immer noch glaubte, mit Gregor Strasser[74] rechnen zu können, war sich

[74] Rund drei Wochen zuvor hatte Schleicher vor Gruppen- und Wehrkreiskommandeuren des Heeres: „Anzustreben bleibt: Mitarbeit der Nazi unter Straßer unter Messias-Segen Hitlers ... Wenn nicht, dann ist Kampf da ... mit ... Bestimmungen und Maßnahmen, wie Nazi sie auch exerzieren würden ... keine Lockerung der Zügel und Nachsicht, sondern auf Hauen und Stechen." Schleicher hatte sowohl Hitler als auch Strasser falsch bewertet. Strasser, dem er in der ersten Dezember-Woche 1932 das Amt des Vizekanzlers für den Fall versprochen hatte, daß er bereit sei, zusammen mit den ihm (vermutlich) folgenden linksorientierten Nationalsozialisten offen gegen Hitler zu agieren und sich auf seine (Schleichers Seite) zu stellen. Doch Strassers Mut und Nerven versagten. Er gab auf und verließ sang- und klanglos Berlin, wo er zuletzt im Hotel „Excelsior" Hof gehalten und mit Anhängern konferiert hatte. Goebbels' Urteil vom 9. Dezember traf den Sachverhalt: „Strasser", so meinte er, „ist nun vollkommen isoliert"; er ist „ein toter Mann". Strassers Versuch, nach seiner Vorstellung bei Hindenburg (der ihn als Vizekanzler durchaus annehmbar empfand) am 4. Januar noch einmal ein Come-

der Haltung Hindenburgs hinsichtlich einer Aufforderung zur Auflösung des Reichstages nicht sicher. So lehnte er Brauns Vorschlag ab, womit eine der letzten Chancen vertan war, Hitler zu verhindern. Hitler wiederum, nun mit einem Fuß bereits in der Reichskanzlei, war in dem Augenblick überzeugt, daß es nicht mehr nötig sein werde, den Reichstag aufzulösen. Sein derzeitiger Plan sah vor, mit den 196 Abgeordneten der NSDAP und den 100 Kommunisten im Reichstag, der – mit seinen insgesamt 584 Abgeordenten – am 31. Januar 1933 wieder tagen sollte, die amtierende Regierung zum Rücktritt zwingen zu können. Am 23. Januar konferierte er mit Hjalmar Schacht, nachdem er am 22. Januar zusammen mit Hermann Göring und Wilhelm Frick im Hause Joachim von Ribbentrops in Berlin, mit Franz von Papen, Oskar von Hindenburg und Otto Meißner zusammengekommen war. In einem rund einstündigen Gespräch, in dem er dem Hindenburg-Sohn unter vier Augen (offenbar) versichert hatte, daß er dem Hause Hindenburg seine Dankbarkeit beweisen würde, sobald er erst einmal zum Kanzler ernannt worden sei. Doch Hindenburg wehrte sich dagegen, Hitler das Amt des Reichskanzlers zu übertragen. Noch am 27. Januar hatte er zu den Generalen Kurt von Hammerstein-Equord und Erich von dem Busche-Ippenburg während eines Empfanges gesagt: „Sie werden mir doch nicht zutrauen, meine Herren, daß ich diesen österreichischen Gefreiten zum Reichskanzler berufe."

Einen Tag danach nahm er den Rücktritt Schleichers an, gegen den Papen, Oskar von Hindenburg und Otto Meißner massiv intrigiert hatten. Im offiziellen Kommuniqué heißt es: „Reichskanzler v. Schleicher erstattete heute dem Reichspräsidenten Bericht. Er erklärte, daß die Reichsregierung, ihrem Charakter als Präsidialregierung entsprechend, vor dem Reichstag ihr Programm und ihre Auffassung nur dann zu vertreten in der Lage wäre, wenn der Reichspräsident ihr die Auflösungsorder zur Ver-

Back einzuleiten, scheiterte diesmal endgültig. Nachdem Hitler am 16. Januar während der Tagung der Gauleiter der NSDAP – ohne auf Gegenwehr zu stoßen – mit ihm „abgerechnet" hatte, kehrte er resignierend in seinen Beruf als Apotheker zurück.

fügung stellte. Reichspräsident von Hindenburg erklärte, diesem Vorschlag bei der zur Zeit gegebenen Lage nicht entsprechen zu können. Reichskanzler v. Schleicher erklärte hierauf den Gesamtrücktritt der Reichsregierung, den der Reichspräsident unter Beauftragung mit der Weiterführung der Geschäfte entgegennahm. Der Reichspräsident sprach dem Reichskanzler und den Mitgliedern der Regierung den Dank der für ihre in schwerster Zeit geleisteten Dienste aus. Reichspräsident v. Hindenburg berief heute mittag den Reichskanzler a. D. v. Papen und beauftragte ihn, durch Verhandlungen mit den Parteien die politische Lage zu klären und die vorhandenen Möglichkeiten festzustellen."

Oskar von Hindenburg und Meißner unterstützten Papens Vorschlag, eine Rechtsregierung unter Hitler als Kanzler zu bilden, dessen Minister in der Mehrzahl nicht aus der NSDAP kommen dürften. Papen, der seit dem 4. Januar 1933, seit der Zusammenkunft mit Hitler im Hause des Kölner Bankiers Kurt Freiherr von Schröder bereit war, zusammen mit Hitler zu regieren, war überzeugt, den Führer der NSDAP „in zwei Monaten . . . in die Ecke gedrückt" zu haben, „daß er quietscht",[75] was sich sehr bald als krasser Irrtum erwies.

Kaum daß das Treffen öffentlich bekannt geworden war, sahen Industrielle, die Hitler bislang für nicht kreditwürdig gehalten hatten, die Konstellation in einem anderen Licht. Geld floß in die Kassen der NSDAP, die 11 Tage später – nach aufwendigem Wahlkampf – in der Lage war, als stärkste Fraktion in den Landtag von Lippe einzuziehen. Ohne die Unterschrift Hindenburgs allerdings, der sich notgedrungen mit einer Kombination Papen, Hugenberg und Hitler abfinden zu müssen meinte, haten die Abmachungen lediglich den Charakter von Sandkastenspielen. Und er wollte auch jetzt den „böhmischen Gefreiten" nicht zum

[75] Papen, der Hitler auch jetzt noch unterschätzte, bot an, als Vizekanzler in eine Regierung Hitler einzutreten, wenn er mitregieren dürfe und Hugenberg und dessen DNVP in die Regierung aufgenommen werden würden. Da Hindenburg erklärt hatte, daß er Schleicher nicht die Vollmacht zur Auflösung des Reichstages erteilen werde, war abzusehen, daß die Regierung Schleicher vor dem Ende stand.

Reichskanzler machen. Wenn schon diese Dreiergruppe die künftige Machtspitze darstellen sollte, dann dürfte sie nach seiner Auffassung nur von Papen geführt werden. Doch Papen war überzeugt, daß er nur wieder Kanzler werden könnte, wenn Hitler abgewirtschaftet haben würde.

Hindenburg indes, der angesichts dieser Sachlage weitere Sicherungen gegen Hitler einbauen wollte und zur Bedingung machte, daß Konstantin von Neurath Außenminister bleiben und Generalleutnant Werner von Blomberg Reichswehrminister werden müsse, war nicht wohl dabei. Erst nachdem Blomberg, der Befehlshaber des Wehrkreises Ostpreußen, in einem von Meißner gezielt herbeigeführten Gespräch von einer von Hitler geführten Regierung aus Deutschnationalen, Nationalsozialisten und Stahlhelm geradezu geschwärmt hatte, gab er den Widerstand auf.

Wenn selbst die maßgeblichen Militärs, auf deren Urteile er großen Wert legte, nichts mehr gegen Hitler und die NSDAP einzuwenden hatten, so muß er gedacht haben, könnte angesichts der Situation zumindest ein Versuch in dieser Richtung unternommen werden. Daß Blomberg und dessen Chef des Stabes, Oberst Walter von Reichenau, längst mit Hitler sympathisierten und die NSDAP besonders schätzten, wußte er nicht. Doch sein Instinkt war noch nicht erloschen, sein Verantwortungsbewußtsein noch intakt. Gegenüber Schleicher, den er jetzt nicht einmal mehr als Reichswehrminister sehen wollte, resümierte er ahnungsvoll: „Lieber Schleicher, ob das, was ich jetzt tue, richtig ist, weiß ich nicht, ich werde es aber bald wissen, wenn ich da oben bin."

„Endlich, am 28. Januar 1933", so hieß es in den nationalsozialistischen Dokumenten der Zeitgeschichte, „erfolgte der Rücktritt des Kabinetts Schleicher,[76] der noch die Kühnheit besaß, vom Reichspräsidenten die Unterschrift zur Auflösung des Reichstages zu verlangen, ohne eine Ausschreibung von Neu-

[76] Anläßlich der Röhm-Affäre Ende Juni 1934 wurde Schleicher zusammen mit seiner Frau von SS-Männern in seiner Wohnung „irrtümlich" erschossen.

wahlen durchzuführen. Er glaubte, auf diese Weise gegen das Volk weiterregieren zu können. Die Ratgeber des Reichspräsidenten von Hindenburg erkannten nunmehr die ungeheure Gefahr, die jedes weitere Regierungsexperiment gebracht hätte, und waren sich nun endlich darüber klargeworden, daß nur Adolf Hitler in der Lage sei, das deutsche Volk vom Abgrund zurückzureißen."

Am 20. Januar hatte der Ältestenrat des Reichstages mit den Stimmen des Zentrums, der Bayerischen Volkspartei und der NSDAP die Einberufung des Reichstages für den 31. Januar beschlossen. Dem Kanzler, der die Unterstützung auch der Deutschnationalen Volkspartei verloren und am 23. und 28. Januar vergeblich versucht hatte, von Hindenburg eine Order zur Auflösung des Parlaments zu erhalten, drohte infolge eines Mißtrauensvotums der sichere Sturz. Da Hindenburg einer Auflösung des Reichstages nicht zustimmte, demissionierte Schleicher. Papen, vom Reichspräsidenten mit der Klärung der Lage beauftragt, sondierte mit Göring, dem Reichstagspräsidenten und Vertreter Hitlers, wozu sich der Führer der stärksten Partei im Reichstag entscheiden würde.

Hitler, unmittelbar vor seiner unumgänglichen Berufung stehend, blieb bei seiner alten Entscheidung bezüglich der Ministerliste, soweit es sich um seine beiden Männer – Göring als Reichsminister ohne Geschäftsbereich und Frick als Innenminister – handelte. Franz von Papens Vorschläge billigte er und ernannte Walther Funk, der zehn Jahre lang Chefredakteur der konservativen „Berliner Börsenzeitung" gewesen war und Hindenburgs volles Vertrauen genoß, zum Pressechef seiner Reichsregierung, was sich als kluger Schachzug erwies.[77] Widerstände seitens des designierten deutschnationalen Wirtschaftsministers Alfred Hugenberg gegen die von ihm geforderten Reichstagsneuwahlen, von denen er sich die absolute Mehrheit für die NSDAP versprach, versuchte er durch ein feierliches ehrenwörtliches Ver-

77 Als Pressechef hatte Funk dem Reichspräsidenten, mit dem er familiär verkehrte, jeweils über die politische Lage „Vortrag" zu halten.

sprechen, sich von Hugenberg niemals zu trennen,[78] aus dem Weg zu räumen.

Gerüchte über Putsch-Pläne Schleichers und Hammersteins für den Fall, daß Hindenburg Hitler beauftrage, zusammen mit Papen eine neue Regierung zu bilden, veranlaßten Hitler und Papen, noch am Abend des 29. Januar ein Kabinett zusammenzustellen. Was sich hinter den Gerüchten tatsächlich verbarg, protokollierte Hammerstein später unter anderem wie folgt: „Am 29. Januar fand in meinem Büro eine Aussprache zwischen dem zurückgetretenen, aber noch die Geschäfte führenden Reichskanzler v. Schleicher und mir statt. Wir waren uns bald klar, daß nur Hitler als zukünftiger Reichskanzler möglich sei. Jede andere Wahl müsse zum Generalstreik, wenn nicht zum Bürgerkrieg führen und damit zum äußerst unerwünschten Einsatz der Armee im Inneren gegen zwei Seiten, gegen die Nationalsozialisten und gegen die Linken. ... Wir sahen keine Möglichkeiten, noch irgendeinen Einfluß beim Reichspräsidenten auszuüben ... Eine Putschabrede hat nicht stattgefunden. Trotzdem ist in dieser Nacht das wahnsinnige und verlogene Gerücht aufgekommen, die Garnison Potsdam marschiere gegen Berlin, um den Reichspräsidenten abzusetzen."

Papen erhielt auf Hindenburgs Weisung als Vizekanzler das Recht, während aller Vorträge des Kanzlers beim Reichspräsidenten zugegen sein zu dürfen. Darüber hinaus war nicht Hitler, sondern er als Reichskommissar für Preußen vorgesehen. Acht konservativen Ministern standen neben Hitler als Kanzler nur Wilhelm Frick und Hermann Göring von der NSDAP als Minister

[78] Da Hitler die Auflösung des Reichstages und Neuwahlen forderte, was der DNVP mit einiger Sicherheit Stimmenverluste eintragen würde, sah Hugenberg seine Position gefährdet. Hitler erklärte ihm zwar feierlich und ehrenwörtlich, daß er sich „von keinem der hier (in Meißners Arbeitszimmer) Anwesenden jemals trennen" werde, doch Hugenberg ließ sich nicht überzeugen. Nur dem Drängen Meißners, daß der Reichspräsident das neue Kabinett sofort zu empfangen wünsche, verdankte Hitler, daß die Konfrontation nicht weiter ausgetragen wurde.

gegenüber,[79] wobei Göring als Minister ohne Geschäftsbereich fungierte.

Hindenburg hatte sich nicht dazu entschließen können, aus taktischen Erwägungen die Verfassung zu brechen und Hitler und dessen NSDAP, die sich zu der Zeit formell an die Verfassung hielten, aus dem politischen Geschehen auszuschalten. Er wußte, daß ein so motivierter Verfassungsbruch im Rahmen eines Rechtsstaates nicht schadlos bleiben konnte. Daß ihm die Entscheidung für Hitler als Kanzler – auch aus emotional geprägten persönlichen Erwägungen – sehr schwer fiel, ist unbestritten. Theodor Eschenburgs These aus dem Jahre 1952, daß „die demokratische Republik ihren Gegnern" durch Hindenburgs „formale Vertragskorrektheit" ausgeliefert worden sei, läßt bereits die hier folgende Feststellung Julius Lebers fragwürdig erscheinen: „Der Umschwung war nur noch eine Frage der Zeit, wenn kein Wunder geschah. Und das Wunder geschah nicht!" Während seines ganzen Lebens ist Hindenburg niemals Vabanquespieler gewesen, niemals „Glücksritter", und so konnte und wollte er dies an der Schwelle seines Grabes erst recht nicht sein. Wäre er durch die Inszenierung eines Staatsstreiches von der Verfassung abgewichen, dann hätte er Hitler und dessen Anhang offiziell die Legimitation geliefert, dies – mit schwersten Konsequenzen für das Verfassungsleben – auch zu tun. Ein Staatsstreich, wie Eschenburg ihn für notwendig hielt, hätte 1933 weder die Demokraten noch die Nationalsozialisten zu „Siegern" gemacht. Es hätte nur Verlierer gegeben. Das Reich wäre – mit seiner Verfassung – schon da zerbrochen! Hindenburg war 1933 überzeugt, alle Energie, über die er als 85jähriger noch verfügte, als Schutzwall gegen die zu der Zeit und unter den Umständen aus einem Verfassungs-

[79] Hitler, Reichskanzler (NSDAP); von Papen, Vizekanzler und Reichskommissar für Preußen (parteilos); von Neurath, Reichsaußenminister (parteilos); Frick, Reichsinnenminister (NSDAP); von Blomberg, Reichswehrminister (parteilos); Hugenberg, Reichswirtschaftsminister (DNVP) und Reichsernährungsminister Graf Schwerin von Krosigk, Reichsfinanzminister (parteilos); Seldte, Reichsarbeitsminister (Stahlhelm); Gürtner, Reichsjustizminister (DNVP); Göring, Reichsminister ohne Geschäftsbereich (NSDAP).

bruch resultierenden Gefahren einsetzen zu müssen. Gustav Radbruch, der renommierte Rechtslehrer und einstige sozialdemokratische Justizminister von 1921 und 1923, rechtfertigte Hindenburgs Entscheidung in jener Zeit des Umbruchs wie folgt: „Die Demokratie lehnt es ab, sich mit einer bestimmten politischen Auffassung zu identifizieren, ist vielmehr bereit, jeder politischen Auffassung, die sich die Mehrheit verschaffen konnte, die Führung im Staate zu überlassen, weil sie ein eindeutiges Kriterium für die Richtigkeit politischer Anschauungen nicht kennt." Wenn Mehrheiten sich für die Beseitigung verfassungsmäßiger Einrichtungen entscheiden, muß das als Ausdruck lebendiger Verfassungsentwicklung angesehen werden. Und Karl Dietrich Erdmann schrieb 1959 in Gebhardts Handbuch der Geschichte: „Endlich schien es gelungen, alle sogenannten nationalen Kräfte, die in der Weimarer Republik nur eine Übergangserscheinung gesehen hatten, zu vereinigen."

Angesichts der unbestreitbaren Tatsachen, die beim Nachvollzug der Berufung Hitlers zum Reichskanzler nahezu nirgendwo eine proportionsgerechte Konfrontation mit der Entscheidung Hindenburgs erfahren, dem von allen Parteien (außer von der SPD und der KPD) geraten worden war, es doch einmal mit Hitler zu versuchen, muß sich zwangsläufig die Frage aufdrängen, wieso der 86jährige Hindenburg alles hätte besser wissen und voraussehen müssen.

Hindenburg hatte – neben Blomberg von der Reichswehr und seinen engsten Beratern – die Führer des Zentrums, der DNVP, der BVP, der DVP und der DDP zu Rate gezogen, die am 6. November 1932 bei den Reichstagswahlen zusammen mit der NSDAP 59,1 Prozent aller gültigen Wählerstimmen auf sich vereinigten. Ihre Entscheidung für Hitler als Kanzler beruhte im wesentlichen auf den gleichen Überlegungen, die Hindenburg schließlich veranlaßten, Hitler trotz aller Vorbehalte zum Kanzler zu berufen. Obwohl Hitler Anfang 1933 auf die von ihm im August und November 1932 noch vom Reichspräsidenten geforderten Sonder-Vollmachten und Bedingungen verzichtete – und seit Mitte August 1932 ständig verlangte, die Rechte des Parlaments zu achten, gingen Hindenburg und die Parteiführer davon aus, daß Hitlers Beteuerungen wahrscheinlich nicht getraut werden könne. Sie konnten und wollten es nicht auf einen Bürgerkrieg ankommen lassen, den die NSDAP (mit ihren rund 400 000 SA-Männern) für den Fall androhte, daß ihre Ansprüche als stärkste Partei im Reichstag mißachtet werden sollten.[80] Ferner mußte ebenso vorausgesetzt werden, daß sich die NSDAP und die KPD, die im Reichstag über 48 Prozent der Sitze verfügten, zu einer Oppositionskoalition zusammenschließen und die Arbeitsfähigkeit der Regierungen unterbinden würden. Außerdem, und auch das spielte eine wesentliche Rolle, hatte Hitler neue Reichstagswahlen verlangt, was den Eindruck suggerieren konnte, daß er parlamentarisch und im Rahmen der Verfassung zu regieren, den Notverordnungsregimen ein Ende zu setzen und Hindenburg eine Last von den Schultern zu nehmen beabsichtigte.

Wer angesichts der historischen Geschehnisse behauptet, daß Hindenburg die Konsequenzen, die Hitlers Berufung zum Reichskanzler auslösen würden, im Januar 1933 hätte voraussehen müssen, weiß nicht, worüber er redet. Wer die Schuld an Hitlers Hinterlassenschaften Hindenburg zuschreibt, verhunzt die Geschichte. Daß das „Wohlverhalten" Hitlers seit Ende 1932, der ersatzlose Verzicht auf außerordentliche Vollmachten und Maßnahmen, lediglich auf stragischen und taktischen Überlegungen basierten, konnte der 85jährige Reichspräsident sowenig erkennen wie zahlreiche andere Politiker und Staatsmänner dies auch nur geahnt haben. Nicht nur der fromme und stets rechtlich denkende Hindenburg, der am 15. Januar 1933 – zu Hitlers Verärgerung – dem renommierten jüdischen Kunsthistoriker Adolph Goldschmidt demonstrativ den Deutschen Adlerschild[81]

[80] Daß Hitler nach einer legalen Machtübernahme dagegen „Übergriffen ... mit Schärfe ... entgegentreten werde", war die Überzeugung Otto Meißners (so Meißner am 6. Mai 1948 im Kreuzverhör durch Robert M. W. Kempner im Nürnberger Kriegsverbrecherprozeß), der Hindenburg entsprechend beeinflußte.

[81] Der aus Hamburg stammende Kunsthistoriker Adolph Goldschmidt (1863–1944) gehörte zu den Fachhistorikern, die die stilkritische Methode besonders pflegten. Zu seinen wichtigsten Werken gehörten „Die deutsche

verliehen und am 12. Juni 1925, kurz nach seiner ersten Amtsübernahme, öffentlich versichert hatte, daß er „alle Bekenntnisse und Weltanschauungen achten und stets schützen werde", hoffte trotz aller negativen Erfahrungen, daß Hitlers ständige Beschwörungen der „Vorsehung" nicht nur auf Propagandaeffekte zielende bloße Phrasen seien. Doch wie die Hoffnung trog, daß die deutschen Künstler sich nach Goldschmidts Auszeichnung mit ihren jüdischen Kollegen solidarisch erklären und Hitlers Antisemitismus als Wahnbild deklarieren würden, so trog sie auch hinsichtlich der Erwartung, daß der Machtusurpator Hitler kontrolliert, diszipliniert und gegebenenfalls zur Bankerotterklärung gezwungen werden könnte, wenn er erst einmal in die Regierungsverantwortung eingebunden sein würde.

Daß diese Irrtümer nicht nur in Deutschland das Bild bestimmten, bezeugen zahlreiche Beispiele. Winston Churchill beispielsweise hat noch am 7. November 1938, zwei Tage vor der sogenannten „Reichskristallnacht", trotz der ihm vorliegenden Meldungen und britischen Geheimberichte über die nationalsozialistische Antisemitismus-Umsetzung in Deutschland, in der Montagsausgabe der Londoner „Times", Hitler öffentlich als „großen Mann" mit Vorbildcharakter erscheinen lassen – und hypothetisch erklärt, daß England im Falle einer politischen Katastrophe nur wünschen könnte, über einen Staatsmann wie Adolf Hitler zu verfügen. Vorwürfe gegen Hindenburg, der bereits mehr als vier Jahre zuvor starb, müssen in dieser Beziehung ins Leere gehen.

Die von den Nationalsozialisten propagandistisch effektvoll verbreitete Behauptung, daß der greise Reichspräsident den Führer der NSDAP augenblicklich und vorbehaltslos „ins Herz" geschlossen habe, widerlegte Hitler mehrfach selbst. So erzählte er

Buchmalerei" (1928) und „Die byzantinischen Elfenbeinskulpturen des 10.–13. Jahrhunderts" (2 Bde.; 1930–1934). Von 1904 bis 1912 lehrte er in Halle. 1912 wurde er Nachfolger Heinrich Wölfflins in Berlin. 1939 emigrierte er nach Basel, wo er 1944 starb. In den 22 Jahren von 1922 bis 1944 wurde der „Adlerschild des Deutschen Reiches von Ebert, Hindenburg und Hitler rund 70mal verliehen.

Winston Churchill in der Londoner „Times“ vom 7. November 1938:

MR. CHURCHILL'S REPLY

AGGRESSION UNDREAMT OF

Mr. Winston Churchill last night issued the following statement in reply to Herr Hitler's criticism of him in his speech at Weimar yesterday: —

I am surprised that the head of a great State should set himself to attack British members of Parliament who hold no official position and who are not even the leaders of parties. Such action on his part can only enhance any influence they may have, because their fellow-countrymen have long been able to form their own opinion about them and really do not need foreign guidance.

Herr Hitler is quite mistaken in supposing that Mr. Eden, Mr. Duff Cooper, myself, and leaders of the Liberal and Labour Parties are warmongers. Not one of us has ever dreamed of an act of aggression against Germany. We are, however, concerned to make sure that our own country is properly defended, so that we can be safe and free and also help others to whom we are bound.

Herr Hitler ought to understand this mood and respect it. I have always said that if Great Britain were defeated in war I hoped we should find a Hitler to lead us back to our rightful position among the nations. I am sorry, however, that he has not been mellowed by the great success that has attended him. The whole world would rejoice to see the Hitler of peace and tolerance, and nothing would adorn his name in world history so much as acts of magnanimity and of mercy and of pity to the forlorn and friendless, to the weak and poor.

SOME GOOD ADVICE

Since he has been good enough to give me his advice I venture to return the compliment. Herr Hitler also showed himself unduly sensitive about suggestions that there may be other opinions in Germany besides his own. It would be indeed astonishing if, among 80.000.000 of people so varying in origin, creed, interest, and condition, there should be only one pattern of thought. It would not be natural; it is incredible. That he has the power, and, alas! the will, to suppress all inconvenient opinions is no doubt true. It would be much wiser to relax a little, and not try to frighten people out of their wits for expressing honest doubt and divergences.

He is mistaken in thinking that I do not see Germans of the Nazi régime when they come to this country. On the contrary, only this year I have seen, at their request, Herr Bohle, Herr Henlein, and the Gauleiter of Danzig, and they all know that, in common with most English men and women, I should like nothing better than to see a great, happy, peaceful Germany in the vanguard of Europe.

Let this great man search his own heart and conscience before he accuses anyone of being a warmonger. The whole peoples of the British Empire and the French Republic earnestly desire to dwell in peace side by side with the German nation. But they are also resolved to put themselves in a position to defend their rights and long-established civilizations. They do not mean to be in anybody's power. If Herr Hitler's eye falls upon these words I trust he will accept them in the spirit of candour in which they are uttered.

Mr. Churchills Antwort

Unvorhergesehener Angriff

Mr. Winston Churchill gab in der letzten Nacht die folgende Erklärung in Beantwortung von Herrn Hitlers Kritik an ihm in seiner Rede gestern in Weimar:
Ich bin überrascht, daß der Chef eines großen Staates sich daran macht, britische Parlamentsmitglieder anzugreifen, die keine offizielle Stellung innehaben und nicht einmal Leiter von Parteien sind. Solche Aktion aus seiner Richtung kann an allen Einfluß, den diese haben, nur vergrößern, denn ihre Landsleute können sich über sie seit langem eine eigene Meinung bilden und brauchen wirklich keine Anleitung aus dem Ausland.

Herr Hitler ist ganz im Irrtum, wenn er annimmt, daß Mr. Eden, Mr. Duff Cooper, ich selbst, und manche Führer der liberalen und der Labour-Partei Kriegstreiber sind. Nicht einer von uns hat jemals von einer Aggression gegen Deutschland geträumt. Wir sind jedoch interessiert sicherzustellen, daß unser eigenes Land angemessen verteidigt wird, so daß wir sicher und frei sind und auch anderen helfen können, mit denen wir verbunden sind.

Herr Hitler sollte dieses Verhalten verstehen und respektieren. **Ich habe immer gesagt, daß, wenn Groß-Britannien einen Krieg verloren hätte, ich hoffte, wir würden einen Hitler finden, der uns zurückführen würde in unsere rechtmäßige Stellung in der Gemeinschaft der Völker.** Gleichwohl bedaure ich, daß er bei dem großen Erfolg, der ihn begleitete, nicht mäßiger (reifer) wurde. Die ganze Welt wäre erfreut, einen Hitler des Friedens und der Toleranz zu sehen und nichts würde seinen Namen in der Weltgeschichte so sehr schmücken, wie Akte von Großmut und Barmherzigkeit, Mitleid mit den Verlorenen und Freundlosen, mit den Schwachen und Armen.

Ein guter Ratschlag

Weil er so freundlich war, mir seinen Rat zu erteilen, wage ich, das Kompliment zurückzugeben. Hitler zeigte sich auch übertrieben empfindlich gegenüber Andeutungen, es gäbe vielleicht andere Meinungen in Deutschland neben der seinigen. Es wäre in der Tat erstaunlich, wenn in einem 80-Millionen-Volk, so verschieden in seinen Ursprüngen, Glaubensbekenntnissen, Interessen und Veranlagungen nur ein einziges Denkmuster existierte. Es wäre unnatürlich. Es ist nicht glaubhaft. Daß er die Macht hat, und, leider!, den Willen, alle unbequemen Meinungen zu unterdrücken, ist ohne Zweifel wahr. Es wäre viel weiser, ein wenig zurückzustecken und nicht zu versuchen, den Leuten Angst einzustecken und nicht zu versuchen, den Leuten Angst einzujagen, wenn sie ehrlichen Zweifel oder Meinungsverschiedenheiten zum Ausdruck bringen.

Er ist im Irrtum, wenn er denkt, ich würde nicht Deutsche vom Nazi-Regime empfangen, wenn sie in unser Land kommen. Im Gegenteil, allein in diesem Jahr habe ich auf ihr Ansuchen Herrn Bohle, Herrn Henlein und den Gauleiter von Danzig empfangen, und sie alle wissen, daß ich, so wie die meisten Engländer, Männer und Frauen, nichts besser fände als ein großes, glückliches, friedfertiges Deutschland in der Vorhut von Europa zu sehen.

Dieser große Mann* (Hitler) sollte sein Herz und sein Gewissen prüfen, bevor er irgend jemanden anklagt, Kriegshetzer zu sein. Alle Völker des Britischen Empire und der französischen Republik wünschen ernsthaft, in Frieden Seite an Seite mit der Deutschen Nation zu leben. Aber sie sind auch entschlossen, sich in die Lage zu versetzen, ihre Rechte und seit langem bestehende Zivilisation zu verteidigen. Sie wünschen nicht, in irgend jemandes Macht zu stehen. Wenn Herr Hitler dieses Schreiben sieht, vertraue ich darauf, daß er es annehmen wird in dem Geist von Aufrichtigkeit, in welchem es geschrieben ist.

* Hervorhebungen (Fettdruck) durch den Autor.

seinen Tischgästen beispielsweise am 18. Januar 1944 im Hauptquartier „Wolfsschanze“ in Stammtischmanier: „Auf wen sollte er sich stützen? Die Deutschnationalen waren unfähig. Gegen die Verfassung geht er nicht! Was soll er machen? Es war ihm eine große Überwindung, mit gewissen Sozialdemokraten und Zentrumsleuten zusammenzuarbeiten. Dazu kam seine Abneigung gegen Hugenberg . . . Der alte Herr hat mich eingeladen: Herr Hitler, ich will hören, was Sie für Gedanken haben! Es war wahnsinnig schwer, über einen solchen Abgrund weg eine Weltanschauung zu vermitteln. Anknüpfen konnte ich nur an militärische Erkenntnisse über die Notwendigkeit des Aufbaus einer Organisation. Die Brücke zum Soldaten habe ich sofort gehabt, aber die Brücke ins Politische zu finden, war ein großes Kunststück. Als ich fertig war, steigerte er sich in Zustimmung hinein . . . Gleich danach ließ er mich wissen, er werde mich immer hören, wenn es etwas zu entscheiden gäbe. Das war schon viel. Doch der Einfluß der mir feindlichen Kreise blieb noch so stark, daß ich 1933 zuerst nur in Gegenwart von Papen ihm Vortrag halten durfte.“

Um Hindenburg nicht zu provozieren, verzichtete Hitler am 30. Januar in seinem ersten Aufruf als Regierungschef darauf, sich als „Führer“ darzustellen. Er erklärte, daß er „die Ehre vor der deutschen Geschichte, nunmehr an diesem Werke führend teilnehmen zu dürfen“, vor allem „dem großherzigen Entschluß des Generalfeldmarschalls“ verdanke. „Ein 14jähriges, in der deutschen Geschichte wohl beispielloses Ringen“, verkündete er, „hat nunmehr zu einem großen politischen Erfolg geführt. Herr Reichspräsident von Hindenburg ernannte mich, den Führer der nationalsozialistischen Bewegung, zum Kanzler des Deutschen Reiches. Nationale Verbände und Parteien schlossen sich zum gemeinsamen Kampf für Deutschlands Wiederauferstehung zusammen . . . An Euch, meine Parteigenossen, richte ich nur die eine große Bitte: Gebt mir Euer Vertrauen und Eure Anhänglichkeit in diesem neuen und großen Ringen genauso wie in der Vergangenheit – dann wird uns auch der Allmächtige seinen Segen zur Wiederaufrichtung eines Deutschen Reiches der Ehre, der Freiheit und des sozialen Friedens nicht versagen.“

Hitler, der zehn Jahre zuvor in München durch einen Putsch an die Macht hatte kommen wollen und dabei blutig scheiterte, war auf legalem Wege Reichskanzler geworden. Berlin schien am 30. Januar unter dem Marschtritt schier endloser SA-Kolonnen in einem Taumel zu erbeben. „Unübersehbare Menschenmassen wälzen sich durch das Regierungsviertel", so berichtete der nationalsozialistische Reichstagsabgeordnete Fabricius in der vom pfälzischen NS-Gauleiter Josef Bürkel in Neustadt an der Hardt herausgegebenen großen Tageszeitung „NSZ-Rheinfront" vom 2. Februar 1933: „Ein Jubelstrum ohnegleichen bricht los, als die Spitze der SA mit leuchtenden Fackeln ... sichtbar wird. Und nun ziehen sie vorüber in schier endlosem Zuge. Dröhnende Kampflieder, Trommeln und Pfeifen, Militär-, Schalmeien-Musik zerreißen im Wechsel die Luft ... dazu die unaufhörlich zum Himmel aufsteigenden Heilrufe der begeisterten Menge ... Über 4 Stunden wird dieser Einmarsch währen."

Die Republik und die Demokratie wurden im flackernden Fackelschein der jubelnden nationalsozialistischen Marschkolonnen endgültig zu Grabe getragen.[82]

[82] Die SPD-Führung, die auf Bismarcks Sozialistengesetze verwies und überzeugt war, daß es so schlimm nicht kommen würde, hatte sich entschieden, jede Regierung zu unterstützen, die die gegenwärtige Anarchie beenden und rechtsstaatliche, verfassungsmäßige Zustände herbeiführen würde. Das Zentrum, nicht in das Kabinett Hitler einbezogen, buhlte beharrlich um Hitlers Gunst in der Hoffnung, von ihm doch noch als Koalitionspartner akzeptiert zu werden. Die KPD begann augenblicklich, einen Widerstand in der Illegalität vorzubreiten.

Abkürzungen

ADAP	=	Akten des deutschen auswärtigen Amtes
ADGB	=	Allgemeiner Deutscher Gewerkschaftsbund
AfA	=	Allgemeiner freier Angestellten-Bund
BA	=	Bundesarchiv, Koblenz
BIZ	=	Bank für Internationalen Zahlungsausgleich
BVP	=	Bayerische Volkspartei
DDP	=	Deutsche Demokratische Partei
DNVP	=	Deutschnationale Volkspartei
DVFP	=	Deutschvölkische Freiheitspartei
DVP	=	Deutsche Volkspartei
FVP	=	Freisinnige (oder Fortschrittliche) Volkspartei
Hrsg.	=	Herausgeber
Jg.	=	Jahrgang
KPD	=	Kommunistische Partei Deutschlands
MdNV	=	Mitglied der Nationalversammlung
MdR	=	Mitglied des Reichstages
MSPD	=	Mehrheitssozialdemokratische Partei Deutschlands (gelegentlich für SPD)
NSDAP	=	Nationalsozialistische Deutsche Arbeiterpartei
NV	=	Nationale Vereinigung
NV	=	Nationalversammlung
O. C.	=	Organisation Consul
OHL	=	Oberste Heeresleitung
RdI	=	Reichsverband deutscher Industrieller
RGBl	=	Reichsgesetzblatt
RT	=	Reichstag
SA	=	Sturmabteilung der NSDAP
SPD	=	Sozialdemokratische Partei Deutschlands
SS	=	Schutzstaffel der NSDAP
USPD	=	Unabhängige Sozialdemokratische Partei Deutschlands
WRV	=	Weimarer Reichsverfassung

Dokumentennachweis

Bundesarchiv Koblenz (S. 59, 277)
Nationalarchiv Washington (S. 306)
Zentrales Staatsarchiv Merseburg (S. 17, 69, 70)
Friedrich-Ebert-Stiftung (S. 14)
Archiv der Familie von Hindenburg (S. 194, 206)
Archiv Maser (S. 5, 165, 314, 342, 343)
Fotos: Ullstein Bilderdienst

Quellen- und Literaturhinweise

Angesichts der unübersehbaren Fülle von Primärquellen und Publikationen über die Weimarer Republik können die – an dieser Stelle primär thematisch geordneten – Hinweise keine Vollständigkeit beanspruchen. Gleiches gilt für die anschließend – in alphabetischer Reihenfolge – gesondert ausgewiesenen Dokumente und Publikationen über Ebert und Hindenburg.

Akten zur deutschen auswärtigen Politik 1918–1945 (ADAP). Aus dem Archiv des Auswärtigen Amts, Serie B: 1925–1933, Bd. I ff. 1966 ff. – Erdmann, K. D. Mommsen, W. Booms, H. (Hrsg), Akten der Reichskanzlei, Weimarer Republik: Das Kabinett Scheidemann (1919), bearb. von Schulze, H.; 1971; Das Kabinett Bauer (1919/20), bearb. von Golecki, A.; 1980; Das Kabinett Müller I. (1920), bearb. von Vogt, M.; 1971; Das Kabinett Fehrenbach (1920/21), bearb. von Wulf, P.; 1980; Die Kabinette Wirth I und II, 2 Bde., bearb. von Schulze-Bidlingmaier, I.; 1973; Das Kabinett Cuno (1922/23), bearb. von Harbeck, K. H.; 1968; Die Kabinette Stresemann I und II (1923), 2 Bde., bearb. von Erdmann, K.-D. und Vogt, M.; 1978; Die Kabinette Marx I und II (1923–1925), 2 Bde., bearb. von Abramowski, G.; 1973; Die Kabinette Luther I und II (1925/26), 2 Bde., bearb. von Minuth, K. H.; 1977; Die Kabinette Marx III und IV (1926–1928), 2 Bde., bearb. von Abramowski, G.; 1987; Das Kabinett Müller II (1928–1930), 2 Bde., bearb. von Vogt, M.; 1970; Das Kabinett Brüning I und II (1930–1932) Bd. 1: 30. 3. 1930 bis 28. 2. 1931, 1982; Bd. 2: 1. 3. 1931 bis 10. 10. 1931, bearb. von Koops, T.; 1982 und Das Kabinett Schleicher (1932/33), bearb. von Golecki, A.; 1986. Akten des Reichspräsidenten, der Reichskanzler, der Reichskanzlei und Reichsminister, Kabinetts-Protokolle und Redetexte des Reichspräsidenten sind im Politischen Archiv des Auswärtigen Amtes in Bonn und im Institut für Zeitgeschichte in München (Nachlässe Wilhelm Groeners und Hans von Seeckts) für die Forschung archiviert – Verhandlungen der Verfassunggebenden Nationalversammlung Stenogr. Berichte. 1919 ff. – Verhandlungen des Deutschen Reichstages 1920 bis 1933. 1920 ff. – Hohlfeld, J. (Hrsg.): Dokumente der deutschen Politik und Geschichte von 1848 bis zur Gegenwart. Ein Quellenwerk für die politische Bildung und staatsbürgerliche Erziehung Bd. III, Die Weimarer Republik 1919–1933. 1952. – Schüddekopf, O. E., Das Heer und die Republik. Quellen zur Politik der Reichswehrführung 1918 bis 1933. 1951 – Wüst, E., Der Vertrag von Versailles im Licht und Schatten der Kritik. 1962 – Brauweiler, G., Generäle in der deutschen Politik. Groener, Schleicher, Seeckt. 1932 – Carsten, F. L., Reichswehr und Politik 1918–1933. 1964 – Geßler, O., Reichswehrpolitik in der Weimarer Zeit. 1958, hrsg. von Sendtner, K. – Meier-Welker, H., Die Stellung des Chefs der Heeresleistung in den Anfängen der Republik. 1940 – Hürten, H., Die Anfänge der Ära Seeckt. Militär- und Innenpolitik 1920–1922. 1979 – Guth, E. P., Der Loyalitätskonflikt des deutschen Offizierskorps in der Revolution von 1918–1920. 1983 – Vogelsang, T., Reichswehr, Staat und NSDAP. 1962 – Blos, W., Der Kapp-Putsch. o. J. – Noseke, G., Von Kiel bis Kapp. 1920 – Güth, R., Die Marine des Deutschen Reiches 1919–1939. 1972 – Oertzen, E. v., Die deutschen Freikorps 1918 bis 1923. 1936 – Gumbel, E. J., Verschwörer. Zur Geschichte und Soziologie der deutschen nationalistischen Geheimbünde 1918–1924. 1979 – Bucher, P., Der Reichswehrprozeß. Der Hochverrat der Ulmer Reichswehroffiziere 1929/30. 1969 – Gaertner, F. v., Die Reichswehr in der Weimarer Republik. 1969 – Wohlfeil, R./Matuschka, E. Graf v., Reichswehr und Republik (1918–1933). 1970 – Geyer, M., Aufrüstung und Sicherheit. Die Reichswehr in der Krise der Machtpolitik 1924–1936. 1980 – Hansen, E. W., Reichswehr und Industrie. Rüstungswirtscahftliche Zusammenarbeit und wirtschaftspolitische Mobilmachungsvorbereitungen 1923–1939. 1978 – Müller, K.-J./Opitz, E., Militär und Militarismus in der Weimarer Republik . . . 1978 – Mielcke, K., Dokumente zur Geschichte der Weimarer Republik. 1951 – Apelt, W., Geschichte der Weimarer Verfassung. 1946 – Anschütz, Die Verfassung des Deutschen Reiches, 3. und 4. Aufl. 1926 – Bracher, K. D., Die Entstehung der Weimarer Verfassung. 1963 – Beyerle, K., Föderalistische Realpolitik. 1924 – David, E., Die Nationalversammlung und ihr Werk, o. J. – Graner, R., Die Staatsrechtslehre in der politischen Auseinandersetzung der Weimarer Republik. 1980 – Huber, E. R., Deutsche Verfassungsgeschichte seit 1789. 1984 – Eschenburg, Th., Die improvisierte Demokratie. 1951 – Arns, G., Regierungsbildung und Koalitionspolitik in der Weimarer Republik. 1972 – Horkenbach, C., Das Deutsche Reich von 1918 bis heute. 1933/35. – Epstein, K., Vom Kaiserreich zum

Dritten Reich. Geschichte und Geschichtswissenschaft im 20. Jahrhundert ... (Hrsg. Pikart, E./Junker, D./Hufnagel, G.) 1972 – Meissner, O., Staatssekretär unter Ebert, Hindenburg und Hitler. 1950 – Rosenberg, A., Die Entstehung der deutschen Republik 1935 – Zimmermann, L., Deutsche Außenpolitik in der Ära der Weimarer Republik. 1958 – Broszat, M., Die Machtergreifung, Der Aufstieg der NSDAP und die Zerstörung der Weimarer Republik. 1984 – Rosenfeld, G., Sowjetunion und Deutschland 1922 bis 1933. 1984 – Conze, W. (Hrsg.), Der Nationalsozialismus. Hitlers Kampf gegen den demokratischen Staat. 1959 – Maser, W., Der Sturm auf die Republik. Die Frühgeschichte der NSDAP. 1966 ff. – Ders., Adolf Hitler. Legende – Mythos – Wirklichkeit. 1971 ff. – Pross, H. (Hrsg.), Die Zerstörung der deutschen Politik. Dokumente 1871–1933. 1959 – Binding, K. und Hoche, A., Die Freigabe der Vernichtung lebensunwerten Lebens. 1920 – Duve, F./Kopitsch, W., Weimar ist kein Argument oder: Brachten Radikale im öffentlichen Dienst Hitler an die Macht ... 1976 – Diamond, S. A., Herr Hitler. Amerikas Diplomaten. Washington und der Untergang Weimars. 1985 – Aretin, K. O. v. und Fauth, G., Die Machtergreifung. Die Entwicklung Deutschlands zur totalitären Diktatur 1918–1934. 1959 – Bergsträsser, L., Geschichte der politischen Parteien in Deutschland. 1952 – Neumann, S., Die Parteien der Weimarer Republik, 2. Aufl. 1965 – Nipperdey, Th., Die Organisation der deutschen Parteien vor 1918. 1961 – Albertin, L., und Link, W., Politische Parteien auf dem Weg zur parlamentarischen Demokratie in Deutschland. 1981 – Annotierte Bibliographie für die politische Bildung (Hrsg. Bundeszentrale für politische Bildung). 1981 ff. – Archiv für Sozialgeschichte (Bd. XXVI). 1986 – Fricke, D. (Hrsg.), Lexikon zur Parteiengeschichte. Die bürgerlichen und kleinbürgerlichen Parteien und Verbände in Deutschland (1789–1945), 4 Bde. 1983–1986 – Kaack, H., Geschichte und Struktur des Parteienwesens. 1971 – Heß, J. C., „Das ganze Deutschland soll es sein". Demokratischer Nationalismus in der Weimarer Republik am Beispiel der deutschen demokratischen Parteien. 1978 – Morsey, R., Die deutsche Zentrumspartei 1917–1923. 1966 – Ders. (mit Matthies, E.), Das Ende der Parteien 1933. 1960 – Falter, J./Lindenberg, T./Schumann, S., Wahlen und Abstimmungen in der Weimarer Republik. Materialien zum Wahlverhalten 1919–1933. 1986 – Schanbacher, E., Parlamentarische Wahlen und Wahlsystem in der Weimarer Republik ... 1982 – Hartwich, H.-H., Arbeitsmarkt, Verbände und Staat 1918–1933. 1967 – Flechtheim, O. K., Die KPD in der Weimarer Republik. 1969 – Rohe, K., Das Reichsbanner Schwarz Rot Gold. Ein Beitrag zur Geschichte und Struktur der politischen Kampfverbände zur Zeit der Weimarer Republik. 1966 – Erdmann, K. D., Die Weimarer Republik. Deutschland 1917–1933. 1980 – Erdmann, K. D./Schulze, H. (Hrsg.), Weimar, Selbstpreisgabe einer Demokratie. Eine Bilanz heute. 1984

– Eschenburg, T., Die Republik von Weimar. Beiträge zur Geschichte einer improvisierten Demokratie. 1984 – Bernhard, H., (Hrsg.), Gustav Stresemann. Der Nachlaß in 3 Bdn. 1932 f. – Bernstein, E., Die deutsche Revolution. 1921 – Binder, G., Epoche der Entscheidungen. 1960 – Bracher, K. D., Die Auflösung der Weimarer Republik. 1955 – Ders., Deutschland zwischen Demokratie und Diktatur. 1964 – Ders., Geschichte und Gewalt. 1981 – Braun, O., Von Weimar zu Hitler. 1949 – Brecht, A., Vorspiel zum Schweigen – Das Ende der deutschen Republik. 1948 – Buchheim, K., Die Weimarer Republik. 1960 – Conze, W., Die Weimarer Republik, in: Deutsche Geschichte im Überblick (Hrsg.) Rassow, P., 1953 – Dederke, K., Reich und Republik. Deutschland 1917–1933. 1974 – Duesterberg, P., Der Stahlhelm und Hitler. 1949 – Epstein, K., Matthias Erzberger und das Dilemma der deutschen Demokratie. 1962 – Erdmann, Th., Die Weimarer Republik in: Gebhardts Handbuch der Deutschen Geschichte, Bd. 4. 1959 – Erzberger, M., Erlebnisse in der Weimarer Zeit. 1920 – Eschenburg, Th., Die Rolle der Persönlichkeit der Krise der Weimarer Republik – Hindenburg, Brüning, Groener, Schleicher, in: Stationen der deutschen Geschichte 1919–1925. 1962 – Maurer, I./Wengst, U. (Hrsg.), Politik und Wirtschaft in der Krise 1930 bis 1932. Quellen zur Ära Brüning. 1980 – Maxelon, M.-O., Stresemann und Frankreich 1914 bis 1929. 1972 – Eyck, E., Geschichte der Weimarer Republik, 2 Bde., 1954 und 1956 – Maurer, I., Reichsfinanzen und Große Koalition. Zur Geschichte des Reichskabinetts Müller 1928 bis 1930. 1973 – Freyh, R., Stärke und Schwäche der Weimarer Republik. 1960 – Friedensburg, F., Die Weimarer Republik. 1957 – Hernand, J. und Trommler, F., Die Kultur der Weimarer Republik. 1978 – Greiffenhagen, M., Ein schwieriges Vaterland. Zur politischen Kultur Deutschlands. 1981 – Groener, W., Lebenserinnerungen. 1957 – Gumbel, E. J., Vier Jahre politischer Mord. 1922 – Hoegner, W., Der politische Radikalismus in Deutschland 1919–1933. 1966 – Herzfeld, H., Weltmächte und Weltkriege. Die Geschichte unserer Epoche 1890–1945. 1958 – Hillgruber, A., Die Auflösung der Weimarer Republik. 1960 – Hirsch, F., Stresemann. Ein Lebensbild. 1978 – Hoegner, W., Die verratene Republik. 1958 – Ders., Der politische Radikalismus in Deutschland 1919–1933. 1966 – Luther, H., Politiker ohne Partei, 1962 – Ders., Vor dem Abgrund 1930–1933. Reichsbankpräsident in Krisenzeiten. 1964 – Meinecke, F., Die deutsche Katastrophe. 1946 – Preller, L., Sozialpolitik in der Weimarer Republik. 1978 – Prüfer, G. und Tormin, W., Die Entstehung und Entwicklung der Weimarer Republik bis zu Eberts Tod. 1960 – Rosenberg, A., Entstehung der Weimarer Republik. 1977 – Ders., Geschichte der Weimarer Republik. 1978 – Schulze, H., Otto Braun oder Preußens demokratische Sendung. 1977 – Schwarz, A., Die Weimarer Republik, in: Handbuch der deutschen Geschichte (Hrsg. Just, L.), Bd. IV. 1968 – Scheidemann, P., Der Zusammenbruch. 1921 – Schulze, H., Weimar. Deutschland 1917–1933. 1982 – Schwendt, K., Bayern zwischen Monarchie und Diktatur. 1954 – Sontheimer, K., Antidemokratisches Denken in der Weimarer Republik. Die politische Idee des deutschen Nationalismus zwischen 1918 und 1933. 1968 – Stresemann, G., Vermächtnis. 1932 – Stürmer, M. (Hrsg.), Die Weimarer Republik. Belagerte Civitas. 1980 – Thimme, A., Gustav Stresemann. 1957 – Timm, H., Die deutsche Sozialpolitik und der Bruch der Großen Koalition im März 1930. 1952 – Tormin, W., Geschichte der deutschen Parteien seit 1848. 1968 – Treviranus, G. R., Das Ende von Weimar. Heinrich Brüning und seine Zeit. 1968 – Ders., Kurt von Schleicher. 1965 – Willms, J., Nationalismus ohne Nation. Deutsche Geschichte 1789–1914. 1983 – Winkler, H., Die Sozialdemokratie und die Revolution von 1918/19. 1979

Friedrich Ebert:

Adler, V., Briefwechsel mit A. Bebel und K. Kautsky, 1954 – Arbeitersekretariat Bremen, Jahresberichte 1900–1916 – Bayer, H., Von der Novemberrevolution zur Räterepublik in München. 1957 – Beckmann, E., Der Dolchstoßprozeß. 1925 – Bernstein, E., Von der Sekte zur Partei. Die deutsche Sozialdemokratie einst und jetzt. 1911 – Besson, W., Friedrich Ebert. Verdienst und Grenze. 1963 – Bippen, W. v., Geschichte der Stadt Bremen, 3 Bde. 1892–1904 – Böttcher, U., Anfänge und Entwicklung der Arbeiterbewegung in Bremen. 1953 – Brammer, K., Der Prozeß des Reichspräsidenten. 1925 – Braun, A., Die Gewerkschaften, ihre Entwicklung und Kämpfe. 1914 – Bremische Bürgerschaft, Verhandlungen 1899–1906. Verhandlungen zwischen dem Senat und der Bürgerschaft 1899–1906 – Bruhns, J., Es klingt im Sturm ein altes Lied. Aus der Jugendzeit der Sozialdemokratie. 1921 – Buse, D. K., Friedrich Ebert and German Socialism. 1871–1919 (Diss., University of Oregon), 1972 – Buse, D. K. (Hrsg.), Parteiagitation und Wahlreisvertretung. Eine Dokumentation über Friedrich Ebert und seinen Reichstagswahlkreis Elberfeld-Barmen 1910–1918. 1974 – Cole, G. D. H., The Second International 1889–1914. 1955 – Die deutsche Arbeiterbewegung 1848–1919 in Augenzeugenberichten, hrsg. von Schulz, U. 1981 – Diederich, Fritz Ebert, 1919 – Friedrich Ebert, Schriften, Aufzeichnungen, Reden, hrsg. von Ebert jun., F. 1926 – Friedrich Ebert, Kämpfe und Ziele. 1927 – Friedrich Ebert, die Lage der Arbeiter im Bremer Bäckergewerbe. 1892 – Entscheidungen des Reichsgerichts in Strafsachen, Bd. 65. 1931 – Felden, E., Eines Menschen Weg. Friedrich Eberts Leben. 1927 – Feldmann, G. D., German Business between War and Revolution. The Origins of the Stinnes-Legin Agreement. 1970 –

Fendrich, A., Der Lebensgang Friedrich Eberts und seine Persönlichkeit. o. J. – Frank, L., Ein Vobild der deutschen Arbeiterjugend. Aufsätze, Reden und Briefe. Auswahl von Wachenheim, H., o. J. – Freund, M., Friedrich Ebert; in: Die Großen Deutschen, hrsg. von Heimpel, H., Heuss, Th., Reifenberg, B. 1957 – Fröhlich, P., 10 Jahre Krieg und Bürgerkrieg. 1924 – Grünberg, C., Die Internationale und der Weltkrieg. 1916 – Haase, E. (Hrsg.), Hugo Haase. Sein Leben und Wirken. 1929 – Haschke, G. und Tönnies, N., Friedrich Ebert. Ein Leben für Deutschland. 1961 – Haußmann, C., Schlaglichter. 1924 – Haupt, G., Der Kongreß fand nicht statt. Die sozialistische Internationale 1914. 1967 – Heidegger, H., Die deutsche Sozialdemokratie und der nationale Staat 1870–1920. 1956 – Herzfeld, H., Die Deutsche Sozialdemokratie und die Auflösung der nationalen Einheitsfront im Weltkriege. 1928 – Huschke, W., Zur Herkunft führender Persönlichkeiten der Revolution von 1918. Beiträge zu Ahnenlisten: Ebert, Scheidemann u. a. (in: Genealogie 17), 1968 – Jasper, G., Der Schutz der Republik. 1963 – Kampffmeyer, P., Friedrich Ebert, 2 Bde., 1923 – Kautsky, K., Das Erfurter Programm . . . 1892 – Ders., Sozialdemokratischer Katechismus. 1893 – Keil, W., Erlebnisse eines Sozialdemokraten. 1947 – Kirchheimer, O., Politische Justiz. Verwendung juristischer Verfahrensmöglichkeiten zu politischen Zwecken. 1965 – Korn, K., Die Arbeiterjugendbewegung. 1922 ff. – Kotowski, G., Friedrich Ebert. Eine politische Biographie. Der Aufstieg eines deutschen Arbeiterführers 1871–1917. 1963 – Krüger, P., Deutschland und die Reparationen 1918/19. 1973 – Kuczynski, J., Der Ausbruch des Ersten Weltkrieges und die deutsche Sozialdemokratie. 1957 – Landsberg, O., Der Rat der Volksbeauftragten, o. J. – Löbe, P., Erinnerungen eines Reichstagspräsidenten. 1954 – Lucas, E., Märzrevolution 1920. 1973 ff. – Luxemburg, R., Briefe an K. und L. Kautsky (1896–1918). 1923 – Maser, W., Friedrich Ebert. Eine politische Biographie. 1987 – Matthias, E., Die deutsche Sozialdemokratie und der Osten 1914–1945. 1954 – Matthias, E., Kautsky und der Kautskyanismus. Die Funktion der Ideologie in der deutschen Sozialdemokratie vor dem Ersten Weltkrieg. 1957 – Mayer, G., Erinnerungen. Vom Journalisten zum Historiker der deutschen Arbeiterbewegung. 1949 – Meinecke, F., Politische Schriften und Reden (= Werke, II.), hrsg. von Kotowski, G. 1958 – Meyer, G. P., Bibliographie zur deutschen Revolution 1918/19. 1977 – Miller, S., Die Bürde der Macht. Die deutsche Sozialdemokratie 1918–1920. 1978 – Moring, K. E., Die Sozialdemokratische Partei in Bremen 1890–1914 . . . 1968 – Müller-Franken, H., Friedrich Ebert als Parteiführer, o. J. – Münzenberg, W., Die dritte Front. 1931 – Nestrierke, S., Die Gewerkschaftsbewegung, Bd. I, 1920 – Niedhart, G., Deutschland in der britischen Appeasement-Politik 1919–1933. 1980 – Noske, G., Aufstieg und Niedergang der deutschen Sozialdemokratie. 1947 – Osterroth, F./Schuster, D., Chronik der deutschen Sozialdemokratie. 1975 – Otto, D., Friedrich Ebert. Ein Demokrat und Staatsmann. – Payer, F. v., Die Reichskanzlerschaft des Prinzen Max von Baden, o. J. – Peters, M., Friedrich Ebert. Erster Präsident der deutschen Republik. 1954 – Prager, F., Geschichte der USPD. 1922 – Preller, L., Sozialpolitik in der Weimarer Republik, 2. Aufl. 1978 – Protokoll über die Verhandlungen des Parteitages der Sozialdemokratischen Partei Deutschlands. 1899 ff. – Protokolle der Sitzungen des Parteiausschusses der SPD 1912–1921 (mit den Protokollen der Parteikonferenz vom 22. und 23. März 1919 in Weimar und der Reichskonferenz der SPD vom 5. und 6. Mai 1920 in Berlin), hrsg. von Dowe, D. 1980 – Protokolle der Parteitage der SPD 1904–1913. 1917 – Protokoll der Reichskonferenz der SPD, 1916 – Protokolle der Sitzungen des Parteiausschusses 1914–1917 – Die Sozialdemokratische Partei und die Freien Gewerkschaften 1890–1900. 1959 – Ritter, G. A., Die sozialistischen Parteien in Deutschland zwischen Kaiserreich und Republik. 1979 – Rovan, J., Geschichte der deutschen Sozialdemokratie. 1980 – Ruge, W., Deutschland von 1917–1933. 1967 – Schadt, J., Der erste Reichspräsident und Mannheim. 1973 – Scheidemann, P., Die Sozialdemokratie und der Krieg, o. J. – Ders., Der Zusammenbruch. 1921 – Ders., Memoiren eines Sozialdemokraten. 1928 – Schieck, H., Der Kampf um die deutsche Wirtschaftspolitik nach dem Novemberumsturz 1918 (Diss. Heidelberg), 1958 – Schröder, W., Handbuch der sozialdemokratischen Parteitage, I. 1910 – Schröder, W., Geschichte der sozialdemokratischen Parteiorganisation. 1912 – Schulz, U. (Hrsg.), Friedrich Ebert in Bremen. 1963 – Schulze, H., Weimar. Deutschland 1917–1933. 1982 – Sontheimer, K., Antidemokratisches Denken in der Weimarer Republik. 1957 – Stampfer, F., Die ersten 14 Jahre der deutschen Republik. 1947 – „A" (= Stein), Friedrich der Vorläufige, die Zietz und die Anderen. 1919 – Stern-Rubarth, E., Graf Brockdorff-Rantzau. 1929 – Trumpp, Th./Köhne, R., Archivbestände zur Wirtschafts- und Sozialgeschichte der Weimarer Republik. 1979 – Turner, H. A., Stresemann. Republikaner aus Vernunft. 1968 – Varain, H. J., Freie Gewerkschaften, Sozialdemokratie und Staat. 1956 – Wania, H., Dreißig Jahre Bremen 1876–1905. 1906 – Wheeler, R. F., USPD und Internationale. Sozialistischer Internationalismus in der Zeit der Revolution. 1975 – Wette, W., Gustav Noske. Eine politische Biographie. 1987 – Winnig, A., Vom Proletariat zum Arbeitertum. 1930 – Wirth, J., Festigung der Republik, o. J. – Witt, P. Ch., Friedrich Ebert. Parteiführer, Reichskanzler, Volksbeauftragter, Reichspräsident. 1987 – Wunderer, H., Arbeitervereine und Arbeiterparteien. Kultur und Massenorganisation in der Arbeiter-Bewegung (1890–1933).

Paul von Hindenburg:

Bach, J. A., Franz von Papen in der Weimarer Republik. Aktivitäten in Politik und Presse 1918–1932. 1977 – Bald, D., Der deutsche Offizier. Sozial- und Bildungsgeschichte des deutschen Offizierskorps im 20. Jahrhundert. 1982 – Bentinck, N., Der Kaiser im Exil. 1921 – Benz, W., Staatsstreich gegen Preußen. 20. Juli 1932. 1982 – Berghahn, V. R., Der Stahlhelm. Bund der Frontsoldaten 1918–1935. 1966 – Ders., Der Schwarze Freitag. Inflation und Wirtschaftskrise. 1985 – Bohrer, K. H. (Hrsg.), Mythos und Moderne. 1983 – Buchheim, D., Die Weimarer Republik. Das Deutsche Reich ohne Kaiser. 1981 – Conze, W., Die Zeit Wilhelm II. und die Weimarer Republik. Deutsche Geschichte 1890–1933. 1964 – Ders. und Raupach, H. (Hrsg.), Die Staats- und Wirtschaftskrise des Deutschen Reiches 1929–1933. 1967 – Curtius, J., Sechs Jahre Minister der deutschen Republik. 1948 – Dederke, K., Reich und Republik. Deutschland 1917–1933. 1984 – Die Entstehung des Youngplans, dargestellt vom Reichsarchiv 1931–1933 (eingeleitet von Vogt, M.). 1970 – Die deutsche Flotte im Spannungsfeld der Politik 1848–1945 (Hrsg. vom Deutschen Marine-Institut und Militärgeschichtlichen Forschungsamt). 1985 – Döring, H., Der Weimarer Kreis. Studien zum politischen Bewußtsein verfassungstreuer Hochschullehrer in der Weimarer Republik. 1975 – Dorpalen, A., Hindenburg in der Geschichte der Weimarer Republik. 1966 – Endres, F., Hindenburg, Reden, Briefe, Berichte. 1945 – Entscheidungen des Reichsgerichts in Strafsachen (Bd. 65). 1931 – Faulenbach, B., Ideologie des deutschen Weges. Die deutsche Geschichte in der Historiographie zwischen Kaiserreich und Nationalsozialismus. 1980 – Fenske, H., Bürokratie in Deutschland. Vom späten Kaiserreich bis zur Gegenwart. 1985 – Fischer, F., Bündnis der Eliten. Zur Kontinuität der Machtstrukturen in Deutschland 1871–1945. 1979 – Ders., Weltwirtschaftliche Rahmenbedingungen für die ökonomische und politische Entwicklung Europas 1919 bis 1939. 1980 – Flaskamp, J., Aufgaben und Wirkungen der Reichsbank in der Zeit des Dawes-Planes. 1986 – Foch, F., Erinnerungen. 1929 – Foerster, W., Hindenburg als Feldherr. 1934 – Frauenholz, E. v., Überblick über die Geschichte des Weltkrieges. 1926 – Ganghofer, L., Bei Hindenburg und Mackensen. 1916 – Gessner, D., Agrardepression und Präsidialregierungen in Deutschland 1930–1933 ... 1977 – Glashagen, W., Die Reparationspolitik Heinrich Brünings 1930–1931 ..., 2 Bde. 1980 – Görlitz, W., Hindenburg. Bonn 1953 – Graner, G., Der Reichspräsident von Hindenburg. 1969 – Groener-Geyer, General Groener, Soldat und Staatsmann. 1955 – Grübler, M., Die Spitzenverbände der Wirtschaft und das erste Kabinett Brüning ... 1982 – Grube, F./Richter, G., Die Weimarer Republik. 1983 – Grunow, A.,

Der Kaiser und die Kaiserstadt Berlin. 1970 – Haeften, v., Hindenburg und Ludendorff als Feldherrn. 1937 – Hammerstein, L. v., Kurt Freiherr von Hammerstein-Equord. o. J. – Hannover, H./Hannover-Drück, E., Politische Justiz 1918–1933. 1966 – Hartun, F., Deutsche Geschichte 1871–1919. 1952 – Ders., Das persönliche Regiment Kaiser Wilhelm II. 1952 – Haungs, P., Reichspräsident und parlamentarische Kabinettsregierung . . . 1969 – Heinemann, U., Die verdrängte Niederlage. Politische Öffentlichkeit und Kriegsschuldfrage in der Weimarer Republik. 1983 – Heinig, K., Die große Ausrede von der erdolchten Front. 1920 – Helfritz, H., Wilhelm II. als Kaiser und König. 1954 – Hildebrand, K., Das Deutsche Reich und die Sowjetunion im internationalen System 1918–1932. Legitimität oder Revolution? 1977 – Hindenburg, P. v., Aus meinem Leben. 1919 ff. – Hindenburg-Denkmal für das deutsche Volk . . . 1922 – Hindenburg. Was er uns Deutschen ist. Eine Festgabe zum 80. Geburtstag (Hrsg. v. Loebell, F. W. v.). 1927 – Hindenburg, G. v., Hindenburg. Vom Kadetten zum Reichspräsidenten. 1935 – Hindenburg-Jahrbuch. 1926 – Hindenburg. Briefe, Reden und Berichte (Hrsg. Endres, F.). 1934 – Hörster-Philipps, U., Konservative Politik in der Endphase der Weimarer Republik. Die Regierung Franz von Papen. 1982 – Höltje, Chr., Die Weimarer Republik und das Ostlocarno-Problem 1919–1934. 1958 – Hubatsch, W., Hindenburg und der Staat. Aus den Papieren des Generalfeldmarschalls und Reichspräsidenten von 1878 bis 1934. 1966 – Jahresbibliographie. Bibliothek für Zeitgeschichte. Weltkriegsbücherei Stuttgart . . . 1986 – James, H., The German Slump. Politics and Economics 1924–1936. 1986 – Jonas, E., Die Volksonservativen 1928–1933. Entwicklung, Struktur, Standort und staatspolitische Zielsetzung. 1965 – Kaiser Wilhelm II., Ereignisse und Gestalten aus den Jahren 1878 bis 1918. 1922 – Ders., Aus meinem Leben. 1927 – Kindelberger, Ch. P., Die Weltwirtschaftskrise 1929 bis 1939. 1984 – Knoll, J., (Hrsg.), Konservativismus. 1974 – Köhler, H., Geschichte der Weimarer Republik. 1982 – Krüger, P., Deutschland und die Reparationen 1918/19. 1973 – Kuhn, R., Die Vertrauenskrise der Justiz (1926–1928). Der Kampf um die „Republikanisierung" der Rechtspflege in der Weimarer Republik. 1983 – Link, W., Die amerikanische Stabilisierungspolitik in Deutschland 1921 bis 1932. 1970 – Linke, H. G., Deutsch-sowjetische Beziehungen bis Rapallo. 1970 – Ludwig, E., Hindenburg, Legenden und Wirklichkeit. 1962 – Mand, G., Anekdoten um Hindenburg. 1936 – Marcks, E., Paul von Hindenburg als Mensch, Staatsmann, Feldherr. 1932 – Marcks, E./Eisenhart-Rothe, E. v., Paul von Hindenburg. 1932 – Maser, W., Hindenburg. Eine politische Biographie. 1989 – Ders., Das Regime, Alltag in Deutschland von 1933 bis 1945. 1983 ff. – Ders., Deutschland. Traum oder Trauma. Kein Requiem. 1984 – Metzsch, H. v., Hindenburg (Männer und Mächte). 1932 – Michalka, W./Niedhart, G. (Hrsg.), Die ungeliebte Republik. Dokumente zur Innen- und Außenpolitik Weimars 1913 bis 1933. 1986 – Mommsen, H./Petzina, D./Weisbrod, B. (Hrsg.), Industrielles System und politische Entwicklung in der Weimarer Republik ... 1974 – Morsey, R., Das Ermächtigungsgesetz vom 24. März 1933. 1968 – Niemann, A., Kaiser und Revolution ... 1922 – Ders., Hindenburg im deutschen Schicksal. 1933 – Olden, R., Hindenburg. 1948 – Palmer, A., Kaiser Wilhelm II. Glanz und Ende der preußischen Dynastie. 1982 – Plehwe, F.-K. v., Reichskanzler Kurt von Schleicher. Weimars letzte Chance gegen Hitler. 1983 – Pünder, H., Politik in der Reichskanzlei. Aufzeichnungen aus den Jahren 1929–1932 (Hrsg. Vogelsang, Th.). 1961 – Ders., Der Reichspräsident in der Weimarer Republik. 1961 – Rakenius, G., Wilhelm Groener als erster Generalquartiermeister. Die Politik der Obersten Heeresleitung 1918/19. 1977 – Rittberger, V. (Hrsg.), Wie die Republik der Diktatur erlag. 1983 – Ruge, W., Hindenburg, Porträt eines Militaristen. Berlin 1980 – Salewski, M., Entwaffnung und Militärkontrolle in Deutschland 1919 bis 1927. 1966 – Sauerbruch, F., Das war mein Leben. 1951 – Schaafhausen, W., Hindenburg, Vater des Volkes. 1933 – Schenck, E., Die Einstellung der deutschen Beamten zur Weimarer Republik. 1966 – Schröter, V., Die deutsche Industrie auf dem Weltmarkt 1929 bis 1933 ... 1984 – Schüren, U., Der Volksentscheid zur Fürstenenteignung 1926 ... 1978 – Schulze, H., Weimar. 1982 – Ders., Staatsbankrott. Finanzpolitik des deutschen Reiches 1920 bis 1945. 1974 – Sternburg, W. v. (Hrsg.), Die deutschen Kanzler. Von Bismarck bis Schmidt. 1985 – Stürmer, M., Das ruhelose Reich. Deutschland 1866 bis 1918. 1983 – Ders., Die Weimarer Republik. 1985 – Vogel, H., Erlebnisse und Gespräche mit Hindenburg. 1935 – Wagner, R., Hinter den Kulissen des Großen Hauptquartiers. 1931 – Wehler, H.-U., Das deutsche Kaiserreich 1871 bis 1918. 1983 – Weil, B., General Doktor vom Staat. Zum Verhältnis von Militär und Politik zwischen 1919 und 1945. 1985 – Wertheimer, R., Der Einfluß des Reichspräsidenten auf die Gestaltung der Reichsregierung. 1929 – Ybarra, T. R., Hindenburg, seine drei Leben. 1931 – Zapf, W., Wandlungen der deutschen Elite. Ein Zirkulationsmodell deutscher Führungsgruppen 1919 bis 1961. 1965 – Zechlin, W., Pressechef bei Ebert, Hindenburg und Kopf. 1956.

Personenregister

Personenregister